图解

巴菲特

全书

德群⊙编著

中国华侨出版社

北京

图书在版编目（CIP）数据

图解巴菲特全书 / 德群编著 . — 北京：中国华侨
出版社，2017.5（2020.2 重印）

ISBN 978-7-5113-6845-4

Ⅰ．①图… Ⅱ．①德… Ⅲ．①巴菲特 (Buffett,
Warren 1930–) —投资—经验—图解 Ⅳ.
① F837.124.8–64

中国版本图书馆 CIP 数据核字（2017）第 123374 号

图解巴菲特全书

编　　著：	德　群
责任编辑：	晴　裳
封面设计：	李艾红
文字编辑：	胡宝林
美术编辑：	吴秀侠
插图绘制：	韩渝可　李　腾
经　　销：	新华书店
开　　本：	720mm×1020mm　1/16　印张：28　字数：550 千字
印　　刷：	北京德富泰印务有限公司
版　　次：	2017 年 9 月第 1 版　2020 年 2 月第 2 次印刷
书　　号：	ISBN 978-7-5113-6845-4
定　　价：	68.00 元

中国华侨出版社　北京市朝阳区西坝河东里 77 号楼底商 5 号　邮编：100028
法律顾问：陈鹰律师事务所
发 行 部：（010）58815874　　　传　真：（010）58815857
网　　址：www.oveaschin.com　　E-mail：oveaschin@sina.com

如果发现印装质量问题，影响阅读，请与印刷厂联系调换。

前言

巴菲特在投资发展史上可谓独占鳌头，被誉为"当代最伟大的投资者"、"华尔街股神"，他创造了从 100 美元起家到至今获利 535 亿美元财富的投资神话。2000 年初，美国《财富》杂志评出 20 世纪的八大投资大师，而巴菲特名列榜首，成为名副其实的最伟大的投资者。

巴菲特从 1965 年接手伯克希尔公司至 2007 年的 42 年间，经历过股市崩盘、通货膨胀、银行利率降低等危险情况，但伯克希尔公司从未出现过亏损年度，这是绝无仅有的奇迹。而且，伯克希尔公司每股的净值由当初的 19 美元增长到 2007 年的 504.98 美元，年复合增长率约为 22%。2008 年，"次贷危机"爆发前夕，伯克希尔公司留存了近 400 亿美元的现金，并持有近 300 亿美元的国债，所以在危机到来时，巴菲特才能出手阔绰，当一个个投资人都在惶惶不安中度日如年，他却"在别人恐惧的时候贪婪"，手持大量现金勇敢地在华尔街抄底，通过一系列卓有成效的重大举措在危机中守住了财富，避免了像百年投行雷曼、美林的神话相继破灭的命运。到 2013 年，巴菲特仍以净资产 535 亿美元位列福布斯排行榜第四位。

中国有句古话说："取法其上，得乎其中；取法其中，得乎其下。"我们要想在投资上取得卓越的业绩，最好的办法就是学习最伟大的投资大师的策略。毫无疑问，巴菲特就是一位最值得我们效法的大师。

或许有人认为，巴菲特能在股票投资商取得如此巨大的成就，背后一定有一套非常人所能掌握的高深莫测的理论，而巴菲特本人一定是一位智商超高的天才人物。事实并非如此。古人云，大道至简。巴菲特告诉我们，真正伟大的投资成功之道，只需要很少的几个原则就可以，非常简单，却非常有效，不需要高智商，不需要高等数学，更不需要高学历，任何一个小学毕业的普通投资者都能掌握，都能应用。巴菲特曾说："我从来没有发现高等数学在投资中有什么作用，只要懂得小学算术就足够了。如果高等数学是必需的，我就得回去送报纸了。""要想成功地进行投资，你不需要懂得什么专业投资理论。事实上大家最好对这些东西一无所知。""投资并非智力竞赛，智商高的人未必能击败智商低的人。"他发现学校里讲的许多专业理论往往在实践中是行不通的，掌握的知识越多反而越有害。复杂的问题有时候却可以用最简单的方式来寻求解答，这正是巴菲特投资哲学的独特魅力。身处风云变幻的股市中，最需要保持的是那一份绝对的理性，最值得依赖的判断工具仍是那一点很平凡、质朴的经营常识。

他从一个小小的报童起步，没有任何家族遗产，建立企业之初只是把自己家中小小的阳台当作办公之地，从一穷二白的起点上开始了他的投资生涯。在创业之初，他只能去游说亲朋好友进入他的合伙公司。就这样，他一步一步走上了华尔街领袖的位置。在他半个世界的投资生涯中，经历了全球性的经济萧条、东西方的冷战、美国数次对外战争、多次国内动乱、石油危机、网络泡沫、"9·11"恐怖袭击以及全球金融风暴。然而，他却在每一次动荡中乘风破浪，逆势而上，转危为安，最终荣登世界富豪的宝座。这是一个伟大的奇迹。因此，我们若想全面地了解巴菲特，就不仅要学习他的投资理念，把握他的投资方法，还应了解他的成长史、他的生活、他的个性，这样方能走入巴菲特的内心世界。也只有这样，我们才能领会他的精神实质，并将之运用于股市中。

本书全面总结了巴菲特纵横股市的宝贵经验，详细解读了巴菲特如何攫取财富的智慧，多角度论述了他取得财富的方法与胆略，并以建议与忠告的形式呈现给希望成就财富人生的现代人。这些内容精辟、实用，力求为那些站在十字路口，不知道该何去何从的现代人指明方向。可以说，巴菲特的每一句话都是人生箴言，字字都是对自己财富、人生经验的总结和提炼。本书没有就投资论投资，而是将为人处世和投资有机地融合在一起讲述，这样更易于让希望通过投资股市实现自己财富梦想的现代人理解和接受。

当然，不是每个人都能像巴菲特那样积累535亿美元的巨额财富，也不是每个人都能像巴菲特那样进行交易。学习巴菲特的意义在于，巴菲特为人们提供了一种方法、一种思维和一种态度，最重要的是一种境界，这种境界就是在年轻的时候想明白了很多事情，然后用一生的岁月去坚守。你越是在年轻的时候想明白这些事情，可能以后积累的财富就越多。那些成功的投资家会随着时间流逝最终淡出我们的视野，但他们的投资原则是永恒的，我们所要做的就是学习这些原则并付诸实践，且忍受长时间的孤独与寂寞，经过种种巨大的变化，最终达到超凡脱俗的人生境界！

目录

第一章 巴菲特的价值投资理论

第二章 巴菲特的集中投资策略

第三章 巴菲特教你选择企业

第四章　巴菲特教你读财报

第五章 巴菲特教你挑选股票

第六章 巴菲特教你做交易

第七章 巴菲特教你如何防范风险

第八章 巴菲特的投资实录

第九章 巴菲特致股东的信

第十章 巴菲特语录

第十一章 巴菲特的财富观

第十二章 巴菲特的工作与生活

第十三章 巴菲特小传：一个美国资本家的成长

第一章

巴菲特的价值投资理论

价值投资，黄金量尺

价值投资本质：寻找价值与价格的差异

一般来说，采用价值投资法的投资者会用买下整个企业的审慎态度来下单买股票。他在买股票的时候，好比要买下街角的杂货店一样，会询问很多问题：这家店的财务状况怎样？是否存在很多负债？交易价格是否包括了土地和建筑物？未来能否有稳定、强劲的资金收入？有怎样的投资回报率？这家店的业务和业绩增长的潜力怎样？如果对以上的问题都有满意的答案，并能以低于未来价值的价格把这家店买入，那么就得到了一个价值投资的标的。1984年，巴菲特在哥伦比亚大学纪念格雷厄姆与多德合著的《证券分析》出版50周年的庆祝活动中发表演讲时指出，人们在投资领域会发现绝大多数的"掷硬币赢家"都来自于一个极小的智力部落，他称之为"格雷厄姆与多德部落"，这个特殊的智力部落存在着许多持续战胜市场的投资大赢家，这种非常集中的现象绝非"巧合"二字可以解释。"来自'格雷厄姆与多德部落'的投资者共同拥有的智力核心是：寻找企业整体的价值与代表该企业一小部分权益的股票市场价格之间的差异，实质上，他们是在利用两者之间的差异。"

价格和价值之间的关系适用于股票、债券、房地产、艺术品、货币、贵金属，甚至整个美国的经济——事实上所有资产的价值波动都取决于买卖双方对该资产的估价。一旦你理解了这一对应关系，你就具有了超越大多数个人投资者的优势，因为投资者们常常忽略价格与价值之间的差异。

从20世纪20年代中期到1999年，道氏工业指数以年50%的复利率（按保留红利计息）增长。而同一时期，30种道氏工业指数公司的收入增长率为47%。但是，从账面上看，这些公司的价值年增长率为46%。两个增长率如此一致并非偶然。

从长期来看，公司股票的市场价值不可能远超其内在价值的增长率。当然，技术进步能够改善公司的效率并能导致短时期内价值的飞越。但是竞争与商业循环的特性决定了公司销售、收入与股票价值之间存在着直接的联系。在繁荣时期，由于公司更好地利用了经济规模效益和固定资产设施，其收益增长可能超越公司的销售增长；而在衰退时期，由于固定成本过高，其公司收益也比销售量下降得更快（此即意味着公司的效率不高）。

但是，在实际操作中，股价似乎远远超过了公司的实际价值或者说预期增长率。实际上，这种现象不可能持续下去，股价与公司价值之间出现的断裂必须得到弥补。

如果理性的投资者拥有充分的信息，股票价格将会长期维持在公司的内在价值水平附近。然而在过热的市场下，当投资者似乎愿意为一只股票支付所有家当的时候，市场价格将被迫偏离其真实价值。华尔街便开始接受这只股票被高估这种非一般性的高增长率，同时忽略了其他长期稳定的趋势。

当把市场运动的趋势放在整个经济背景中去考察时，价格与价值之间的差异就显得极为重要了。投资者绝不能购买那些价格高于公司长期增长率水平的股票，或者说，他们应当对那些价格上涨的幅度超过公司价值增加幅度的股票敬而远之。尽管精确估计公司的真实价值十分困难，但用以估价的证据仍然能够得到。例如，假若股票价格在某一时期内增长了 50%，而同时期公司收入只有 10% 的增长率，那么股票价值很可能被高估，从而注定只能提供微薄的回报。相反，股票价格下跌而公司收入上升，那么应当仔细地审视收购该股票的机会。如果股票价格直线下降，而价格收入比低于公司预期的增长率，这种现象或许就可以看作是买入的信号，股票价格最终会回归其价值。如果投资人利用价格和价值的差异，在价值被低估时买入股票，那么他将会从中获利。

股市中的价值规律

股票的价格本质上是由其内在价值决定的。越是成熟的股市，越是注重股票的内在价值。股票的价值越高，相对的股票价格就越大。股票的市场价格会受到供求关系的影响，而围绕价值做上下波动。在一个健康的股市中，股价围绕价值波动的幅度都不大。股票的价格会随着企业的发展而变化，所以这是一个动态的平衡。一般来说，最多两年内可预期的股企效益增长，可列入动态价值考虑的范畴中，相对的股价可以高一些。尽管市场短期波动中经常使价格偏离价值，但从长期来说市场偏离价值的股票市场价格具有向价值回归的趋势。

希格尔说：政治或经济危机可以导致股票偏离其长期的发展方向，但是市场体系的活力能让它们重新返回长期的趋势。或许这就是股票投资收益率为什么能够超越在过去两个世纪中影响全世界的政治、经济和社会的异常变化而保持稳定性的原因。

价值投资之所以能够持续地战胜市场，根本原因就在于其对价值规律的合理利用。投资者利用短期内价格与价值的偏离，以低价买入目标股票，形成理想的安全边际，利用长期内价格向价值的回归，以更高的价格卖出自己以前低价买入的股票，从而获取巨大的投资利润。

格雷厄姆在《证券分析》中指出："当证券分析家在寻找那些价值被低估或高估的证券时，他们就更关心市场价格了。因为此时他的最终判断很大程度上必须根据证券的市场价格来作出。这种分析工作有以下两个前提：第一，市场价格经常偏离证券的实际价值；第二，当发生这种偏离时，市场中会出现自我纠正的趋势。"

格雷厄姆认为，内在价值是影响股票市场价格的两大重要因素之一，另一个因素即投机因素，价值因素与投机因素的交互作用使股票市场价格围绕股票的内在价

🖱 股票市场围绕价值上下波动的原因

200多年的股市历史表明，受价值规律的影响，股票价格会围绕股票价值上下波动，不过股票市场的波动更加激烈。这是因为：

1. 金融证券的价格受一些影响深远但又变幻莫测的因素支配。格雷厄姆形象地把这种影响证券价格波动的非人力因素称为"市场先生"。

2. 尽管金融资产的市场价格涨落不定，但许多资产具有相对稳定的基础经济价值，所以，股票价格只会围绕其价值上下波动。

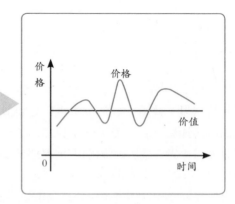

这条规律带给我们的启示就是：在证券的市场价格明显低于计算所得的内在价值时购买证券，最终必将产生超额的回报。

值不停地波动，价值因素只能部分地影响市场价格。价值因素是由公司经营的客观因素决定的，并不能直接被市场或交易者发现，这需要通过大量的分析才能在一定程度上近似地确定，通过投资者的感觉和决定，间接地影响市场价格。由于价值规律的作用，市场价格经常偏离其内在价值。

分析格雷厄姆关于价值投资的论述，我们会发现，格雷厄姆价值投资的基本思想是对股票市场价值规律的合理利用。

格雷厄姆将价值投资成功的根本原因归于股票价格波动形成的投资机会："从根本上讲，价格波动对真正的投资者有一个重要意义：当价格大幅下跌后，提供给投资者低价买入的机会；当价格大幅上涨后，提供给投资者高价卖出的机会。"

股市总是特别偏爱投资于估值过低股票的投资者。首先，股市几乎在任何时候都会生成大量的真正估值过低的股票以供投资者选择。然后，在其被忽视且朝投资者所期望的价值相反运行相当长时间以检验他的坚定性之后，在大多数情况下，市场总会将其价格提高到和其代表的价值相符的水平。投资者利用市场中的价值规律来获取最终利润。

价值投资基石：安全边际

安全边际是对投资者自身能力的有限性、股票市场波动的巨大不确定性以及公司发展的不确定性的一种预防和扣除。有了较大的安全边际，即使我们对公司价值的评估有一定的误差，市场价格在较长的时期内也会仍低于价值，公司发展就是暂时受到挫折，也不会妨碍我们的投资资本的安全性，并能保证我们取得最低限度的满意报酬率。

格雷厄姆曾告诉巴菲特两个最重要的投资规则：

第一条规则：永远不要亏损。

第二条规则：永远不要忘记第一条。

巴菲特始终遵循着导师的教诲，坚持"安全边际"的原则，这是巴菲特永不亏损的投资秘诀，也是成功投资的基石。格雷厄姆说："安全边际的概念可以被用来作为试金石，以助于区别投资操作与投机操作。"根据安全边际进行的价值投资，风险更低但收益更高。

寻找真正的安全边际可以由数据、理性的推理和很多实际经验得到证明。在正常条件下，为投资而购买的普通股，其安全边际大大超出了现行债券利率的预期获利能力。

如果忽视安全边际，即使你买入非常优秀的企业股票，如果买入价格过高，也很难盈利。

即便是对于最好的公司，你也有可能买价过高。买价过高的风险经常会出现，而且实际上现在对于所有股票，包括那些竞争优势未必长期持续的公司股票，这种买价过高的风险已经相当大了。投资者需要清醒地认识到，在一个过热的市场中买入股票，即便是一家特别优秀的公司的股票，可能也要等待很长的一段时间后，公司所能实现的价值才能增长到与投资者支付的股价相当的水平。

根据安全边际进行价值投资的投资报酬与风险不成正比而成反比，风险越低往

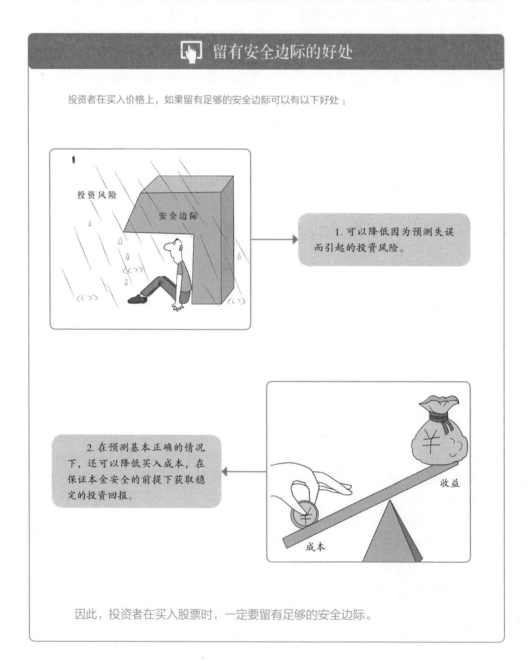

留有安全边际的好处

投资者在买入价格上，如果留有足够的安全边际可以有以下好处：

投资风险

安全边际

1. 可以降低因为预测失误而引起的投资风险。

2. 在预测基本正确的情况下，还可以降低买入成本，在保证本金安全的前提下获取稳定的投资回报。

收益

成本

因此，投资者在买入股票时，一定要留有足够的安全边际。

往报酬越高。

在价值投资法中，如果你以 60 美分买进 1 美元的纸币，其风险大于以 40 美分买进 1 美元的纸币，但后者报酬的期望值却比前者高，以价值为导向的投资组合，其报酬的潜力越高，风险越低。

在 1973 年，《华盛顿邮报》公司的总市值为 8000 万美元，你可以将其资产卖给十位买家中的任何一位，而且价格不低于 4 亿美元，甚至还会更高。该公司拥有《华盛顿邮报》、《新闻周刊》以及几家重要的电视台，这些资产目前的价值为 20 亿美元，因此愿意支付 4 亿美元的买家并非疯子。现在如果股价继续下跌，该企业的市值就会从 8000 万美元跌到 4000 万美元。更低的价格意味着更大的风险，事实上，如果你能够买进好几只价值严重低估的股票，如果你精通于公司估值，那么以 8000 万美元买入价值 4 亿美元的资产，尤其是分别以 800 万美元的价格买进 10 种价值 4000 万美元的资产，基本上是毫无风险的。因为你无法直接管理 4 亿美元的资产，所以你希望能够找到诚实且有能力的管理者，这并不困难。同时你必须具有相应的知识，使你能够大致准确地评估企业的内在价值，但是你不需要很精确地评估数值，这就使你拥有了一个安全边际。你不必试图以 8000 万美元的价格购买价值 8300 万美元的企业，但你必须让自己拥有很大的安全边际。

在买入价格上坚持留有一个安全边际。如果计算出一只普通股的价值仅仅略高于它的价格，那么就没有必要对其买入产生兴趣。相信这种"安全边际"原则——格雷厄姆尤其强调这一点——是投资成功的基石。

价值投资能持续战胜市场

作为投资者，在投资中，你付出的是价格，而得到的是价值，不需要考虑那些单个股票的价格周期及整个市场的波动。市场周期绝不是影响投资者选择股票的重要因素，当股价处在高位时，你更难以发现那些被市场低估的股票，因为此时大多数股票价格偏高；而当市场处在低迷时，你的选择余地会更多，因为此时大多数企业价值被低估，你就有了更多的选择。巴菲特说："每个价值投资的投资业绩都来自于利用企业股票市场价格与其内在价值之间的差异。"价值投资以高收益和低风险持续战胜市场。

从格雷厄姆 1934 年出版《证券分析》一书提出价值投资以后，70 多年来，证券市场不断发展壮大，已经发生了巨大的变化，那么，价值投资在这 70 年期间一直有效吗？答案是：有效，而且非常有效，甚至可以说价值投资是唯一能够持续战胜市场的投资策略。

价值投资的实践也证明，基于安全边际的价值投资能够取得超出市场平均水平的投资业绩，而且这种超额收益并非来自于高风险，相反，价值投资策略的相对风险更小。

巴菲特关于价值投资的收益更高、风险更低的说法，根据一些财务指标与股票价格的比率分析（价格与收益比、价格与账面值比、价格与现金流量比等）表明，投资于低市盈率、低股价股利收入比率、低股价现金流比率股票，能够取得超额的投资利润。这些指标尽管并不能直接表示安全边际的大小，但可以间接证明比率较低的公司股票相对于比率较高的公司股票可能被低估，所以，相对而言具有较大的安全边际。因此，这为普通投资者采用价值投资策略提供了更多的依据。

价值投资者利用价格与价值的偏离，以低价买入目标股票，以更高的价格卖出自己以前低价买入的股票。那么，价值投资原理为什么有效呢？也就是说，股票市场中价格与价值为什么会这样波动呢？在股票市场中，价格为什么会经常偏离价值，而且在价格偏离价值经过相当长的时间后，价格会向价值回归呢？这是所有价值投资人都必须思考的最重要的问题。因为认识市场的波动规律，对于投资人战胜市场具有非常重大的意义。

实际上，价值投资能持续战胜市场的关键在于股市波动，合理利用价值规律。巴菲特回忆在为格雷厄姆—纽曼公司工作时，他问他的老板格雷厄姆：当一家股票的价值被市场低估时，作为投资者如何才能确定它最终将升值呢？格雷厄姆只是耸耸肩，回答说："市场最终总是会这么做的……从短期来看，市场是一台投票机；但从长期来看，它是一台称重机。"

在当今社会，价值投资越来越引起人们的关注，但真正这样做的人并不多。因为价值投资的概念虽然不难懂，但人们却很难真正这样实践，因为它与人性中的某些惯性作用是相抵触的。投资者习惯了"旅鼠式"的行动，如果让他们脱离原有的群体，是非常不容易的。就像巴菲特所指出的那样："在我进入投资领域三十多年的亲身经历中，还没有发现运用价值投资原则的趋势。看来，人性中总是有某种不良成分，它喜欢将简单的事情复杂化。"

对投资者来说，重要的不是理解别人的投资理念，而是懂得在实践中如何运用它。

价值投资的三角：投资人、市场、公司

要想成功地进行投资，你不需要懂得有多大市场、现代投资组合理论等，你只需要知道如何评估企业的价值以及如何思考市场的价格就够了。

巴菲特说："评估一家企业的价值，部分是艺术，部分是科学。"价值投资者需要评估企业价值、思考市场价格。关于价值投资，作为一般投资者，并不一定要学习那些空洞的理论，只需学习公司估价与正确看待市场波动。

巴菲特认为投资者在学习公司估价与正确看待市场波动的同时，必须培养合适

的性格，然后用心思考那些你真正下功夫就能充分了解的企业。如果你具有合适的性格，你的股票投资就会做得很好。

成功的投资生涯不需要天才般的智商、非比寻常的经济眼光或是内幕消息，所需要的只是在做出投资决策时的正确思维模式，以及有能力避免情绪破坏理性的思考，你的投资业绩将取决于你倾注在投资中的努力与知识，以及在你的投资生涯中股票市场所展现的愚蠢程度。市场的表现越是愚蠢，善于捕捉机会的投资者胜率就越大。

综合巴菲特关于价值投资的论述，我们将其总结归纳为价值投资成功的金三角：

（1）培养理性自制的性格。

（2）正确看待市场波动。

（3）合理评估公司价值。

以下我们分 3 方面来论述价值投资成功的金三角：

1. 如何分析自己，培养理性自制的性格

巴菲特强调投资成功的前提是理性的思维与自制的性格：

投资必须是理性的，如果你不能理解它，就不要做。

巴菲特的合作伙伴查理·芒格在斯坦福法学院的演讲中说："在投资中情商远比智商更为重要。做投资你不必是一个天才，但你必须具备合适的性格。"

股票投资者只强调对公司财务数据的数学分析，并不能保证其成功，否则会计师和数学家就是世界上最富有的人了。但过于迷信属于投资艺术的灵感，也很危险，否则艺术大师、诗人、气功大师全都是投资大师了。

投资者在对公司的历史进行分析时，需要保持理性；对公司未来进行预测时需要敏感和直觉。但由于历史分析和未来预测都是由投资人做出的，而投资人在分析预测的过程中面对尽管很多却并不完整的历史信息，以及数量很少、准确性很差的未来预测信息时，每一次投资决策在某种程度上都是一种结果不确定的博弈。投资人的长期业绩取决于一系列的博弈。所以，投资人必须像职业棋手那样具有良好的性格，从而提高决策的稳定性，否则像赌徒那样狂赌，一次重大失误就足以致命。

2. 如何分析市场

态度对市场波动有很大的作用，是因为股票市场的影响力实在是太巨大了，投资者要保持理性的决策是一件非常困难的事情。

正如巴菲特所说："一个投资者必须既具备良好的公司分析能力，同时又必须把他的思想和行为同在市场中肆虐的极易传染的情绪隔绝开来，才有可能取得成功。在我自己与市场情绪保持隔绝的努力中，我发现将格雷厄姆的'市场先生'的故事牢记在心是非常有用的。"

在市场波动的巨大心理影响下，保持理性，是对市场波动有正确的态度和看法

的前提。

投资大师们用其一生的投资经验为我们提出了正确看待市场波动的成功经验：

格雷厄姆和巴菲特的忠告："市场先生"是仆人而非向导。

巴菲特与林奇的警告：股市永远无法准确预测。

巴菲特与林奇投资成功的基本原则：要逆向投资而不是跟随市场。

投资大师对有效市场理论的共同批判：有效市场理论荒唐透顶。

 价值投资的误区

投资者要避免步入价值投资的两大误区：

1. 价值投资就是长期持有

长期持有是为了等待低估的价格回归价值，是为了等待企业价值成长，从而带动价格的上涨，这才是本。

2. 把买入优秀企业等同于价值投资，这是严重的本末倒置

优秀企业仅是企业价值成长的一个保障而已，优秀企业也会有成长期和成熟期，不够优秀的企业也并非不能高速成长。

买入同一个企业，有的是价值投资，有的不是价值投资，即使同时同价买入，又同时同价卖出的也有的是价值投资，有的不是，关键是买卖的动机和理由。

3. 如何评估公司价值

投资者首先要对公司价值进行评估，确定自己准备买入的企业股票的价值是多少，然后跟股票的市场价格进行比较。投资者发现符合其选股标准的目标企业后，不管股价高低随意买入其股票并不能保证他获得利润。公司股票的市场价格如大大低于其对应的内在价值（更准确的应该是"真实价值"或"合理价值"），将会为价值投资人提供很大的安全边际和较大的利润空间。

因此，价值评估是价值投资的前提、基础和核心。巴菲特在伯克希尔公司1992年的年报中说："内在价值是一个非常重要的概念，它为评估投资和企业的相对吸引力提供了唯一的逻辑手段。"

因为股票的价值是公司整体价值的一部分，所以对于股东来说，不考虑股票交易的股票其内在价值评估与公司价值评估其实是完全相同的。价值投资人在进行价值分析时，对于上市公司和自己完全拥有的私有企业的价值评估方法是完全一样的。格雷厄姆指出："典型的普通股投资者是企业家，对他而言，用和估价自己的私人企业同样的方法来估价任何其他上市公司似乎是理所当然的做法。"价值投资人买入上市公司的股票，实质上相当于拥有一家私有企业的部分股权。在买入股票之前，首先要对这家上市公司的私有企业的市场价值进行评估。

第二节

评估一只股票的价值

利用"总体盈余"法进行估算

每股盈余是指税后利润与发行在外的普通股数的比率，反映普通股股东所持股份中每股应分享的利润。显然，这一比率越高越好，比率越高，每一股可得的利润就越多，股东投资收益就越好；反之就越差。其计算公式如下：每股盈余＝税后纯益－特别股股利发行在外的普通股股数。每股盈余弥补了股东仅知道每股所获得的股利而不了解盈利的全面情况这一不足。同时，这一指标也直接关系到股票价格的升跌。

巴菲特说："在这个巨大的交易舞台中，我们的任务就是寻找这类企业：它的盈利状况可以使每一美元的留存收益至少能转化为一美元的市场价值。"每位投资者的目标就是建立可以在未来很多年还能产生总体盈余最高的投资组合。

当巴菲特考虑准备进行一项新的投资时，他会先与已经拥有了的投资进行比较，看新的投资是否会表现得更好。伯克希尔公司已经拥有一个完备的评估体系来衡量新投资案，因为它过去已经积累了许多不错的投资案可供比较。对于普通投资者来说，最好的评估指标就是自己已经拥有的投资案。如果新投资案的未来潜在表现还不如你已经拥有的那一个好，就表明它还没有达到你的投资门槛，以此方法可以有99%的把握检验出你目前所看到的投资案的价值。为了了解公司股票的投资价值，巴菲特经常利用"总体盈余"法进行估算。

伯克希尔公司的总体盈余是该公司及其转投资公司营运盈余的总和，加上投资股票巨大的保留盈余，以及该公司在保留盈余没有派发股息的情形下必须付出的税金预提部分。许多年来，伯克希尔公司的保留盈余来自于惊人的股票投资报酬，包括可口可乐、联邦房屋贷款公司、吉列剃须刀公司、《华盛顿邮报》以及其他不错的公司。到1997年，公司保留了惊人的数额盈余。不过根据现在一般的会计原则，伯克希尔公司还不能在损益表中公布其每股保留盈余。尽管如此，巴菲特指出，保留盈余还是有其明显的衡量价值的。

总体盈余法为价值投资者检验投资组合提供了一个指标。

从1965年巴菲特领导伯克希尔公司以来，该公司的总体盈余一直与公司的股票

👆 上市公司股票价值的三大构成要素

1. 分红派息比例。

合理的分红派息比例，反映了公司良好的现金流状况和业务前景，亦是优质蓝筹股票的重要标志。

2. 盈利能力。

它反映公司整体经营状况和每股获利能力。主要指标是公司的边际利润率、净利润和每股的盈利水平，该指标越高越好。

3. 资产价值。

它主要以上市公司的资产净值衡量，它是资产总值中剔除负债的剩余部分，是资产的核心价值，可反映公司资产的营运能力和负债结构。

价格同步增长。但是有的时候盈余会比价格先反映出来，尤其是当格雷厄姆口中的"市场先生"表现得较为低迷的时候。同样，有时价格又比盈余先反映出来。但是无论如何，彼此的关联性必须经过一个较长的时期才会得到应有的反映。巴菲特说："这种方式会迫使投资人思考标的公司的长期远景，而不只是炒作短线题材，如此操作，成绩才会有大进步。"

作为一般投资者，在对未来的盈余状况进行评估时，应当首先研究过去。许多投资实践表明，一个公司增长的历史记录是其未来走向的最可靠的指示器。这种思路可以帮助你了解你所研究的对象，它是一个像默克那样的稳定增长的公司，还是一个像英科那样的高负债的周期性增长的公司。

可是，在数千家上市公司中，仅有一小部分实现了这样的稳定程度。其中包括艾博特实验室、默克公司、菲利浦·莫里斯、麦当劳、可口可乐、埃默森电气、自动数据处理以及沃尔格林公司。如果你绘制了这些公司多年来的利润增长图表，你就会发现一个几乎连续的趋势——无论在经济走强还是走弱时期，利润都在按一个稳定的比率增长着。能在相当长的时期内保持这样稳定水平的公司极有可能在将来做得同样好。

投资者们经常会犯这样的错误：他们对公司增长水平的推断超越了公司真实的增长率，并且他们假定一家公司能够突然与过去一刀两断。实际上，你应当预期到一个相反的结果：或早或晚，公司的总体盈余最终会降下来，因为寻找新的市场、不断扩大销售，会变得更加困难。

利用现金流量进行评估

自由现金流量贴现模型是理论上最严密、实践中最完善的公司价值评估模型，它完全适用于持续竞争的优秀企业。

巴菲特说："内在价值是一个非常重要的概念，它为评估投资和企业的相对吸引力提供了唯一的逻辑手段。内在价值的定义很简单，它是一家企业在其余下的寿命中可以产生的现金流量的贴现值。"没有准确的价值评估，巴菲特也无法确定应该以什么价格买入股票才划算。他认为现金流量是进行价值评估的最好方法。

要进行准确的价值评估，必须做好以下三种正确的选择：选择正确的估值模型——现金流量贴现模型；选择正确的现金流量定义和贴现率标准；选择正确的公司未来长期现金流量的预测方法。

1. 选择正确的估值模型——现金流量贴现模型

准确进行价值评估的第一步是选择正确的估值模型。巴菲特认为，唯一正确的内在价值评估模型是1942年约翰·伯尔·威廉姆斯提出的现金流量贴现模型：

"在写于50年前的《投资价值理论》中，约翰·伯尔·威廉姆斯提出了价值计算的数学公式，这里我们将其精练为：今天任何股票、债券或公司的价值，取决于在资产的整个剩余使用寿命期间预期能够产生的、以适当的利率贴现的现金流入和流出。请注意这个公式对股票和债券来说完全相同。尽管如此，但两者之间有一个非常重要的，也是很难对付的差别：债券有一个息票（coupon）和到期日，从而可以确定未来现金流。而对于股票投资，投资分析师则必须自己估计未来的'息票'。另外，管理人员的能力和水平对于债券息票的影响甚少，主要是在管理人员如此无能或不诚实以至于暂停支付债券利息的时候才有影响。与债券相反，股份公司管理人员的能力对股权的'息票'有巨大的影响。"

其实，关于股票的价值评估方法有很多种，那么，巴菲特为什么认为现金流量贴现模型是唯一正确的估值模型呢？

只有现金流量贴现模型，才能比较准确地评估具有持续竞争优势的企业的内在价值。

而且它是最严密、最完善的估值模型。这是因为：

（1）该模型是在对构成公司价值的业务的各个组成部分创造的价值进行评估的基础上计算公司的权益价值。这样可以使投资者明确和全面了解公司价值的来源、每项业务的情况及价值创造的能力。

（2）公司自由现金流量的多少反映了竞争优势水平的高低，产生自由现金流量的期限与竞争优势持续期相一致，资本成本的高低也反映了竞争中投资风险的高低。

（3）该模型非常精密，能处理大多数复杂的情况。

（4）该模型与多数公司熟悉的资本预算的编制过程相一致，计算也比较简单，易于操作。

2.选择正确的现金流量定义和贴现率标准

准确进行价值评估的第二步是选择正确的现金流量定义和贴现率标准。

巴菲特认为："今天任何股票、债券或公司的价值，取决于在资产的整个剩余使用寿命期间预期能够产生，并且以适当的利率贴现的现金流入和流出。"也许你会因此认为巴菲特使用的内在价值评估模型与我们在财务管理课程中学习的现金流量贴现模型完全相同。实际上二者具有根本的不同。

巴菲特认为通常采用的"现金流量等于报告收益减去非现金费用"的定义并不完全正确，因为这忽略了企业用于维护长期竞争地位的资本性支出。

巴菲特并没有采用加权平均资本作为贴现率，而采用长期国债利率，这是因为他选择的企业具有长期持续竞争的优势。

3.选择正确的公司未来长期现金流量的预测方法

可以肯定的是，投资人要得出一个证据充分的正确结论，需要对公司的经营情况有大致的了解，并且需要具备独立思考的能力。但是，投资者既不需要具备什么出众的天才，也不需要具备超人的直觉。很多时候，即使是最聪明的投资人都没有

现金流量评估——简单有效的评估方法

如果说公司的内在价值就是未来现金流量的贴现，那么恰当的贴现率究竟应该是多少呢？巴菲特选择了最简单的解决办法："无风险利率是多少？我们认为应以美国长期国债利率为准。"基于以下三个方面的理由，巴菲特的选择是非常有效的：

1. 巴菲特把一切股票投资都放在与债券收益的相互关系之中来看待。如果他在股票上无法得到超过债券的潜在收益率，那么，他会选择购买债券。

2. 巴菲特并没有浪费精力试图去为他研究的股票分别设定一个合适的、唯一的贴现率。每个企业的贴现率都是动态的，它们随着利率、利润估计、股票的稳定性以及公司财务结构的变化而不断变动。

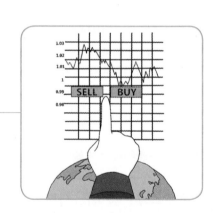

这样的优秀企业没有风险，将来价格一定上涨！

3. 如果一个企业没有任何商业风险，那么，它的未来盈利就是完全可以预测的。像可口可乐等优秀公司的股票就如同政府债券一样毫无风险，应该采用一个与国债利率相同的贴现率。

办法提出确凿的证据，即使是在最宽松的假设下仍是如此，这种不确定性在考察新成立的企业或是快速变化的产业时经常发生。在这种非常不确定的情况下，任何规模的投资都属于投机。

正是基于这些原因，巴菲特认为，防止估计未来现金流量出错有两个保守却可行的办法：能力圈原则与安全边际原则。"尽管用来评估股票价值的公式并不复杂，但分析师，即使是经验丰富且聪明智慧的分析师在估计未来现金流时也很容易出错。在伯克希尔，我们采用两种方法来对付这个问题。第一，我们努力固守于我们相信我们可以了解的公司。这意味着他们的业务本身通常具有相当简单且稳定的特点，如果企业很复杂而产业环境也在不断变化，那么，我们就实在是没有足够的聪明才智去预测其未来现金流量了，碰巧的是，这个缺点一点也不会让我们感到困扰。对于大多数投资者而言，重要的不是他们到底知道什么，而是他们真正明白自己到底不知道什么。只要能够尽量避免犯重大的错误，那么投资人只需要做很少的几件正确的事情就足以保证盈利了。第二，亦是同等重要的，我们强调在我们的买入价格上留有安全边际。如果我们计算出一只普通股的价值仅仅略高于它的价格，那么，我们不会对其买入产生兴趣。"

运用概率估值

用概率来思考，不管是主观概率还是客观概率，都使投资者对所要购入的股票进行清醒和理智地思索。

巴菲特说："用亏损概率乘以可能亏损的数量，再用收益概率乘以可能收益的数量，最后用后者减去前者。这就是我们一直试图运用的方法。"

在投资中，概率的运用提高了预测的准确性，降低了投资的风险。

如果我们说股票市场是一个无定律的世界，那么此话就过于简单了。在这个世界上成千上万的力量结合在一起，才产生了各种股票价格，这些力量随时都处于变动状态，任何一股力量对股票价格都会产生影响，而没有任何一股力量是可以被准确地预测出来的。投资人的工作就是正确评估各种股票价格变化的可能性，判断股票价格变化带来的损失与收益，并从中选择最具有投资价值的股票。

不管投资者自己是否意识到了，几乎所有的投资决策都是概率的运用。巴菲特的投资决策也应用了概率论，并巧妙地加进了自己的理解。

巴菲特说："先把可能损失的概率乘以可能损失的量，再把可能获利的概率乘以可能获利的量，然后两者比较。虽然这种方法并不完美，但我们尽力而为。"

要把概率理论应用到实际的投资当中去，还需要对数字的计算方法有更深刻的理解。

掷硬币猜中头像一面的概率为1/2，这意味着什么呢？或者说掷骰子单数出现的概率为 1/2，这又是什么意思呢？如果一个盒子里装有 70 个绿色大理石球，30 个蓝色大理石球，为什么蓝色大理石球被捡出的概率为 3/10。上面所有的例子在概率发生事件中均被称为频率分析，它是基于平均数的法则。

如果一件不确定事件被重复无数次，事件发生的频数就会被反映在概率中。如果我们掷硬币 10 万次，预计出现的头像次数是 5 万次。注意并不是"它将等于 5 万次"。按无限量大的原理只有当这个行为被重复无数次时，它的相对频数与概率才趋向于相等。从理论上讲，我们知道投掷硬币得到"头像"这一面的概率是 1/2，但我们永远不能说两面出现的概率相等，除非硬币被掷无数次。

澄清投资与概率论之间联系的一个有用例证是风险套购的做法。

根据《杰出投资家文摘》的报道，巴菲特对风险套购的看法与斯坦福商学院的学生的看法是相同的。巴菲特解释道："我已经做了 40 年的风险套购，我的老板格雷厄姆在我之前也做了 30 年。"风险套购从纯粹意义上讲，不过是从两地不同市场所报的证券差价中套利的做法。比方说，同种商品和货币在全世界不同的市场上报价，如果两地市场对同种商品的报价不同，你可以在这个市场上买入，在另一个市场上卖出，并将这其中的差额部分装入自己的腰包。

风险套购已成为目前金融领域普遍采用的做法，它也包括对已宣布购并的企业进行套购。但巴菲特说："我的职责是分析这些（已宣布购并）事件实际发生的概率，并计算损益比率。"

巴菲特经常运用主观概率的方法来解释自己的决策过程。他说："如果我认为这个事件有 90% 的可能性发生，它的上扬幅度就是 3 美元，同时它就有 10% 的可能性不发生，它下挫的幅度是 9 美元。用预期收益的 27 美元减去预期亏损的 9 美元就得出 18 美元（$3 \times 90\% - 9 \times 10\% = 18$）的数学预期收益。"

接下来，巴菲特认为必须考虑时间跨度，并将这笔投资的收益与其他可行的投资回报相比较。如果你以每股 27 美元的价格购买阿伯特公司的股票，按照巴菲特的计算，潜在收益率为 66%（18 美元除以 27 美元）。如果交易有望在 6 个月内实现，那么投资的年收益率就是 132%。巴菲特将会把这个风险套购收益率同其他风险投资收益率进行比较。

通常，风险套购会隐含着潜在损失。巴菲特承认："拿套利作为例子，其实我们就算在获利率非常确定的购并交易案中亏损也无所谓，但是我们不愿意随便抓住一些预期损失概率很大的投资机会。为此，我们希望计算出预期的获利概率，从而能真正成为决定是否投资此标的唯一依据。"

由以上我们可以看出，巴菲特在风险套利的概率评估上是相当主观的。风险套利并无实际获利频率可言，因为每一次交易都不同，每一种情况都需要做出不同的独立评估。但即使如此，理性的数学计算仍能显示出风险套利交易的获利期望值的高低。

但是，也有投资者认为，巴菲特的投资战略之所以有效是因为他有这个能力，而对那些没有这种数学能力的一般投资者，这个战略就无效。实际上这是不对的。实施巴菲特的投资战略并不需要投资者学习高深的数学。《杰出投资家文摘》报谒在南加州大学所做的演讲中，蒙格解释道："这是简单的代数问题，学起来并不难。难的是在你的日常生活中几乎每天都应用它。费马·帕斯卡定理与世界的运转方式是完全协调的。它是基本的事实，所以我们必须掌握这一技巧。"

那么，我们在投资中努力学习概率论是否值得呢？答案是肯定的。因为巴菲特

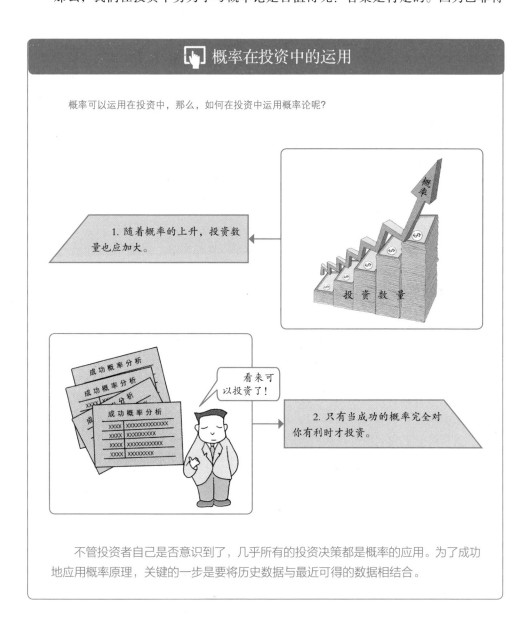

概率在投资中的运用

概率可以运用在投资中，那么，如何在投资中运用概率论呢？

1. 随着概率的上升，投资数量也应加大。

看来可以投资了！

2. 只有当成功的概率完全对你有利时才投资。

不管投资者自己是否意识到了，几乎所有的投资决策都是概率的应用。为了成功地应用概率原理，关键的一步是要将历史数据与最近可得的数据相结合。

的成功就与其概率计算能力有密切的联系。假如投资者也能学会从概率的角度思考问题，那么就会踏上获利之路，并能从自身的经验中吸取教训。

股价对价值的背离总会过去

在股市中，最常见的就是股价的波动。有时候面对的明明是一家很好的公司，但是股价却一直在价格的低位盘旋，导致很多投资者忍痛割爱，止损出局。事实上，巴菲特对这种情况的看法是：股价的波动是一件好事。因为股价的背离只是一种短暂的表现形式，从长期的角度来看，股价是不可能背离其内在价值的。

举个例子来说，巴菲特投资水果织机公司的时候，就是在该公司宣布破产的时候，当时伯克希尔公司是以差不多面额一半的价格买入了该公司的债券和银行的债券。要知道，这起破产案是十分特殊的，因为该公司虽然已宣布破产保护，可是即便是这个时候，它也没有停止支付有担保债券的利息，这样就使得伯克希尔公司每年依然能够得到15%的收益。到了2001年的时候，伯克希尔公司仍然拥有该公司10%的有担保债权。不难看出，巴菲特的做法和普通的投资者的做法是有很大区别的。当时以本金面额50%买入后，即使在70%左右进行回收，这笔投资也已经获得了40%的获利回报，如果再加上每年15%左右的利息回报，伯克希尔公司获得的回报就已经相当可观了。

另外，一个更加典型的案例是，从2000年年末开始，巴菲特就陆续购进了Finova公司的债权。其实当时这家财务金融公司已经发生了一些问题，流通在外的美元债券价格高达110亿美元，已经下跌到面额的2/3左右，伯克希尔公司就在这个价格买入了其中约13%的债权。巴菲特选择该公司的理由是，该公司凶多吉少、难逃破产命运。但即使如此，该公司的净资产仍然摆在那里。伯克希尔公司从中回收的资金也会超过2/3面额的水平。即使该公司发生了最坏的状况，仍然是可以获利的。

当然，与普通投资者的投资行为不同的是，由于伯克希尔公司总是动不动的就去取得被收购公司的控股权，所以，相比之下，普通投资者并不具备如巴菲特的话语权，这最终会影响到投资收益回报的高低。

有人问格雷厄姆是什么力量使价格最终回归于价值呢？格雷厄姆回答说："这正是我们行业的一个神秘之处，对我和其他任何人而言，也一样神奇。但我们从经验上知道，最终市场会使股价回归于价值。"

股票市场和商品市场一样，同样遵循价值规律，股价短期波动很剧烈，经常偏离其价值，但是价格围绕价值波动，从长期来看，股价最终会回归于价值。巴菲特说："股价波动是根本无法预测的。"其实他说的是短期波动。从长期来看，股价波动完全可以预测，因为股价对价值的背离总会过去，最终会回归于价值。

投资应该关注目标的内在价值

投资者在投资过程中需要注意的是，无论股价怎么波动，需要真正关心的是投资目标的内在价值。

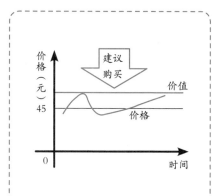

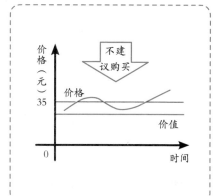

即使在股价处于高位的时候，只要在股价大大低于其内在价值的情况下，仍然可以进行投资。

相反，如果股价处于低位，但是股价已经高于其内在价值，那么这仍然是不值得投资的。

时间的价值：复利

复利是投资成功的必备利器

复利是投资者成功的必备利器。短暂的追涨杀跌难成大气候，正如古语所言："先胖不算胖，后胖压塌炕。"世界上众多成功的投资者，莫不借助于长期稳定的复利的投资手段。在中国 20 年的股市历史上，股价的大趋势一直是呈上升趋势的，也不乏一些收益率长期稳定的优质企业。如果你能坚持长期投资，利用复利的力量，那么你现在的资产已经足够让你骄傲了。

巴菲特认为投资最大的收益是"时间复利"。1989 年，巴菲特认为可口可乐公司的股票价格被低估，因此他将伯克希尔公司 25% 的资金投到了可口可乐的股票中，并从那时起一直持续至今，该项投资从最初的 10 亿美元已经飙升到了今天的 80 亿美元。1965 ～ 2006 年的 42 年间，巴菲特旗下的伯克希尔公司年均增长率为 21.4%，累计增长 361156%，同期标准普尔 500 指数成分股公司的年均增长率仅有 10.4%，累计增幅为 6479%。

所谓复利也称利上加利，是指一笔存款或投资获得回报之后，再连本带利进行新一轮投资的方法。复利的计算是对本金及其产生的利息一并计算，也就是利上有利。本利和的计算公式是：投资终值 $=P \times (1+i)^n$，其中 P 为原始投入本金，而 i 为投资工具年回报率，n 则是指投资期限长短。

有一个古老的故事，说的是印第安人要想买回曼哈顿市，到 2000 年 1 月 1 日，他们得支付 2.5 万亿美元。而这个价格正是 1626 年他们出售时的 24 美元价格以每年 7% 的复利计算的价格。时间仍然流逝，到了第二年，曼哈顿的理论估值达到了头一年的 7 倍，即 175 万亿美元。到第三年，估值将再次高出 187 万亿美元。然后第四年，200 万亿美元，如此等等。在投资过程中，没有任何因素比时间更具有影响力了。时间比税收、通货膨胀及股票在选择方法上的欠缺对个人财产的影响更为深远，要知道，社会事件扩大了那些关键因素的作用。

在股市中，如果投资者以 20% 的收益率进行投资，初始投资为 10 万元，来看一下他的盈利情况：

年份	资金额（万元）	累计收益率%
1	12	0.2
2	14.4	0.44
3	17.28	0.728
4	20.73	1.07
5	24.88	1.488
6	29.8	1.98
7	35.85	2.58
8	42.99	3.29
9	51.59	4.15
10	61.9	5.19
11	74.3	6.43
12	89.16	7.91
13	106.99	9.69
14	128.39	11.8
15	154	14.4
16	184.8	17.48

上面我们计算了该项投资 16 年的收益情况，可以算出这 16 年的年平均收益率为 109%。拿中国股市的投资者来说，有很多人都是在 1993 年进入股市的，到 2009 年正好是 16 个年头了。如果你的初始投资为 10 万元以下，到 2009 年也已经超过了 100 万元。假如你现在只有 35 岁的话，还有 43 年到巴菲特的年龄，仍然按照目前的收益率，从 184 万开始算的话，你 43 年后的收益就会是相当可观的。

再假如，你的初始投资为 10 万元的话，你的年收益率是 30%，持有 16 年后，你的收益为 678.4 万元。假如再投资 40 年就是 2450.3 亿元，按照目前的汇率 1：7 计算，你就会拥有 350 亿美元。假如 40 年后汇率变为 12 的话，你就会拥有 1225.15 亿美元的财富。那时候你比现在的巴菲特还要年轻 3 岁，你应该很满足了吧！

但问题在于很少有人有这个耐心，你要坚持投资 56 年，这期间绝大多数投资者肯定会做很多其他的事，比如消费、犯错误。此外寻找长期收益率 30% 的企业也是一件很困难的事。

也许有人会质疑，短线投机的复利力量不是更大吗？答案是肯定的，前提是你短期投机的次数要足够的少，失败的损失要足够的小，但是市场是很难预期的，而短线却恰恰依赖于精确地判断每天的行情，我们只能靠企业的成长获得可靠的收益，忽略中间的过程，只重视结果。所以短线客大部分都是不能赚钱的，而价值投资者却往往领先这些短线投机者。

比原子弹更可怕的复利

复利，就是复合利息，它是指每年的收益还可以产生收益，即俗称的"利滚利"。而投资的最大魅力就在于复利的增长。

复利的力量

神奇的复利

成功的投资在于长期坚持。而长期投资的最大魅力，就是创造不可思议的复利效应。

真厉害啊！

单利与复利的区别

单利就是利不生利，即本金固定，到期后一次性结算利息，而本金所产生的利息不再计算利息。

复利其实就是利滚利，即把上一期的本金和利息作为下一期的本金来计算利息。

复利就是一张纸连续折叠很多次，单利是一张纸折叠一次，然后再折叠另一张纸。显然 52 张纸各折叠一次，远远不如一张纸连续折叠 52 次。

因此，我们注意到，复利的关键是时间。投资越久，复利的影响就越大。而且，越早开始投资，你从复利的效果中赚得就越多。所以，只要拥有耐心、勤勉的投资努力，任何人都能够走上亿万富翁之路。对于一个刚工作的年轻人，从现在丌始每年节省下来几千块钱，放在比较稳健的长线股里，在复利的作用下，就能使个人在退休时轻松积累超过100万元的财富。时间在复利方式计算下的力量能够确保他仅靠储蓄就能够在65岁或者70岁时获得相当数量的财富。如果他能够每年多投入几千元，那么退休时的财产积累将会更多。如果通过个人的财富管理能够多获得几个百分点的收益率，那么最终他的财富将成倍地增加。

投资者要为股票周转率支付更多的佣金

股票的换手并不能给投资者创造任何经济价值，它的贡献就是给股票的代理行业带来巨额的收益。如果投资者持有股票的时间能够持续多年，那么公司的收益必将远远超过股票交易佣金的数量。然而如果股票的周转率过高，并且将这个趋势一年一年地延续下去的话，社会中持有股票的好处将会被忽视，更多的资金将从生产领域中抽取出来并注入交易的领域，从而取代了将它们重新注入能够获得盈利领域的机会。为了支付1元的收入必须支付的交易成本将远远超过1元。

巴菲特曾说："一个成功的传教士不在于他的教堂中每周座位的上座率，而在于听他传教的人的持久性。我们的目标是使我们的股东合伙人从公司业绩中获利。要记住，人们常常忽视的致命危险，即是从总体上看投资者不可能产生超过公司收益的回报。"

从总体上来看，短期交易不仅影响着个人的投资业绩，同时还阻碍着整个经济的发展。原因很简单，因为那些本可以更好地用于提高生产力的货币被浪费在了频繁的交易及其所导致的交易成本上了，那是从财政领域里抽取货币并最终导致货币的错误配置。

1998年，加州大学戴维斯分校的财政学教授特伦斯·奥丁和布拉德·巴伯，进一步证明了频繁的交易将导致收益的降低。他们详细分析了到1996年12月为止6年内的7.8万项交易。有趣的是，奥丁和巴伯发现投资者们的平均收益率都达到了标准普尔500指数的增长速度。在6年之内，投资者的年收益率达到17.7%，略超出了市场17.1%的增长速度。然而扣除佣金之后，投资者的净收益率为15.6%，比市场增长速度整整低了1.5个百分点。随着交易次数的增加，交易的年收益率还会进一步降低。

1999年，苹果公司每天的平均换手率已经超过了7次，这样导致的结果就是，它的股份的持有时间低于50天。1999年，苹果公司的股份交易超过13亿，但实际上该公司却只有1.75亿股份。苹果公司的股票交易，由个人及机构股东支付了4.5

亿美元的佣金和交易差价，但实际上年净收益只有 3.85 亿美元。

2000 年初，大众软件公司股份的平均换手时间为 92 天。假设每股在 0.06 美元的佣金和 1/8 点的交易差价的情况下，那么综合交易成本就达到了每年 1.91 亿美元，但是实际上公司的年收益只有 6200 万美元。投资者为美国在线支付的总代理费用为 18 亿美元，实际上美国在线的年收益都没有超过 7 亿美元。

至 2000 年 2 月，雅虎公司的全部股份是以每年 10.8 次的转手速度在股市中交易的，这说明在市场中，该公司的股票是每 33 天就全部转手一次的。雅虎的 3.98 亿股份在一年中的交易次数相当于 43 亿的股份交易。如果假设投资者在买卖股票时需要支付 0.125 美元的差价及 0.06 美元的佣金，按这个来计算的话，43 亿股份交易的总交易成本就是 7.96 亿美元，这即投资者必须要支付的交易差价和交易佣金。但事实上，雅虎公司一年的总收入还不超过 1.55 亿美元。这就意味着，投资者是在用 5 美元的交易成本来换取他们对公司 1 美元的收入。

到目前为止，除巴菲特以外，几乎没有任何投资者对股市上的高换手率表示过担忧。他说："我们的目标是使我们的股东合伙人从公司的业绩中获利。"股票价值在于公司的业绩而不是股票的换手率。无论每天的交易量是 1000 股还是 1000 万股，只要公司的收入有 15% 的年增长速度，公司的股票价格就注定会持续增长。

持有时间决定着收入的概率

事实上，1 个月的持有策略的交易成功率还不到 50%。这一概率也许能够让你成为赌城中的大赢家，但是在股市中却注定要失败。因为如果你全部的短期投资中只有一半能够盈利，那么你很可能由于佣金和交易费用的原因损失自己的全部资金。短期投机交易就失去了它身上的光环。人们已经完全明白骰子只能用于娱乐，你永远也不会通过掷骰子来赚钱。然而依靠时间，却能大大提高你的获利概率，为什么不这么做呢？

巴菲特说："如果你在一笔交易中挣了 125 美元，然后支付了 50 美元的佣金，你的净收入就只有 75 美元。然而如果你损失了 125 美元，那么你的净损失就达到 175 美元。"

从上面这个现象可以看出，如果投资者想通过短期的交易获得 8% 的收益率的话，必须要有三次成功的交易才能弥补上一次的失败交易。意思就是说，短期投资者必须保证 75% 的交易是成功的，才不至于损失，可见这个概率就变得很小了。因为股票市场是完全随机无法预测的，就像掷硬币游戏出现正面和反面的概率是一样的，下一桩股票交易的价格上升还是下降的概率也几乎完全一样。从长期来看，任何人在这样的游戏中都只有 50% 的概率能够盈利。

假如你有 10 万元的初始资金，如果你在一年之内交易了 100 次，按 50% 的概率

👆 短期交易不讨喜的原因

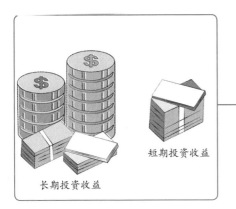

短期投资收益

长期投资收益

巴菲特十分嫌恶短期交易。对他而言，这种浪费资金的行为通常只会使投资者获得较少的收益。

更有甚者，这种行为会引起股票定价上严重的不一致性，从而导致投资者不理性的行为并滋生投资者对股市的片面理解。

这股价怎么了？股市不会要变天吧？

我要伐树。

不行，我要长线投资！

因此，巴菲特非常注重投资的长期性，这样更容易获得收益。

来算，其中有一半每笔获利 500 元，那么意味着另一半每笔遭受 500 元的损失。按这样的情况到年终的时候，你的盈利就会为零。假如再把你每笔交易（买卖）的佣金费用（50 元）算进去的话，那么年终你的资金实际上是损失了 1 万元。即使你的这 100 次交易有 60% 都是盈利的，你还是处于亏损的边缘。假如你想获得 10% 的收益的话，这就要求你 70% 的交易都是能够盈利的。如果你再有点野心要达到年收益率到 20% 的收益的话，你必须要有 80% 的交易都保证盈利才可以。

巴菲特曾经半开玩笑地说，美国政府应该对持有股票不超过一年的资本交易征收 100% 的税。"我们大多数的投资应当持有多年，投资决策应当取决于公司在此期间内的收益，而不是公司股价每天的波动。"20 多年前他曾对《奥马哈世界先驱报》说，"就像当拥有一家公司却过分关注公司股价的短期波动一样，我认为在认购股票时只注意到公司近期的收益一样不可思议。"

巴菲特曾说："考虑到我们庞大的资金规模，我和查理还没有聪明到通过频繁买进卖出来取得非凡投资业绩的程度。我们也并不认为其他人能够像蜜蜂一样从一朵花飞到另一朵花来取得长期的投资成功。我认为，把这种频繁交易的机构称为投资者，就如同把经常体验一夜情的人称为浪漫主义者一样荒谬。"

巴菲特采取长期持有的另一个重要原因，是尽可能减少缴纳资本利得税，使税后长期收益最大化。几乎所有的投资者都要缴纳资本利得税，但资本利得税只有在你出售股票并且卖出的价格超过你过去买入的价格时才需要缴纳。因此，是否缴纳资本利得税对于投资者来说是可以选择的。投资者既可以选择卖出股票并对获得利润部分缴纳资本利得税，也可以选择不卖出股票从而不缴税。由于存在资本税收，所以投资者在投资中需要将税收考虑在成本之内，追求税后收益的最大化。

第二章

巴菲特的集中投资策略

最高规则聚集于市场之中

让"市场先生"为你所用

在今天看来,"市场先生"的寓言已经过时了,但是目前市场上仍然有大多数职业选手和学术人士在谈论有效的市场、动态套期保值和估值。他们对这些事情相当地感兴趣,是因为裹着神秘面纱的投资技巧显然对投资建议提供者有利。然而对于那些喜欢听取投资建议的投资者来说,市场秘籍的价值却是另外一回事。对一家企业进行良好的判断,将思想和行为同围绕在市场中的极易传染的情绪隔绝开来,就会让一个投资者成功。务必记住的准则是:"市场先生"是为你服务的,不要把他当成你的向导。

股市由几千万股民构成,在这场竞局中,自己账户之外的每一个人都是自己的对手。面对如此众多的对手,自己未免拔剑四顾心茫然,故必须对股市竞局的局面进行简化,把多方竞局简化为少数的几方。

股神沃伦·巴菲特曾经举过一个市场先生的例子:设想你在与一个叫"市场先生"的人进行股票交易,每天"市场先生"一定会提出一个他乐意购买你的股票或将他的股票卖给你的价格。"市场先生"的情绪很不稳定,因此,在有些日子"市场先生"很快活,只看到眼前美好的景象,这时他就会报出很高的价格。其他日子,"市场先生"却相当懊丧,只看到眼前的困难,报出的价格很低。另外"市场先生"还有一个可爱的特点,就是他不介意被人冷落,如果他所说的话被人忽略了,他明天还会回来同时提出他的新报价。"市场先生"对我们有用的是他口袋中的报价,而不是他的智慧。如果"市场先生"看起来不太正常,你就可以忽视他或者利用他这个弱点,但是如果你完全被他控制,后果将不堪设想。

虽然沃伦·巴菲特是以投资著称于世的,但他实际上是一个深谙股市博弈之道的人,他很清晰地阐述了按博弈观点考虑问题的思路。他的模型把股市竞局简化到了最简单的程度——一场他和"市场先生"两个人之间的博弈。局面非常简单,巴菲特要想赢,就要想办法让"市场先生"输。那么巴菲特是怎样令"市场先生"输掉的呢?他先摸透了"市场先生"的脾气,他知道"市场先生"的情绪不稳定,他会在情绪的左右下做出很多错误的事,这种错误是可以预期的,它必然会发生,因为这是由"市场先生"的性格所决定的。巴菲特在一边冷静地看着"市场先生"的

📖 学会和"市场先生"博弈

冷静!

首先,"市场先生"要想让你发疯,自己必须先发疯。所以只要能保持冷静,不跟着他发疯,就必然可以战胜他。

其次,和"市场先生"交易重要的不是看他所出的价格,而是要注意他的情绪,看着他的情绪进行买卖:

趁他这会儿高兴,赶紧把股票卖给他!

看来市场先生情绪不好啊,我该买进股票了!

当"市场先生"的情绪不好时就买入。

当"市场先生"的情绪好时就卖给他。

按这种思路,巴菲特赢了"市场先生",赢的依据在于"市场先生"的情绪不稳定,而巴菲特掌握了判断"市场先生"的情绪的方法,赢得明明白白。

表演，等着他犯错误，由于他知道"市场先生"一定会犯错误，所以他很有耐心地等待着，就像我们知道天气变好后飞机就会起飞，于是我们可以一边看书一边喝着咖啡在机场耐心地等待一样。所以，巴菲特战胜"市场先生"靠的是洞悉"市场先生"的性格弱点。所谓"市场先生"，就是除自己之外，所有股民的总和。巴菲特洞悉了"市场先生"的弱点，其实也就是洞悉了股民群体的弱点。

在巴菲特面前，"市场先生"就像个蹩脚的滑稽演员，徒劳地使出一个又一个噱头，却引不起观众的笑声，帽子举在空中不仅没有收到钱，反倒连帽子也被一块抢走了。但"市场先生"决非蹩脚的演员，他的这些表演并非无的放矢，其实这正是他战胜对手的手段。"市场先生"战胜对手的办法是感染。因为巴菲特过于冷静，所以"市场先生"的表演在他面前无效，反倒在表演过程中把弱点暴露给了他。但对别的股民来说，"市场先生"的这一手是非常厉害的，多数人都会不自觉地受到它的感染而变得比"市场先生"更情绪化。这样一来，主动权就跑到了"市场先生"手里，输家就不再是"市场先生"了。这就是"市场先生"的策略。

"市场先生"的策略是有一定冒险性的，因为要想感染别人，自己首先必须被感染，要想让别人疯狂起来，自己首先必须疯狂起来，这是一切感染力的作用规律，所以"市场先生"的表现必然是情绪化的。那些受到感染而情绪化操作的人就被"市场先生"战胜了。反之，如果不被他感染，则他为了感染你而做的一切努力都是一些愚蠢行为，正可以被你利用。打一个比喻："市场先生"之于投资人正如魔之考验修行人一样，被它所动则败，任它千般变化不为所动则它能奈我何。

"市场先生"的弱点是很明显的，每个人都可以很容易地利用这一点来战胜他。但另一方面，"市场先生"正是市场中所有股民行为的平均值，他性格不稳定是因为市场中很多股民的行为更为情绪化，更为不稳定。"市场先生"会不厌其烦地使出各种手段，直至找到足够多的牺牲者为止，所以大多数人都将成为"市场先生"的牺牲者，能战胜"市场先生"的永远只有少数人。只有那些极为冷静，在"市场先生"的反复诱骗下不为所动的人，才能利用"市场先生"的弱点战胜他。那些不幸受到"市场先生"的感染而情绪更不稳定的人，就会反过来被"市场先生"所战胜。所以，股民战胜"市场先生"的本钱是理智和冷静，"市场先生"战胜股民的本钱是人们内心深处的非理性。"市场先生"的策略是设法诱导出这种非理性，诱导的办法就是用自己的情绪感染别人的情绪，用自己的非理性行为诱导出别人更大的非理性行为。如不成功就反复诱导，直到有足够多的人着道为止。

反其道而行，战胜市场

反向操作并不是单纯地机械式的逆势而为，为反对而反对比盲目跟风的风险更大。股票市场对于公司股价判断正确与否的概率几乎是一样的，因此投资人唯一能与市场大众反向操作的状况应为：股票市场对于事件的心理反应似乎已到了疯狂的极致；对于公司财务资料的分析大家都错了。尤其需要注意的是，当缺乏足够的论据支持自己的反向操作观点时，千万不要与市场对立。

1988年巴菲特在致股东的信里说："当看到1988年很丰硕的套利成果后，你可能会认为我们应该继续努力以获得更丰厚的回报，但实际上我们采取的态度就是继续观望。

"然而，我们决定在长期期权方面上的投资要大幅提高的理由是：目前的现金水位已经下降，如果你经常读我们的年报，那么我们的决定并不是基于短期股市的表现，我们更注重的是对个别企业长期的经济展望，我们从来没有并且以后也不会对短期股市、利率或企业活动做任何评论。"

巴菲特认为，反其道而行，即反向投资策略，是我们回避市场风险，保证投资获利的关键。

所谓反向投资策略，就是当大多数人不投资时，投资；当大多数人都急于投资时，卖出。反向策略的观念非常简单，只要能做到"人弃我取，人舍我予"就好了。但要实践反向策略，必须克服人性的弱点，要能做到不从众，能够独立判断，忍耐寂寞，才能制胜。大部分投资人都是在周遭亲友一致认同的情况下，才开始投资；而炒股高手正好相反，在知道大部分亲友都担心恐惧时，才开始考虑投资。反向策略者相信当大众对未来的看法趋于一致时，大部分时候是错的，同时反转的力量会很大。

反向投资策略为何如此有效？理由很简单，如果市场中大多数的人都看好价格会继续上涨，此时进场投资的人及资金早已因为一致看好而大量买进，所以价格通常因大量买超而产生超涨的景象。又由于该进场的人与资金都已经在市场内了，于是市场外能推动价格上涨的资金所剩无几，且市场中的每个人皆准备伺机卖出，导致整个证券市场的潜在供给大于需求，因此只要有任何不利的因素出现，价格就会急速下跌。反之，如果市场中大多数人都认为价格会继续下跌，此时该卖的人早已因为一致看坏而大量卖出，所以价格通常因大量卖超而产生超跌现象。又由于该卖的人都已经不在市场内了，于是市场内想卖出的浮动筹码已少之又少，所以卖压很少，且市场外的每个人皆准备逢低买进，导致整个证券市场潜在的需求大于供给，因此只要有任何有利的因素出现，价格就会急速上涨。

那么我们该如何衡量大多数人的判断思维呢？一般说来，如果股市处于上升的高速阶段，此时几乎每人的股票账户上都赚得盘满钵溢，大多数股民都会兴高采烈，忘乎所以。此时的媒体、股评人更加激动，大肆渲染多头市场的发展趋势，为股民描绘一个又一个创新高的点位。外场的资金也经不起诱惑而积极加入炒股大军，大有全民炒股的态势。这时就可以判断大多数人的思维处于什么态势。如果用反向投资策略，此时更要做到"众人皆醉我独醒，众人皆炒我走人"。如果股市处于下跌的高速阶段，此时几乎每人的股票账户上昨天还是赚得盘满钵溢，转瞬之间就烟消云散，严重套牢了，大多数股民垂头丧气，万念俱灰。此时的媒体、股评人更加悲观，大肆渲染空头市场可怕的发展趋势，为股民描绘一个又一个创新低的点位。证券营业

如何反其道而行

1. 投资顾问意见

投资顾问一般都鼓励客户逢低买进，逢高卖出。

2. 证券公司人气是否兴旺

如果证券公司以前很热闹，现在人忽然减少，说明股价在下跌，而且跌得很厉害，反之，股价在上涨。

3. 共同基金持有现金比率

共同基金的投资组合中持有现金增多，表示股价要下跌；持有现金减少，表示股价要上涨。

部门口的自行车也明显减少。入场的资金和盈利的资金纷纷撤离，大有全民空仓的态势。这时就可以判断大多数人的思维处于什么态势。如果运用反向投资策略，此时就要做到"众人皆醉我独醒，众人皆空我做多"。

例如，1996 年 10 月到 12 月初，1997 年 2 月到 5 月，沪深股市开始猛涨，当时几乎每人的股票账户上都赚得盆满钵溢，有人甚至提出"不怕套，套不怕，怕不套"的多头口号。管理层当时接连发了十几个利空政策，但是大多数股民不听，结果后来套得很惨。2001 年 6 月 14 日，沪指创新高 2245 点后，媒体、股评人更加激动，大肆渲染多头市场的发展趋势，为股民描绘一个又一个创新高的点位，2500 点，3000 点……大多数股民处于多头思维中。这时如果用反向投资策略，就要"众人皆炒我走人"，不玩了。

又如：2001 年 7 月后，股市处于下跌的高速阶段，此时严重套牢的大多数股民垂头丧气，万念俱灰。而媒体、股评人更加悲观，大肆渲染空头市场可怕的创新低的点位，有人甚至提出沪指要跌到 800 点、400 点。资金纷纷撤离观望。这时就可以判断大多数人的思维处于空头悲观态势。如果用反向投资策略指导行动，就应在适当时机入市，完全可以在 2001 年 10 月、2002 年 6 月和 2006 年打一个漂亮的反弹仗和反转仗。

正确掌握市场的价值规律

短期内的股价波动对价值投资者来说毫无意义，因为价值规律告诉我们，价格总有一天是会向其价值回归的。这种价值回归具有相对滞后性，正便于投资者从容决策。

巴菲特说："最近 10 年来，实在很难找得到能够同时符合我们关于价格与价值比较的标准的权益投资目标。尽管我们发现什么事都不做，才是最困难的一件事，但我们还是尽量避免降格以求。"

巴菲特认为，"市场先生"在报出股票交易价格时，最终是遵循价值规律的。道理很简单：价值规律是商品经济的基本规律，而股市是商品经济的产物，所以理所当然要遵循价值规律。

价值规律的基本原理是：商品的价值是由生产商品的社会必要劳动时间决定的，商品交换要根据商品的价值量来进行。

价值规律的表现形式是：在商品交换的过程中，受供求关系影响，价格围绕价值上下波动。从短期看，价格经常背离价值；从长期看，价格一定会向价值回归。

当 1929 年美国股市面临市场崩盘的威胁时，美国国会特地请来了一些专家召开意见听证会。巴菲特的老师格雷厄姆作为当时华尔街上最著名的投资大师，也参加了这次听证会。

会上，美国参议院银行业的委员会主席问格雷厄姆，假如存在这样一种情形：你发现某种商品的价值达 30 美元，而现在你只要用 10 美元就能买得到；并且又假如你已经买下了一些这样的商品，那么显而易见，这种商品的价值只有当得到别人认可时，也就是说，只有当有人愿意以 30 美元的价格从你的手里买回去时，你才能实现其中的利润。把这个例子用在股票上，你有什么办法能够使一种廉价的股票最终发现自己的价值呢？

格雷厄姆回答说："这个问题正是我们这个行业的神秘之处。但经验告诉我们，市场最终会使股价达到它的价值。也就是说，目前这只价格很低的股票，将来总有一天会实现它的价值。"

格雷厄姆认为，影响股票价格有两个最重要的因素：一是企业的内在价值，二是市场投机。正是这两者交互作用，才使得股价围绕着企业的内在价值上下波动。也就是说，价值因素只能在一定程度上影响股票价格，股票价格偏离内在价值的事情是经常发生的，也是丝毫不奇怪的。

读者是否还记得，1969 年巴菲特认为当时的美国股市已经处于高度投机状态，真正的市场价值分析原理在投资分析和决策中所起的作用越来越小，于是解散了合伙企业巴菲特有限公司，并且对公司资产进行了彻底清算，对公司持有的伯克希尔股票按投资比例进行了分配。

遵照格雷厄姆的教诲，巴菲特和他的合作伙伴芒格，把衡量伯克希尔公司可流通股票价值大小的标准，确定为在一个相当长的时期内的股票价格表现，而不是看每天甚至每年的股票价格变化。

因为他们相信，股市可能会在一段时期内忽视企业的成功，但最终一定会用股价来反映这种成功。只要公司的内在价值以令人满意的速度增长，那么，公司的成功究竟在什么时候被市场普遍认可，就不是一件非常重要的事了。

相反，这种市场共识相对滞后，对投资者来说很可能是一件好事——它会带来许多好机会，让你以很便宜的价格买到更多的好股票。

有效利用市场无效，战胜市场

巴菲特说："如果股票市场总是有效的，我只能沿街乞讨。"所以我们无须理会股票的涨跌，对待股票价格波动的正确态度，是所有成功的股票投资者的试金石。我们要做的只是两门功课，一门是如何评估企业的价值，另一门是如何思考市场价格。其他的信息就不是我们所要关心的。

巴菲特在 1988 年致股东的信里写道："在过去的 63 年里，大盘整体的投资报酬大概只有 10%。这指的就是最初投入 1000 美元，63 年后就可以获得 405000 美元；但是如果能够得到的投资报酬率为 20%（这个回报率是伯克希尔以及巴菲特的老师格雷厄姆公司的长期投资业绩），现在就能变成 970000 美元。

不管它们已经对多少学生产生了误导，市场效率理论还是继续在各大企业管理名校中被列为投资课程的重要理论之一。

当然，那些已经被骗的投资专家在接受市场无效率理论后，对于我们以及其他格雷厄姆的追随者实在有很大的帮助。因为不管在哪项竞赛中，不管是投资、心智还是体能方面，要是遇到对手被告知思考和尝试都是徒劳的，对于我们来说，都是占尽了优势。"

按照无效市场理论，除非靠机遇，否则几乎没有任何个人或团体能取得超出市场

有效市场理论的缺陷

事实表明，有效市场理论是存在很大缺陷的，因为有几点原因：

怎么才到这个点就跌！

2600

1 投资者不可能总是理智的

按照有效市场理论，投资者使用所有可得信息在市场上定出理智的价位。然而大量行为心理学的研究表明，投资者并不具有理智期望值。

2 投资者对信息的分析不正确

投资者总是依赖捷径来决定股价，而不是依赖最基本的体现公司内在价值的方法。

你听我的准没错，过不了几天股价一定跌！

这就告诫我们，要走出有效市场理论的误区，就要正确认识市场的无效性，回归价值投资策略。只有这样，才能规避市场风险，长期持续地战胜市场。

的业绩，任何人或团体更不可能持续保持这种超出寻常的业绩。然而股神巴菲特、麦哲伦基金经理人彼得·林奇、价值投资之父格雷厄姆等投资大师以他们的骄人业绩证明了超出市场业绩是可能的，这对于有效市场理论无异于当头棒击。有效市场理论受到了重大挑战，大量实证研究表明股票市场并不像有效市场理论声称的那样总是能够形成均衡预期收益，实际上市场经常是无效的。

关于市场的无效，还有这样一则小故事：两位信奉有效市场理论的经济学教授在芝加哥大学散步，忽然看到前方有一张像是 10 美元的钞票，其中一位教授正打算去拾取，另一位拦住他说："别费劲了，如果它真的是 10 美元，早就被人捡走了，怎么会还在那里呢？"就在他俩争论时，一位叫花子冲过来捡起钞票，跑到旁边的麦当劳买了一个大汉堡和一大杯可口可乐，边吃边看着两位还在争论的教授。

对市场是有效的还是无效的理解，直接影响到你的投资策略。如果你相信市场有效，那你就认为，股票的价格总是反映了所有相关的信息，你的操作手法就是追涨杀跌，所以你无须了解公司的基本面，因为基本面反映在股价上，你只要进行技术分析就可以了。

如果你认为市场是无效的，那你就可以不理会大盘的涨跌，抛开技术分析，只要公司的价值和股票的价格相一致，就是你极佳的买入点，然而，决定买进卖出的不是股票价格的波动，而是公司经营业绩的好坏。

不要顾虑经济形势和股价跌涨

巴菲特说，在通常的投资咨询会上，经济学家们会做出对宏观经济的描述，然后以此为基础展开咨询活动。在他看来，那样做是毫无道理的。并且，假设艾伦·格林斯潘和罗伯·特·鲁宾两位重量级人物，一个在他左边，一个在他右边，悄悄告诉他未来 12 个月他们的每一步举措，他也是无动于衷的，而且也不会影响到他购买公务飞机公司或者通用再保险公司的股票，或者他做的任何事情。

与大多数投资者不同的是，巴菲特从不浪费时间和精力去分析经济形势，也从不担心股票价格的涨跌。他告诫投资者："不要浪费你的时间和精力去分析什么经济形势，去看每日股票的涨跌，你花的时间越多，你就越容易陷入思维的混乱并难以自拔。"

在佛罗里达大学演讲时，就有学生要求巴菲特谈谈目前的经济形势和利率以及将来的走向，巴菲特直截了当地回答："我不关心宏观的经济形势。"巴菲特认为：在投资领域，你最希望做到的应该是搞清楚那些重要的，并且是可以搞懂的东西。对那些既不重要，又难以搞懂的东西，你忘了它们就对了。你所讲的，可能是重要的，但是难以拎清。

巴菲特认为人们无须徒劳无功地花费时间担心股票市场的价格，同样的，他们也无须担心经济形势。如果你发现自己正在讨论或思考经济是否稳定地增长，或是否正走向萧条，利率是否会上扬或下跌，是否有通货膨胀或通货紧缩，慢点！让你自己喘一口气。巴菲特原本就认为经济有通货膨胀的倾向，除此之外，他并不浪费时间或精力去分析经济形势。

巴菲特比较喜欢购买那种在任何经济形势中都有机会获益的企业股票。当然，整个经济力量可以影响毛利率，但就整体而言，不管经济是否景气，巴菲特的股票都会得到不错的收益。选择并拥有有能力在任何经济环境中获利的企业，时间将被更聪明地运用；而不定期地短期持有股票，只有在正确预测经济景气时，才会获利。

一般来说，经济形势和股票市场的形势不一定同步，有时候甚至是反向的。有时候经济形势很好，而市场却很萧条；而当经济依然萧条的时候，股票市场却走出了一波好行情。比如，大萧条时期，1932 年 7 月 8 日道琼斯指数跌至历史的最低点 41 点，直到富兰克林·罗斯福在 1933 年 3 月上任前，经济状况依然持续恶化，不过当时股市却涨了 30%。再回到第二次世界大战初期，美军在欧洲和太平洋战场的情况很糟，1942 年 4 月股市再次跌至谷底，这时离盟军扭转战局还很远。再比如，20 世纪 80 年代初，通货膨胀加剧、经济急速下滑，但却是购买股票的最佳时机。

巴菲特提醒投资者在投资时要谨慎，不能轻率地进行投资，不能只做股市中的投票机。

拿可口可乐与吉列公司的股票为例。从 1991 年到 1993 年，可口可乐与吉列每股的获利的增加幅度分别为 38% 和 37%，但是对比当时同期的股票市价却只有 11% 和 6%。也就是说，巴菲特选择的这两家股票的价值已经超越了当期股票市场的表现。当时，华尔街对可口可乐品牌有很深的疑虑，他们都对这两只股票存在怀疑的态度。但是等到数年以后，情况发生了逆转，可口可乐和吉列的股价发生了报复性的暴涨，并且远远超过了每股盈余的增长。

这个案例就是投资市场上所谓的"投票机"和"体重计"的写照。正如不同的投资者有不同的风险承受能力一样，这关键并不在于追求最高的投资报酬率，而是发现最适合自己的投资品种。从短期来看股市是一个投票机，但是，从长期来看，股市确实是一个称重机。无论你投资哪类品种，都不能仅仅依靠市场上的"时尚风向标"、"人气指数"，还需要进行"量体裁衣"，打造有把握的投资目标。

在巴菲特的办公室里，并没有股票行情终端机之类的东西，但他的投资业绩并没有因此而失色。巴菲特表示，如果投资者打算拥有一家杰出的企业股份并长期持有，但又去注意每一日股市的变动，是不合逻辑的。最后投资者将会惊讶地发现，不去持续注意市场的变化，自己的投资组合反而变得更有价值。

市场与预测是两码事，市场是在变化的，而预测是固定不变的，预测的固定不变只会给分析市场的人以错觉感。所以，下次当你被诱惑相信你已最终找到一种可实现利润而且可以被重复使用的格局时，当你被市场的不可预测性惊得目瞪口呆时，记住巴菲特说的话："面对两种不愉快的事实吧：未来是永不明朗的；而且在股市上要达到令人愉快的共识，代价是巨大的。不确定性是长期价值购买者的朋友。"

为什么说"预测"是愚蠢的

一般说来，投资人都习惯以一个经济上的假设作为起点，然后在这完美的设计里巧妙地选择股票来配合它。巴菲特认为这个想法是愚蠢的。

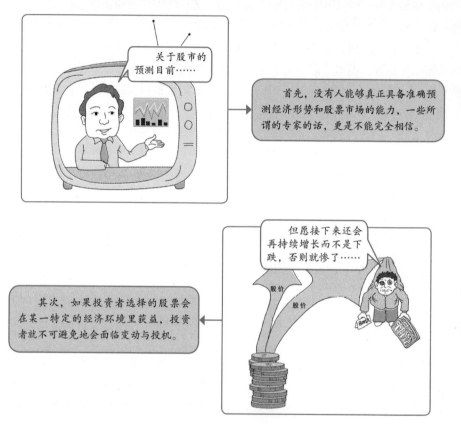

总之，不管投资者是否能正确预知经济形势，其投资组合都将视下一波经济情况而决定其报酬。

如何从通货膨胀中获利

投资者应该清楚的是，对于具有长期发展规律的商业企业来说，有形资产越小，无形资产越大，越是能够抗拒这种通货膨胀的状况。

巴菲特善于选择那些可以用较小的净有形资产却能创造较高获利的公司，正因具备这样的优势，即使受到通货膨胀的影响，市场上仍允许时思公司拥有较高的本益比。

通货膨胀虽然会给许多企业带来伤害，但是那些具备消费独占性的公司却不会受到损害，相反，还能从中受益。

1983 年巴菲特在致股东的信里写道："多年以来，传统积累的经验告诉我们，我们拥有的资源和设备厂房等有形资产的企业对于抵抗通货膨胀来说是比较有优势的，但事实上却并非如此，拥有丰富资产的企业往往没有很高的报酬率，有时甚至低到因通货膨胀引起的需要增加的额外投资都不够，更不用说，把企业的继续成长和分配盈余分给股东或是其他购并新企业了。

"但是，对于部分拥有无形资产多于有形资产的企业来说，通货膨胀一旦发生，便会积累出让人吃惊的财富。对于这类公司来说，商誉的获利能力大大地增加了，然后再动用盈余进行大举购并。从通讯行业来看，这种现象是很明显的。这样的企业并不需要投入过多的有形资产，企业可以一直处于成长的状态。在通货膨胀来临的年代，商誉就像是天上掉下来的大礼物一样。"

巴菲特讲的这段话是对"商誉"的辅助性的解读，同时他的企业帝国也是在他的这种思想下进行收购进来的，这也是他私房薪水的来源。

1972 年，巴菲特买下了一家普通的糖果公司时思，当时该公司仅依靠着 800 万美元的净资产就能每年获得 200 万美元的盈余。但是如果假设另外一家普通的公司，同样每年能够赚得 200 万美元的利润的话，这就必须需要靠 1800 万美元的净资产来创造出这个数字。然而，这家公司的净资产报酬率却只有 11%。

如果这样的公司要出售的话，最大的可能就是以价值 1800 万美元的净资产的价值将该公司卖掉，但是巴菲特做出的决定却是支付 2500 万美元去买下具有同样获利能力的时思。他这样做的原因是什么呢？难道他不会亏损吗？

巴菲特是将通货膨胀的因素考虑进去了，设想一下，如果物价暴涨一倍的话，如果这两家企业都要在通货膨胀的情况下赚到 400 万美元以维持原来的获利能力的话，这也许并不是困难的事，只要在维持现有销售数量的情况下，将价格提高一倍，只要毛利率维持不变，那么获利能力自然会增加。所以现在大家应该知道巴菲特为什么选择时思了吧？因为时思的净资产价值只有区区 800 万美元，所以只要再投入 800 万美元就可以应对通货膨胀了，而对于其他一般的企业而言，需要的投入则可能必须超过两倍，也就是需要差不多 1800 万美元的资金才可以达到。

第二节

被华尔街忽视但最有效的集中投资

精心选股，集中投资

怎样才能做到集中投资？问题的关键是投资者要把购买该股票当作是全部收购该企业一样来看待。工夫要花在对该公司的考察以及内在价值的评估上，而不是频繁进出。

1984 年巴菲特在给股东的信中说："以我们的财务实力，我们可以买下少数一大笔我们想要买的并且价格合理的股票。比尔·罗斯形容过度分散投资的麻烦：如果你拥有 40 位妻妾，你一定没有办法对每一个女人都认识透彻。从长期来看，我们集中持股的策略最终会显示出它的优势，虽然多少会受到规模太大的拖累，就算在某一年度表现得特别糟，至少还能够庆幸我们投入的资金比大家要多。"

他认为多元化是针对无知的一种保护。它不仅不会降低你的投资风险，反而会分摊你的投资利润，集中投资反而可以帮助我们集中收益。

当然，集中投资的前提是精心选股。一般说来，应集中投资于下述 3 种股票：

1. 集中投资于最优秀的公司

"作为投资者，我们都想投资于那些业务清晰易懂、业绩持续优异、由能力非凡并且为股东着想的管理层来经营的优秀公司。这种目标公司并不能充分保证我们投资盈利：我们不仅要在合理的价格上买入，而且我们买入的公司的未来业绩还要与我们的估计相符。但是，这种投资方法——寻找超级明星——给我们提供了走向真正成功的唯一机会。"

"如果你是一位学有专长的投资者，能够了解企业的经济状况，并能够发现 5 ~ 10 家具有长期竞争优势的价格合理的公司，那么传统的分散投资对你来说就毫无意义，那样做反而会损害你的投资成果并增加投资风险。我们不明白的是，为什么那些分散投资的信奉者会选择一些在他喜欢的公司中名列前 20 位的公司来进行投资，而不是很简单地只投资于他最喜欢的公司——他最了解、风险最小并且利润潜力最大的公司。"

"其实作为投资者，我们的收益来自于一群由企业经理人组成的超级团队的努力，他们管理的公司虽然经营着十分普通的业务，但是却取得了非同寻常的业绩，我们集中投资所要寻求的就是这类优秀的公司。"

📱 大众为何难以做到集中投资

原因一：
投资目标不明确，投资计划易改变

应对之策：
明确投资目标，并学会坚持

原因二：
深受分散投资理论的影响

应对之策：
学习集中投资理论，了解集中投资的好处

保本的情况下怎么样赚大钱？

赶紧来买，股票赚大钱了！

原因三：
明白价值投资却又难免从众

应对之策：
控制投资环境，避免盲从

2. 集中投资于你熟悉的公司

投资者为了真正规避风险，在投资时必须遵循一个能力圈原则。你并不需要成为一个通晓每一家或者许多家公司的专家，你只需要能够评估在你能力圈范围之内的几家公司就足够了。能力圈的大小并不重要，重要的是你要很清楚自己能力圈的边界。

作为一名投资者，你的目标应当仅仅是以理性的价格买入你很容易就能够了解其业务的一家公司的部分股权，而且你可以确定在从现在开始的 5 年、10 年、20 年内，这家公司的收益实际上肯定可以大幅度增长。在相当长的时间里，你会发现仅仅有几家公司符合这些标准，所以，一旦你看到一家符合以上标准的公司，你就应当买进相当数量的股票。

我们的策略是集中投资。我们应尽量避免当我们只是对企业或其股价略有兴趣时，这种股票买一点、那种股票买一点的分散投资做法。当我们确信这家公司的股票具有投资吸引力时，我们同时也相信这只股票值得大规模投资。

"只有很少的公司是我们非常确信值得长期投资的。因此，当我们找到这样的公司时，我们就应该持有相当大的份额，集中投资。"

"当我们认为我们已经认真研究而且可以在有吸引力的价位上买入时，以我们的财务实力，我们能够在这少数几只股票上大规模投资。长期来说，我们集中持股的政策肯定会产生卓越的投资回报，尽管多少会受到伯克希尔公司规模太大的拖累。"

3. 集中投资于风险最小的公司

巴菲特之所以采用集中投资策略，是因为集中投资于投资者非常了解的优秀企业股票，投资风险远远小于分散投资于许多投资者根本不太了解的企业股票。

"在股票投资中，我们期望每一笔投资都能够有理想的回报，因此我们将资金集中投资在少数几家财务稳健、具有强大竞争优势，并由能力非凡、诚实可信的经理人所管理的公司股票上。如果我们以合理的价格买进这类公司，投资损失发生的概率通常非常小，在我们管理伯克希尔公司股票投资的 38 年间（扣除通用再保与政府雇员保险公司的投资），股票投资获利与投资亏损的比例大约为 100 ∶ 1。"

集中投资，关注长期收益率

持续的"一夜情"，注定只能产生两个结果，患上艾滋病或者严重的心理疾病，绝没有人靠它能获得长久的幸福。投资也是一样，假如你一年要买卖股票几十次，除非你比巴菲特和凯恩斯都聪明。投资者最忌讳的是游击战术，打一枪换一个地方的投资者，只能算是投机者。事实上，没有几个投机者能不败下阵来。为了不在股市血本无归，我们需要进行集中投资。

巴菲特说："我们宁愿要波浪起伏的 15% 的回报率，也不要四平八稳的 12% 的回报率。"

上面虽然只是巴菲特简短的一句话，但是实际上他强调的就是集中投资的重要性，采用集中的持续竞争优势价值策略就有了一定的竞争优势。既然集中投资既能降低风险，又能提高回报，那么短期的业绩波动大些又何妨？国外许多价值投资大师都以他们出众的投资业绩以及大量实证证明了集中投资可以取得较高的长期收益率。

以凯恩斯管理的切斯特基金为例来说，在 1928 ~ 1945 年的 18 年间，年平均投资回报率以标准差计算的波动率为 29.2%，相当于英国股市波动率 12.4% 的 2.8 倍，但其 18 年中年平均回报率为 13.2%，而英国股市年平均回报率只有 0.5%。

又如，查理·芒格管理其合伙公司时，将投资仅集中于少数几只证券上，其投资波动率非常巨大。在 1962 ~ 1975 年的 14 年间，年平均投资回报率以标准差计算的波动率为 33%，接近于同期道琼斯工业平均指数波动率 18.5% 的 2 倍。其 14 年间的平均回报率相当于道琼斯工业平均指数平均回报率 6.4% 的 4 倍，达到 24.3%。

再如，比尔·罗纳管理的红杉基金采用高度集中的投资策略，每年平均拥有 6 ~ 10 家公司的股票，这些股票约占总投资的 90% 以上，其投资波动率非常巨大。在 1972 ~ 1997 年的 26 年间，年平均投资回报率以标准差计算的波动率为 20.6%，高于同期标准普尔 500 指数波动率 16.4% 的 4 个百分点。但其 14 年的年平均回报率为 19.6%，超过标准普尔 500 指数年平均回报率 14.5%。1987 ~ 1996 年，巴菲特管理的伯克希尔公司的主要股票的投资平均年收益率为 29.4%，比同期标准普尔 500 指数平均年收益率 18.9% 高出 5.5%。

如果巴菲特没有将大部分资金集中在可口可乐等几只股票上，而是将资金平均分配在每只股票上，那么同等加权平均收益率将为 27%，比集中投资 29.4% 的收益率要降低 2.4%，其相对于标准普尔 500 指数的优势减少了近 44%。如果巴菲特不进行集中投资，而采用流行的分散投资策略，持有包括 50 种股票在内的多元化股票组合，那么即便假设伯克希尔公司持有的每种股票占 2% 权重，其分散投资的加权收益率也仅有 20.1%。

还有，股神巴菲特管理的伯克希尔公司在过去的 41 年（至 2006 年）来，也就是巴菲特从 1965 年接手之后，伯克希尔公司每股净值由当初的 19 美元增长到现在的 50498 美元。"二战"后，美国主要股票的年均收益率在 10% 左右，巴菲特却达到了 22.2% 的水平。由于伯克希尔公司以上收益中同时包括了股票投资、债券投资和企业购并等，所以并不能直接反映巴菲特股票投资的真实的收益水平。

集中投资，快而准

在某种程度上，集中投资是对投资不确定性的一种回避，使投资尽量具有确定性后再投资，这在客观上存在一定难度。集中投资具有将更大比例甚至全部比例的资金筹码投资于高概率的收益品种上的特点。在集中投资前，精密仔细地分析研究和把握是必需的。在投资的过程中个人投资者需要做到富有耐心、客观地、仔细地分析以应对股市不可预测的风险。

巴菲特认为既然集中投资是市场赋予个人投资者的一个优势，那么个人投资者更应该利用这个优势。事实上，集中投资这种方法尽管是一种快而准的投资方式，但长期被市场投资者所忽略。我们身边的不少个人投资者，10万元资金拥有5只以上股票的人不在少数，而这些人绝大部分是赔钱的。其实在现在的市场规模和流动性中，就算是1000万的资金拥有一只股票也未尝不可，作为个人投资者更多要做的是投资背后的工夫。

美国投资大师林奇在《战胜华尔街》中就表达过类似的观点："在众多的股票中找到几个十年不遇的大赢家才是你真正需要做的。如果你有10只股票，其中3只是大赢家，一两只赔钱，余下6～7只表现一般，你就能赚大钱。如果你能找到几个翻3倍的赢家，你就不会缺钱花，不管你同时选了多少赔钱的股票。如果你懂得如何了解公司的发展状况，你就会把更多的钱投入到成功的公司中去。你也不需要经常把钱翻3倍，只需一生中抓住几次翻3倍的机会，就会建立相当可观的财富。假若你开始投资时用1万美元，然后有5次机会翻3倍，你就可以得到240万美元；如果有10次翻3倍的机会，你的钱就变成了5.9亿美元。"

巴菲特说："不要把鸡蛋放在多个篮子里，这种做法是错误的，投资应该像马克·吐温那样，把所有鸡蛋放在同一个篮子里，然后小心地看好这个篮子。我们的投资集中在少数几家杰出的公司上。我们是集中投资者。"选股不在多，而在于精。我们常说"精选"，就意味着少选，精在于少，而不在于多。巴菲特告诉我们，选择越少，反而越好。

巴菲特认为，我们在选股时态度要非常慎重，标准要非常严格，把选择的数量限制在少数股票上，这样反而更容易做出正确的投资决策，更容易取得较好的投资业绩。1977～2004年这27年间，巴菲特研究分析了美国上市的1万多只股票，却只选了22只，1年多才选1只，而其中重仓股只有7只，4年左右才选出一只重仓股。巴菲特按照严格标准选出这7只股票，做出投资决策反而很容易，其中包括可口可乐、吉列、华盛顿邮报，这些都是我们非常熟悉、众所周知的好公司。

在巴菲特的股票投资中，他选的7只超级明星股，只投资了40多亿美元，就赚了280多亿美元，占了他股票投资总盈利的9成左右。可见，1只优质股胜过100只甚至1000只垃圾股。

巴菲特说："对于每一笔投资，你都应该有勇气和信心将你净资产的10%以上投入此股。"可见，巴菲特认为同时持有10只股票就够了。巴菲特的投资业绩远远超过市场的平均水平也正得益于此。事实上，很多年份巴菲特重仓持有的股票不到10只。他集中投资的股票数目平均只有8.4只左右，而这几只股票的市值占整个投资组合的比重平均为91.54%。

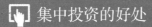 集中投资的好处

集中投资就是选择少数几种可以在长期拉锯战中产生高于平均收益的股票，并将大部分资本集中在这些股票上，不管股市短期跌升，坚持持股，稳中求胜。那么，这种投资方式比分散投资有哪些优势呢？

1.单只股数量相应减少，有利于降低交易成本，分批卖出，平均得到中间价。

我只有一只股，一看就是赚了！

2.看盘方便，易于监控，节省时间，降低管理难度。

还是我跑得快！

3.一旦盘势不利，退出相当方便，减小了决策的难度，缩短了出逃的时间。

对中小股民来说，集中投资是一种快而准的投资方式。因为个人投资相对于机构投资者在集中投资上更有优势。机构投资者即便再集中，政策确定、回避风险和其他基金的竞争不可能使其资金过分地集中在几只股票上，个人的特征也决定了进行集中投资是快而准的。

在赢的概率最高时下大赌注

不是每个投资者都可以准确地计算出自己的概率，也并不是让每个投资者都努力成为桥牌高手。虽然巴菲特借助打桥牌来计算成功的概率并不合适每个人，但是我们可以从中学习他的这种思维模式，时刻保持对股市全局的审视。先判断什么是理性的事情，然后再权衡输与赢的比率。

巴菲特说："集中投资要求我们集中资本投资于少数优秀的股票。在应用中最关键的环节是估计赢的概率及决策集中投资的比例，其秘诀就是在赢的概率最高时下大赌注。"

巴菲特所谓的赢的概率，其实是对所投资的企业价值评估的准确概率，而估值的准确性又取决于对企业未来长期的持续竞争优势进行预测的准确概率。

估计成功的概率与我们在数学中学习的概率计算有很大的不同。传统的概率计算以大量的统计数据为基础，根据大量重复性试验中事件发生的频率进行概率计算。但是，我们投资的企业永远面临着与过去不同的竞争环境、竞争对手及竞争对手的竞争手段，甚至我们投资的企业自身都在不断地变动之中，一切都是不确定的，一切也都是不可重复的。所以，我们根本无法计算企业竞争成功的频率分布，也根本无法估计成功的概率是多少。

但是为了保证投资获利，我们又必须估计成功的概率。一个有些类似的例子是足球彩票竞猜。每一次曼联队面临的对手可能都是不同的球队，即使是相同的球队，其队员和教练也可能有了许多变化，曼联队自身的队员及其状态也有许多变化，同时双方队员当天比赛的状态和过去绝不会完全相同，队员之间的配合也会和过去有很大的不同。那么，曼联队今天会输还是会赢呢？不管我们有多么庞大的历史数据库，也根本找不到与今天比赛完全相同的、完全可重复的历史比赛数据来进行概率估计。由此，我们唯一可做的便是进行主观的概率估计。

虽然主观评估赢的概率没有固定的模式可依据，但我们可以借鉴股神巴菲特的成功经·验——他是用打桥牌的方法来估计成功概率的。

巴菲特一星期大约打 12 小时的桥牌。他经常说："如果一个监狱的房间里有 3 个会打桥牌的人的话，我不介意永远坐牢。"他的牌友霍兰评价巴菲特的牌技非常出色："如果巴菲特有足够的时间打桥牌的话，他将会成为全美国最优秀的桥牌选手之一。"其实打桥牌与股票投资的策略有很多相似之处。巴菲特认为："打牌的方法与投资策略是很相似的，因为你要尽可能多地收集信息，接下来，随着事态的发展，在原来信息的基础上，不断添加新的信息。不论什么事情，只要根据当时你所有的信息，你认为自己有可能成功的机会，就去做它。但是，当你获得新的信息后，你应该随时调整你的行为方式或你的做事方法。"

在伟大的桥牌选手与伟大的证券分析师之间，都具有非常敏锐的直觉和判断能力，他们都在计算着胜算的概率。他们都是基于一些无形的、难以捉摸的因素做出决策。巴菲特谈到桥牌时说："这是锻炼大脑的最好方式。因为每隔10分钟，你就得重新审视一下局势……在股票市场上的决策不是基于市场上的局势，而是基于你认为理性的事情上……桥牌就好像是在权衡赢的或损失的概率。你每时每刻都在做着这种计算。"

准确评估风险，发挥集中投资的威力

采取集中投资战略是防止我们陷入传统的分散投资教条。许多人可能会因此说这种策略一定比组合投资战略的风险大。这个观点并不是十分正确的。投资者应该相信，这种集中投资策略使投资者在买入股票前既要进一步提高考察公司经营状况时的审慎程度，又要提高对公司经济特征满意程度的要求标准，因而更可能降低投资风险。在阐明这种观点时，我们可以将风险定义为损失或损害的可能性。

巴菲特在1996年伯克希尔公司的年报中讲道："我们坚信，计算机模型预测的精确性也不过是臆断和毫无根据的猜测。事实上，这种模型很有可能会诱使决策者做出完全错误的决定。在保险和投资领域，我们曾经目睹过很多类似原因造成的灾难性结果。所谓的'组合保险'在1987年市场崩溃期间带来的破坏性结果，让一些笃信计算机预测的人们大跌眼镜，到那时，他们才真正意识到，真应该把这些计算机扔到窗外。"

巴菲特认为确定风险不是通过价格波动，而是通过公司的价值变动。所谓风险是指价值损失的可能性而不是价格的相对波动性。集中投资于被市场低估的优秀公司比分散投资于一般公司更能够降低真正的投资风险。

据《中国证券报》报道，2006年12月，深圳万科的有限售条件的股份可以在二级市场上进行交易，这个消息对于万科最大的个人股东王先生来说是一个里程碑式的好消息。他所持有的万科公司的股票可以上市流通了。

其实，王先生当初持有万科股票，是基于对公司管理层的信任，1988年12月末，万科正式向社会发行股票，由于一家外商的临时变卦，在紧急时刻王先生投资400万元认购了360万股。在公司发展的快速扩张时期，他也积极参与项目的判断并给出了自己的建议。

基于对万科公司的了解和信任，王先生开始集中投资于万科公司的资料显示，

集中投资策略的关键点

1. 对公司进行深入分析，而这一分析需要大量的精力和时间。

2. 需要克服导致投资决策偏差的心理作用，保持清醒的头脑，在别人狂热时谨慎，在别人恐慌时大胆。

3. 为避免可获得性偏误，一旦经过分析作出投资决策，不要仓促改变决定。

1988 年持有万科股票 360 万股，1992 年王先生持有万科股票 370.76 万股，以后通过送股和配股以及二级市场的增持，1993 年拥有 503.29 万股，1995 年的股数为 767 万股，2004 年为 3767.94 万股，2006 年为 5827.63 万股。前后 18 年，王先生总共用 400 万元集中持有了万科的 5827.63 万股非流通股，这些股的回报率达到了 176 倍。2007 年 3 月，回报率更是达到了 300 倍左右。

可以说，深圳万科的个人投资者王先生通过集中长期持有万科公司的股票获得了巨大的收益。由此看来，集中投资虽不能让我们在短期内获得暴利。但是从长期来看，其所带来的总回报率是远远超过市场平均水平的。所以，集中投资需要我们有长远的眼光，关注长期的收益率，而不要过分迷恋于短期的收益。

确定集中投资的目标企业

对于投资者而言，你的投资目标应该仅仅是用合理的价格去购买一些业务容易被你理解的公司。你同样要确定在以后的 5 年、10 年，甚至 20 年内，这家公司的收益肯定能够有大幅度的增长。在相当长的时间内，你就会知道只有少数几家公司符合你的这些要求，所以一旦你看到符合你的标准的公司，你就应该毫不犹豫地大量持有该公司的股票。

巴菲特认为必须集中投资于投资人能力圈范围之内、业务简单且稳定、未来的现金流能够可靠地预测的优秀企业："我们努力固守于我们相信我们可以了解的公司。这意味着他们本身通常具有相当简单且稳定的特点，如果企业很复杂而产业环境也不断在变化，那么我们实在是没有足够的聪明才智去预测其未来的现金流量，然而实际的情况是，这个缺点一点也不会让我们感到困扰。对于大多数投资者而言，重要的不是他到底了解什么，而是他真正明白自己到底不知道什么。只要能够尽量避免犯重大的错误，投资人只需要做很少的几件正确的事情就足可以保证盈利了。"

只拥有很小部分的一颗希望之星（the Hope diamond，世界上最大的深蓝色钻石，重达 45.5 克拉），也远远胜过 100% 拥有一颗人造的莱茵石（rhine stone）。谁都会很容易地看出我们拥有的公司的确是罕见的珍贵宝石。然而幸运的是，尽管我们只限于能够拥有这类优秀企业的少数股份，但却相应拥有了一个不断增长的投资组合。

第三节

聚焦新经济下的新方法

购买公司而不是买股票

巴菲特告诉我们：购买股票的时候，不要把太多注意力放在股价的涨跌波动中，而应该多关注股票的内在价值。当股票价格低于其内在价值且在安全边际区域内时，就是购买的好时机。

1982年巴菲特在致股东的信里写道："虽然我们对于买进股份的方式感到满意，但真正会令我们雀跃的还是以合理的价格100%地买下一家优良的企业。"

虽然巴菲特不能够把自己欣赏的企业100%买下来，但是他在购买股票的时候，无论是购买1%的股份还是10%的股份，他都以购买整个企业的标准来衡量这个企业是否值得购买。巴菲特认为，购买股票并不是单纯的看这只股票的价格和最近一段时间的涨跌，而是要以购买整个公司的心态去购买股票。

我们很多投资者经常根据股票价格来判断股票的好坏。当股票的价格是3元时，就认为是一只垃圾股，疯狂抛出；而当它涨到23元时，就认为它是一只优质股，蜂拥买入，其实这是投资的大忌。巴菲特说过："投资股票很简单。你所需要做的，就是要以低于其内在价值的价格买入，同时确信这家企业拥有最正直和最能干的管理层。然后，你永远持有这些股票就可以了。"

巴菲特购买可口可乐就是一个典型的例子。1988年，可口可乐股票价格暴跌，巴菲特并没有被下跌的价格吓倒，经过仔细分析，他发觉可口可乐是个未来发展前景很好的公司，其内在价值远高于当时的股价。于是，巴菲特1988年买入可口可乐股票5.93亿美元，1989年大幅增持近一倍，总投资增至10.23亿美元。1994年继续增持，总投资达到12.99亿美元，此后持股一直稳定不变。2009年第二季度末巴菲特持有的可口可乐股票市值100亿美元，为第一大重仓股，占组合的近20%。2008年可口可乐稀释每股收益2.49美元，每股现金分红1.52美元，与巴菲特平均6.50美元的买入价格相比，每年投资收益率38.3%，红利收益率23.38%。此外像巴菲特购买的吉列、华盛顿邮报等股票，从购买那天起，巴菲特也一直持有到现在，而且巴菲特说他希望和这些股票白头偕老。

在巴菲特看来，我们买进一家公司的股票实质上就是买入了这家公司的部分所有权。而决定股票是否值得投资的是分析这家公司的内在价值和我们为购买这份所有权而支付的价格。一家优秀的公司不会因为股价的下跌而变得平庸，相反，这是一个让你低成本获得公司所有权的机会；同样的道理，一家平庸的公司也不会因为股价的上涨而变得优秀。我们要想投资成功就要尽可能地去买进那些优秀的公司的股票，即使公司的股票短期让你被套牢，但长期终会带给你丰厚的回报。

不要混淆投资与投机

投机行为浪费时间和精力，又没有任何可靠的胜算，也许选择长期投资更合适。如果你已经选择好长期投资的企业，那么就不必被短期的价格波动所迷惑，只要多坚持一段时间，你就会发现自己的选择是英明的。

1998 年巴菲特在佛罗里达大学商学院演讲时说："我们想看到的是，当你买了一个公司后，你会乐于永久地持有这个公司。同样的道理，当投资者购买伯克希尔的股票时，我希望他们可以一辈子持有它。我不想说，这是唯一的购买股票的方式，但是我希望是这样的一群人加入伯克希尔。"

股票市场通常具有较高的流动性，很多投资者根据股价上涨或下跌的幅度来买卖股票。但在巴菲特看来，股票是不应该长期流动的。令巴菲特感到庆幸的是，伯克希尔股票大概是全美国流动性最低的，每年只有1%左右的人会抛掉股票，很难说他们是不是受到了巴菲特的影响。巴菲特以长期投资而闻名世界。只要他认为一家企业具有很强的价值增值能力，就会进行长期投资。即使这些企业的价值增值能力在短期内没有得到体现，也不会影响其长期持有的态度。

一般股市所说的投资是指买入后持有较长时间的长期投资。投资者看重的是企业的内在价值。通常长期投资者都会选择那些在未来 10 年或 20 年间有较强发展前景的企业，在企业股价因为某些原因被股市低估时买入，然后长期持有。长期投资者一般不太在乎短期的股价波动，更在乎的是股票的未来价值。巴菲特就是长期投资的忠实拥护者。

投机其实也是投资，指的是利用不对称信息和时机在市场交易中获利的行为，主要指甘于承担风险，在市场上以获取差价收益为目的的交易。投机行为将注意力主要放在价格的变化上，很少考虑交易品种的实际价值。其手法多为低买高卖、快进快出。

巴菲特认为，投机是不可取的。对个人投资者来说，投机的风险太大。由于投机强调的是低买高卖，所以投资者很容易浪费时间和精力去分析经济形势，去看每日股票的涨跌。投资者花的时间越多，就越容易陷入思想的混乱并难以自拔。在巴菲特看来，股票市场短期而言只是一个被投资者操纵的投票机器，而投资者的投资行为又都是非理性的，所以根本没法预测。而股票市场长期而言又是一个公平的天平,如果投资者购买的企业有潜力,那么长期来看企业价值必然会体现在股票价格上。所以巴菲特认为最好的方法就是以低于企业内在价值的价格买入,同时确信这家企业拥有最诚实能干的管理层。然后,永远持有这些股票就可以了。

我们还以可口可乐股票为例。在这几十年里,可口可乐股票价格每天都在波动。如果今天可口可乐股价是 20 美元,你觉得它明天会涨,就购买了很多股票,可是第二天股价反而下跌了。如果你是做短期投机的,那么你就亏了,股价短期的波动没有任何人能预测到。如果你是长期投资可口可乐股票的,那么一定赚翻了。因为从 1987 年底到 2009 年 8 月 31 日,可口可乐从 3.21 美元上涨到了 48.77 美元。

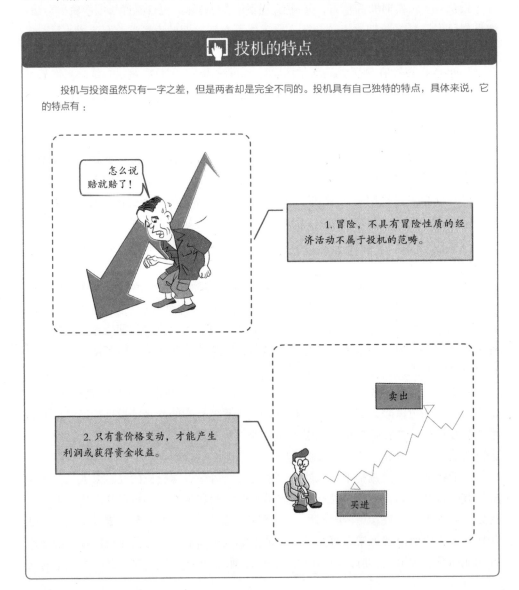

投机的特点

投机与投资虽然只有一字之差,但是两者却是完全不同的。投机具有自己独特的特点,具体来说,它的特点有:

怎么说赔就赔了!

1.冒险,不具有冒险性质的经济活动不属于投机的范畴。

2.只有靠价格变动,才能产生利润或获得资金收益。

卖出

买进

公司市场准则中的两条相关成本方针

选择投资的企业时，要认真分析企业的内在价值，并且选择合适的时机购买。在最佳的购买时机还未出现前，请耐心等待。连股神巴菲特都需要等可口可乐那么多年，我们有什么好着急的呢？

巴菲特在 1997 年致股东的信里写道："虽然我们从来不愿尝试去预测股市的动向，不过我们却试着评估其合理价位。记得在去年股东会时，道琼斯指数约为 7071 点，长期公债的利率为 6.89%。查理和我就曾公开表示，如果符合以下两个条件，则股市并未被高估：一是利率维持不变或继续下滑；二是美国企业继续维持现有的高股东权益报酬率。"

价值投资哲学并没有什么秘密而言，唯一的核心就是评估企业价值。巴菲特认为，评估一个企业的价值，就是先预测企业未来几年的现金流量，用一个合适的贴现率进行贴现，可以计算出企业的内在价值。然后再判断目前的股票价格是否在一个适合投资的安全边际区域内。

1. 评估企业价值

巴菲特认为，企业的价值是企业未来存续期间的净现金流之和，根据合理的利息率折算成的限制。巴菲特说他寻找的企业的未来现金收益必须是可以预测的。如果企业是简单易于理解的，那么他一定可以计算出企业的未来现金收益。如果他没有信心预测企业的未来现金流，那么他就不会尝试估算公司的价值。巴菲特曾经说过："微软公司是一家强劲的公司，可是他不知道如何去估算微软的未来现金收益，所以他无法预测该公司的长期收益潜力。"

1988 年巴菲特第一次购买可口可乐股票时，可口可乐股票价格是其收益的 15 倍，巴菲特支付了账面价值的 5 倍来购买这家收益率仅为 6.6% 的企业。当别人问他可口可乐公司价值何在时，他说价值和价格无关，这是由可口可乐公司未来存续期间可能产生的所有者收益总额，即根据适当的利率折现决定的。果不其然，在接下来的 20 多年里可口可乐股票为巴菲特赚进了巨额利润。

2. 以合理价格购买

巴菲特的投资目标是寻找收益高于一般水平的公司，在其价格低于内在价值时购买公司的股票。格雷厄姆教会了巴菲特只在股票价格与价值间的差额代表安全边际时购买。这点很重要，至今仍是巴菲特的投资原则。

从童年开始，巴菲特就一直关注着可口可乐。当年他花了 25 美分从祖父的杂货店里买了 6 杯可乐，从此他就开始观察可口可乐公司的发展，但是他一直没有购买可口可乐股票。直到 1988 年 6 月，可口可乐公司的股价跌到每股约 10 美元，巴菲特才认为投资的时机到了。巴菲特在接下来 10 个月的时间内以 10.23 亿美元购买了 9340 万股股票。1991 年可口可乐股票就升值到 37.43 亿美元，1997 年年底巴菲特持有可口可乐股票市值上涨到 133 亿美元，10 年赚了 10 倍。仅其一只股票就为巴菲特赚取了 100 亿美元，这是巴菲特最传奇、最成功的股票投资案例。

需要注意的商业准则三大特征

成功的投资行为取决于对公司基本面的了解状况，而不是所谓的股市风云。在实际的投资中，要尽可能多地了解公司的经营状况，考虑公司的盈利模式、经营方针和发展前景。

巴菲特在 1994 年致股东的信里写道："对于坊间一般投资人士与商业人士相当迷信对政治与经济的预测，我们仍将持视而不见的态度。在以后的 30 年里，一定还会有一连串令人震惊的事件发生，我们不应该妄想要预测它或是从中获利。如果我们能够像过去那样找到优良的企业，长期而言外在的意外对我们的影响实属有限。"

巴菲特认为，股票是抽象的事物，他不以市场理论、总体经济概念或各产业领域的趋势等方式去思考。相反，他认为投资行为只和该企业实际的经营状况有关。在巴菲特看来，如果人们的投资行为只是基于一些表面的观点，而完全不了解企业的实际经营状况，那么投资者很容易被企业出现的一点小问题而吓到。就像在 2008 年的金融海啸中，很多优秀的公司因为整体环境不好暂时遇到了一些问题，很多投资者就匆忙抛售股票。这种行为造成的结果十之八九是亏损。而巴菲特从来不会这么做，他总是将注意力集中在尽可能地收集他有意收购的企业的相关资料上。

在巴菲特看来，分析一个企业是否值得投资，主要是考虑企业的以下 3 个方面：

1. 该企业是否简单易于了解

巴菲特认为，一项投资行为是否能够取得成功，与投资人对自己所投资对象的了解程度有密切关系。因为这样的了解，可以分辨出哪些投资人是以企业的发展走势作为选股依据的，哪些投资者只是带着希望一夜暴富的投机心态投资的。

在巴菲特的投资生涯中，他一直拥有许多领域的企业：加油站、农场开垦、纺织、连锁性的大型零售、银行、保险、广告、铝业、水泥、报社、食品、饮料、烟草和电视等。无论巴菲特是拥有企业的控制权，还是只拥有该企业的部分股票，有一点是相同的：他总是明确地掌握着那些企业的运作状况。巴菲特只在他了解的范围内选择企业，他从不轻易涉足不擅长的领域。

巴菲特选择投资《华盛顿邮报》，就在于他对报业的深刻了解。巴菲特的祖父曾经拥有《克明郡民主党报》，他的祖母在报社帮忙并在家里的印刷厂做排字工作，他的父亲在内布拉斯加州大学读书的时候曾编辑《内布拉斯加人日报》，而巴菲特自己也曾是《林肯日报》的营业主任。后来巴菲特还买下了《奥马哈太阳报》，拥有它让巴菲特学到了一些报纸的经营方式。正因为他对报业深刻的了解，所以他才敢于购买《华盛顿邮报》股票。

2. 该企业的经营方针是否足够稳定

巴菲特向来不愿意碰触复杂的企业。对于那些因面临难题而苦恼或者因为先前经营计划失败而打算彻底改变经营方针的企业，他也敬而远之。巴菲特认为，重大的变革和高额回报率是没有交集的，通常只有那些长期以来都持续提供同样商品和服务的企业，才能够拥有较高的回报率。

巴菲特曾经告诉伯克希尔的股东，他第一次和华盛顿邮报公司打交道，是在他13岁的时候，当时他做送报生，专门送《华盛顿邮报》和《时代先锋报》。显然巴菲

巴菲特的投资偏好

一般说来，巴菲特对下列两种企业情有独钟：

这家媒体挺不错，就买这家的股票吧。

1. 能够提供重复性服务的传播事业，也是企业必须利用的说服消费者购买其产品的工具。比如一些电视媒体或者广告媒介。

2. 能够提供一般大众与企业持续需要的重复消费品的企业。巴菲特投资的企业，如《华盛顿邮报》、中国石油等，无疑都符合他的这一原则。

像巴菲特这样的投资大师都始终坚持"生意不熟不做"，对于我们普通人来说，更应该这样。选择自己熟悉的股票进行投资，才能避免盲目投资造成的损失。

特非常了解报纸的悠久历史，也能够随时了解报业的发展状况。巴菲特根据他本身的经验和公司成功的历史判断，华盛顿邮报拥有一贯优良的营运历史，未来一定会有卓越的表现。

3. 该企业是否拥有良好的长期发展前景

巴菲特曾经说过，他所喜欢的企业，一定具有他所了解的、持续长久的经济优势。在巴菲特看来，经济市场是由一小群有特许权的团体和一个较大的商品型企业团体所组成的。后者中大多数都是不值得投资的，而前者中大多数都是可以投资的。

巴菲特收购美国广播公司的股票，看中的就是该公司良好的发展前景。广播公司和广播网都有高于产业平均值的前景。在相同的因素下，它们可以像报纸一样打出很多经济上的商誉。广播电台建立起来以后，投资和营运所需要的资金并不多，而且根本没有存货投资。电影和电视节目的购置费用，可以在广告收入进账之后再支付。广播公司的投资回报都会高于产业的平均值，而且赚取的现金也都超过了企业营运所需的费用。广播公司的风险主要包括政府的规范、不断更新进步的技术和瞬息万变的广告经费。政府有权拒绝公司广播执照更新的申请，但这种情况很少见。而无限电视网的节目在市场上占据着非常大的份额，不需担心技术和广告的经费问题。由此巴菲特断定，美国广播公司具有非常美好的发展前景。

高级经理人必备的三种重要品质

在分析投资哪家企业时，一定要认真观察企业管理层的品质。只有选择了优秀的企业管理层，才能选到优秀的企业。

1995 年，巴菲特在致股东的信里写道：“零售业的经营相当不易，在我个人的投资生涯中，我看过许多零售业曾经拥有极高的成长率与股东权益报酬率，但是到最后突然间表现急速下滑，很多甚至被迫以倒闭关门收场。比起一般制造业或服务业，这种刹那间的永恒在零售业屡见不鲜。对零售业来说，要是用人不当的话，就等于买了一张准备倒闭关门的门票。”

巴菲特的这番感慨是在他刚刚收购 RC 威利家具店——犹他州最大家具店之后发出的。1954 年，当比尔从其岳父手中接下 RC 威利家具店时，其公司的年营业额只有 25 万美元。从这个基础开始，比尔在其兄弟谢尔登的协助之下，将公司的营业额一举提升到了 1995 年的 2.57 亿美元，拥有犹他州超过 50% 以上的市场占有率。

巴菲特曾经说过，凡是伯克希尔所收购的公司，都必须有值得他赞赏和信赖的管理人员。巴菲特主要考虑管理层的以下几个方面：

1. 管理层是否理智

分配公司的资本是最重要的经营行为。因为资本的分配最终将决定股东股权的价值。根据巴菲特的观点，如何决定处理公司的盈余，转投资或者是分股利给股东是一个牵涉理性与逻辑思考的课题。

　　巴菲特认为，对于不断增加的过剩现金，而管理者却无法创造平均水准以上的转投资回报率，那么唯一合理而且负责任的做法就是将盈余返还给股东。因此，管理者这时候应该提高股利或者买回股票。

　　一般来说，管理者会认为回报率过低只是暂时的情况，因此会选择继续投资。如果股东们一直忽略这个问题，那么现金将逐渐被闲置，股价也会下跌。一个经济

了解公司管理层的渠道

　　一个公司想要发展好，就必须有一个好的管理层，更需要一个高级经理人。那么，作为投资者，如何了解一个公司的经理人呢?

1.通过报纸、新闻。只要多关注财经报刊和财经新闻，通过该公司的发展状况可以了解该公司经理人的管理水平。

2.与该公司员工交谈。一个企业的员工必定会了解该企业，通过与员工聊天可以了解该企业管理层的决策，从而了解管理人的管理水平。

回报率低、现金过剩、股价偏低的公司将会引来入侵者，而这将是丧失经营权的开始。如果这时候选择收购其他成长中的企业，巴菲特认为也会存在很大的风险。因为整合并管理新的企业很容易犯错，这些错误对股东来讲就是付出高昂的代价。

如果企业主管积极地投入股市买回自己公司的股票，就表示他们以股东的利益为第一优先，而不是只想草率扩展公司的架构。这样的立场会带给市场利多的信息，并吸引另外一批投资人，他们正寻找能够增加股东财富的绩优公司作为投资目标。

2. 管理层对股民是否坦诚

巴菲特极为看重那些完整且翔实报告公司运营状况的管理人员，尤其尊敬那些不会凭借一般公认的会计原则，隐瞒公司营运状况的管理者。他们把成功分享给他人，同时也勇于承认错误，并且永远向股东保持坦诚的态度。

因为财务会计标准只要求以产业类别分类的方式公布商业信息。有一些管理者利用这些最低标准，把公司所有的商业活动都归类为同一个产业类别，借此迷惑投资人，使得他们无法掌握有关自身利益的个别商业心态。

他赞许那些勇于公开讨论失败的企业主管。根据巴菲特的说法，大多数年度报告都是虚假的。每个公司多少都会犯下一些大小不等的错误。他认为，大多数管理者所提出的报告都过于乐观，而不据实以报。这或许可以照顾他们自己的短期利益，但长此以往，每个人都会受害。

3. 管理层是否能够拒绝机构跟风做法

一次，巴菲特在对圣母大学的学生演讲时，他展示了一份列有 37 家投资失败的银行机构的名册。他解释说，尽管纽约股票市场的交易量成长了 15 倍，但这些机构还是失败了。这些机构的主管都拥有非常高的智商，而且努力工作，对于成功更是有强烈的欲望。他们为什么会得到这样的结果呢？是因为同业之间不经大脑的仿效行为。

巴菲特认为，就好像旅鼠盲目的行动一样，企业的管理者会自然而然地模仿其他管理人员的行为，不管那些行为是多么愚蠢、多么违反理性。他承认，以前在学校他一直认为，企业界那些经验丰富的管理者都是诚实而聪明的，而且懂得做出理性的商业决策。等真正踏进了企业界，他才知道，一旦盲从在法人机构开始发酵，理性通常会大打折扣。

财务准则必须保持的四项关键性要素

在从事投资活动中，不要将每股盈余作为是否投资的指标，而要重视股东权益收益率、保留盈余等数据，最好再通过各方面的渠道多了解一些有关公司运营状况的新闻。

1979 年巴菲特在致股东的信里写道："我们不认为应该对每股盈余给予关注，因为虽然 1979 年我们可运用的资金又增加了不少，但运营的业绩反而不如前一年。所以我们判断一家公司经营好坏的主要依据，取决于其股东权益回报率，而非每股盈余的成长与否。"

巴菲特用来评估经营效益的财务手段，都是以典型的巴菲特原理为基础的。巴菲特的财务准则与大多数投资者的不同，因为他自始至终都是站在一个企业家的角度来分析的，这也是他成功最关键的因素。他不看重企业每年的经营业绩，而更看重四五年的平均业绩。因为他觉得企业创造效益的时间，通常不太可能与地球绕太阳一圈的时间正好吻合。巴菲特一直遵循以下几个财务准则来评估企业价值。

1. 重视股东权益回报率，而不是每股收益

很多股票分析师都喜欢通过分析每股盈余来评估企业年度业绩。他们觉得如果今年的每股收益比去年增长了一定的百分比，那么企业今年的经营业绩就达到了令人满意的程度。而巴菲特认为，每股收益就像一个烟幕弹。他认为对公司经营业绩最根本的衡量标准，是在没有不合理的财务杠杆和会计操纵下取得较高的股东权益回报率。

股东权益回报率的重要性在于它可以让我们预估企业把盈余再投资的成效。巴菲特认为，成熟的企业都有机会把盈余的大部分以高回报率再投资。这样虽然本年度每股收益减少了，但是真正的回报率上升了。例如股东权益回报率20%的企业，不但可以提供高于一般股票或债券一倍的收益，也可以经由再投资，让我们有机会得到源源不断的20%的报酬。巴菲特的大部分投资，都具备这一财务特点。美国运通的股东权益回报率是23%，吉列超过35%，可口可乐更高达55%。这些公司的回报率仍在持续上升。

2. 重视股东收益而非现金流量

巴菲特认为，投资者应该明白，会计上的每股盈余都只是评估企业经济价值的起点，而不是终点。巴菲特曾经说过，并不是所有的盈余都代表相同的意义。例如那些必须依赖高资产才能实现获利的企业，必须向通货膨胀付出代价，所以它们的盈余通常都如海市蜃楼般虚幻。因此，会计盈余只有分析师估计现金流量的时候才会用到。

而现金流量也不是度量价值的完美工具。现金流量只适合于用来衡量那些最初需投入大量资金，随后只有小幅支出的企业。像制造业需要不断地支出资金，就不太适合用现金流量来评估。

在巴菲特看来，真正的股东盈余没有精确的计算方法，它是指企业的净所得加上折旧、耗损、分期偿还的费用，减去资本支出以及其他额外所需的营运资本。我们只能粗略估计股东盈余。尽管如此，巴菲特还是觉得宁愿对的迷迷糊糊，也不要错的明明白白。

3. 重视运营成本

在巴菲特的投资经验里，运营成本是非常值得关注的。他很讨厌那些不断增加

支出的经营管理者。每当一些公司宣布要进行大量开支削减时，巴菲特总是很无奈地叹息，觉得这些公司还是不明白运营成本对股东的意义。他觉得真正优秀的企业管理者应该像每天呼吸一样随时削减运营成本。

当卡尔·理查德在1983年接手富国银行时，富国银行正处于管理混乱的时候，但是卡尔·理查德富国银行作为一个实力很强的公司，能从银行的管理混乱状态中崛起，他有决心带领银行走出混乱的局面。他认为一家银行要成为卓越的关键不在于时髦的新战略，而在于必须清除100多年来管理不严、成本过高的旧传统。

4. 保留盈余转化率

巴菲特曾经说过："在这个竞争激烈的市场，我们的工作就是，挑选出那些有潜力的公司，它们的每一美元保留盈余，都能转化成至少一美元的市值。"巴菲特觉得，保留盈余就像股价一样，短期波动不随企业价值波动，但长期变化轨迹和企业的实际价值基本吻合。如果企业不能将保留盈余做有效地运用，那么长期下来企业的股票必然在股市中无法有令人满意的成绩。同样，如果企业能够运用保留盈余创造高于一般水平的回报，那么这种成功也会反映在股市上，推动股价上涨。

第三章

巴菲特教你选择企业

选择企业的基本准则

选择有竞争优势的企业

有些投资者在寻找投资目标时，往往只关注股价是否便宜。巴菲特告诉我们，选择企业时应关注企业业务经营状况，要选择那些具有竞争优势的企业进行投资。以一般的价格买入一家非同一般的好公司要比用非同一般的好价格买下一家一般的公司好得多。

巴菲特说："对于投资者来说，关键不是确定某个产业对社会的影响力有多大，或者这个产业将会增长多少，而是要确定任何所选择的一家企业的竞争优势，而且更重要的是确定这种优势的持续性。"

具有突出竞争优势的企业，具有超出产业水平的超额盈利能力，长期来说，能够创造远远高于一般企业的价值增值。

巴菲特始终遵循他的导师格雷厄姆的教导："我认为迄今为止最优秀的投资著作是本杰明·格雷厄姆的《聪明的投资者》，他在最后一章的最后一部分的开头写道：'当投资最接近于企业经营时才是最明智的。'"

巴菲特认为，股票并非一个抽象的概念，投资人买入了股票，不管数量多少，决定股票价值的不是市场，也不是宏观经济，而是公司业务本身的经营情况。巴菲特说："在投资中，我们把自己看成是公司分析师，而不是市场分析师，也不是宏观经济分析师，甚至也不是证券分析师……最终，我们的经济命运将取决于我们所拥有的公司的经济命运，无论我们的所有权是部分的还是全部的。"

巴菲特将他的投资成功归功于他的商业思维。他说："我是一个比较好的投资者，因为我同时是一个企业家。我是一个比较好的企业家，因为我同时是一个投资者。"

巴菲特总是集中精力尽可能多地了解公司业务经营情况，他认为公司业务分析的关键在于竞争优势：

（1）企业的业务是否长期稳定，过去是否一直具有竞争优势？

（2）企业的业务是否具有经济特许权，现在是否具有强大的竞争优势？

（3）企业现在的强大竞争优势是否能够长期持续保持？

由于巴菲特是长期投资，所以他非常重视企业是否具有良好的长期发展前景。而企业的长期发展前景是由许多不确定的因素决定的，分析起来相当困难。巴菲特为了提高对企业长期发展前景的准确性，在选择投资目标时严格要求公司有着长期稳定的经营历史，这样他才能够据此分析公司是否具有良好的发展前景，未来是否同样能够继续长期稳定经营，继续为股东创造更多的价值。

企业的核心竞争力

只有具有核心竞争优势的企业才是投资的好选择，那么，如何了解一家企业是否具有核心竞争优势呢？

1.具备创新的技术

企业是否具备创新技术往往对其发展有着决定性作用。技术创新，它要求实现的是产品的功能性、独特性以及超越行业平均水平的尖端性。

2.具备创新能力的人才

创新技术最终必须是有创造才能的人才来完成开发设计。所以，在一个企业中，创新人才始终是一个企业能否引领行业潮流最重要的因素，它是企业构建核心竞争力的必要条件。

当然，企业核心竞争力是企业长期形成的，蕴含于企业内质中的，企业独具的，支撑企业过去、现在和未来的竞争优势。只要我们了解了企业具有这种竞争优势，就应该果断投资。

巴菲特认为公司应该保持业绩的稳定性，在原有的业务上做大做强，才是使竞争优势长期持续的根本所在，因此巴菲特最喜欢投资的是那些不太可能发生重大变化的公司。

同时，巴菲特在长期的投资中深刻地认识到经济特许权是企业持续取得超额利润的关键所在。

巴菲特在伯克希尔 1993 年的年报中对可口可乐的持续竞争优势表示惊叹："我实在很难找到一家能与可口可乐的规模相匹敌的公司，也很难找到一家公司像可口可乐那样 10 年来只销售一种固定不变的产品。尽管 50 多年来，可口可乐公司的产品种类有所扩大，但这句话仍然非常贴切。就长期而言，可口可乐与吉列所面临的产业风险，要比任何电脑公司或是通讯公司小得多，可口可乐占全世界饮料销售量的 44%，吉列的剃须刀市场则有 60% 的占有率（以销售额计）。更重要的是，可口可乐与吉列近年来也确实在继续增加它们的产品全球市场的占有率，品牌的巨大吸引力、产品的出众特质与销售渠道的强大实力，使得它们拥有超强的竞争力，就像是在它们的经济城堡周围形成了一条条护城河。相比之下，一般的公司每天都在没有任何保障的情况下浴血奋战。"

因此，巴菲特认为可口可乐是一个竞争优势持续"注定必然如此"的典型优秀企业。

巴菲特将竞争优势壁垒比喻为保护企业经济城堡的护城河，强大的竞争优势如同宽大的护城河保护着企业的超额盈利能力。

我们喜欢拥有这样的城堡："有很宽的护城河，河里游满了很多鲨鱼和鳄鱼，足以抵挡外来的闯入者——有成千上万的竞争者想夺走我们的市场。我们认为所谓的护城河是不可能跨越的，并且每一年我们都让我们的管理者进一步加宽我们的护城河，即使这样做不能提高当年的盈利。我们认为我们所拥有的企业都有着又宽又大的护城河。"

选择盈利高的企业

一家优秀的企业应该可以不借助债务资本，而仅用股权资本来获得不错的盈利水平。优秀企业的投资决策，会产生令人满意的业绩，即使没有贷款的帮助也一样。如果公司是通过大量的贷款来获得利润的，那么该公司的获利能力就值得怀疑。

巴菲特说："我想买入企业的标准之一是其有持续稳定的盈利能力。"

在他看来，一个公司的权益资本收益率与股东收益率是衡量公司盈利能力最重要的指标。

投资分析家通常用每股税后利润（又称为每股收益）来评价企业的经营业绩。上年度每股收益提高了吗？高到令人满意的程度了吗？巴菲特认为，这只是个烟幕。

因为大多数企业都保留上年度盈利的一部分用来增加股权资本，所以没有理由对每股收益感到兴奋。如果一家公司在每股收益增长10%，那就没有任何意义。在巴菲特看来，这与把钱存到储蓄账户上，并计利息以复利方式累计增长是完全一样的。

"对经营管理获利状况最重要的量度，是已投入股权资本的收益状况，而不是每股收益。"巴菲特更愿意使用权益资本收益率——经营利润对股东的比例来评价一家公司的经营业绩。

采用权益资本收益率时，需做某些调整。首先，有价证券应该按投资成本而不是市场价格来估价。因为股票市场价格会极大地影响一家公司权益资本收益率。例如，如果一年中股价戏剧性地上升，那么公司的净资产价值就会增加，即使公司经营业绩的确非常优秀，但与这么大的股权市值相除，权益资本收益率也将急剧减小。相反，股价下跌会减少股东收益，从而会使平庸的盈利状况看起来比实际好得多。

其次，投资人也应控制任何非经常项目对公司利润的影响。巴菲特将所有资本性的收入和损失及其他会增减利润的特殊项目全部排除在外，集中考察公司的经营利润，他想知道，管理层利用现有资本通过经营能产生多少利润。他说，这是评判公司获利能力的最好指标。

巴菲特认为，衡量一家公司盈利能力的另一最佳指标是股东收益率。

高水平的权益投资收益率必然会导致公司股东权益的高速增长，相应也会导致公司内在价值及股价的稳定增长。长期投资于具有高水平权益投资收益率的优秀公司，正是巴菲特获得巨大投资成功的重要秘诀之一。

一般说来，管理层用来实现盈利的资本包括两部分：一部分是股东原来投入的历史资本，另一部分是由于未分配利润形成的留存收益。这两部分资本是公司实现盈利创造价值的基础。如果说公司当前的市值反映了股东历史投入资本所创造的价值，那么公司未来市值的增长主要反映了留存收益创造的价值增长。否则管理层利用股东的留存收益不但不会创造价值，而且会毁灭价值。

事实上，分析留存收益的盈利能力并不容易，需要注意的是必须根据不同时期的具体情况具体分析，不能仅仅计算总体收益率。

很多情况下，在判断是否应当留存收益时，股东们不应当仅仅将最近几年总的增量收益与总的增量资本相比较，因为这种关系可能由于公司核心业务的增长而扭曲。在通货膨胀时期，核心业务具有非凡竞争优势的公司，在那项业务中仅投入一小部分增量资产就可以产生很高的回报率。但是，除非公司销售量正处于巨大的增长中，否则出色的业绩肯定可以产生大量多余的现金。即使一家公司把绝大部分资金投入到回报率低的业务中，公司留存资产的总体收益情况仍然可能相当出色，因为投入到核心业务中的那部分留存收益创造了超常的回报。许多股东权益回报率和总体增量资产回报率持续表现良好的股份公司，实际上是将大部分的留存收益投入到毫无吸引力的，甚至是灾难性的项目之中。公司强大的核心业务年复一年地持续

如何判断一家企业的盈利能力

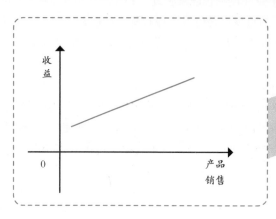

销售情况

　　企业的产品销售与收益是成正比的，产品销售越多，收益越高，也就是说企业的盈利能力越强。

税收政策

　　符合国家税收政策的企业能够享受税收优惠，企业的盈利能力越强；反之则被要求缴纳高额的税收，不利于企业盈利能力的提高。

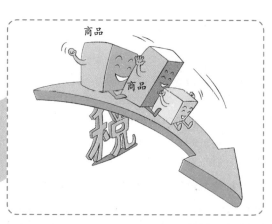

成本

　　在收入不变的前提下，收益和成本成反比关系，降低成本可以增加收益，从而提高利润。也就是说，生产成本控制得越低，企业盈利能力越强。

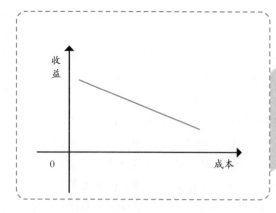

增长，掩盖了其他资本配置领域里一再重复的错误。犯下错误的经理们总是不断报告他们从最新的失败中吸取的教训，然后，再去寻找下一个新的教训。

因此，对于投资者来说，重要的是要看重企业的盈利能力。企业将来的盈利能力是投资人投资是否成功的关键所在。

选择有经济特许权的企业

许多投资者所犯的错误是认为企业股票的价格及其涨落取决于其与竞争对于竞争的情况。用简单的话说，就是取决于它的经济特许权。但请记住，我们买的不是股票，而是企业。作为企业买主，我们必须认识到有许多力量影响着股票价格——这些力量往往与企业的实力及其经济特许权有关。

巴菲特说："经济特许权是企业持续取得超额利润的关键。"

与没有经济特许权的企业相比，拥有经济特许权的企业被淘汰的可能性要小得多。长期的盈利预测也比较容易做出。

巴菲特认为，一个出色的企业应该具有其他竞争者所不具有的某种特质，即"经济特许权"。那些具有经济特许权的企业在市场上有着一种特别的能力，其他企业就不能挤进这一领域与你竞争，更不可能与你展开价格战，分享你的利润。巴菲特曾经将企业的经济特许权价值描述为一条环绕企业城堡的护城河。这些特权给企业加装了一道安全防护网，使其在多变的商业世界里多了一份保障。

根据巴菲特的观点，整个经济世界可划分为两个团体：有特许经营权的企业形成的小团体和一群普通的商业企业组成的大团体。后者中大部分企业的股票是不值得购买的。巴菲特把特许经营定义为：一家公司提供的产品或服务有市场需求甚至是强烈的需求，并且没有比较接近的替代产品，没有受到政府的价格管制。这些特许经营型企业有规则地提高它们的产品或者是服务的价格，却不必担心失去市场份额。特许经营型企业甚至可以在需求平稳、生产能力未充分利用的情况下提价。这种定价的灵活性是特许经营的一个重要特性，它使得投资可以得到超乎寻常的回报。特许经营企业另一个明显的特点是拥有大量的经济信誉，可以更有效地抵抗通货膨胀带来的负面影响。

相反，普通的商业企业所提供的产品或者服务与竞争对手往往大同小异或者雷同。几年前，普通的商品包括油料、汽油、化学品、小麦、铜、木材和橘汁。如今，计算机、汽车、空运服务、银行服务和保险业也都成了典型的日用商品。尽管有巨大的广告预算，它们的产品或者服务仍然与竞争对手没有实际意义上的区别。

具有经济特许权是出色企业的特点，与没有经济特许权的企业相比，它今后20年的情况更容易预测。从踏入投资行业开始，巴菲特便对这种具有特许权的公司有着极为浓厚的兴趣。在他看来，在普通企业遭遇危机的时刻，那些具有经济特许权企业虽然也可能受到影响，但它们的经济特许权的地位却是不可动摇的。而且在这样的时刻，股价一般都会下跌，这正是买入的大好时机。

就像可口可乐公司，它拥有全世界所有公司中价值最高的经济特许权。"如果你给我1000亿美元用以交换可口可乐这种饮料在世界上的特许权，我会把钱还给你，并对你说：'这不可能。'"

对企业所有者来说，经济特许权意味着很难遇到竞争。虽然可口可乐比一般饮料贵，但喜欢可口可乐的人不会在乎。你无法通过降价与可口可乐竞争，这也是经

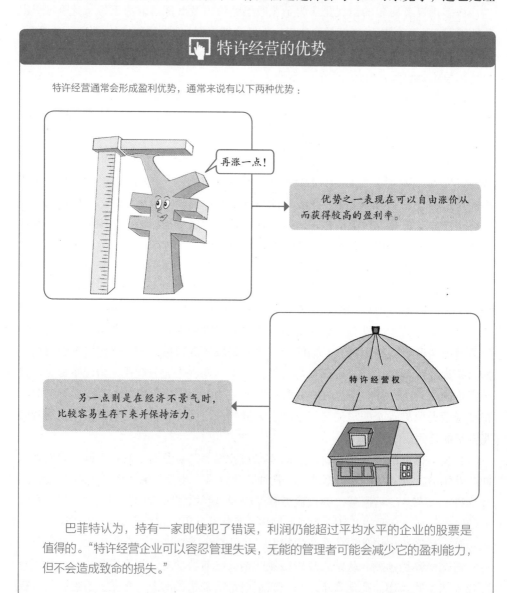

特许经营的优势

特许经营通常会形成盈利优势，通常来说有以下两种优势：

再涨一点！

优势之一表现在可以自由涨价从而获得较高的盈利率。

特许经营权

另一点则是在经济不景气时，比较容易生存下来并保持活力。

巴菲特认为，持有一家即使犯了错误，利润仍能超过平均水平的企业的股票是值得的。"特许经营企业可以容忍管理失误，无能的管理者可能会减少它的盈利能力，但不会造成致命的损失。"

济特许权存在的一个表现。人们很难与易趣竞争，因为它拥有世界上最大的网上拍卖市场。人们之所以很难与吉列竞争，是因为它拥有大量忠实的客户。迪士尼、箭牌糖果公司也是如此。

经济特许权并不限于热爱一种产品。虽然许多人对微软公司不满，却依旧使用视窗软件，因为大量软件需要依赖它运行，一定程度上可以说是被迫使用。虽然人们也许不满于附近的沃尔玛超市给邻居的百货店带来的遭遇，却仍然在沃尔玛购买小百货，因为那里的小百货便宜得让他们无法拒绝。沃尔玛具有价格特许权。

拥有特许权的企业更加引人注目的一点在于，它们能够与通货膨胀保持同步。换言之，成本上涨时，它们能够提价。即使可口可乐、吉列剃须刀或者星巴克的大杯咖啡今天的价格比昨天要贵，人们也仍然会购买这些商品。

如果你理解了所谓经济特许权类型的企业，你便不难从众多的股票中把它们找出来。如果你恰好以一个合适的价格买进此股票，并长期持有它的话，那你的投资几乎是零风险。

选择超级明星经理人管理的企业

投资者在选择投资目标时，也应该注重一个企业的优秀的经理人，因为优秀的经理人更注重公司长期保持专业化的经营，只有专业化的经营才能使公司盈利能力更高。此外从合作者的角度来看，大家都愿意并喜欢与尊敬的人一起共事，因为这可以使良好的结果出现的机会最大化，并且保证一个良好的合作过程。

巴菲特说："在进行控股收购和股票买入时，我们要像购买目标公司，不仅需要该公司的业务优秀，还要有非凡出众、聪明能干并且受人敬爱的管理者。"

以巴菲特多年的投资经验来看，他只选择那些他喜欢、信任和敬佩的经理人管理的优秀企业，他觉得这样才有机会获得良好的投资回报，巴菲特把这称为与伟人一起才能成就伟业。

在1989年巴菲特公开宣布他已持有可口可乐公司6.3%的股份。当被问到为什么没有更早地持有该公司的股票时，巴菲特回答是因为过去他对可口可乐的长期发展前景缺乏信心。

至于为什么后来又买进可口可乐公司的股票，巴菲特给出的解释是他看到了可口可乐公司在20世纪80年代在罗伯托·郭思达和唐·基奥领导下所发生的巨大变化。并且自1962年起一直担任公司总裁的保罗·奥斯汀1971年被任命为董事长，之后可口可乐公司就开始了大规模地进行多元化经营，比如投资于众多与可乐无关的项目，包括水净化、白酒、养虾、塑料、农场等。

巴菲特认为这些举措是在浪费宝贵的资金。在股东的压力下，奥斯汀被迫辞职，1981年可口可乐公司第一位外籍总裁罗伯托·郭思达上任。罗伯托上任后全力以

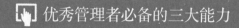

优秀管理者必备的三大能力

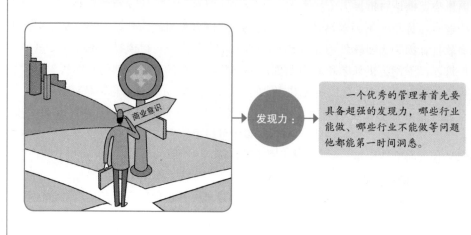

发现力： 一个优秀的管理者首先要具备超强的发现力，哪些行业能做、哪些行业不能做等问题他都能第一时间洞悉。

承受力： 优秀管理者不是他这一辈子有多么风光，而是能承受企业经营过程中的各种挫折和压力。

执行力： 没有执行，再完美的计划、项目、梦想也都是泡影，优秀的管理者都雷厉风行，说到做到。

赴转向美国可乐市场上与百事可乐的竞争。1985 年，可口可乐放弃了已使用 100 多年的老配方，推出了新的可乐配方。这一惊人的失误付出了惊人的代价。在无数可口可乐忠诚消费者的压力下，老配方不得不又恢复了。罗伯托渐渐放弃了与可乐无关的业务。从 1984 ~ 1987 年，即巴菲特投资前，可口可乐在全世界的销量增加了34%，每加仑边际利润也从 22% 上升到 27%，国外的总利润从 6.66 亿美元涨到了几十亿美元。报告中更吸引人的是重新调整后的公司本身。1984 年可口可乐公司的国外利润只勉强占总利润的一半多一点（52%），到 1987 年，它的利润的 3/4 来自于美国本土以外。在罗伯托的领导下，可口可乐公司的巨大变化吸引了巴菲特的注意。

罗伯托·郭思达拥有非常难得的天赋，将市场销售与公司财务两方面的高超技巧整合在一起，不但使公司产品销售增长最大化，而且也使这种增长带给股东最大化的回报。

1997 年罗伯托·郭思达在被诊断出肺癌的消息对外公布后不到两个月便不幸去世。罗伯托显示出卓越且清晰的战略远见，他总是将公司目标定位于促进可口可乐股东价值不断增长上，罗伯托很清楚他要将公司引向何方、如何到达目的地、为什么这是适合所有股东的最佳路径。同样重要的是他对于达成以上目标有着强烈的渴望。

选择价格合理的企业

是不是投资世界上最好的企业就一定会有最好的回报呢？巴菲特给了否定的回答，因为投资成功的一个必要前提是要在有吸引力的价位买入。

何谓有吸引力？就是股票的价格与我们计算的价值相比有足够大的安全空间。也就是说我们应当在企业的价值被市场低估的时候买入。这看似是小孩子都明白的道理，但在贪婪和恐慌面前，一切都会变得很复杂。巴菲特之所以能成为"股神"，正是源于他无比坚定的执行力，永远把安全空间放在第一位。

巴菲特说："投资人只应该买进股价低于净值 2/3 的股票。"利用股市中价格和价值的背离，以合理的价格买入，然后在股价上涨后卖出，从而获取超额利润。

巴菲特认为，在购买任何股票前，投资者都要关注企业的市场价格与其内在价值，以保证在理想的价格上买进。不过他也认为，确定企业内在价值并不是一件容易的事情。内在价值的概念既严格又富于弹性，我们并没有一个人能够得出企业内在价值的公式，关键是你得懂这个企业。在巴菲特看来，如果一家企业的经营业绩出众，即使它在短期内被市场忽略了，但它的价值最终会随之上涨的。

投资者在寻找到具有持续竞争优势的企业后，买入其股票并不能保证他获得利润。他应该首先对公司内在价值进行评估，确定自己准备买入的企业股票的价值是多少，然后将该价值与股票市场价格进行比较。巴菲特称为"用 40 美分购买价值 1 美元的股票"。

格雷厄姆曾说："最聪明的投资方式就是把自己当成持股公司的老板。"这是有史以来关于投资理财最为重要的一句话。试想一下，是不是大多数投资者正是由于没有将自己看成是企业的主人，而只是将它看成了短期获利的工具呢？所以，人们对企业的关心程度是不够的，甚至常常在对其并没有充分了解的时候就匆匆下手。如果我们能将自己看成是企业的主人，情况则会大不相同。我们会关心它，包括它的过去、现在与未来，它的成绩与失误，它的优势与劣势，明白了这些，我们对企业的价值到底有多少也会做到心中有数。这样也有助于我们确定该企业股票的合理价格。

使用自己的投资系统是巴菲特的一个天性。他不再需要有意识地思考每一个行动步骤。

例如，巴菲特经常谈到根据长期国债的当前利率将估算出的企业未来收益折现以判断企业现值的方法。但他真是这样做的吗？根据他的合伙人查理·芒格所说，事实并非如此。芒格曾在伯克希尔公司的一次年会上说："我从没见他这么做过。"这是因为巴菲特的行动是下意识的。

当他看到一家他了解的企业时，凭借数十年的分析企业价值的经验，他的潜意识会生成一幅精神图像，展现出这家公司在 10 到 20 年后的样子。他可以简单地比较两幅图像，也就是这家公司今天的状况和未来的可能状况，然后立刻作出是否购买这家企业股票的决策。

当超市里的一名购物者看到他最喜欢的肥皂正以 5 折出售时，他不需要做复杂的计算就知道这是划算的价格。巴菲特同样不需复杂的计算就能知道一家公司的售价是否划算。对他来说，一个投资对象是不是便宜货是显而易见的。

当巴菲特于 1988 年购买可口可乐的股票时，这家公司的每股收益是 36 美分。这些收益产生于 1.07 美元的每股净资产，因此可口可乐的净资产回报率是 33.6%。而且，它的净资产回报率在过去的几年中一直保持在这个水平。假设可口可乐的净资产回报率和分红率均保持不变，那么在 10 年内，它的每股收益将增长到 2.13 美元。

在巴菲特购买可口可乐的股票时，该股的市盈率在 10.7 ~ 13.2 之间。按这个倍数估算，可口可乐的股价将在未来 10 年内达到 22 ~ 28 美元。

巴菲特的目标投资收益率是 15%。他的平均买价是每股 5.22 美元，按 15% 的年回报率计算，可口可乐的股价应该在 10 年后上涨到 21.18 美元。

巴菲特购买的是一家企业的股份。如果企业本身是健康的，股市的波动不算什么，可口可乐的收益不会受到影响，而且仍会增长。事实上，巴菲特可以估算出，可口可乐在此后 10 年中的每股分红累计将达 5 美元左右。

结果，在 1998 年年末，可口可乐的市盈率达到了 46.5 美元，股价为 6.07 元。巴菲特的平均买价是 5.22 美元，所以他的年复利率是 28.9%。这还不包括分红。

即使你决定要像巴菲特那样做一个理性的投资者，可是你并不知道一个企业的股票到底值多少钱。巴菲特认为，要解决这个问题，一半靠科学的分析，一半靠天赋。他说："你应当具备企业如何经营的知识，也要懂得企业的语言（即知道如何看懂那些财务报表），对于投资的某种沉迷，以及适中的品格特性，这可是比智商高低更为重要的因素，因为他将增进你独立思考的能力，使你能够避免不时在投资市场上传染的形形色色的大面积的歇斯底里。"

选择具有超级资本配置能力的企业

投资者需要注意的是能够体现管理层高超的资本配置能力的一个重要标志就是，管理层在公司股价过低时大量进行股份的收购，但是需要注意的是，管理与业务相比，业务是公司发展的根本所在，优秀的鼓励能够为优秀的公司锦上添花。所以在应用这个原则时，不能忽视掉公司的业务。

巴菲特说："企业经理最重要的工作是资本配置。一旦管理者作出资本配置的决策，那么最为重要的就是，其行为的基本准则就是促进每股内在价值的增长，从而避免每股内在价值的降低。"

比如在可口可乐每年的年报中，管理层都会一再重申："管理的基本目标是使股东价值最大化。"罗伯托·郭思达在公司"80年代的经营战略"中指出："未来10年内我们要继续对股东负责，使他们的投资增值。为了给我们的股东创造高于平均水平的投资收益，我们必须找到条件合适、回报率超过通货膨胀率的项目。"

公司的经营战略则强调使公司长期现金流最大化。为实现这一目标，可口可乐公司采取的是集中投资高收益的软饮料企业，并不断降低成本的经营战略。这一战略的成功直接表现为公司现金流增长、权益资本收益率提高和股东收益增加。为实现这一宗旨，可口可乐公司通过增加权益资本收益率和利润率来提高红利水平，同时减少红利支付率。

在20世纪80年代，可口可乐公司支付给股东的红利平均每年增长10%，而红利支付率却由65%降至40%。这样一来，可口可乐公司可以把更多的未分配利润用于再投资，以使公司保持一定的增长率。净现金流的增长使可口可乐公司有能力增加现金红利并回购股票。1984年，公司第一次采取股票回购行动，回购了600万股。

从这以后，公司每年都要回购股票。1992年7月，可口可乐公司再次宣布：从现在起到2000年，公司将回购1亿股，相当于公司流通股份总数的7.6%。罗伯特·郭思达自信，由于公司强大的盈利能力，完全可以做到这一点。从1984~1996年的12年间，可口可乐总共动用了53亿美元，回购了4.14亿股，相当于1984年初公司流通股份的25%。如果按1993年12月31日的收盘价计算，回购的这些股票价值185亿美元。巴菲特对可口可乐回购股份之举大加赞赏。

资本配置能力是管理层最重要的能力

巴菲特认为，资本配置在一定程度上决定着公司的兴衰存亡。为此，优秀的公司管理层必须具有高超的资本配置能力。

高超的资本配置能力，也就是行业配置和使用人力、资本等各种经济资源进行生产以求得最佳经济效益的能力。

资本配置的能力主要体现在管理层能否正确地把大量的资本投资于未来长期推动股东价值增长的最大化的项目上。

可以这么说，资本配置上的远见在某种程度上决定了公司未来发展的远景。

如何识别超级明星企业

公司有良好的基本面

基本面分析的功能不是预测市场，它更大的作用是告诉我们市场价格波动的原因，使我们更清楚地认识和了解市场，不至于因为对基本面情况的一无所知而对市场价格的涨跌感到迷茫和恐惧。

1993 年巴菲特在致股东信里写道："我仍然忍不住想要引用 1938 年《财富》杂志的报道：'实在是很难再找到像可口可乐这样拥有这么大规模，而且能够保持持续 10 年不变的产品内容。'如今又过了 55 个年头了，可口可乐的产品线虽然变得更加广泛，但是令人印象深刻的是对它的形容依然如此。"

巴菲特对可口可乐总是赞不绝口，可以说他看重的就是可口可乐令人满意的基本面信息。

基本面分析是你买入任何股票之前必须做的一件事。通过分析确定该股的质量及其相对强势，也就是区分其优劣的过程。基本面是股票长期投资价值的唯一决定因素，每一个价值投资者选择股票前必须要做的就是透彻地分析企业的基本面。许多投资者没有系统地分析方法，甚至仅仅凭某一短暂的或局部的利好因素就作出买入决定。投资者很容易受一些感性因素的影响而做出错误的操作，如听信其他投资者的言论，或者生活中对某一消费品牌情有独钟，就买入其股票等。

巴菲特在股市的成功，依仗的是他对基本面的透彻分析，而非对"消息市"的巧妙利用。正是因为有巴菲特这样"老实本分"的投资者，正是因为市场对巴菲特理性投资行为的高额回报，使得美国的资本市场成为世界上最稳定、最成熟、最有活力的金融市场；作为经济"晴雨表"的美国资本市场的长期稳定、健康，反过来又对经济产生了良好的反馈作用，成为美国经济长期保持强势的根本保障。

基本面分析主要是对公司的收益、销售、股权回报、利润空间、资产负债、股市，以及公司的产品、管理、产业情况进行分析。基本面分析能主要考察一只股票的质量和吸引力，从而识别一只股票是否具有投资价值。

那么，在基本面分析中最重要的是什么呢？公司的盈利能力是影响股价的最重要的因素，也就是说只买那些盈利和销售量在不断增加、利润率和净资产收益率都很高的公司的股票。每股收益（公司的总税后利润除以公开发行的普通股的股数）可作为公司的成长能力和盈利能力的指标。

巴菲特认为，表现最优秀的个股，3/4 都是成长良好的公司，在股价大幅度上升之前其每股收益的年增长率平均达到或超过 30%，而且连续三年都如此。因此，应全力关注连续三年的年收益增长率达到或超过 30% 的公司。

另外，在基本面分析中还有一些其他的因素。公司应当有其独特的新产品或新

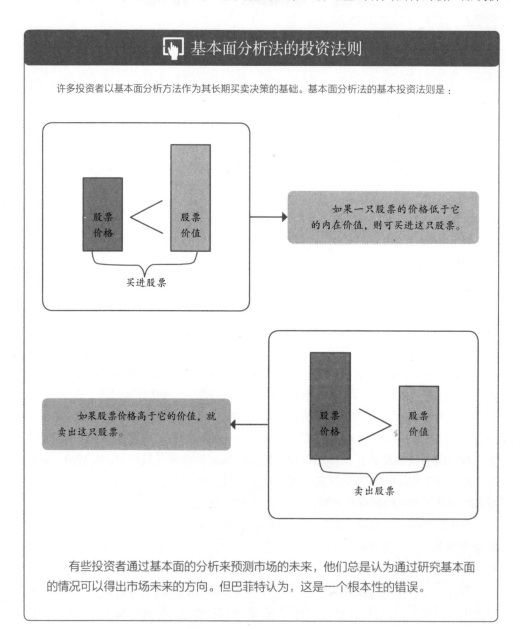

基本面分析法的投资法则

许多投资者以基本面分析方法作为其长期买卖决策的基础。基本面分析法的基本投资法则是：

股票价格 < 股票价值

买进股票

如果一只股票的价格低于它的内在价值，则可买进这只股票。

如果股票价格高于它的价值，就卖出这只股票。

股票价格 > 股票价值

卖出股票

有些投资者通过基本面的分析来预测市场的未来，他们总是认为通过研究基本面的情况可以得出市场未来的方向。但巴菲特认为，这是一个根本性的错误。

的服务项目，且其预期前景也令人鼓舞。你应当了解你所投资的公司在做些什么。这个公司应有大机构赏识并持有其股份，大多数情况这个公司还应属于某个先进的大企业集团。应当了解有多少优秀的共同基金、银行和其他机构投资者买入这只个股，这也是你个人研究的基础。大机构通常要经过详细的基本面分析以后才会买入某只个股的大量股票。

解读公司重要的财务分析指标

对于投资者而言，投资的首要任务就是要建立起自己的财务模型，你对所选的企业的财务状况必须要有自己的评估，自己建立的财务模型也必须健全而可持续发展。只有对企业财务状况有了清晰的认识，才能够抓住该企业的核心价值。对该企业的股价进行准确地评估并作出正确的判断。

巴菲特说："我喜欢的就是那种根本不需要怎么管理就能挣很多钱的行业，它们才是我想投资的。"

投资者绝对不要投资财务报表让人看不懂的企业。一般说来，一个企业的财务状况可从以下几方面判断，从而决定该企业是否值得投资。

1. 股东权益报酬率

股东权益报酬率是评价和衡量一家企业或公司管理获利能力的最重要指标。使用净利润对股东权益的比例来衡量和评价一家公司的经营业绩则十分有效，因为这一指标着重从股东利益出发来考评一家公司，同时又注重公司现有资本投入的有效率，这样，就能排除立足于对公司的理想主义设想的评估，而十分乐观地估计负债、借贷等资本投入所产生的利润。只有这样，才能实事求是地评价公司的现有状况，真正挑选出优秀公司。

总的来说，股东权益报酬率的重要性在于，它可以让我们预估企业把盈余再投资的成效。长期股东权益报酬率高的企业，不但可以提供高于一般股票或债券一倍的收益，也可以经由再投资，让你有机会得到源源不断的20%的报酬。最理想的企业能以这样的增值速度，长期把所有盈余都再投资，使你原本的投资以20%的复利增值。

评价一家公司是否优良和有发展潜力，能够在较长一段时期内给投资者以丰厚的回报，最能肯定的做法就是立足于股东权益回报率，也就是立足于现有资本投入，这是最为现实有效的评价手段和途径。

2. 股东收益

一般说来，公司年度财务报表上的每股收益只是判断企业内在价值的起点，而非终点。股东收益才是判断公司内在价值的最终指标。

所谓股东收益，即公司的税后利润加上折旧、摊提等非现金费用，然后减去资本性支出费用以及可能需要增加的公司运作的资金量。虽然股东收益并不能为价值分析提供所要求的精确值，因为未来资本性支出需要经常评估。虽然巴菲特认为，这个方法在数学上并不精确，原因很简单，计算未来现金支出经常需要严格的估算。但是，巴菲特引用凯恩斯的话说："我宁愿模糊地对，也不愿精确地错。"

1973年，巴菲特投资的可口可乐公司的"所有者收益"（净收入加折旧减资金成本）为1.52亿美元。到1980年，所有者收益达到了2.62亿美元，以8%的年复合利率增长。从1981年到1988年，所有者收益从2.62亿美元上升到了8.28亿美元，年平均复合利率为17.8%。

可口可乐公司所有者收益的增长反映在公司的股价上。如果我们以10年为期看一下，就会发现这一点特别明显。从1973年到1982年，可口可乐公司的总利润以6.3%的平均年率增长；从1983年到1992年，平均年率为31.1%。

从以上可以看出，现金流量根本无法反映公司的内在价值。相对于"每股税后盈余""现金流量"等财务指标，股东收益则对公司所发生的可能影响公司获利能力的所有经济事实进行了较为周密的考虑。

所以，我们在选择投资标的时，千万不要忽视了"股东收益"这一决定内在价值的指标。

3.寻求高利润率的公司

一般来说，能以低成本高利润运营的公司，利润率越高，股东的获利也就越高。所以，寻找高利润率的公司通常是投资者所向往的，一旦找到了高利润率公司就意味着找到了高额利润。也就是说，这种高利润率公司意味着股东权益报酬率高。

在生活中，假如你拥有一家公司，我们称之为A公司，该公司的总资产为1000万美元，负债400万美元，那么股东权益为600万美元。假如公司税后盈余180万美元，那么股东权益报酬率为33%，就是说600万美元的股东权益，获得33%的报酬率。

假设你拥有另一家公司，我们称它为B公司。假设B公司也有1000万美元资产、400万美元负债，于是股东权益也和A公司一样为600万美元。假设B公司仅获利48万美元，因此权益报酬率为8%。

通过比较我们可以发现，A、B两家公司资本结构完全相同，但A公司的获利接近B公司的4倍，当然A公司比较看好，又假设A、B两公司的管理阶层都很称职，A公司的管理阶层善于创造33%的权益报酬率，B公司的管理阶层则善于创造8%的权益报酬率。你愿意对哪家公司进行追加投资？你很可能将B公司的股利投资于A公司。

抓准公司发展的潜力

对于投资人而言，能够为我们赚钱的，才是未来的成绩。所以，我们在识别企业时，应抓准公司发展的潜力。公司的发展潜力预示着公司未来的表现。巴菲特也曾说过，真正决定投资成败的，是公司未来的表现。试想，如果投资成败取决于过去和今日，那任何人都能投资致富，根本也不需要很强的分析能力，因为过去和今日的业绩都是公开的消息，人人都知道的。对于投资者来说，在寻找目标时，选择那些具有发展潜力的公司，无疑是为自己的投资上了一份保险。

巴菲特说："我们感兴趣的并非是股票类别本身，而是公司的潜在价值及其发展的前景。要根据一家公司的远景展望而进行相应的投资，我们需要的是有才能的投

👆 巴菲特的品牌投资

巴菲特所投资的公司中，除了一些具有垄断性质的企业外，还有一些其钟爱的品牌产品公司。

日常消费品行业里面的品牌企业，如可口可乐、吉利剃须刀公司。

有的是行销行业,如百货、珠宝、家具、保险等。

巴菲特认为现代人生活节奏快，通常不会花时间在一些商品的选择上，这个时候一个成功的值得信赖的品牌往往会成为他们的首选，这也是巴菲特之所以选择品牌投资的原因。

资基金委托人，而非利用财务杠杆收购牟利的股市赌徒。"

在巴菲特看来，从企业前景的角度来投资是一种原则，可以说，投资股市的实质就是投资企业的发展前景。

坚守这条原则，让别人的愚蠢行为成为你的经验，也就是说，别人由于恐惧和贪婪所犯的错误，会让你吸取教训，积累经验，投资那些从企业前景来看值得投资的股票。为了理解巴菲特从企业前景角度投资的观点，就必须理解巴菲特对于公司利润的独到见解。

他觉得公司利润与其在公司里的所有权成正比。因此，如果一个公司一股赚 5 美元，巴菲特拥有该公司的 100 股股票，那么他就认为他赚了 500 美元。

巴菲特相信公司面临两种选择：一是通过红利付出 500 美元；二是保留盈余进行再投资，从而提高公司的内在价值。巴菲特相信，通过一段时间，股票市场的价格会由于公司内在价值的提高而提高。

在巴菲特的世界里，普通股也具有债券的特征，可付利息就是公司的纯收益。他用公司每股股票的净盈利除以每股买价，计算出收益率。一只每股买价 10 美元，每年净盈利 2 美元的股票，其收益率为 20%。当然，这种计算必须假定公司盈利的可预测性。在现实生活中，如果你想购买当地的一只股票，你必须清楚它每年能赚多少，它的卖价是多少。通常这两个数字，你只要简单相除就能计算出你对该项投资的报酬率。巴菲特不管是购买整个企业还是购买企业的一股股票，都是这样做的。

巴菲特还认为，行业的性质比管理人素质更重要。毕竟，人心莫测，管理人可以"变质"，但整体行业情形一般不会那么容易变相。

从巴菲特的投资构成来看，道路、桥梁、煤炭、电力等资源垄断性企业占了相当大的份额，因为这些行业的发展潜力很大。如巴菲特 2004 年上半年大量买进中国石油股票就是这种投资战略的充分体现。

业务能长期保持稳定

如果想找到长期领先于市场的好股票，一定要学习巴菲特，买入业务长期保持稳定的企业。巴菲特认为，公司业务不稳定，就难以在原有的业务上做大做强，无法建立强大的竞争优势。一家公司如果经常发生重大变化，就可能会因此经常遭受重大失误。推而广之，在一块总是动荡不安的经济土地上，是不太可能形成城堡一样坚不可摧的垄断经营权，而这样的垄断经营权正是企业持续取得超额利润的关键所在。

巴菲特说："研究我们过去对子公司和普通股的投资时，你会看到我们偏爱那些不太可能发生重大变化的公司和产业。我们这样选择的原因很简单：在进行子公司和普通股两者中的任何一种投资时，我们寻找那些我们相信从现在开始的 10 年或者 20 年的时间里实际上肯定拥有巨大竞争力的企业。至于那些环境迅速转变的产业，尽管可能会提供巨大的成功机会，但是它排除了我们寻找的确定性。"

巴菲特认为，投资者买股票就是要投资该公司。既然要投资这家上市公司，并且已经做好了长期投资的打算，那么在确定投资对象时就一定要选择未来10年、20年内业务长期保持稳定的公司，并且绝对具有巨大的竞争力。

在几十年的投资生涯中，巴菲特发现，经营盈利能力最好的企业，通常是那些现在的经营方式与5年前或者10年前几乎完全相同的企业。美国《财富》杂志的调查结果也验证了巴菲特的话。在1999年至2000年期间，《财富》杂志评出的世界500强企业中只有25家企业达到了这样的业绩：连续10年的平均股东权益回报率达到20%，并且没有一年的股东权益回报率低于15%。这25家企业在股票市场上也表现优异，其中有24家都超越了标准普尔500指数。令大家讶异的是，在这25家企业中，只有几家企业是高科技和制药业，其他企业都是从事着普通的业务，出售着普通的产品，而且它们现在出售的产品几乎和10年前的产品没什么两样。

他认为，虽然有人说企业发展要与时俱进，要根据宏观环境的改变迅速转变产业，可是，这种做法排除了他寻找长期投资对象的确定性。事实上，他经过长期观察和研究发现，如果上市公司经常发生重大变化，那么就很可能会因此造成重大损失，而这和他的长期投资理念是不相符的。正因如此，所以他经常说："我们偏爱那些不太可能发生重大变化的公司和产业。"

巴菲特深深知道，长期投资必须非常重视企业良好的发展前景，因为你购买该公司的股票就是因为看中了它的未来发展；如果该公司"没有未来"，为什么还要投资该公司的股票呢？这时候如果还要做长期投资，那是非常危险的。

不过显而易见的是，企业的长期发展取决于多种因素，很难正确判断。巴菲特说，要做到这一点，就非常有必要对该公司过去的长期发展进行考察。只有这样，才能确信该公司未来同样能长期保持稳定发展、未来的经营业绩也能保持相对稳定的增长，继续为投资者创造价值。所以，巴菲特从根本上是不主张公司开拓新业务、形成新的经济增长点的，他更希望公司能够在原有基础上做大做强，尤其是不能丢了原有业务的长期竞争优势。

很有意思的是，符合他这种预期的上市公司，它们的经营业务都相对简单而且稳定，这正是他喜欢的投资类型。所以他说："我们努力固守于我们相信可以了解的公司，这意味着那些公司具有相对简单且稳定的特征。"

针对许多投资者喜欢投资那些濒临破产倒闭的公司，巴菲特认为这样的资产重组概念股确实有可能会咸鱼翻身，或者乌鸦变凤凰，可是根据他对几百只这类股票的研究，他认为这样的可能性很小很小，不值得投资者为之一搏。他通过长期的观察后发现，甚至许多很有才干的管理人员在进入这样的"咸鱼"企业后，不但没有把它从水深火热的困境中解救出来，相反还毁坏了个人的好名声。

巴菲特认为："剧烈的变革和丰厚的投资回报是不相容的。"但大多数投资者却持相反的想法。最近，投资者争购那些在进行公司重组的公司股票。巴菲特认为，由于不可解释的原因，这些投资者对这类公司未来的收益寄予希望，却忽视了这类公司的现状和问题。

巴菲特始终认为，要想投资一家问题企业后一个一个地去解决这些问题，远远不如之前就远离这家问题企业来得轻松、简单。

巴菲特拒绝投资的公司类型

巴菲特通常拒绝投资下面两类公司的股票：

这个困难不解决，公司就止步不前……

1. 需要解决某些难题

因为不能确定这家企业能不能解决这些难题，也就无法预测其将来能否成功。因此，巴菲特认为没必要把钱浪费在未来前景不确定的企业上。

2. 以前的计划不成功而准备改变经营方向

巴菲特认为，那些多年来生产同样产品，提供同样服务的企业，往往有更好的投资回报；而那些正在转变经营方向的企业，则更有可能出现重大的经营失误。

为什么它突然改变方向了呢？

因此，投资者寄希望于乌鸦变凤凰是不现实的；既然要投资股票，就要把眼睛盯在"凤凰"上而不是"乌鸦"上。

选择有优秀治理结构的公司

巴菲特认为，管理层对提高股票内在价值的作用至关重要。投资者如果购买债券不怎么在意公司管理层的话，在投资股票时就非常有必要关注这一点。归根结底，公司管理层的能力和水平影响着该公司的长期竞争优势，从而决定着该公司未来内在价值的大小和发展方向。

巴菲特在2002年致股东的信里写道："提到管理模式，我个人的偶像是埃迪·贝内特的球童。在1919年，埃迪年仅19岁就开始了他在芝加哥白袜队的职业生涯，当年的白袜队打进了世界大赛；一年后埃迪跳槽到了布鲁克林·道奇队，道奇队赢得了世界大赛。之后，他又跳到了纽约扬基队，在1921年该队又赢得了史上第一个世界大赛冠军。从此，埃迪安顿下来，扬基队在接下来的7年间，五度赢得了美联的冠军。

"也许你会问，这跟管理模式又有何相干？其实很简单，就是要想成为一个赢家，就要与其他赢家一起共事。举个例子来说，在1927年，埃迪因为扬基赢得世界大赛，而分得了700美元的奖金，这笔钱相当于其他球童一整年的收入，埃迪知道他如何拎球棒并不重要，他能成为球场上最当红的明星拎球棒才是关键。我从埃迪身上学到了很多，所以在伯克希尔，我就经常为美国商业大联盟的超级强打者拎球棒。"

巴菲特在决定投资一家公司前，该公司的治理结构是考虑的重要因素之一。从某种意义上说，公司治理结构是检验一个公司治理的核心。公司治理结构就是指投资者、管理团队之间的关系，它们各自都有不同的权利和义务。当这两者能够公开而又独立交流的时候，我们就说这个公司有一个良好的治理结构。

为了让投资者更好地理解如何检验一个上市公司是否有好的治理结构，我们可以来看看辉瑞公司的例子。

1992年，辉瑞公司首次任命一位副总裁专门负责公司的治理结构问题。除了一般的审计委员会、薪酬委员会和执行委员会外，它还设立了一个公司治理委员会，同时在公司的股东委托书里对公司治理规则进行了详细的说明。

根据辉瑞公司2001年的股东委托书，公司治理委员会的任务就是"根据董事会的适当规模和需要向董事会提出建议"。跟审计委员会和薪酬委员会一样，公司治理委员会完全由独立董事组成。

辉瑞的股东委托书还有另外一个优点，就是它是用清晰的、最简明的语言表述的。而大部分公司的股东委托书使用令人迷惑的法律措辞，这使许多股东在读完后摸不着头脑，但这却是它们中意的方式。

让我们来看一看辉瑞公司的董事会到底是怎样的。在2000年，辉瑞公司的董事会一共召开了12次会议，值得一提的是，这还是在辉瑞2000年收购了另外一家公司之后，有许多其他重要事务要讨论情况下的开会次数。在2000年，所有董事的会

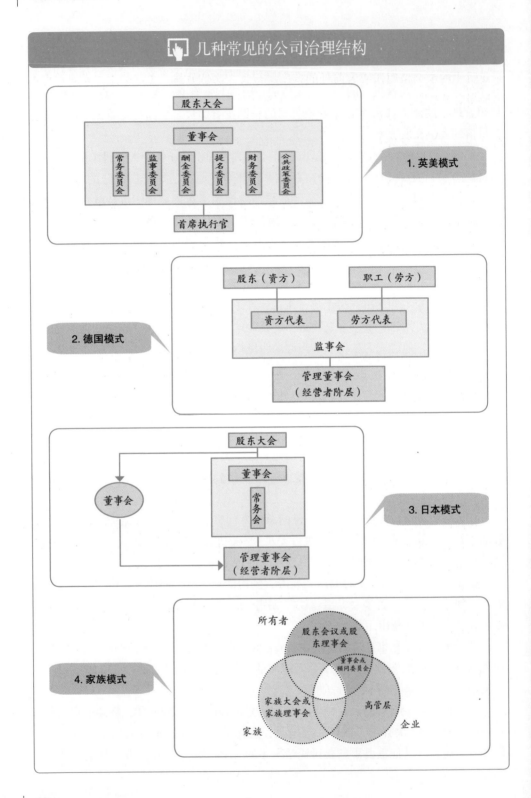

几种常见的公司治理结构

股东大会

董事会

常务委员会　监事委员会　酬金委员会　提名委员会　财务委员会　公共政策委员会

首席执行官

1. 英美模式

股东（资方）　职工（劳方）

资方代表　劳方代表

监事会

管理董事会
（经营者阶层）

2. 德国模式

股东大会

董事会

董事会　常务会

管理董事会
（经营者阶层）

3. 日本模式

所有者

股东会议或股东理事会

董事会或顾问委员会

家族大会或家族理事会

高管层

家族　企业

4. 家族模式

议出席率（包括整个董事会会议和各部门会议）达75%，这是董事会真正重视公司业务和股东利益的另一个标志。仅仅审计委员会就召开了6次会议。审计委员会6个成员中的5个是现任或者前任的首席执行官，这是另外 个好标志，表明它真正地懂得财务数字。

每一个委员会都有它自己的章程，这已经写入了股东委托书（证券交易委员会的规章只要求审计委员这样做），章程明确了每个委员会各自的责任。这是相当难得的，值得投资者仔细阅读，看看一个效忠于股东的董事会应该如何履行它的职责。公司治理委员会明确表明它负责公司领导人的继任人选选拔问题——这对任何公司的董事会来说都是非常重要的问题，许多公司常常会忽略它，等到事情发展到不可挽回的地步，再着手解决这个问题，但一切都为时已晚。

辉瑞公司董事的薪酬通过现金和一种限制性股票来支付。和许多公司一样，辉瑞公司不要求它的董事一定要购买公司的股票，但是希望他们拥有相当数量的公司股票。

19个董事会成员中有3个是现任和前任的首席执行官，这意味着内部董事只占15%，远远低于22%的平均水平。

辉瑞的董事会广泛地参与公司各方面的事务，同时，辉瑞公司也要求它的董事会成员不能同时在许多其他公司的董事会里兼任董事。每次某个董事会成员被邀请加入其他公司的董事会，他（她）都必须向公司治理委员会提出申请，在委员会同意之前，必须确保该公司不是辉瑞的竞争对手并且和辉瑞没有利益上的冲突。当董事会成员更换工作时，必须提出辞职，然后由公司治理委员会来决定是挽留还是找新人来接替他的位置。

尽管辉瑞公司也有许多需要改进的地方，例如不错开董事任职期，以及增加一些董事的股票持有量，但这个公司的治理结构仍然是一个成功的例子。

从辉瑞公司的例子中，我们可以看出，检验一个公司是否有好的治理结构，应着力于查看它的股东委托书等公司材料，是否公开透明，是否清晰明了，公司的管理层是否以股东的利益为重，总是努力从投资者的角度考虑问题，该公司的管理团队和董事会之间是否配合默契等。

公司的治理结构是检验公司治理的核心。投资者只有投资于治理结构完善的公司，方可有效控制自己的投资风险。

选择管理层优秀的公司

公司管理层影响着公司内在价值

企业的管理层对企业的长期发展有重大影响。在选择投资企业时，投资者一定要记得观察企业的管理层状况如何。只有选对了管理层，投资的回报才会更丰厚。

1987 年巴菲特在致股东信中说："伯克希尔公司旗下的世界百科全书、科比吸尘器公司、斯科特·费策公司等都是拉尔夫一个人领导的，要知道，拉尔夫一个人就担任 19 个企业的首席执行官。即使如此，伯克希尔公司在 1986 年收购斯科特·费策公司后的业绩表现就出乎预料，1987 年的业绩表现更是再上一层楼，税前利润提高了 10%，可是成本却大大降低。"

在巴菲特看来，投资债券和投资股票是不一样的。当然，股票、债券的内在价值，都取决于所预测的公司未来一些年的自由现金流经过一个适当的利率折现后所得到的期望值。但是，股票和债券还是有差别的。债券有债票与到期日，我们可以清楚计算出投资债券的收入，但是股票没有固定的到期日和价格。投资者只能够自己根据企业的经营业绩去估计自己投资股票的收入。由此可见，因为债券的债息和公司的业绩没太大关系，所以管理层的好坏对于公司债券的影响非常有限；而股票的分红和公司的业绩关系非常密切，所以管理层的好坏对于公司股票的影响非常大。

在巴菲特的投资生涯中，他非常看重公司管理层的品质。因为他知道公司管理层的品质将会对公司的长期竞争优势产生莫大的影响，从而影响公司的内在价值。巴菲特曾经说过，优秀的管理层就是一块无价之宝。在收购公司的过程中，如果公司管理层足够优秀，也愿意留下来继续工作，那么他会愿意用比较昂贵的价格收购这个公司；如果优秀的管理层不愿意留下来工作或者公司的管理层不太出色，那么即便公司出再低的价格，他也不太愿意收购。

在巴菲特心中，斯科特公司的总裁拉尔夫就是一位非常优秀的管理者。1987 年世界百科全书推出了新版本，这次新版本的改动很多。全套书籍中的彩色照片从原来的 14000 幅增加到 24000 幅，重新编写的文章超过 6000 篇，参与编写的作者多达840 位。从 1982 年到 1987 年，世界百科全书在美国地区的销售量每年都创新高，在其他国家的销售量也有大幅度增加。世界百科全书的销售量比其他所有同类型书籍的销售量多得多。把企业交给这样优秀的经理人来管理，企业的内在价值自然就会上升了。

寻找优秀的管理层很关键

一般来说，如果你选对了人，就能选对企业，所以投资者要多关注企业的管理层品质。

1986 年巴菲特致股东信里说："我和芒格平时通常只有两个工作。其中一个就是邀请优秀的经理人来管理我们的子公司。这项工作对我们来说并不太难。因为在我们收购一家公司时，通常该公司原本的经理人就早已在这个行业充分显现出他们的才能了，我们所要做的其实很简单，就是不要妨碍他们就好了。这是非常重要的一点。这就好比我的工作是组织一支高尔夫球队。如果尼克劳斯或阿诺帕玛在这支球队里，我确实不必费心教他们如何挥杆。"

巴菲特认为，一个优秀的企业必然需要拥有一个优秀的企业管理层。如何为企业寻找优秀的管理层非常关键，最好的方法就是在购并企业时直接把企业的管理层留下来。

巴菲特在购并企业时非常注重该企业管理层是否足够优秀。如果企业的管理层不够优秀，那么一般来说企业的经营业绩就不会多么出色，就不足以吸引巴菲特的投资目光；如果管理层很优秀，又愿意留下来继续经营企业，巴菲特就会很乐意地购并企业；如果管理层很优秀，但不愿意继续留下来工作，那么十有八九巴菲特就会放弃这项购并。

通常，一家公司被其他公司收购后，收购公司都会找新的经理人来掌管这家公司，但伯克希尔公司是个特例。伯克希尔公司每年都会在自己的年报上刊登一小块公司收购广告。在这简短的收购标准中，其中有一条就是公司要具备优秀的管理层，而且伯克希尔公司还郑重声明，伯克希尔公司无法提供这样的公司管理层。只要公司不具有优秀的管理层，伯克希尔公司就不会讨论任何收购事宜。相反，如果公司具备这样的优秀管理层，那么伯克希尔公司将会为这些优秀的公司和经理人提供一个非常理想的归属。伯克希尔公司会给予这些经理人广阔的施展舞台，不会干涉他们的经营，只会在他们需要协助时给予他们一定的支持。

著名管理学家柯林斯在撰写两本企业管理相关书籍时作了很多的采访和研究，最后他惊奇地发现，对于企业所有者来说，最大的问题并不是企业的战略问题，而是企业的管理层问题。企业管理层的能力和品质，在很大程度上决定着该企业的发展走向和竞争优势。一旦企业能够找到优秀的管理层，那么该企业的发展前途就不可限量。

管理高层需要具备的能力

上市公司对各种资源进行计划、组织、实施和控制以达到其既定目标，公司董事长和公司高层领导班子的能力十分重要。

1. 高层的竞争意识

公司的高级管理层只有具有了强烈的竞争意识，才能永不满足、锐意进取，积极推动公司迈向长足发展。

2. 高层的专业能力

股民所关注的专业能力是公司管理层的整体专业能力，而不是一两个人，而且管理层知识结构要合理，销售、财务等方面都不能偏废。

3. 高层的沟通协调能力

领导的艺术很大程度上在于沟通协调。这种沟通不仅仅局限于公司内部，也包括同各种顾客、供应商、相关部门或组织、社团的沟通等。

股谚有云："选股要选董事长。"此话不无道理。一家公司的成败，公司领导人要负 70% 的责任。

有很优秀的资金配置能力

资本如何配置对企业的发展至关重要，而资本配置主要取决于企业管理层的决定。

1983年巴菲特在致股东的信中说："我们希望不要重复犯下资金配置错误导致我们投入逊色的产业，同时也对于那些认为只要投入大量资本支出便能改善盈利状况的建议不予理会。打牌似的管理行为并非我们的投资风格。我们宁可整体的结果逊色一点也不愿意花大把银子处理它。"

巴菲特认为考察企业的管理层是否优秀，首先就要考虑管理层的资本配置能力。因为从长远来看，资金分配决定了股东投资的价值。如何分配公司盈利——继续投资还是分配给股东的决策是一个逻辑和理性问题。

巴菲特认为，真正优秀的管理层，可以充分发挥高超的资本配置能力，能够把企业充裕的资金投入到具有高回报率的项目中，从而促使企业内在价值增长，股东权益增加；而那些缺乏资本配置能力的管理层，经常把企业充裕的资金投入到一些毫无起色的项目中，不仅损害了股东的权益，甚至还会降低企业的内在价值，影响企业的长期发展。

很多股票专家认为，股票市场通常会高估公司短期收益，而低估长期盈利水平。所以他们觉得公司如果削减资本支出和研究开发费用，将会实现短期利益最大化，从而推动股价不断上涨。但巴菲特并不赞同这样的观点。他觉得，只有将资金用于资本支出和研究开发，才能够提升公司产品的优势，从而巩固公司的长期竞争优势，提高公司的长期盈利水平。一旦公司的长期盈利水平提高了，企业的内在价值就会提高，而股票市场虽然短期是一架投票的机器，但长期却是一架非常公平的天平，所以股票价格自然也会上涨，而这种上涨是实实在在的，和那种短期上涨是不一样的。股价的短期上涨，说穿了其实就是股市泡沫。

事实证明巴菲特的观点是正确的。1985年，美国几位金融专家通过研究投资活动和股价变动规律发现，对于美国股市中的大多数工业类股票而言，每当上市公司发布增加有计划的资本性支出公告后，股价就会大幅度上涨；相反，每当上市公司发布减少有计划的资本性支出公告后，股价就会大幅度下跌。另一项针对几百家上市公司的战略性资本支出与投资决策的权威性调查也发现，在美国股票市场中，只要上市公司发布兼并、增加研究开发费用、开发新产品、增加资本性支出公告，公司的股价通常都会有显著上涨。

巴菲特在投资的过程中，也发现了一种奇怪的现象：很多企业的管理层也都非常聪明能干，但是在资金配置方面却喜欢跟风行动。一旦同行有什么新的政策或者投资方案，他们也会很快采取类似的政策和投资方案。如果投资者看过倒闭的投资银行名单，就会发现，尽管纽约股票交易所的规模比过去增加了15倍，可是这张名单上的银行规模仍然有 37 家。而这些银行倒闭的原因并不是因为它们的管理层不够优秀，事实上他们非常聪明能干，可是他们却犯了一个非常低级的错误，那就是他们盲目地跟风同行公司的业务。结果，一家投资银行倒了，其他家也跟着倒下了。

能够帮助企业渡过难关

管理层是否优秀，在企业陷入困境时体现得更为明显。越是优秀的管理层，越能够让企业起死回生，峰回路转。投资者就应该寻找具有这种优秀经理人的企业。

1987 年巴菲特在致股东信里写道："接下来是一点记忆回顾。大部分伯克希尔公

👆 优秀管理层对企业的重要性

怎么办？
管不过来了！

员工
资产
负债
股票
销售

巴菲特觉得，如果企业的资质很好，那么由普通的管理层管理企业一段时间，也不会发生什么大问题。但是，一旦企业遇到问题，普通管理层就束手无策了。

这时候，优秀的管理层就显得非常重要。优秀的管理层能够带领企业克服困难，重新焕发活力。

只有这样，公司才能挺过目前的困难！

由此可见，优秀的管理层对于一个企业的重要性。因此，在选择投资目标时，就要看目标企业有没有这样优秀的管理层，如果有，那么投资成功的概率才会更大。

司的大股东是在 1969 年清算巴菲特合伙事业时取得本公司股份的。这些合伙的伙伴可能还记得当初在 1962 年，我们控股的登普斯特农用机具制造公司经营出现了很多问题。就像现在一样，当我解决不了问题的时候我就会去找芒格，芒格向我推荐了一位他在加州的朋友哈里。一星期后，他就来到内布拉斯加州来管理登普斯特公司，很快很多问题立刻得到了解决。"

巴菲特认为，优秀的管理层对企业来说不可或缺，无论企业优秀与否，每个企业都有可能陷入困境。很多时候只有这些优秀的管理层才让企业死里逃生，渡过难关。

哈里就是一位巴菲特认为非常优秀的经理人。1962 年，巴菲特控股的登普斯特农用机具制造公司经营出现重大问题。在芒格的力荐下，巴菲特邀请哈里来管理登普斯特公司，结果哈里很快就带领公司走出了困境，迈上了正轨。1986 年，伯克希尔旗下的 K&W 公司也遇到了经营的难题。K&W 公司是一家专门生产自动机具的小公司。以前这家公司的经营业绩都还不错，可是，在 1985 ~ 1986 年间经营突然发生了状况，当时的公司管理层放弃生产一直销售良好的产品，盲目追求依照实力却达不到的产品。看到 K&W 公司陷入这样的困境，负责监督 K&W 的芒格又一次找到哈里，聘任哈里为该公司的 CEO。哈里的表现依然那么出色。很快 K&W 公司的经营问题就解决了。1987 年，K&W 的盈利水平就创下新高，净利润比 1986 年增长了 3 倍，而且产品库存和应收账款也少了 20%，不但一举摆脱了原来的困境，还使 K&W 公司的发展更上一层楼。看到哈里如此出色的表现，巴菲特幽默地说，如果伯克希尔公司在今后的 10 年或 20 年中也遇到了同样的经营问题，不用说大家也知道他会打电话找谁了。巴菲特的话很显然就是找哈里这个能帮企业渡过难关的优秀经理人。

能够成为企业的一部分

如果在投资的过程中，你碰到哪家企业的管理层对企业倾注心血，鞠躬尽瘁，几乎都把企业当作自己所有的一样来认真管理，那么你可以选择投资这家企业，他会把为股东赚钱当作为自己赚钱一样尽心尽力的。

1982 年巴菲特在给股东的信里说道："今年我们有两位明星经理人退休了，分别是国家产险公司 65 岁的菲尔利舍和美联社零售公司 79 岁的罗斯纳。这两个人的优异表现让伯克希尔公司变得更为富有。国家产险公司是支持伯克希尔公司发展的中流砥柱。菲尔利舍和继承他职位的林沃特都是该公司成功的主要推手。在 1967 年将美联社零售公司以现金卖给多元化零售公司后，罗斯纳原本仅承诺做到当年年底，如今他又继续做了 15 年，依然表现得非常杰出。菲尔利舍和罗斯纳两人都为伯克希尔鞠躬尽瘁，他们对待公司的热忱和尽责就仿佛在管理他们自己拥有的公司一样，根本无须制定很多额外的规则来约束他们。"

巴菲特本身就是一个把企业当作自己 100% 拥有的企业来对待的经理人。虽然巴菲特是伯克希尔公司的大股东，但伯克希尔公司并不是巴菲特一个人的，而是属于伯克希尔所有股东的。但巴菲特总是认真做好每一次投资，从不因为自己手中握有大量伯克希尔公司的现金就随意投资。巴菲特认为，股东的每一分钱都是很重要的。每投资一分钱，就必须赚回一定的利润，利润至少不能低于企业的平均增长率，这样才能对得起公司所有的股东。巴菲特说，他管理伯克希尔公司的长远目标，就是要实现公司每股内在价值的增长率达到最高，为股东们谋取最高的回报。

因为巴菲特在寻找投资企业时，通常只会投资于那些管理层非常优秀的企业。所以伯克希尔公司旗下有太多像菲尔舍和罗斯纳这样把别人的企业当作自己 100%拥有的企业来管理。

内布拉斯加家具店的 B 夫人是巴菲特非常崇拜的一个人。当内布拉斯加家具店被伯克希尔公司收购时，布朗金太太已经 90 岁了，但她并没有马上回家休息，相反的，她仍然担任公司的负责人，每周七天都待在商店，其中销售地毯更是她的专长。她一个人的业绩便足以打败所有其他零售业者。当地的报纸曾形容她每天工作完便回家吃饭睡觉，每晚等不到天亮便急着要回店里上班。她一天所决定的事情可能比一家大公司总裁一年内决定的事还多。她并不缺钱，当时伯克希尔公司收购内布拉斯加家具店时付给了她一大笔钱。她这么费心费神，只是因为她把这个家具店当成是自己 100%拥有的，希望这个家具店的发展越来越好。

可以把回购股票看作是风向标

除了那些恶意回购股票的交易外，一般来说，我们可以把回购股票当作是衡量企业股票物有所值的风向标。如果某个企业开始回购股票，那么你就可以选择投资该企业。

1984 年巴菲特在致股东信里写道："如同去年我报告过的，1983 年 GEICO 宣布实施库藏股买回自家股票。我们签署协议同意 GEICO 自我们手中买回等比例的股份，最后我们卖给 GEICO 35 万股，并收到 2100 万美元的现金。而同时我们在 GEICO 的持股比例则维持不变。"

巴菲特认为，一个优秀的企业要有一个优秀的管理层很重要。可是要衡量一个企业的管理层是否优秀，这并不容易。巴菲特觉得投资者可以把回购股票当作管理层优秀的一个标志。

1984 年，伯克希尔公司的三大投资公司政府雇员保险公司、通用食品公司和华盛顿邮报公司都回购了大量股票。从这次回购的过程中，伯克希尔公司通过出售一定份额的股票获得了很多现金。但事实上，伯克希尔公司所持有的股份比例却还是和原来一样。例如伯克希尔公司就出售了 35 万股股票给政府雇员保险公司，获得了2100 万美元的现金。但是由于政府雇员保险公司回购股票后在外流通的股票变少了，所以伯克希尔公司在政府雇员保险公司的持股比例依然没有改变。

巴菲特对于这种回购股票的做法非常赞同。在巴菲特看来，如果一家公司拥有良好的经营业绩、很小的财务杠杆、持续的竞争优势，但是股票价格远远低于其内在价值时，保护股东权益的最好方法就是回购股票。

管理层回购股票的好处

在巴菲特看来，公司管理层对自己的公司经营情况最了解。如果企业管理层觉得现在的股票价格低于其内在价值，那么公司管理层回购股票是非常正确的做法。这样做至少有两点好处：；

公司前景

1. 管理层选择回购股票，这充分体现了管理层更重视的是股东的权益，这样的立场使得原有的股东与有兴趣的投资人将对公司的前景更具信心，股价就会上涨，从而与其内在价值更为接近。

2. 公司回购股票的行为，让投资者明白，公司股票的内在价值是超过它现有的价格的，这对于继续持股的投资者来说是非常有利的。

只要继续持有股票，一定会有超值回报的！

股票

从上述两点我们可以看出，公司管理层回购股票是对公司发展有益的行为。

巴菲特认为股票回购的回报是双重的。如果股票的市场价格低于其内在价值，那么回购股票就有良好的商业意义。例如，某公司股票市价为 50 美元，内在价值却是 100 美元。那么管理层每次回购时，就等于花费 1 美元而得到 2 美元的内在价值。这样的交易对余下的股东来说，其收益非常高。

巴菲特进一步认为，公司经理们在市场上积极回购股票时，是在表示他们以股东利益最大化为准则，而不是不计较效益盲目扩展公司资产与业务。这种立场向市场发出了利好信号，从而吸引其他正在股市上寻找管理优秀且可以增加股东财富的公司的投资者。此时，股东通常可以得到两项回报——第一项是最初公开的市场上的购买，紧接着是因投资人的追捧而造成的股价上扬。

当然了，不是所有的回购股票行为都是好事情。近年来有一些公司管理层为了自己的私人利益，和某些公司的大股东私下进行回购股票的交易。通常他们都把回购股票的价格定得过高，这样被回购股票的股东可以从中获利，而企业管理层也将暗中获得一部分好处，最终损害了那些毫不知情的股东权益。

第四章

巴菲特教你读财报

损益表项的 6 条信息

好企业的销售成本越少越好

只有把销售成本降到最低，才能够把销售利润升到最高。投资者要远离那些销售成本过高的公司，选择那些销售成本比较低的公司。尽管产品销售成本就其数字本身并不能告诉我们公司是否具有持久的竞争力优势，但它却可以告诉我们公司的毛利润大小。

损益表（单位：百万美元）

收入 10000

－ 销售成本 3000

毛利率 7000

巴菲特在分析公司是否具有持久竞争优势时，总是从公司的损益表入手，因为损益表可以让投资者了解该企业在一段时期内的经营状况。一般企业会在每个季度末或者年末披露这些信息。

在研究那些优质企业时，巴菲特发现，通过分析企业的损益表就能够看出这个企业是否能够创造利润，是否具有持久竞争力。企业能否盈利仅仅是一方面，还应该分析该企业获得利润的方式，它是否需要大量研发以保持竞争力，是否需要通过财富杠杆以获取利润。通过从损益表中挖掘的这些信息，可以判断出这个企业的经济增长原动力。因为对于巴菲特来说，利润的来源比利润本身更有意义。

在损益表中，总收入下面一行指的就是销售成本，也被称为收入成本。销售成本可以是一个公司其销售产品的进货成本，也可以是制造此产品的材料成本和劳动力成本。

巴菲特在 1985 年的信中说："在新闻事业方面一样很难增加发行量，虽然广告量略增，但主要来自夹报部分，报纸版面上的广告却减少了。前者的利润远比后者低，且竞争较激烈，所幸去年成本控制得当使得家庭用户订阅数颇好。"

巴菲特认为，要想成为一个优秀的企业，首先需要做到的就是节约成本，尤其是销售成本。因为每个企业时时刻刻都在销售产品，销售成本在整个企业中所占的比重非常大。

所谓销售成本，是指已销售产品的生产成本或已提供劳务的劳务成本以及其他销售的业务成本。销售成本包括主营业务成本和其他业务支出两部分，其中，主营业务成本是企业销售商品产品、半成品以及提供工业性劳务等业务所形成的成本；其他业务支出是企业销售材料、出租包装物、出租固定资产等业务所形成的成本。

S 公司是我国铅酸蓄电池行业经营规模最大的企业之一。S 公司注册资本是 1.3 亿元，总资产约 13 亿元，年营业额近 20 亿元。但是随着 S 公司销售额的迅速增长，其一直沿用的销售模式和业务流程使得销售成本一直居高不下，主要体现在该公司设立销售分支机构太多，而且机构设置不太合理，浪费了很多资金。此外，该公司规定销售人员有权利报销差旅费、话费等销售费用，很多销售人员就大肆铺张浪费，一点都不节约。虽然该公司的营业额增长很快，但是净利润增长率幅度很低，甚至在行业竞争激烈时还出现过只见销量增长不见利润增长的局面。而造成这样的局面最主要的原因就是该公司的销售成本过高。

作为美国第三大汽车公司的克莱斯勒有限责任公司，由沃尔特·克莱斯勒创建于 1925 年。它曾经一度超过福特，成为美国第二大汽车公司。2009 年 4 月 30 日，克莱斯勒公司宣布破产。克莱斯勒竟成为第一个轰然倒下的汽车业巨头，其罪魁祸首并非金融危机，而是销售成本过高。美国汽车的销售网络从 50 年前就开始建立，那时的公路网络没有现在这样发达，30 公里的路对很多人来说是很长的距离，汽车公司不得在很短的距离内就建立一个特许经销店，以满足汽车消费者的需求。而现在，公路已经建设得四通八达，以往建立的经销网点就显得太密集，管理成本太高了。2006 年，克莱斯勒在美国的经销商有 3749 家，总销售量为 214 万辆，平均每家卖出 570 辆汽车；而丰田在美国的经销站只有 1224 家，总销售量为 205 万辆，平均每家卖出 1675 辆汽车，是克莱斯勒的近 3 倍。过于密集的销售网点使克莱斯勒产品的销售成本大大提高，而这直接造成两种后果：一方面使产品的价格难以在市场上形成有力的竞争；另一方面也使得公司用于研发的资金比例少于丰田等日本竞争对手。最终高昂的销售成本把克莱斯勒逼到了破产。

长期盈利的关键指标是毛利润 / 毛利率

企业的毛利润是企业的运营收入之根本，只有毛利率高的企业才有可能拥有高的净利润。投资者在观察企业是否有持续竞争优势时，可以参考企业的毛利率。

巴菲特在 1999 年为《财富》杂志撰文指出："根据去年的财报，全国最大的家具零售商 Levitz 自夸其产品价格比当地所有传统家具店便宜很多，该公司的毛利率高达 44.4%，也就是说消费者每付 100 美元所买的商品，公司的成本只要 55.6 美元。而内布拉斯加家具店的毛利润只有前者的一半。"

显然巴菲特认为，在考察一个公司是否具有持续竞争优势时，毛利润和毛利率是两个关键的指标。

毛利润是指总收入减去产品所消耗的原材料成本和制造产品所需要的其他成本。它不包括销售费用和一般管理费用、折旧费用和利息支出等。例如一件产品的售价为50元,原材料成本和制造产品的成本总和为30元,则该产品的毛利润为20元。毛利率指的是毛利与营业收入的百分比,用公式表示为:毛利率=毛利润/营业收入 ×100%。

毛利率高的公司也并不是万无一失

高毛利率是衡量一个企业盈利能力高低的重要指标,但是这个指标也并不是万无一失,也有的毛利率较高的公司可能会误入歧途,并且丧失其长期竞争优势,这是因为:

1. 费用过高

过高的研究费用、过高的销售和管理费用,还有就是过高的债务利息支出,这三种费用中的任何一种过高,都有可能削弱企业的长期经济原动力。

2. 净利润减少

很多高毛利率的企业,将大量的毛利润投入在研发、销售和一般管理上,使得净利润减少很多。

由此可见,选择投资企业时,不能被表面的高毛利率所蒙蔽,而是要深究它是否具有持续的高盈利能力。

巴菲特认为，毛利率在一定程度上可以反映企业的持续竞争优势如何。如果企业具有持续的竞争优势，其毛利率就处在较高的水平。如果企业缺乏持续竞争优势，其毛利率就处于较低的水平。

如果企业具有持续的竞争优势，企业就可以对其产品或服务自由定价，让售价远远高于其产品或服务本身的成本，就能够获得较高的毛利率。例如可口可乐公司的毛利率为60%左右，箭牌公司的毛利率为51%，债券评级公司的毛利率为73%，柏灵顿北方圣太菲铁路运输公司的毛利率为61%。

如果企业缺乏持续竞争的优势，企业就只能够根据产品或服务的成本来定价，赚取微薄的利润。如果同行采取降价策略，企业也必须跟着降价，这样才能够保持市场份额，毛利率就更低了。很多缺乏持续竞争优势的企业的毛利率都很低。例如通用汽车制造公司的毛利率为21%，美国航空公司的毛利率为14%，美国钢铁公司的毛利率为17%，固特异轮胎公司的毛利率为20%左右。

巴菲特认为，如果一个公司的毛利率在40%以上，那么该公司大都具有某种持续竞争优势。如果一个公司的毛利率在40%以下，那么该公司大都处于高度竞争的行业。如果某一个行业的平均毛利率低于20%，那么该行业一定存在着过度竞争。例如航空业、汽车业、轮胎业都是过度竞争的行业。

毛利率指标检验并非万无一失，它只是一个早期检验指标，一些陷入困境的公司也可能具备持久竞争优势。因此，巴菲特特别强调"持久性"这个词，出于稳妥考虑，我们应该查找公司在过去10年的年毛利率，以确保其具有"持续性"。巴菲特知道在寻找稳定竞争优势的公司时，必须注意持续性这一前提。

特别关注营业费用

巴菲特认为，企业在运营的过程中都会产生营业费用。营业费用的多少直接影响企业的长期经营业绩。

损益表（单位：百万美元）

毛利润 7000

– 营业费用 ⎰ 销售费用及一般管理费用 2100
⎱ 研发费 1000
⎱ 折旧费 700
_____

营业利润 3200

巴菲特在1989年致股东的信中说："如果你没有到过那里，你一定无法想象有珠宝店像波珊那样，销量非常大，在那里你可以看到各式各样、各种价格的种类，而它的营业费用开销大概只有一般同类型珠宝店的1/3。对于费用的严格控制，加上优异的采购能力，使得它所销售的珠宝比其他珠宝店价格便宜很多，而便宜的价格又总能吸引更多的顾客上门，良性循环的结果使得该店在旺季的单日人流量高达4000人。"

营业费用是指企业在销售商品过程中发生的各项费用以及为销售本企业商品而专设的销售机构（含销售网点、售后服务网点等）的经营费用。商品流通企业在购买商品过程中发生的进货费用也包括在营业费用之中。营业费用一般包括以下5个方面的内容：

（1）产品自销费用：包括应由本企业负担的包装费、运输费、装卸费、保险费。

（2）产品促销费用：为了扩大本企业商品的销售而发生的促销费用，如展览费、广告费、经营租赁费（为扩大销售而租用的柜台、设备等的费用，不包括融资租赁费）、销售服务费用（提供售后服务等的费用）。

（3）销售部门的费用：一般指为销售本企业商品而专设的销售机构（含销售网点、售后服务网点等）的职工工资及福利费、类似工资性质的费用、业务费等经营费用。但企业内部销售部门属于行政管理部门，所发生的经费开支，不包括在营业费用中，而是列入管理费用。

（4）委托代销费用：主要指企业委托其他单位代销按代销合同规定支付的委托代销手续费。

（5）商品流通企业的进货费用：指商品流通企业在进货过程中发生的运输费、装卸费、包装费、保险费、运输途中的合理损耗和入库前的挑选整理费等。

营业费用过高，就会在很大程度上影响企业的整体效益。例如2005年江中药业的主营业务收入为9.8亿元，毛利润为6.3亿元，毛利率高达64.58%。按理说这样的毛利率相当高，企业的整体效益应该很好。但是由于投入了大量资金在电视广告和渠道建设上，江中药业的营业费用高达4.1亿元，占到毛利润的65%。一旦销售业绩下滑，江中药业很有可能会负荷不了这么高的营业费用，出现资金缺口。从这一点上看江中未来的发展前景很有可能受制于营业费用过高的风险。

衡量销售费用及一般管理费用的高低

在公司的运营过程中，销售费用和一般管理费用不容轻视。投资者一定要远离那些总是需要高额销售费用和一般管理费用的公司，努力寻找具有低销售费用和一般管理费用的公司。一般来说，这类费用所占的比例越低，公司的投资回报率就会越高。

巴菲特在1983年致股东们的信中说："我们面临的另一个问题，如上表中可看到的是我们实际售出的糖果磅数停滞不前，其实这也是这个行业普遍遇到的困难，只是过去我们的表现明显胜于同行，现在却一样凄惨。过去四年来我们平均每家分店卖出的糖果数事实上无多大变化，尽管分店数有所增加，但销售费用也同样增加。"

巴菲特认为，一个真正伟大的企业，其销售费用和一般管理费用都是非常少的。只有懂得严格控制销售费用和一般管理费用的企业，才能在激烈的市场竞争中出类拔萃。

对于销售费用和一般管理费用这类费用，有人觉得没有多少，不必太计较。其

销售费用和一般管理费用

巴菲特在投资时不会选择销售费用和一般管理费用很高的企业，那么，什么是销售费用和一般管理费用呢？

所谓销售费用，是指企业在销售产品、自制半成品和提供劳务等过程中发生的费用。

包括由企业负担的包装费、运输费、装卸费、保险费、委托代销手续费、展览费、租赁费（不含融资租赁费）和销售服务费等。

所谓一般管理费用，包括管理人员的薪金、广告费用、差旅费、诉讼费、佣金等。

诉讼费用

上述各项费用虽然看起来不起眼，但是项目繁多，累积起来也是一个非常庞大的数目。若是一个公司的这种费用过高，那么就不值得投资。

实不然，像可口可乐这样的大公司，这类费用每年都高达数十亿美元，它们对整个公司的运营影响非常大。另外不同的行业不同的公司所占的比例也不尽相同。可口可乐公司每年的销售费用和一般管理费用占当年毛利润的比例几乎一直保持在59%，宝洁公司这项比例大约为61%，而穆迪公司的这项比例仅为25%。

巴菲特认为，公司的销售费用及一般管理费用越少越好。尤其在利润下滑时期，更需要好好控制这类费用，要不然公司可能就会面临倒闭或破产的危险。福特公司最近5年内每年花在销售和一般管理上的费用占到当期毛利润比例的89%～780%之间，这是一个多么庞大的比例啊！虽然当期福特公司利润下滑，毛利润减少也是一方面原因，但是在销售额减少的情况下还能保持这么高的费用比例，充分说明福特公司的管理机构和销售方式不太合理。如果福特公司就这么继续下去，而不努力减少这类费用的话，公司的利润就会慢慢被吞噬，福特公司就会一直亏损，直至破产或者倒闭。

巴菲特在寻找投资的公司时，他都会挑选销售费用和一般管理费用比较低的公司。在巴菲特看来，如果一家公司能够将销售费用和一般管理费用的比例控制在30%以下，那这就是一家值得投资的公司。例如巴菲特收购的波珊珠宝公司和内布拉斯加家具店就都是销售费用和一般管理费用非常低的公司。但这样的公司毕竟是少数，很多具有持续竞争优秀的公司其比例也在30%～80%。此外，如果一家公司这类费用的比例超过80%，那么投资者几乎就可以不用考虑投资这个企业了。如果某一个行业这类费用的平均比例超过80%，那么投资者几乎可以放弃这一行业了。确实有些行业是这样的，例如航空业。

巴菲特知道，即使是销售费用及一般管理花费保持较低水平的公司，它的长期经营前景也可能被其高昂的研发费用、高资本开支和大量债务所破坏。无论股票价格如何，他都对这类公司避而远之，因为他知道，它们的内在长期经济实力如此脆弱，即使股价较低，也不能使投资者扭转终生平庸的结局。

远离那些研究和开发费用高的公司

一般来说，那些必须花费大量资金在研发部门的企业长期经营风险比较大，因为它们的未来发展前景都压在技术或者专利上。一旦发生什么技术灾难，它们很有可能一蹶不振。所以投资者在投资时要尽量避开这些需要巨额研发费用的企业。巴菲特的原则是：那些必须花费巨额研发开支的公司都有在竞争优势上的缺陷，这使得他们将长期经营前景置于风险中，投资他们并不保险。

巴菲特认为，一个企业要想长远发展，就必须具有持续的竞争优势。但巴菲特比较喜欢像可口可乐公司这样的产品和几十年前一样的企业，却不喜欢那些不断依靠专利权或者技术领先而推出新产品来维持竞争优势的企业。

在巴菲特看来，这些依靠专利权或者会依靠技术领先而维持竞争优势的企业，并没有拥有真正持续的竞争优势。例如很多制药公司依靠专利权来维持竞争优势。一旦过了专利权的保护期限，这些制药公司的竞争优势就消失了，而很多高科技公司依靠技术的暂时领先而在业界取得了主导地位。一旦其他公司也研发出了同样的技术，这些公司的竞争优势也会马上消失。为了维持竞争优势，这些公司必须花费大量的资金和精力在研发新技术和新产品上，从而导致它们的净利润减少。

英特尔公司就是一个典型的例子。英特尔公司的优势就在于其半导体芯片技术。几乎 80% 的电脑上都安装着英特尔的处理器芯片。因为领先的半导体芯片技术，英特尔几乎独霸了处理器芯片市场。既然英特尔占据着这么大的市场份额，一般来说英特尔的经营利润应该非常突出。可是英特尔的经营利润也仅为平均水平。而导致净利润降低的原因并不是英特尔公司的销售费用和一般管理费用，这类费用在英特尔的毛利润中所占的比例很低。对于英特尔来说，最大的开支就是研发费用，正是这巨额的研发费用拉低了英特尔的盈利水平。我们可以肯定，英特尔的产品绝对在10 年内也不会落伍。但是英特尔还是需要把 30% 的毛利润用于技术的研发。因为一旦它停止研发，其他同行业的公司就会迎头赶上，甚至超越英特尔的技术，这样英特尔就失去了它的竞争优势。

默克公司是世界制药企业的领先者，总部设于美国新泽西州，是一家享誉国际的制药企业。默克公司每年花在研发新药上的费用大约为毛利润的29%。而且由于不断研发新产品，就需要不断重新设计和升级其产品销售计划，以至于每年默克公司需要花费毛利润的 49% 在销售费用和一般管理费用上。这两者加起来就占毛利润的 78% 了。更糟糕的是，如果默克公司放弃研发新药物，当它的专利权过期时，它的竞争优势也就随之消失了。

和这些依靠专利或技术领先而获得竞争优势的企业相比，巴菲特更喜欢那些不需要经常进行产品研发的企业。穆迪公司就是巴菲特喜欢的这种类型的企业。巴菲特一直长期持有着该公司股票。穆迪公司是一家债券评级公司，它的销售费用及一般管理费用很低，只占毛利润的25%，而且它没有研发费用。这就是巴菲特心动的理由。

不要忽视折旧费用

我们不难看出，折旧费对公司的经营业绩的影响还是很大的。在观察要投资的公司时，一定要仔细分析折旧费用这一项。企业的折旧费用所占比例越小，我们投资的风险就越低。

2007 年巴菲特在致股东信中说："当我们在 1996 年收购飞行安全公司时，该公司的税前营运利润为 1.11 亿美元，固定资产净投资额为 5.7 亿美元。我们收购这家公司以来，该公司的折旧费用为 9.23 亿美元，但资本支出总额达到 16.35 亿美元，其中多数支出用于让模拟器跟上机型的不断发展。"

巴菲特认为，在考察企业是否具有持续竞争优势的时候，一定要重视厂房、机械设备等的折旧费。

折旧费是厂房和机械设备等在企业运营过程中发生的损耗在企业账目上的体现。一般来说，一项资产某年的折旧费用就是该资产被用在当年的生产经营活动中产生收益的那部分资产份额。其实也就是该资产对当期收益的一个成本分配。

我们可以用一个例子来说明折旧费。假设某公司购买了一台芯片生产机。该生产机价值100万美元，使用年限为10年。由于这台生产机的使用年限是10年，根据规定，某公司不可以把这100万美元的开支全部计入购买该设备的当期成本，而只能把购买成本按照10年的期限进行划分，每年计入一部分折旧费。我们最常用的方法就是每年在这台生产机上计提10万美元的折旧费。

这台芯片生产机被购买后，在资产负债表上将体现为100万美元的现金流出和100万美元的工厂和设备资产的增加。在未来的10年里，在损益表中每年都会有一笔10万美元折旧费的开支，而在资产负债表中工厂和设备资产每年都将减少10万美元。

这里有一个重点需要我们注意，那就是这100万美元的购买费用，并没有在当年全部计入购买成本，而是在未来10年里分摊计入的。也就是说，在未来10年里该公司可以使用该设备，不需要什么投入，每年的利润中有10万美元被当作折旧费了，向国家税务局上报的利润总额比实际总额减少了。有些人自作聪明，把这些折旧费又返回到利润总额中，并制定了一个新的利润指标，即息税折旧摊销前利润。如果把折旧费返回到利润中，企业可用现金就多了，就有能力偿还更多的负债，也就可以为杠杆式收购提供融资。

巴菲特认为，折旧费本身是一种真实存在的开支，因此不论用什么方式计算利润，都必须把折旧费包括进去。巴菲特觉得息税折旧摊销前利润这个指标的出现，有点故意迷惑投资者的意味。这个指标让投资者觉得公司的利润很高，却忽略了生产机的磨损成本。这样的后果就是企业用虚假的利润获得了很高的财务杠杆，背负很多债务。当生产机报废的时候，企业很有可能已经无法拿出钱来买新的设备了。

一般来说，越是具有持续竞争优势的企业，其折旧费所占毛利润的比例越低，例如可口可乐公司的折旧费用大约占毛利润的6%，箭牌公司的折旧费用大约为7%，宝洁公司的折旧费用大约为8%。相反，越是缺乏竞争优势的企业，其折旧费所占毛利润的比例越高。例如通用汽车的折旧费用大约占毛利润的22%～57%，差距之大，令人咂舌。

资产负债表项的 6 条重要信息

没有负债的才是真正的好企业

"好公司是不需要借钱的。"虽然我们不能绝对地从一个公司的负债率来判定公司的好坏，但如果一个公司能够在极低的负债率下还拥有比较亮眼的成绩，那么这个公司是值得我们好好考虑的。

1987 年巴菲特在致股东的信里写道："《财富》杂志里列出的 500 强企业都有一个共同点：它们运用的财务杠杆非常小，这和他们雄厚的支付能力相比显得非常微不足道。这充分证明了我的观点：一家真正好的公司是不需要借钱的。而且在这些优秀企业中，除了有少数几家是高科技公司和制药公司外，大多数公司的产业都非常普通，目前它们销售的产品和 10 年前并无两样。"

在巴菲特看来，能够每年创造高额利润的上市企业，其经营方式大多与 10 年前没什么差别。巴菲特投资或收购的公司大多都是这种类型的。伯克希尔公司旗下的子公司每年都在创造着优异的业绩，可是都从事着非常普通的业务。为什么普通的业务都能够做得如此成功？巴菲特认为，这些子公司优秀的管理层把普通的业务做的不再普通。他们总是想方设法保护企业本身的价值，通过一系列措施来巩固原有的优势。他们总是努力控制不必要的成本，在原有产品的基础上不断尝试研发新产品来迎合更多顾客的需求。正因为他们充分利用现有产业的地位或者致力于在某个品牌上努力，所以他们创造了高额利润，产生了源源不断的自由现金流，具有极低的负债率。

1987 年伯克希尔公司本公司在 1987 年的净值增加了 46400 万美元，较前一年增加了 19.5%。而水牛城报纸、费区海默西服、寇比吸尘器、内布拉斯加家具、史考特飞兹集团、时思糖果公司与世界百科全书公司这七家公司在 1987 年的税前利润高达 18000 万美元。如果单独看这个利润，你会觉得没有什么了不起。但如果你知道他们是利用多少资金就达到这么好的业绩时，你就会对他们佩服得五体投地了。这七家公司的负债比例都非常的低。1986 年的利息费用一共只有 200 万美元，所以合计税前获利 17800 万美元。若把这七家公司视作是一个公司，则税后净利润约为 1 亿美元。股东权益投资报酬率将高达 57%。这是一个非常令人惊艳的成绩。即使在那些财务杠杆很高的公司，你也找不到这么高的股东权益投资报酬率。在全美五百大制造业与五百大服务业中，只有六家公司过去十年的股东权益报酬率超过30%，最高的一家也不过只有40.2%。正是由于这些公司极低的负债率，才使得他们的业绩如此诱人。

为什么要选择低负债的企业

巴菲特觉得，投资者在选择投资目标时，一定要选择那些负债率低的公司。

这家公司的负债率低，就投资这家！

公司负债率越高，投资风险就越大。因为，若是一家优秀的企业，必然能在日常运营中持续产生充沛的自由现金流，不需要大规模举债。因此，必然是低负债率的。

另外，那些业务简单的优秀公司往往负债率很低。巴菲特建议投资者要尽量选择这类公司进行投资。比如还在销售多年前的产品的可口可乐等公司。

公司主打产品不变，还是用老产品！

由此可见，一家优秀的企业是不需要负债的。因此，在选择投资企业时，应该学习巴菲特，选择负债率低的企业。

现金和现金等价物是公司的安全保障

巴菲特认为，自由现金流是否充沛，是衡量一家企业是否属于"伟大"的主要标志之一。而这个观点是他在对自己的经验教训进行总结的基础上得到的。在他看来，自由现金流比成长性更重要。

巴菲特在伯克希尔公司 2007 年致股东的一封信中说："伯克希尔公司所寻找的投资项目，就是那些在稳定行业中具有长期竞争优势的企业。如果这些企业具有迅速成长性当然更好，可是如果没有这种成长性，只要能产生自由客观的现金流，也是非常值得的。因为伯克希尔公司可以把从中获得的自由现金流重新投入到其他领域。"

巴菲特认为，投资者购买的股票其自由现金流要持续充沛，这是考察该股票是否值得投资的很重要的一个方面。一家真正伟大的企业，自由现金流必须充沛是其前提条件之一。

现金是可由企业任意支配使用的纸币、硬币。现金在资产负债表中并入货币资金，列作流动资产，但具有专门用途的现金只能作为基金或投资项目列为非流动资产。现金等价物是指企业持有的期限短、流动性强、易于变化为已知金额的现金、价值变动风险很小的投资。一般是指从购买之日起，3 个月到期的债券投资。现金等价物是指短期且具高度流动性之短期投资，变现容易且交易成本低，因此可一同视为现金。

如果一个上市公司在短期内面临经营问题时，一些短视的投资者会因此抛售公司股票，从而压低股价。但巴菲特不会这么做，他通常会去查看公司囤积的现金或有价证券总额，由此来判断这家公司是否具有足够的财务实力去解决当前的经营困境。

如果我们一家公司持有大量现金和有价证券，并且几乎没有什么债务的话，那么这家公司会很顺利地度过这段艰难时期。而一旦现金短缺或者没什么现金等价物的话，即使公司经理人再有能耐，也不可能挽回公司倒闭的局面。由此可见，现金和现金等价物是一个公司最安全的保障。

从 2008 年的全球金融危机来看，那些拥有大规模现金的公司在金融危机中可采取的应对策略也更灵活一些。一家咨询公司的高级战略分析师说道，如果一家公司拥有足够的资金，那么这家公司在当前的市场环境中将占有极大的有利位置。当前，许多优质资产的价格已经跌到了谷底，更为重要的是，这些公司都有意接受来自投资者的报价。

巴菲特眼里的优秀公司原型就是伯克希尔公司旗下的国际飞安公司（FSI）。伯克希尔公司 1996 年收购该公司时，它的税前利润还只有 1.11 亿美元，固定资产净投资 5.7 亿美元。而在伯克希尔公司收购该公司后的 10 年间，该公司资产折旧 9.23 亿美元，资本投入 16.35 亿美元，其中绝大部分都是用来配套那些飞行模拟器的。2007

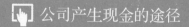 公司产生现金的途径

对公司而言，通常有三种途径可以产生大量现金。

首先，它可以向公众发行出售新的债券或者股票，所融得的资金在使用之前会形成大量的库存金。

这是我们公司的固定资产，您给估个价，我们打算卖掉。

其次，公司也可以通过出售部分现有业务或其他资产，获得的资金成为公司的现金收入。

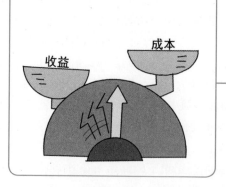

最后，公司一直保持着运营收益的现金流入大于运营成本的现金流出，也会产生一部分现金收入。

如果一家公司能通过这三种方式持续地运营并带来大量的现金积累，就会引起巴菲特的注意，因为这类公司往往具有持续性竞争优势。

年该公司税前利润为 2.7 亿美元，比 1996 年增加了 1.59 亿美元，不过与时思糖果公司相比还是逊色多了。

巴菲特眼里的糟糕公司，是那种成长速度很快，可是却需要大量资本投入才能维持其原有发展速度、利润很少甚至根本就不赚钱的企业。美国航空公司就具有这种公司的典型性，从第一架飞机诞生的时候开始，就决定了航空公司需要源源不断地投入资金，有时候根本就不创造利润。

债务比率过高意味着高风险

负债经营对于企业来说犹如"带刺的玫瑰"。如果玫瑰上有非常多的刺，你怎么能够确信自己就能小心地不被刺扎到呢？最好的方法就是，尽量选择没有刺或者非常少刺的企业，这样我们的胜算才会大一些。

巴菲特认为，一个好的企业并不需要很高的负债率。如果一个企业拥有很高的负债率，企业面临的风险就比较大，就像一辆不安全的车驶过一条坑坑洼洼的路一样，处处充满了危机。投资者在购买股票时一定要尽量避开负债率很高的企业。

很多人信奉现在的负债经营理论。他们认为，负债经营不但可以有效地降低企业的加权平均资金成本，还可以通过财务杠杆，为企业带来更高的权益资本的收益率。但巴菲特认为，负债经营并不是很稳妥的经营方式。巴菲特认为，只要是好公司或是好的投资决策，即使不靠财务杠杆，最后也一定能够得到令人满意的结果。如果为了一点额外的报酬，就将企业机密信息暴露在不必要的风险下是非常愚蠢的。

坦帕湾地方电视台的购并案就是一个负债过高的典型案例。由于举债过高，坦帕湾地方电视台一年所需要支付的利息甚至超过它全年的营业收入。换句话说，即便该电视台没有任何人工、设备、服务等成本费用，这家电视台一年下来依然是亏损的。如此下来，坦帕湾地方电视台似乎也就只有破产一条路可走了。

1997 年八佰伴国际集团宣布破产。闻名于日本乃至世界的八佰伴集团发展历史曲折艰辛，充满传奇，它的创始人阿信之子——和田一夫，将八佰伴从一个乡村菜店开始，一步步发展成日本零售业的巨头。在全盛期，八佰伴拥有员工近 3 万人，在世界上 16 个国家和地区拥有 450 家超市和百货店，年销售额达 5000 多亿日元。八佰伴破产，正值亚洲国家和地区受金融风暴冲击，经济向下调整时期，虽然有种种外部不利因素导致八佰伴经营的失败。然而主要的原因却是八佰伴扩张速度过快，负债过高。据香港八佰伴的年报资料，在 1988 年八佰伴应付贸易欠账只有 300 多万元，不足 1% 的营业额。但到 1997 年，八佰伴拖欠的应付贸易账，已增至近 5.5 亿港元，相当于营业额的 13.5%，总负债更高达 10.24 亿港元。最终八佰伴不堪重负，无奈以破产结尾。

负债率依行业的不同而不同

不同行业的企业负债率是不同的。即使在同一个行业里，不同时期的负债率也会有所不同。在观察一个企业的负债率的时候，一定要拿它和同时期同行业的其他企业的负债率进行比较，这才是比较合理的。

巴菲特在 1990 年的信里说："现金就是现金，不论它是靠经营媒体得来的，还是靠钢铁工厂得来的，都没有什么两样。但在过去，同样是 1 元的利润，我们大家都会看重媒体事业，因为我们觉得不需要股东再投入资金媒体事业就会继续成长，

如何判断企业负债率的高低

低负债率的企业是投资的首选，那么，该怎么判断一个企业是否为低负债率呢？首先就要看企业是否采取过降低负债率的措施：

1. 看企业是否采取措施进行经济体制改革，建立健全了市场经济体制，硬化了企业的预算约束。只有减弱了企业的资金扩张，才能削弱企业负债的欲望和冲动。

2. 看企业是否大力发展和逐步完善了直接资本市场，是否能够通过发行股票等直接融资方式解决资金问题。

而钢铁业就不行。不过现在大家对于媒体事业的看法也渐渐变为后者了。"

巴菲特认为，虽然好的企业负债率都比较低，但不能把不同行业的企业放在一起比较负债率。我们不能把媒体业和钢铁业放在一起来比较负债率。不同行业的负债率高低完全不一样。

在过去，投资者都认为电视、新闻、杂志等媒体行业是值得投资的好行业。因为在过去媒体行业一般不需要负债经营，它们能够完全不依靠外来资金投入就可以一直以每年6%的增长速度发展，而且也不需要很多运营资金。可是最近几年，媒体行业的发展开始慢慢发生变化，而且在未来的日子里会发生更剧烈的变化。

巴菲特认为，媒体企业账面上的利润其实就相当于企业的自有资金。如果企业能够每年都增加6%的现金流，我们以10%的折现率把这种现金流进行折现，那么100万美元的税后净利润就相当于一次性投入2500万美元所得到的收益。但如果企业不能每年都增加6%的现金流，那么企业每年就必须保留一部分利润资金用于追加投入。显而易见，如果企业每年都可以提供6%的现金流增长率，企业不仅不需要负债，还有闲散资金可以支配；但是如果企业无法稳定提供6%的现金流增长率，那么该企业为了补充流动资金，就必然要负债。由于行业周期性经济不景气，很多媒体行业的企业都陷入了负债的困境。不少企业因为前期负债率过高，导致实际盈利水平大幅度降低。甚至有的企业每年的营业收入还不足以偿还当年利息。

巴菲特在媒体行业有着很多投资。例如水牛城日报公司、华盛顿邮报公司、美国广播公司等都是伯克希尔公司旗下的子公司。虽然整个媒体行业利润下降不少，但由于美国广播公司和华盛顿邮报公司两家企业的负债率都很低，公司账面上的现金余额就足以偿还所有债务，所以它们轻松地度过了行业经济危机。

在巴菲特看来，有些企业的经理人明知企业无法承担过重负荷，还一直借很多债，这是非常不负责任的行为。巴菲特从来不允许他旗下的那些子公司这样做。即使是"霹雳猫"保险业务的损失理赔上限金额很大，"霹雳猫"保险公司的负债率也是很低的。

并不是所有的负债都是必要的

在选择投资的公司时，如果从财务报表中发现公司是因为成本过高而导致了高负债率，那么你一定要慎重对待它。毕竟，不懂得节约成本的企业，如何能够生产出质优价廉的商品？如果没有质优价廉的商品，如何能够为股东赚取丰厚的回报？

巴菲特在1998年给股东的信里写道："当一架飞机被用来当私人飞机使用时，存有一个很大的争议问题就是这私人飞机不是由现在的客户买单，而是由其后代子孙买单的。这也是当我最敬爱的爱丽丝阿姨在40年前询问我是否应该买一件貂皮大衣时，我这么回答道：'阿姨，你花的不是自己的钱，而是你的继承人的钱。'"

当一架飞机被专门买来给某人使用时，很多人都非常清楚，维护飞机的巨额开支不是由现在的企业负担，而是由他们的子孙来负担的。在巴菲特看来，这种行为造成了很大的浪费，而这种浪费必将会影响企业的业绩并且终会转嫁到后来的经营者身上。不论是个人还是企业，很多花费是可以省略的。如果一家企业能够很好地节约成本，省去不必要的开支，那么该企业一定会降低负债率，而且也会拥有更好的业绩。

我们以坐飞机为例。巴菲特认为，一些人花那么多钱买一架飞机，一年却用不了几次，还得花很多钱来保养它，与其这样，不如花较少的钱在企业主管飞行公司 EJA 购买部分飞机使用权 Netjets。这样既节省了开支，又可以享受到非常舒适的服务。

巴菲特以前也曾购买过一架"猎鹰 20"飞机，作为伯克希尔公司的专机。但巴菲特觉得飞机常常停着却依然需要维护它，非常浪费钱财，而且每次只能享受这一型号的飞机，有时候会产生厌倦。直到接触了 Netjets，巴菲特的烦恼终于消失了。巴菲特第一次接触 Netjets，是由伯克希尔公司旗下的 H.H.Brown 鞋业的经理人弗兰克介绍的。弗兰克常常使用 EJA 公司提供的 Netjets 服务，而且觉得相当满意，于是弗兰克就介绍负责人 Rich 和巴菲特认识。结果 Rich 只花了 15 分钟的时间就说服巴菲特买下 1/4 的霍克 1000 型飞机的所有权（也就是每年 200 小时）。从此之后，巴菲特就爱上了 Netjets。巴菲特和他的家人都开始享受 Netjets 服务。然后巴菲特就向 EJA 抛出了橄榄枝。很快，巴菲特就和 EJA 达成了一笔高达 7.25 亿美元的交易，其中现金与股票各半。

EJA 目前已是这个行业里规模最大的企业，拥有超过 1000 位的客户以及 163 架的飞机，飞机种类包括波音、湾流、Falcon、Cessna 和雷神等。在巴菲特看来，购买飞机部分使用权真的是一件非常划算的买卖。一个客户如果同时拥有三种类型的飞机各 1/16 的所有权，他就可以拥有一年使用该飞机 50 个小时的飞行权，三架飞机合计 150 个小时。而这个客户只需要花费一笔数量不多的钱。想想看，拥有一群飞机却只需要不足一架飞机 1/10 的价钱，这是多么诱人的事情，难怪连巴菲特都对它爱不释手。

负债率高低与会计准则有关

不同的会计准则能够把同一份数据计算出相去甚远的结果。所以在分析要投资的企业时，一定要尽量了解该公司使用的是哪个会计准则。如果该公司有下属公司，那么一定要注意该公司报表中是不是把所有子公司的所有数据都包含在内了。

巴菲特在 2003 年写给股东的信里说："受限的投票权使得我们没法将美中能源的财务状况以非常精确的方式列入财务报表。按照会计原则我们只能按投资比例列出该公司的投资金额及损益，而没办法把该公司所有的资产负债和盈利损益都纳入伯克希尔公司财务报表。也许在将来的某一天，会计法则会发生重大改变或者公共事业持股公司法案被取消，到那时我们就可以把美中能源所有的财务数据都列入伯

巴菲特选择美中能源的原因

巴菲特之所以会容忍美中能源公司相对较高的负债率，有以下几个方面的原因：

首先，美中能源公司的负债规模也没有很大。而且其多元化且稳定的公用事业营运也可以累计足够的利润来偿还所有的债务。

其次，美中能源公司的债务向来就不是伯克希尔公司的责任，现在不是，以后也不会是。

最后，美中能源最大的债主就是伯克希尔公司，即使出现了最糟糕的状况，美中能源也不必担心像其他企业一样被别人追债。

克希尔公司的财务报表里，当然，也包括美中能源的融资负债的情况。"

巴菲特认为，在考察公司的负债率有多高的时候，不仅要注意财务报表中的账面数字，还要了解该企业适用的会计准则。对于相同的账面数据，根据不同的会计准则也许就会计算出两个截然不同的企业负债率。

就拿巴菲特所在的伯克希尔公司为例，如果我们单从伯克希尔公司的报表数据来考察伯克希尔公司的负债率，得出的结论就不是很准确的。因为美中能源控股公司是伯克希尔公司投资的公司。通过美中能源公司，伯克希尔公司拥有着英国第三大电力公司约克夏电力公司、北方电力公司、美国爱荷华州美中能源公司、肯特河及北方天然气管道输送线等很多公共事业公司的股份。一般来说，这些公用事业股份的营业收入、经营利润、负债率等财务状况都应该反映在伯克希尔公司的报表中。但是受美国的公共事业持股公司法案限定，能够反映在伯克希尔公司报表里的数据只是这些公共事业实际数据很小的一部分。

美中能源公司的负债率相对来说是高了一些。但这并不意味着巴菲特也开始青睐负债率高的公司了。其实不然，巴菲特在 2005 年伯克希尔年报中提到，伯克希尔公司一般不会负债，只有在三种特殊情况下才会考虑负债：第一种情况是需要利用回购协议来作为某种短期投资策略；第二种情况是为了更清晰地了解风险特征的带息应收账款组合而借债；第三种情况是即使一些负债数据显示在伯克希尔公司报表中，但实际负债和伯克希尔公司毫不相干。

第三节

现金流量表里面的秘密

自由现金流充沛的企业才是好企业

向巴菲特学习，认真估算每一只股票每年的现金流入和流出状况。虽然这样比较保守，也无法做到非常精确，但只有这样做我们才能够找到真正适合投资的企业。

2000年巴菲特在致股东信里写道："扣除税负因素不考虑，我们评估股票和企业的方法并没有两样，从古到今，我们评估所有金融资产的方法就从来没有改变过。这个方法可以追溯到公元前600年的伊索寓言。在伊索寓言里，那不太完整但历久弥新的投资理念就是'两鸟在林不如一鸟在手'。如果进一步弄明白这个理念，就有三个问题需要作答：树林里有多少只鸟？这些鸟什么时候会出现？捕捉一只鸟的成本是多少？如果你能够考虑清楚以上三个问题，那么你就可以知道这个树林最高的价值是多少，以及你可以拥有多少只鸟。当然了，这里的鸟只是比喻，真正实际的标的是金钱。"

巴菲特认为，一个企业是否值得投资，要分析该企业的自由现金流是否持续充沛。上市公司就好比"树林"，自由现金流就好比"树林里的小鸟"。而投资者的目标就是以最少的成本在树林里捉到尽可能多的小鸟。只有当你了解树林里一共有多少只小鸟，你才能了解该股票具有多大的投资价值；只有当你了解树林里的小鸟有几只会出现在你面前，什么时候会出现在你面前，你才能了解你能获得多大的投资报酬。除此之外，你还需要考虑你的捕鸟成本。如果你用很高的成本捕捉到了这些小鸟，那么这样的"捕鸟"行为依然是不值得的。其实也就是说，你要把你的投资成本和国债报酬率进行对比，只有当你的投资回报率超过了国债报酬率，你才值得投资该企业。当然了，自由现金流这一投资理念不仅仅适合于股票投资，同样适合于农业、油田、彩票、企业投资等方面。

在巴菲特看来，很多股票分析员喜欢用所谓的技术指标来分析股票是否值得投资，例如股利报酬率、成长率、本金收益比等，这样的分析是没有道理的。巴菲特认为，除非这些指标能够为计算企业未来的现金流入流出提供一些线索，否则这些技术指标没有任何意义，甚至还会误导投资者。巴菲特认为，只有自由现金流是投资者能够真真实实拥有的东西。

虽然现在股票市场上很流行投机主义，很多人只关心会不会有别人以更高价格把股票从自己手上买走，但这不是他喜欢做的事情。巴菲特觉得就像如果树林里没有鸟，你捕不到鸟一样，如果企业根本不产生自由现金流，投资者怎么能奢求从中获利呢？获利的只可能是那些利用市场泡沫创造出来的泡沫公司而已。只有企业拥有充沛的自由现金流，投资者才能从投资中获得回报。

有雄厚现金实力的企业会越来越好

在选择投资企业时，我们要充分考虑企业的自由现金流是否充沛。另外，作为普通投资者，我们也应该尽量保持手中拥有比较充沛的现金。这样不仅可以让我们的生活安稳一些，也可以避免我们碰到合适的投资机会却没有钱进行投资。

1996年巴菲特在致股东信里写道："在'霹雳猫'保险业务中，我们主要有三个竞争优势。首先向我们投保再保险的客户都相信我们的能力。他们知道即使在最糟糕的情况下我们也会履约付款。他们知道如果真的发生什么大灾难，也许金融危机就会接踵而来。到那时可能连一些原本享有盛誉的再保险公司也拿不出钱来。而我们之所以从来不把风险再转嫁出去，因为我们对灾难发生时其他再保险公司的支付能力持保留态度。"

巴菲特之所以对其他再保险公司支付能力持保留态度，是因为巴菲特觉得其他再保险公司的自有资金流都远远比不上伯克希尔公司。巴菲特认为，投资者购买的股票其自由现金流是否持续充沛，这是考察该公司是否值得投资的最重要的一方面。企业只有拥有充沛的自由现金流，才可以在该领域更好地施展伸手。

一直以来，巴菲特对保险业都保持着浓厚的兴趣。在巴菲特看来，保险公司可以产生充沛的自由现金流。保险客户支付保费，提供了庞大的经常性的流动现金，保险公司可以把这些现金再加以投资。

但巴菲特也深刻明白：投资保险业务，拥有充沛的自由现金流是非常重要的。自由现金流持续充沛的上市公司必然具备强大的财务实力，而这种财务实力反过来又会促使该企业承接到实力较小的同行所无法企及的业务，显示出强者更强的"马太效应"来。正因为伯克希尔公司拥有强大无比的自由现金流，接下了许多别人不敢接的大订单，例如一些超大型特殊风险，通常是其他再保险公司无法承担的灾难性风险，如加州大地震，以及其他一些非常特别的保单，使伯克希尔公司成为美国最大的再保险公司。

2003年百事可乐公司举办过一次中奖活动，活动的每位参加者都有机会获得10亿美元的大奖。10亿美元可不是一笔小数目，于是百事可乐公司就想到了找一家保险公司来分散这种风险，而他们最先想到的就是伯克希尔公司。伯克希尔公司独立承担了这次中奖活动的所有风险。2003年9月14日中奖活动正式举行，令伯克希尔公司感到幸运的是 10 亿美元大奖并未被抽走。如果某位幸运顾客真的抽到了 10 亿美元大奖，即便是分期付款，伯克希尔公司也要马上掏出数亿美元。放眼望去，能够马上拿出数亿美元现金的公司真没有几家。

巴菲特曾经说过，伯克希尔公司在保险方面的最大优势就是，公司拥有雄厚的现金实力作保证，几乎可以将所有风险独自承担下来，而不像大多数再保险公司，很多风险都还要与其他再保险公司共同承担。这样风险自然小了，但与之相应的是利润也降低了。

投资保险业的优势

巴菲特一直对投资保险业非常感兴趣，这是因为：

1. 保险公司一般经营较为稳健。至少在现在看起来，保险行业还是非常值得投资的一个稳健的行业。

2. 可以获得投资所需的丰厚资金。保险客户提供的保费可以为公司提供庞大的经常性的现金流。

正是因为投资保险业有上述优势，巴菲特才会对此感兴趣。

伟大的公司必须现金流充沛

自由现金流非常重要。在选择投资对象的时候，我们不要被成长率、增长率等数据迷惑，只有充裕的自由现金流才能给予我们投资者真正想要的回报。这是巴菲特用惨痛的教训告诉我们的，我们一定要铭记于心。

巴菲特在2007年致股东信里说："伯克希尔公司一直在努力寻找能够在特定行业中具有长期竞争优势的企业。如果这些企业具有成长性我们自然非常高兴。不过如果没有成长性也没有关系，只要企业能产生源源不断的自由现金流，我们也愿意投资。因为伯克希尔公司可以把从这些企业获得的自由现金流重新投入到其他企业再赚取利润。"

巴菲特认为，现金流就好像企业的血液，那些依靠不断输血的企业必然活不长久，只有血液旺盛的企业才能够活得更久。真正伟大的业务不仅仅能够从有形资产中获得巨大回报，而且不需要依靠后续的投入就能够维持业务的正常运转。因此具有充沛的自由现金流是一家真正伟大的企业必备条件之一。这样企业就可以把获得的利润重新投资赚取更多的利润。

伯克希尔公司就是一个很好的例子。伯克希尔公司的股价之所以能够全球第一，这与伯克希尔公司始终拥有相当比例的现金是分不开的。因为伯克希尔公司具有充沛的自由现金流，所以伯克希尔公司可以在股市低迷时抄底股市，获得更好的投资良机和更高的投资回报率。而伯克希尔公司充沛的现金来源于它控股或者投资的几十家企业。

在巴菲特的心目中，时思糖果公司就是一个伟大的公司。当1972年巴菲特收购时思糖果公司时，由于美国人均消费巧克力量非常低，时思糖果公司所在的盒装巧克力行业发展缓慢，当时时思糖果公司的税前利润还不到500万美元，所以巴菲特花费了2500万美元就把时思糖果公司买下了。在收购的几十年里，巴菲特只在最初的时候投了3200万美元对时思糖果公司进行改造，后来就没有再投入过一分钱。现在时思糖果公司的税前利润已经达到13.5亿美元。而这些利润大部分都上交给了伯克希尔公司，巴菲特用这些资金再继续进行投资。由此可见，时思糖果公司在某个程度上就是伯克希尔公司的取款机，为伯克希尔公司源源不断地输送新鲜的血液。时思糖果的伟大之处就在这里。当大多数企业需要4亿美元的投入才能够实现税前利润从500万美元增长到8200万美元时，时思糖果不仅不需要投资，还为伯克希尔公司提供源源不断的自由现金流。

如果企业成长速度很快，可是却需要大量资本投入才能维持其原有发展速度，在巴菲特眼里就是不值得投资的糟糕公司。美国航空公司就是巴菲特眼中的糟糕公司。巴菲特曾在2008年致股东信中这么评价航空业："自从第一架飞机诞生以来，航空业就需要投入源源不断的资金来维持。很多投资者受到其增长率数据的吸引，不断地将资金投入到这个无底洞中，直至他们对这个行业感到厌恶。"1989 年巴菲特购买了美国航空公司绩优股，但没过几年，美国航空公司就陷入了失控的局面，不断亏损，都无法全额支付伯克希尔公司的股利，这伤透了巴菲特的心。

自由现金流代表着真金白银

投资者在选择企业时要注意：如果一个企业能够不依靠不断的资金投入和外债支援，光靠运营过程中产生的自由现金流就可以维持现有的发展水平，那么这是一个值得投资的好企业，千万不要错过。

👆 巴菲特眼中真正值得投资的企业

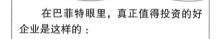

在巴菲特眼里，真正值得投资的好企业是这样的：

在企业运转的过程中，企业自身就可以产生充沛的自由现金流，并依靠自身的现金流就能推动经营业绩的增长。

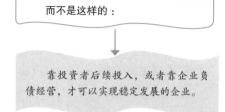

而不是这样的：

靠投资者后续投入，或者靠企业负债经营，才可以实现稳定发展的企业。

我就这点资金了，全投进去了！

从巴菲特的选择中我们不难看出他对企业现金流的重视，在我们的投资中也应该着重注意企业是否拥有充沛的自由现金流。

　　巴菲特用他 2.3 亿美元的现金流购买了斯科夫·费策公司，在 15 年时间里就赚取了 10.3 亿美元的利润。而这 10.3 亿美元的现金流，又被巴菲特投资到其他企业赚取了几十亿美元的利润。这也许就是为什么巴菲特会坚持认为自由现金流是真金白银的原因吧。

　　很多人经常预测分析宏观经济形势，根据国家政策和经济形势的变化来选择投资的股票。但巴菲特认为，拥有充沛的现金流是他选择企业考虑的重要因素。宏观经济形势并不太影响他作出投资的决定。

　　巴菲特购买时思糖果就是一个典型的例子。1972 年当伯克希尔公司准备购买时思糖果公司的时候，巴菲特就听闻政府要对糖果实施价格管制，但他依然没有改变自己的决定。果不其然，当他购买后不久政府就实施了价格管制。可是巴菲特一点都不后悔。如今回头来看，如果当初伯克希尔公司因为政府实行价格管制而放弃时思糖果公司，那么一个绝好的投资机会就会与他擦肩而过。毕竟当初巴菲特以 2500 万美元购买的时思糖果公司，现在每年的税前利润高达 6000 万美元。

　　1987 年，巴菲特在给股东的信中提到：伯克希尔公司投资的 7 个主要的非金融行业企业，获得高达 1.8 亿美元的税前收入。就算扣除了所得税和利息，也还有 1 亿美元的净利润。这些企业的股东权益投资报酬率平均高达 57%，远高于账面价值增长率。之所以会出现这样的情形，巴菲特认为这与企业能够产生源源不断的自由现金流是密切相关的。

　　再比如巴菲特罕见的一次高科技投资案例，看重的也是其充沛的自由现金流。1999 年当巴菲特买入 TCA 电信时，巴菲特觉得其价格已经不太具有诱惑性，但 TCA 电信每年 1 亿美元以上的自由现金流成功地吸引了巴菲特的目光。当然对于巴菲特来说，这依然是一次成功的投资。2005 年 COX 电信巨资收购了 TCA 电信，巴菲特大赚一笔后成功退出。

资金分配实质上是最重要的管理行为

　　在挑选投资的股票时，我们要注意观察企业的盈余资金流向。不同的企业管理层有不同的资金分配方式。运用巴菲特的资金分配法则来衡量你所选择的企业的资金分配是否合理。

　　巴菲特在 1983 年致股东的信里写道："我们非常希望可以通过直接拥有会产生现金且具有稳定的高投资报酬率的各种公司来达到上述目标。如果做不到，我们只好退而求其次，让我们的保险子公司在公开市场购并这种公司或者买进这种公司的部分股权。保险公司为此付出的股票价格和投资机会所需要的资金，将会决定伯克希尔年度资金的配置。"

　　巴菲特这里所提到的目标，指的是股票的内在价值年增长速率，在不低于美国企业的平均水平下尽可能越来越大。而要实现这个目标，在巴菲特看来，只有通过合理的资金分配才能达到上述目标。

如何分配公司的资金，是与公司所处的生命周期密切相关的。在公司发展初期，由于公司要设计和生产新产品以及开拓产品市场，需要大量资金，所以盈利产生的大多数资金自然会被继续投入公司运营中。当公司到了快速增长阶段，一般来说公

利润返还股东的方式

1. 提高股息，多分红

这是常用的一种方式，基本上企业也都在使用分红这一方式。

2. 回购股票

这样既能给股东利润，又能减少在外流通的股份，避免企业被收购。

巴菲特最赞同回购公司股票这种形式。

司很难完全靠盈利的资金来支撑这种快速增长，大多数公司都会通过发行证券或者借贷资金来弥补资金缺口，这时候也不存在资金分配问题。当企业进入成熟期，企业的增长速度变慢，企业盈利资金收入将会高于其运营和发展所需的资金。这时候如何分配资金就是一个难题。

这时候企业管理层有三种选择：一是继续把这些过剩的资金全部用于内部再投资；二是把这些剩余资金投资于其他公司；三是把这些剩余资金以股利形式返还给股东。

巴菲特认为，如果公司把这些资金用于内部的再投资，可以获得高于一般水平的证券回报，那么这时候最明智的选择就是把所有利润全部用来进行再投资；相反，如果再投资的投资报酬率低于一般水平，这时候再进行再投资实际上就是不合算的。如果公司管理层不重视这个现实，还一意孤行地进行内部再投资，用不了多久，公司的现金就会变成无用的资源，公司股价就会下跌。通俗地说，这样的投资越多，效益反而会变得越来越差。

很多公司经理人选择第二种投资方式：投资其他公司。通常这种投资行为就是收购其他公司。但巴菲特认为，这种收购交易大多是以过高的价格达成的，不是很划算。而且在公司整合的过程中还会出现很多意想不到的问题，也容易作出错误的决策，这样付出的代价有些太大了。

巴菲特觉得这时候最好的资金分配方式就是把利润返还给股东。

第五章

巴菲特教你挑选股票

第一节

宏观经济与股市互为晴雨表

利率变动对股市的影响

对股票市场及股票价格产生影响的种种因素中最敏锐的莫过于金融因素。在金融因素中，利率水准的变动对股市行情的影响又最为直接和迅速。一般来说，利率下降时，股票的价格就上涨；利率上升时，股票的价格就会下跌。因此，利率的高低以及利率同股票市场的关系，也成为股票投资者据以买进和卖出股票的重要依据。

巴菲特说："20世纪可以说是美国经济最为成功的100年，在这期间美国和加拿大的人均国民生产总值都在稳步增长。但由于这期间国家经历了两次世界大战，并且经历了前所未有的经济大萧条，当时美联储的基准借贷利率最高时可达到21%，最低时达到1%，因此我并不十分看重利率这样的浮动因素，不过对于个人来说，利率的增减当然也是很重要的，但是不要忘记的是，无论什么时候你身上的债务也正是你拥有的资产。"

巴菲特认为金融因素极为敏感地影响着股票市场及股票价格。利率水准的变动又是金融因素中最直接和迅速地影响着股市行情的因素。

为什么利率的升降与股价的变化呈上述反向运动的关系呢？主要有3个原因：

（1）利率的上升，不仅会增加公司的借款成本，而且还会使公司难以获得必需的资金，这样，公司就不得不削减生产规模，而生产规模的缩小又势必会减少公司的未来利润。因此，股票价格就会下降。反之，股票价格就会上涨。

（2）利率上升时，投资者据以评估股票价值所在的折现率也会上升，股票价值因此会下降，从而，也会使股票价格相应下降；反之，利率下降时，股票价格就会上升。

（3）利率上升时，一部分资金从投向股市转向银行储蓄和购买债券，从而会减少市场上的股票需求，使股票价格出现下跌。反之，利率下降时，储蓄的获利能力降低，一部分资金就可能回到股市中来，从而扩大对股票的需求，使股票价格上涨。

人们也不能将上述利率与股价运动呈反向变化的一般情况绝对化。在股市发展的历史上，也有一些相对特殊的情形。当形势看好时，股票行情暴涨的时候，利率的调整对股价的控制作用就不会很大。同样，当股市处于暴跌的时候，即使出现利率下降的调整政策，也可能会使股价回升乏力。

影响利率变动的因素

　　既然利率与市场的关系如此密切，那么作为投资者，就要密切关注利率的变化，以便提前做好准备。那么，哪些因素会导致利率的变化？通常情况下，影响利率的因素大致有以下几种：

1. 货币政策

　　控制货币供给和信贷规模，可以影响利率，进而调节经济增长。扩大货币供给，会导致利率下降；反之，则造成利率上升。

2. 财政政策

　　当财政支出大于财政收入时，政府会在公开市场上借贷，以此来弥补财政收入的不足，这将导致利率上升。反之，利率下降。

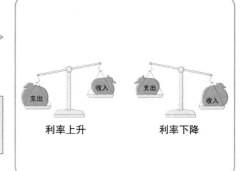

3. 资金供求状况

　　借贷资本供不应求时，利率上升。借贷资本供过于求时，利率下降。

例如，利率和股票价格同时上升的情形在美国 1978 年就曾出现过。当时出现这种异常现象主要有两个原因：一是许多金融机构对美国政府当时维持美元在世界上的地位和控制通货膨胀的能力有一定的疑虑；二是当时股票价格已经下降到极低点，远远偏离了股票的实际价格，从而使大量的外国资金流向了美国股市，引起了股票价格上涨。在香港，1981 年也曾出现过同样的情形。当然，这种利率和股票价格同时上升和同时回落的现象迄今为止还是比较少见的。

鉴于利率与股价运动呈反向变化是一种一般情形，投资者就应该密切关注利率的升降，并对利率的走向进行必要的预测，以便抢在利率变动之前，就进行股票买卖。

对于我国的投资者而言，在对利率的升降走向进行预测，应该关注的几项变化包括：一是贷款利率的变化情况。由于贷款的资金是由银行存款来供应的，因此，根据贷款利率的下调可以推测出存款利率必将出现下降。二是市场的景气动向。如果市场过旺，物价上涨，国家就有可能采取措施来提高利率水准，以吸引居民存款的方式来减轻市场压力。相反如果市场疲软，国家就有可能以降低利率水准的方法来推动市场。三是国内利率水准的升降和股市行情的涨跌也会受国际金融市场的利率水准的影响。在一个开放的市场体系中是没有国界的，海外利率水准的升高或降低，一方面对国内的利率水准产生影响，另一方面也会引致海外资金退出或进入国内股市，拉动股票价格下跌或上扬。

通货膨胀对股市的双重影响

巴菲特对通货膨胀感到担忧，认为它是比任何税收都更具劫掠性的一种税；如果通货膨胀失去控制，你买的国债就是废纸。不过即使在通货膨胀时期，股票可能仍然是所有有限的几种选择中最好的一种。

1979 年巴菲特在致股东信里说："我们实际上是存在怀疑的，为什么长期的固定利率的债券仍然能够在商场上存在。当我们确信美元的购买率在变小的时候，这些美元包括政府发行的其他货币在内，都难以再作为长期的商业风向标。与此同时，长期的债券最终也会沦为壁纸，对于拥有 2010 年或 2020 年到期债券的持有人来说，他们的处境是很艰难的。

"现在的利率已经反应出了较高的通货膨胀率，这使新发行的债券对投资者有了一些保障，这就导致我们错过债券价格反弹获利的机会，正如我们并不愿意用一个固定的价格预售出自己手中的 2010 年或 2020 年的一磅时思糖果或一尺伯克希尔生产的布料一样，我们同时也不会用固定的价格预售出未来 40 年的金钱使用权。"

巴菲特认为影响股票市场以及股票价格的一个重要宏观经济因素是通货膨胀。这一因素对股票市场的影响比较复杂，它既有刺激股票市场的作用，又有压抑股票市场的作用。通货膨胀主要是由于过多地增加货币供应量造成的。货币供应量与股票价格一般是呈正比关系，即货币供应量增大使股票价格上升，反之，货币供应量缩小则使股票价格下降，但在特殊情况下又有相反的作用。

货币供给量对股票价格的正比关系，有3种表现：

（1）货币供给量增加，一方面可以促进企业生产，扶持物价水平，阻止商品利润的下降；另一方面使得市场对股票的需求增加，促进股票市场的繁荣。

（2）货币供给量增加引起社会商品的价格上涨，股份公司的销售收入及利润相应增加，从而使得以货币形式表现的股利（即股票的名义收益）会有一定幅度的上升，

高通货膨胀率对股价的影响

一般认为，通货膨胀率很低（如5％以内）时，危害并不大且对股票价格还有推动作用。但通货膨胀率较高且持续到一定阶段时就会导致股价下跌。

你们企业发展前景不明，我可不敢再投入资金了。

一方面，企业的发展会变得飘忽不定，企业利润前景不明，影响新投资的注入。

另一方面，政府会提高利率水平，从而使股价下降。

利率

股价

在这两方面因素的共同作用下，股价水平将显著下降。

使股票需求增加，从而股票价格也相应上涨。

（3）货币供给量的持续增加引起通货膨胀，通货膨胀带来的往往是虚假的市场繁荣，造成一种企业利润普遍上升的假象，保值意识使人们倾向于将货币投向贵重金属、不动产和短期债券上，股票需求量也会增加，从而使股票价格也相应增加。

由此可见，货币供应量的增减是影响股价升降的重要原因之一。当货币供应量增加时，多余部分的社会购买力就会投入到股市，从而把股价抬高；反之，如果货币供应量少，社会购买力降低，投资就会减少，股市陷入低迷状态，因而股价也必定会受到影响。而另一方面，当通货膨胀达到一定程度，通货膨胀率甚至超过了两位数时，将会推动利率上升，资金从股市中外流，从而使股价下跌。

总之，当通货膨胀对股票市场的刺激作用大时，股票市场的趋势与通货膨胀的趋势一致；而其压抑作用大时，股票市场的趋势与通货膨胀的趋势相反。

举例来说，假设一个投资人的年报酬率为20%（这已是一般人很难达到的成绩了），而当年度的通货膨胀率为12%，其又不幸适用50%的所得税率，则我们会发现该投资人在盈余全数发放的情形下，其实质报酬率可能是负的，因为这20%的股利收入有一半要归公，剩下的10%全部被通货膨胀吃光，不够还要倒贴，这结局可能还不如在通货膨胀温和时投资一家获利平平的公司。

经济政策对股市的影响

虽然货币政策和财政政策对股市的调节起着重要的作用，但是各种费率的改变能够对股民的切身利益起到直接的刺激作用。因为中国的股市还没有完全成熟，由经济政策引发股民心理上的影响也是不容忽视的，所以在经济环境改变的情况下，投资者应该密切关注经济政策对股市产生的影响。

巴菲特在2008年年度股东大会上说："过去的一年是非常奇异的一年，而我们的经济面对的是金融风暴。我认为政府作出了正确的决策，及时的行动。但是政府未来的前景还是困难重重的。因为经济经历过金融风暴，所以没有人可以要求完美的回报。"

巴菲特在描述了他短期的痛苦之后，对长远的前景依然保持着乐观的信心。但实际上在金融风暴发生的这一年对于巴菲特来说是非常艰难的一年，他的巴郡公司的投资价值损失了10%。而他本人的财富也减少了250亿美元（170亿英镑）。巴郡公司在2008年的表现是过去40年以来最差的一年，比如，他在2008年买下了石油公司Conocohillips的大笔股票，而没多久石油价格的暴跌使他损失了30亿美元。虽然面临着这么多的损失和困难，但是巴郡公司和同样在过去一年里损失惨重的其他投资公司相比，还是相对较好的。而巴菲特先生也表示他将会长期持有他所有的投资直到经济回升，也就是说直到他的投资盈利为止。

可见经济环境对股市的影响是极为严重的。但是在这种经济环境下，往往能够得到国家的经济政策的刺激，这样股市的表现就能够有所转变。通常所说的经济政策包括货币政策和财政政策。

1. 货币政策对股市的影响

货币政策是政府宏观调控的基本手段之一。由于社会总供给和总需求的平衡与货币供给总量与货币需求总量的平衡相辅相成，因而宏观调控之重点必然立足于货币供给量。货币政策主要针对货币供给量的调节和控制展开，进而实现诸如稳定货币、增加就业、平衡国际收支、发展经济等宏观经济目标。

财政投资重点对企业的影响

财政投资的重点，对企业业绩的好坏，也有很大影响。

政府

政府

政府

新能源

如果政府采取产业倾斜政策，重点向交通、能源、基础产业投资，则这类产业的股票价格就会受到影响，从而股价上升。

财政支出的增减，直接受到影响的是与财政有关的企业，比如与电气通讯、房地产有关的产业。

股价发生变化的时间点，通常在政府的预算原则和重点施政还未发表前，或者是在预算公布之后的初始阶段。因此，投资者应该多关注财政政策变动的初始阶段，适时作出买入和卖出的决策。

货币政策对股票市场有着非常大的影响。宽松的货币政策会扩大社会上货币供给总量,对经济发展和证券市场交易有着积极影响。但是货币供应太多又会引起通货膨胀,使企业发展受到影响,使实际投资收益率下降。紧缩的货币政策则相反,它会减少社会上货币供给总量,不利于经济发展,不利于证券市场的活跃和发展。另外,货币政策对人们的心理影响也非常大,这种影响对股市的涨跌又将产生极大的推动作用。

2. 财政政策对股市的影响

财政是国家为实现其职能的需要对一部分社会产品进行的分配活动,它体现着国家与其有关各方面发生的经济关系。国家财政资金的来源,主要来自企业的纯收入,其大小取决于物质生产部门以及其他事业的发展状况、经济结构的优化、经济效益的高低以及财政政策的正确与否,财政支出主要用于经济建设、公共事业、教育、国防以及社会福利,国家合理的预算收支及措施会促使股价上涨,重点使用的方向,也会影响到股价。

财政规模和采取的财政方针对股市有着直接影响。假如财政规模扩大,只要国家采取积极的财政方针,股价就会上涨;相反,国家财政规模缩小,或者显示将要紧缩财政的预兆,则投资者会预测未来景气不好而减少投资,因而股价就会下跌。虽然股价反应的程度会依当时的股价水准而有所不同,但投资者可根据财政规模的增减,作为辨认股价转变的根据之一。

汇率变动对股市的影响

1987年美国股票价格暴跌风潮的形成很大程度上是受外汇行情的影响。在当年全球股票价格暴跌风潮来临之前,美国突然公布预算赤字和外贸赤字,并声称要继续调整美元汇率,导致了人们普遍对美国经济和世界经济前景产生了恐慌心理。

投资者需要记住的是,不能基于任何迷信的原因,比如看到某个股票的主力资金是如何的强大或是技术图形是如何地完美,都不应该忽视经济规律。

2004年巴菲特在致股东信里说:"截至2003年年底,伯克希尔公司共持有的外汇部分达到了214亿美元,投资组合分散到了12种外币上,在2003年,我说过类似这样的投资还是头一次,在2002年以前,伯克希尔和我都没有买卖过外汇。但是更多的迹象表明,目前我国的贸易政策将为以后几年的汇率上升不断地施加压力。

……

"但是,我们国家如今实行的贸易政策最终会将美元拖垮。美元的价值现在已经出现了大幅的下滑,并且还没有任何好转的迹象。如果政策不对,外汇市场脱序的情况仍然会不断地发生,并且在政治和金融上产生一定的连锁反应,虽然没有人能够保证会有多大层面的影响,但是政治家们不得不看到这个问题的严重性。"

汇率水平是一国宏观经济基本面的反映,而股票市场最能敏感地反映股民与一国综合经济因素之间的信心关系。一般而言,如果一国货币迅速升值,游资进入市场投机,将引发更多资金投入从而带动股价上涨,所以汇率的剧烈变动会给股市带来很大影响。

具体来说,汇率变动对股市的影响主要体现在三个方面。

首先,汇率变动可以改善或限制上市公司的进出口状况,从而影响上市公司的经营业绩和二级市场公司股价的变化,尤其是进出口量大的外贸企业受其影响更大。

其次,汇率变动对国内经济的影响集中体现在物价上,并通过物价、国民收入间接影响国内股市。本币汇率下跌,刺激出口,削弱进口产品的购买力,增加国民收入,物价水平上涨,诱导盈余资金流入股市;反之亦然。

最后,汇率剧烈变动还可以通过资本流动来影响股票价格。一国货币大幅度贬值,意味着投资者在该国的投资预期收益会面临高额的汇兑损失,投资者如果对该国经济前景失去信心,就会抽逃资金来规避风险,从而带动其他资金出逃致使股价下跌;同时,为避免本国货币大幅度贬值,该国政府可能需要提高利率,以留住外资支撑本币汇率。这样一来,公司经营成本会上升,利润就会减少,上市公司股票价格就会下跌。反之,如果高估本国货币的价值,提高本币的对外汇率,可以减少上市公司的生产成本,增加利润,上市公司股价就会上涨;同时也可以较低的价格购买国外企业,加速对外投资,这样上市公司资产价值提高,可以吸引更多的国际投资者购买该国公司股票,促使公司股价提高。

在当代国际贸易迅速发展的潮流中,汇率对一个国家的经济影响越来越大。任何一国的经济在不同程度上都受到汇率变动的影响。

以日本为例,第二次世界大战以后,日本经历了两次大的汇率变动,第一次是1971年12月的"斯密森协议",日元兑美元的汇率从360日元上涨到306日元,涨幅为18%。第二次是1985年12月的"广场协议"之后,令日元汇率在10年间升值近3倍。"广场协议"后10年间,日元币值平均每年上升5%以上,无异于给国际资本投资日本的股市和楼市一个稳赚不赔的保险:即使投资的资产日元价格没有升值,也可以通过汇率变动获得5%以上的收益。而实际上日本国内由于低利率政策刺激了股市和楼市价格的快速上涨,因此国际资本投资日本股市和房市可以获得双重收益——资产价格的升值和日元的升值。

受日元升值的影响,日本股市逐波上升,出现持续6年的激进繁荣,并且随后一直延续着涨升态势,到1989年底,日经指数平均股价创下了38957.44点的历史高点。整个上升过程,从启动到最后结束,延续了整整17年,涨幅高达19倍。可以说日元的升值,引发并强化了日本股市在20世纪70年代至80年代的历史上最长的一次牛市。但是,随后日本股市便陷入了长期的熊市,直到现在,日本股市还没有真正摆脱熊市的阴影。

随着我国的对外开放不断深入,以及世界贸易的开放程度的不断提高,我国股市受汇率的影响也会越来越显著。

影响汇率的因素

两种货币实际所代表的价值量是汇率决定的基础，并在下列主要因素影响下，汇率不断变动。

1.**国际收支**：其中外贸收支对汇率变动起决定性的作用。外贸顺差，本币汇率就上升；反之，就下跌。

2.**通货膨胀**：通货膨胀减缓，本币汇率就上涨；反之则下跌。

3.**各国的汇率政策**：汇率政策虽然不能改变汇率的基本趋势，但一国根据本国货币走势，进一步采取加剧本币汇率的下跌或上涨的措施，其作用不可低估。

上市公司所属行业对股价的影响

投资者在考虑新投资时，不能投资到那些快要没落和淘汰的"夕阳"行业。投资者在选择股票时，不能被眼前的景象所迷惑，要通过分析和判断企业所属的行业处于哪一时期来决定股票的购买。

1991年巴菲特在致股东信里写道："几年前几乎没有人，包括银行、股东与证券分析师在内，会看好媒体事业的发展。事实上，报纸、电视与杂志等媒体的行为越来越超越作为特许行业所应该做的事。"

众所周知，巴菲特在行业选择上偏向于两类行业：一类是传播行业，另一类就是大众消费品行业。在1990年的投资报告中，巴菲特曾表示媒体事业的获利能力在衰退，这主要是因为该行业的行业景气指数在下降，但是到了1991年，情况却发生了转变，由于零售业形态开始转变，此外，广告和娱乐事业的多元化，使曾经一度风光的传媒行业的竞争力也受到了严重的侵蚀。

巴菲特认为，股价波动与行业有关。即有些行业的股票是属于投资性的，它的股价波动较小，适合长期投资；有些行业的股票是属于投机性的，它的股价波动较大，适合短期投机。此外，还有稳定性行业和周期性行业之别。

稳定性行业和周期性行业的发展轨迹不同，在股价波动方面的表现也大不一样。例如食品、饮料、药品等行业是最典型的稳定性行业，它们不会因为经济形势大好或经济萧条而发生剧烈变化。如药品，就不会因为经济形势好病人就每天多吃一粒药，或者因为经济萧条每天少吃一粒药。它的业绩增长比较稳定，股价波动也不是很大。

周期性行业在这方面就截然不同。如钢铁、水泥、石化、汽车、银行等行业就受宏观经济形势影响很大，具体到我国就是受宏观调控影响很大，股价变动剧烈，市盈率忽高忽低，最容易让那些以市盈率、净资产来衡量是否值得投资的投资者上当受骗。

从美国道琼斯工业指数也容易看出，美国的大牛股绝大多数出现在制造业、服务业、采掘业三大行业。伯克希尔公司的主要投资项目可口可乐公司、吉列公司等都属于制造业，保险公司、银行业等就属于服务业，埃克森石油公司等属于采掘业。

相反，公用事业类股票中就不容易出大牛股。荷兰股市的发展已有200年历史，从来没有一家公用事业股成为大牛股的。煤气、地铁、高速公路、隧道、电力、桥梁等这些行业虽然具有垄断性，可是价格收费却要受政府管制。此外，由于投资非常庞大，负债率极高，因此不可能获利过多。

在制造业，只要你的产品适销对路，尽可以在全球销售，可口可乐就是这样的典型产品。从理论上看，这类产品的规模、销售、利润可以无限扩张，从而带动它的内在价值不断升高，给投资者带来丰厚的利润回报。

不过要注意的是，无论哪个行业中都有表现突出和表现非常糟糕的个股，这是在确定具体个股投资时要考虑的地方。

巴菲特认为，股价波动和具体股票所在的行业有关。行业不同，股价波动规律也不一样，但这不是绝对的。从他的投资习惯看，首先是选择行业，然后才是在这个行业中选择符合自己特定要求的个股。

经济周期对股市的影响

一般情况是企业收益有希望增加或由于企业扩大规模而希望增资的景气时期，资金会大量流入股市。但却出现萧条时期资金不是从股市流走，而是流进股市的情况，尤其在此期间，政府为了促进市场景气而扩大财政支付，公司则因为设备过剩，不会进行新的投资，因而拥有大量的闲置货币资金，一旦这些带有一定的投机性资金流入股市，则股市的买卖和价格上升就与企业收益无关。考虑到各类股票本身的特性，以便在不同的市场情况下做出具体选择才是明智的投资者。

巴菲特说过："在经济上，经济周期的变化非常重要，并且全球经济越来越表现出较强的联动性，如这次金融危机，几乎全球所有的国家都不可避免；货币政策对企业和股市的影响也很大……"

宏观经济周期的变动，或称市场景气的变动，是影响股价变动的最重要的市场因素之一，它对企业营运及股价的影响极大，是股市的大行情。因此经济周期与股价的关联性是投资者不能忽视的。

从历史上出现的经济周期的结果来看，股价在一定的经济周期内都有不同的表现形式。衰退、危机、复苏和繁荣形成了经济周期的四个阶段。一般来说，在经济衰退时期，股票价格会逐渐下跌；到危机时期，股价跌至最低点；而经济复苏开始时，股价又会逐步上升；到繁荣时，股价则上涨至最高点。这种变动的具体原因是，当经济开始衰退之后，企业的产量会随产品滞销、利润相应减少，势必导致股息、红利也不断减少，持股的股东因股票收益不佳而纷纷抛售，使股票价格下跌。当经济衰退已经达到经济危机时，整个经济体系处于瘫痪状况，大量的企业倒闭，股票持有者由于对形势持悲观态度而纷纷卖出手中的股票，从而使整个股市价格大跌，市场处于萧条和混乱之中。经济周期经过最低谷之后又出现缓慢复苏的势头，随着经济结构的调整，商品开始有一定的销售量，企业又能开始给股东分发一些股息红利，股东慢慢觉得持股有利可图，于是纷纷购买，使股价缓缓回升；当经济由复苏达到繁荣阶段时，企业的商品生产能力与产量大增，商品销售状况良好，企业开始大量盈利，股票价格、股息、红利相应增多上涨至最高点。

应当看到，经济周期影响股价变动，但两者的变动周期又不是完全同步的。通常的情况是，不管在经济周期的哪一阶段，股价变动总是比实际的经济周期变动要

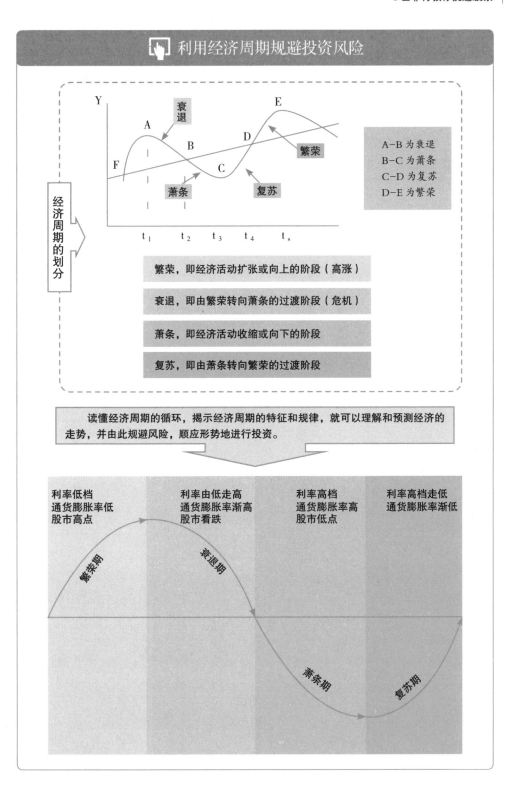

利用经济周期规避投资风险

经济周期的划分

A-B 为衰退
B-C 为萧条
C-D 为复苏
D-E 为繁荣

繁荣，即经济活动扩张或向上的阶段（高涨）

衰退，即由繁荣转向萧条的过渡阶段（危机）

萧条，即经济活动收缩或向下的阶段

复苏，即由萧条转向繁荣的过渡阶段

读懂经济周期的循环，揭示经济周期的特征和规律，就可以理解和预测经济的走势，并由此规避风险，顺应形势地进行投资。

利率低档
通货膨胀率低
股市高点

利率由低走高
通货膨胀率渐高
股市看跌

利率高档
通货膨胀率高
股市低点

利率高档走低
通货膨胀率渐低

繁荣期

衰退期

萧条期

复苏期

领先一步。即在经济衰退以前，股价已开始下跌，而在经济复苏之前，股价已经回升；经济周期未步入高峰阶段时，股价已经见顶；经济仍处于衰退期间，股市已开始从谷底回升。这是因为股市股价的涨落包含着投资者对经济走势变动的预期和投资者的心理反应等因素。

　　根据经济循环周期来进行股票投资的策略选择是：经济衰退期的投资策略以保本为主，投资者在此阶段多采取持有现金（储蓄存款）和短期存款证券等形式，避免经济衰退期的投资损失，以待经济复苏时再适时进入股市；而在经济繁荣期，大部分产业及公司经营状况改善和盈利增加时，即使是不懂股市分析而盲目跟进的散户，往往也能从股票投资中赚钱。

第二节

选择成长股

选择能持续获利的股票

投资者需要注意的是，只要中国经济和股市的未来看好，你就应该坚持长期投资的策略。作为一种中长期投资理财方式，投资者真正需要关注的是股票长期的增长趋势和业绩表现的稳定性，而应对这种特点的操作方式就是长期持有。表现优秀的公司，在各种市场环境下都能保持长期而稳定的获利能力，好业绩是判断一家公司优劣的重要标准。

巴菲特说："我们喜欢购买企业，我们不喜欢出售，我们希望与企业终生相伴。"

并不是所有买入的股票都要长期持有，具有持续获利能力的股票才值得长期持有。巴菲特判断持有还是卖出的唯一标准是公司具有持续获利能力，而不是其价格上涨或者下跌。

巴菲特曾说："投资股票很简单。你所需要做的，就是以低于其内在价值的价格买入一家大企业的股票，同时确信这家企业拥有最正直和最能干的管理层。然后，你永远持有这些股票就可以了。"

既然是否长期持有股票由持续获利能力决定，那么衡量公司持续获利能力的主要指标是什么呢？

巴菲特认为最佳指标是透明盈利。透明盈利由以下几部分组成：报告营业利润，加上主要被投资公司的留存收益（按一般公认会计原则这部分未反映在我们公司利润里面），然后扣除这些留存收益分配给我们时本应该缴纳的税款。

为计算透明盈利，投资人应该确定投资组合中每只股票相应的可分配收益，然后进行加总。每个投资人的目标,应该是要建立一个投资组合（类似于一家投资公司），这个组合在从现在开始的 10 年左右将为他带来最高的预计透明盈利。

作为一名投资者，你的目标应当仅仅是以理性的价格买入你很容易就能够了解其业务的一家公司的部分股权，而且你可以确定在从现在开始的 5 年、10 年、20 年内，这家公司的收益肯定可以大幅度增长。在相当长的时间里，你会发现只有少数几家公司符合这些标准，所以一旦你看到一家符合以上标准的公司，你就应当买进相当数量的股票。你还必须忍受那些使你偏离以上投资原则的诱惑：如果你不愿意拥有一只股票 10 年，那就不要考虑拥有它 10 分钟。把那些获利能力会在未来几年中不断增长的公司股票聚集成一个投资组合，那么，这个组合的市场价值也将会不断增加。

也许有人会问，那我们又如何能发现股票的获利能力呢？巴菲特认为，如果持股时间足够长，公司价值一定会在股价上得到反应。我们的研究也发现，持股时间越长，其与公司价值发现的关联度就越高：

（1）当股票持有 3 年，其相关性区间为 0.131 ~ 0.360（相关性 0.360 表示股票价格的变动有 36% 是受公司盈余变动的影响）。

（2）当股票持有 5 年，相关性区间上移至 0.574 ~ 0.599。

（3）当股票持有 10 年，相关性区间上升至 0.593 ~ 0.695。

这些数字反映了一个相当有意义的正相关关系，其结果也在很大程度上支持了巴菲特的观点，即一家公司的股票价格在持有一段足够长的时间后，一定会反映公司基本面的状况。但巴菲特同时指出，一家公司的获利和股价表现的相互影响过程通常不是很均衡，也无法充分预期。也就是说，虽然获利与股价在一段时间里会有较强的相关性，但股票价格何时反映基本面的时机却难以精确掌握。巴菲特表示："就算市场价格在一段时间内都能随时反映企业价值，但仍有可能在其中的任何一年产生大幅度的波动。"

盈利才是硬道理

上市公司当期盈利质量的高低水平与公司经济价值的变动方向不一定是正相关的关系。公司当期的盈利质量可能比较高，但它的经济价值却正在下降；相反，公司当期的盈利质量可能比较低，但它的经济价值却正在上升。提前发现上市公司盈利质量的变化，对于控制投资风险是至关重要的。

巴菲特说："我想买入企业的标准之一是有持续稳定的盈利能力。"

公司盈利能力最终体现为股东创造的价值，而股东价值的增长最终体现在股票市值的增长。巴菲特在分析盈利能力时，是以长期投资的眼光来作为分析基础的，他强调说："我所看重的是公司的盈利能力，这种盈利能力是我所了解并认为可以保持的。"

巴菲特所选择的公司，它的产品盈利能力在所有上市公司中并不是最高的，但是，它们的产品盈利能力往往是所处行业的竞争对手们可望而不可即的。

巴菲特并不太看重一年的业绩高低，而更关心四五年的长期平均业绩高低，他认为这些长期平均业绩指标更加真实地反映了公司真正的盈利能力。因为，公司盈利并不像行星围绕太阳运行的时间那样是一成不变的，而是总在不断波动的。

公司产品的盈利能力主要体现在公司的销售利润率上。如果管理者无法把销售

👆 盈利能力分析

在盈利能力分析中，巴菲特主要关注以下 3 个方面：

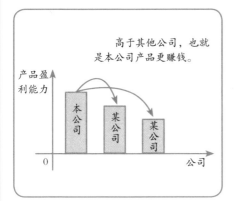

高于其他公司，也就是本公司产品更赚钱。

1. 公司产品盈利能力

主要分析公司产品销售利润率明显高于同行业竞争对手，就是公司的产品比竞争对手的更赚钱。

2. 公司权益资本盈利能力

巴菲特主要分析公司用股东投入的每1美元资本赚了多少净利润，即我们经常说的净资产收益率。

3. 公司留存收益盈利能力

股票又涨了，这下可以赚到钱了。

对每1美元的留存收益，公司应该转化成至少1美元的股票市值增长，才能让股东从股市上赚到与未分配利润相当的钱。

收入变成销售利润，那么企业生产的产品就没有创造任何价值。

由于巴菲特所投资的公司是那些业务长期稳定的公司，所以这些公司利润率的高低在很大程度上取决于公司的成本管理。巴菲特多年的投资经验表明，成本管理存在"马太效应"，高成本运营的管理者趋向于不断寻找办法增加成本，而低成本经营的管理者却总在寻找办法降低成本。

巴菲特认为，衡量一家公司盈利能力的最佳指标是股东收益率。高水平的权益投资收益率必然会导致公司股东权益的高速增长，相应导致公司内在价值及股价的稳定增长。长期投资于具有高水平权益投资收益率的优秀公司，正是巴菲特获得巨大投资成功的重要秘诀之一。

发掘高成长性的股票

在投资过程中，投资者要重视具有高成长性的股票。成长股并不是一成不变的，投资者要根据实际情况更换成长股。

1994年巴菲特在致股东信里写道："如果你拥有的是企业中的'天然钻石'，无论股票价格如何波动，无论波动的幅度多大，无论经济景气的循环如何上上下下，长期而言，这类优良企业的价值必定会继续以稳定的速度成长。"

巴菲特认为，投资者在选择股票投资时，一定要尽量发掘具有高成长性的股票。一般来说，高成长性的公司盈利迅速增长，扩张性极强。投资于这类股票往往可以将你的选股风险化为无形，保证投资者获得超额的利润。

美国的"成长投资理论之父"费舍特别崇尚成长股，在他的代表作《怎样选择成长股》中，费舍开宗明义地指出："投资者不论出于何种原因，通过什么方法，当他购买股票时，目标只有一个，寻找成长股。"按照他的解释，假如你用800万美元买下市场价值为1000万美元的公司股票，如果你以当时的市场价格出售，那么，你将获利丰厚。但是，如果公司的经营状况很差，并且你在10年后才出售，那么，你的收益可能在平均水平以下。他说："时间是优秀公司最好的朋友，是平庸公司的敌人。"除非你能帮助清算这个效益很差的公司并从公司的市场价值和购买价格的差价中获利，否则，你的收益将和这家业绩很差的公司一样悲惨。所以，投资者在选股时应研究上市公司的成长性，做到去伪存真，去粗取精，牢记成长是"金"。

一般来说，具有高成长性的企业，通常具有以下3个方面的特点：

1. 公司的产品或所提供的服务具有广阔的发展前景

任何一个行业都有一个从成长到衰退的过程，必须抓住当前正处于成长性的行业。进入21世纪，国内的生物工程、电子仪器以及有关高科技产业均属于成长性行业。政府的扶持会使某个行业和地域的企业快速成长。国家扶持企业的措施有多种，如各项税收、物价、银行信贷的优惠政策，赋予直接融资功能、优良资产的注入等。

2. 公司有值得投资的利润回报率

从投资者的立场来看，销售只有在增加利润时，才有投资价值。如果一个公司多年的销售增长没有带来相应的利润增长，那么该公司就不是最佳的投资对象。考察利润的第一步是分析测算公司的利润率。投资者可以测算每 1 元钱的销售能够实现多少经营利润。进行这样的测算，必须以连续多年的数据为基础，不能只考察一个年度。一般而言，那些多年来利润较高的公司其利润总额也较大，他们所在的行业总体上是业绩相当突出，呈现出繁荣景象。低成本运营的公司，在景气年头，利润率也有所增加，但幅度不是很大。

3. 企业在新基础上运营，原料市场和产品市场无重大变故

新项目运营的提前发现，可以使投资者及时发现企业的利润增长点，进而使股票投资在较短的时间内获得较大的收益。国内高科技新项目的投产使其利润大增就是明显的例子。原料市场的变化使轮胎得以降低单位产品原材料成本，经济效益大幅度提高。而产品市场的变动给企业成长带来的推动作用更是不可低估。比如铜、铝、锌等资源性产品一旦在全球范围短缺，企业的利润就会直线上升。中国加入世界贸易组织会促进我国产业优势明显的纺织业、轻工业企业的发展，同时给金融、外贸、港口、仓储业带来难得的机遇。

选择安全的股票

1985 年巴菲特在致股东信里写道："或许你会认为法人的机构、拥有高薪的职员和经验丰富的专业人员会成为金融市场稳定与理性的力量，那你就大错特错了，那些法人持股比重较大且持续受关注的股票，其股价通常都不合理。"

投资者在进行长线择股时，应选择安全性的股票，这类股票即使股价跌了也无妨，只要耐心等待，股价一定会再上涨的。

巴菲特在进行任何一种投资时，寻找那些他相信从现在开始的 10 年或 20 年的时间里肯定拥有巨大竞争力的企业。至于那些迅速变迁的产业，尽管可能会提供巨大的成功机会，但是，他排除了寻找的确定性。

股票投资是一种风险较大的投资，其风险的存在让你不得不首先考虑投入资金的安全性。股票投资风险来源于企业、股票市场和购买力三个方面，投入资金的安全与否首先取决于企业的经营状况。

以下是投资者需要注意的选择安全股票的技巧：

（1）公司业绩每年增长 15% 左右，这是我们选择股票的第一要求，要达到这个要求其实并不困难。中国的 GDP 年增长率每年可以达到 9% ~ 10%，而国内很多行业的增长速度远远高于这一水平，例如奶制品行业每年可以增长 30%，商业零售业可以增长 20% 多。

如何选择安全的投资企业

作为普通投资者，为了确保投资安全，你最好先从不同的角度全面地分析了解企业的情况，尽可能地选择这样一些企业进行投资：

基础扎实，资金雄厚，有持久发展的趋势。

企业规模宏大，经营管理水平先进，产品专利性强，商标知名度高，有较强的生产能力和市场竞争优势。

利率高，有丰富的原料来源和广泛的市场，或者其股票是国家重点发展和政府积极扶持的股票。

（2）除了看上市公司的历史业绩，一家优秀的公司还应具备：

①优秀的管理层。管理层包括公司的治理结构、管理能力以及管理团队等内容。

②时间足够长的成长或景气周期。这也是我们判断一家公司成长空间有多大的重要因素。

③企业的核心竞争力。核心竞争优势体现在：一是技术；二是管理；三是品牌；四是营销；五是成本控制；六是其他一些因素。

④所处的行业需求稳定增长，而不是暴涨暴跌的行业。

⑤有良好的业绩和分红记录。

⑥估值相对较低。主要考虑公司的成长性是否突出、是否持续，成长预期是否合理。

（3）判断在中国具有投资价值的公司。首先，要与中国的宏观经济发展相呼应，在一个中短期内受益于"十一五"规划；其次，受益于人民币升值，其资本、人力、产品价值都会因此得到提升；再次，重大题材带来投资机会；最后，实质性资产重组。

（4）综合评估这几个方面，把同类型、同行业的公司加以仔细分析，货比三家，最后在一个合理的价位作出投资决策。

成长性企业的相似性

投资者要投资公司必然选择优秀的公司，这毋庸置疑。但是优秀的标准是什么，很多人都持有不同的观点。在巴菲特看来，优秀的公司都是相似的。

具有持续竞争优势和优秀的管理层。不管哪一个公司，只要具备这两点优势，投资者就可以进行投资。一般来说，投资的风险很小，而且投资的回报率很高。

巴菲特在1994年致股东信里写道："我们的投资组合持续保持集中、简单的风格，真正重要的投资概念通常可以用简单的话语来做说明，我们偏爱具有持续竞争优势并且由才能兼备、以股东利益为导向的经理人所经营的优秀企业。只要它们确实拥有这些特质，而且我们也能够以合理的价格买进，那么投资出错的概率可以说是微乎其微。"

巴菲特认为，一家公司想要具有良好的发展前景，就一定要具有持续的竞争优势。而这持续的竞争优势，主要体现在顾客对产品的满意度上。就像可口可乐公司，几十年里销售的产品几乎都一样，在可乐的行业中具有非常高的满意度。在巴菲特看来，如果一家公司经常改变自己的经营产业，那么这家公司很难具有持续的竞争优势。一方面来说，频繁地改变经营方向，就很容易在重大决策上失误。一旦失误，就会给公司造成巨大的创伤；另一方面，频繁地改变经营方向，公司就比其他先进入该行业的公司起点晚。如果想要超越同类型产品成为该行业主导，那么公司需要付出非比寻常的努力，而且努力了也不一定就会成功，因为其他同行也会努力避免被超越。

例如成功的餐厅都有自己的特色，如便利的快餐店、优雅的西餐厅、特别的东方食物等。

这些特色可以吸引爱好该特色的潜在客户群，如果餐厅的服务、菜色和价格都非常好，顾客就会从心里认可这种特色，然后不断地登门用餐，甚至还会为餐厅免费宣传。但有的餐厅不明白这个道理，经常改变自己的特色，一会儿是法国美食、一会儿又是四川菜馆，最终会竹篮打水一场空，既失去了原有的老顾客，也没有招揽到新顾客，很快就在这个餐饮业中跌得粉身碎骨。

成长股的盈利估计

投资者想要获得丰厚的回报，就应该对企业的盈利水平进行理性分析，不要把自己对这个行业的喜好或者厌恶夹杂在分析过程中。只有理性的评估，投资者才能得到企业真实的内在价值，才能够找到最佳的投资机会。

1995年巴菲特在致股东信里写道："这实在是天价，不过它让我们可以100%拥有一家深具成长潜力的企业，且其竞争优势从1951年到现在一直都保持不变。"

巴菲特认为，投资者在购买股票时，一定要对企业的盈利水平进行评估。只有正确评估企业未来的盈利水平，才能够确定股票的内在价值是多少。只有了解股票的内在价值，投资者才可以确定在什么时候购买股票才是划算的。

公司股票的内在价值实质上就是公司未来5年或者10年内的利润通过一定的利率折现后得到的数额。虽然说起来很简单，但实际操作起来非常困难。因为公司的盈利水平通常会受到很多因素的影响，所以几乎没有人可以准确预测出公司未来5年或者10年的盈利水平。巴菲特认为，正因为未来充满无限不确定性，为了降低投资的风险，投资者最好选择那些具有稳定性发展的公司。

巴菲特认为，在评估公司的内在价值时，稳定性是一个非常重要的因素。如果一家公司的历史经营业绩很不稳定，那么它未来的发展也可能会很不稳定。如果公司未来的经营业绩不稳定，那么投资的风险就会很高，它的价值就不如目前可预测到的盈利那么高。巴菲特在选择投资公司时，通常会选择那些具有稳定性发展的公司，像美国运通公司、华盛顿邮报、吉列、可口可乐等。这些公司在其发展的历程中大多数年头里都表现出了非常稳定的盈利增长，巴菲特可以对它们的未来作出迅速合理的预测，所以巴菲特才选择投资这些公司。事实证明，巴菲特的投资眼光是没错的。在巴菲特的投资生涯中，这些具有稳定性的公司为巴菲特赚取了丰厚的利润。

有些股票分析家认为，高科技产业是一种创新，应该被给予较高的待遇。但巴菲特认为，人们对行业的期待没有任何价值。无论是什么产业，评估的标准都应该是统一的。所有的资产都应当被同样地估价，从饮料制造商到手机生产商，在评估时都应该被统一对待。无论什么产业最终都只有通过把销售转化为盈利以及盈利增长率来判断。高科技产业也应该用其他行业的标准来定价。所有企业的内在价值都应该取决于企业未来预期收益的折现值，而不应该根据人们对行业的期待来高估或低估企业的价值。

投资成长股要长期持有

巴菲特认为，股票的安全边际是非常重要的。因为投资者投资的目标就是通过低于内在价值的价格购买股票从中获利，所以投资者一定要认真分析股票的安全边际。

好不容易发现一只成长股，把这些钱全部买股票。

一旦发现了一家符合标准的公司，投资者就应当购买尽可能多的股票，然后长期持有，慢慢等待丰厚的回报。

当然在这期间，你要有足够的定力，抵制外界一切使你背离原则的诱惑。只有这样，才能投资成功。

挑选经营业务容易了解的公司股票

业务是企业发展的根本

企业要发展，业务是根本。具有发展前景的业务是企业的饮水之源。投资者进行投资时，一定要首先观察企业的业务，然后再考虑其他因素。

巴菲特在 1989 年致股东的信里说："从这里我们又学到了一个教训：只有优秀的马搭配技术高超的骑士才能取得好成绩。如果马不好，再厉害的骑士也没有办法。像伯克希尔纺织公司也是才能兼备的人在管理，但很不幸的是他们面临的是流沙般的困境。如果将这些人放在资质更好一些的公司，我相信他们应该会有更好的表现。"

巴菲特认为，判断一家公司是否优秀，首先要分析的就是公司的业务。只有拥有好的业务，公司才能够有更好的发展。

很多人觉得公司中最重要的就是管理层。他们觉得一家公司只要拥有足够优秀的管理层，就可以转亏为盈，好上加好。以前巴菲特也这么觉得，后来经过伯克希尔纺织公司的教训后，巴菲特开始意识到一家公司最重要的是业务。业务就像赛马场里的马，管理层就像赛马场的骑士。如果想要在赛马场上赢得比赛，先决条件是必须有一匹好马。优秀的马配上技术高超的骑士，能够取得非常优秀的成绩；优秀的马配上技术一般的骑士，也能够取得比较不错的成绩；如果没有一匹好马，再优秀的骑士也无法发挥他们的本领，就像巧妇难为无米之炊一样，最终的结果只可能是成绩不好，而且还坏了骑士的好名声。

巴菲特生平投资的第一个错误就是买下伯克希尔纺织厂。而巴菲特犯错误的主要原因就是当时巴菲特没有把公司的业务看得很重要。其实当时巴菲特已经觉得纺织业是个高度竞争的行业。即便改进机器会促使商品生产率大幅提升，但好处只会落在客户身上，而厂家捞不到一点好处。在经济繁盛的时期，纺织业只能赚取微薄的利润。而在经济衰退期，纺织业就只能够赔钱。虽然巴菲特也任命了非常出色的管理层，可还是无法扭转乾坤。最终因为长期亏损，巴菲特不得已关闭了伯克希尔纺织厂。巴菲特后来这么描述他对伯克希尔纺织厂的投资："首先我所犯的第一个错误，当然就是买下 Berk shire Hathaway 纺织的控制权，虽然我很清楚纺织这个产业没什么前景，却因为它的价格实在很便宜而受其所引诱。"

巴菲特收购斯科特公司也说明了业务的重要性。1986 年，伯克希尔公司收购斯科特公司时，该公司拥有 22 个不同的业务，主要业务是世界百科全书、寇比吸尘器和空气压缩机，当时账面价值为 1.726 亿美元。伯克希尔公司花费了 3.152 亿美元收购了该公司。也就是说伯克希尔公司用 1.426 亿美元的溢价购买了斯科特的业务价值。后来的事实证明巴菲特的眼光没有错。被伯克希尔收购后，斯科特公司的经营业绩越来越好，原来就很高的股东权益报酬率又有了新的突破，让伯克希尔公司赚取了丰厚的回报。巴菲特后来非常自豪地说，通过支付这些溢价能够收购到一家业务简单易懂、发展前景良好的公司是非常值得的。

业务内容首先要简单易懂

经营业务越简单的企业，越可能具有持续竞争优势。在选择投资企业时，投资者最好先从那些业务简单易懂的企业下手。

1996 年巴菲特在致股东的信里写道："作为一名投资者，我们要做的事情很简单，就是以合理的价格买进一些业务简单易懂又能够在 5 ~ 10 年内持续发展的公司股票。经过一段时间，我们就会发现能够符合这样标准的公司并不多。所以一旦你真的碰到这样的公司，那就尽自己所能买最多份额的股票。当然在这期间，你要尽可能避免自己受到外界诱惑而放弃这个准则。如果你不打算持有一家公司股票 10 年以上，那就最好连 10 分钟都不要拥有它。当你慢慢找到这种盈余总能积累的投资组合后，你就会发现其市值也会跟着稳定增加。"

巴菲特认为，越是具有持续竞争优势的企业，其经营业务通常都越简单易懂。投资者在选择投资的企业时，最好选择业务简单易懂的企业。他认为，投资者成功与否，与他是否真正了解这项投资的程度成正比。这一观点是区分企业导向和股市导向这两类投资人的一个重要特征。后者仅仅是购买了股票，打一枪换一个地方而已。

巴菲特之所以能够保持对所投资的企业有较高程度的了解，是因为他有意识地把自己的选择限制在他自己的理解力能够达到的范围。巴菲特忠告投资者："一定要在你自己能力允许的范围内投资。"

有人认为，巴菲特给自己设置的这些限制，使他无法投资于那些收益潜力巨大的产业，比如高科技企业。也有很多人会觉得纳闷，简单易懂的业务，人人都能做，怎么还能够产生高额利润呢？在巴菲特看来，非凡的经营业绩，几乎都是通过平凡的事情来获得的，重点是企业如何能够把这些平凡的事情处理得异乎寻常地出色。通俗地说，就是在平凡的事情中实现伟大的成就。

业务简单易懂是巴菲特对投资企业的要求之一。在巴菲特的投资生涯中，大多都是业务简单易懂又极具持续竞争优势的企业。像可口可乐公司就是一个典型的例子。可口可乐公司的业务非常简单：可口可乐公司采购原料后，制成浓缩液，然后卖给装瓶商。装瓶商再把这种浓缩液和其他成分配合在一起，制成可口可乐饮料卖给零售商。就是这么简单的业务，让可口可乐公司每年赚取了巨额利润。就连遭遇金融危机的2008年，可口可乐公司都获得了高达58.1亿美元的利润。

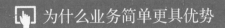

为什么业务简单更具优势

巴菲特推崇投资业务简单的企业，很多人对此产生怀疑，那么，业务简单的企业对于发展有什么样的优势呢？

只专注于某一领域，自然就有更多的时间和资金来改善生产技术、服务、生产设备等，它们的产品自然也会变得更加优秀。

而且，它们的产品年代越久，就有越多的人了解它们，它们的品牌效应就会越明显。

因此，在与业务复杂的企业竞争中，简单的业务反而更容易取得成功。

过于复杂的业务内容只会加重你的风险

如果企业经营的业务过于复杂,企业运营的风险就比较大。而且过于复杂的业务,投资者也不太容易搞明白,所以投资者尽量远离那些经营业务复杂的企业为好。

2008 年巴菲特在致股东的信里说:"像担保债务凭证这种过于复杂的金融衍生产品,是造成这次金融危机的原因之一。我和芒格曾经说过,这些金融机构将商业操作弄得太复杂了,使得政府监管者和会计准则都无法阻止这些金融机构冒这么大的风险。这种缺乏控制的行为,已经造成了惨重后果,例如贝尔斯登的倒闭,而且很有可能带给金融业更多损失。"

巴菲特认为,企业经营的业务越简单易懂越好,太过复杂的业务容易造成不可预测的风险。

2008 年金融危机给全球的金融机构造成了高达 3000 多亿美元的损失。但巴菲特认为,这样的损失很大程度上也要归咎于金融机构本身。在过去的时间里金融机构发行了很多过于复杂的金融衍生产品。像担保债务凭证这个产品,投资者如果想弄明白其业务内容,就至少需要阅读 75 万字的报告。这样这些复杂的产品大大增加了金融机构的风险系数。但是由于它们过于复杂,使得政府监管者和会计准则无法监控到这些风险性,才导致了金融危机的全面爆发。

巴菲特说,在伯克希尔公司里,是绝对不允许发生这种事情的。为了避免风险,巴菲特在选择投资企业时,都不会选择特别复杂的业务。巴菲特说,他曾经读过一份金融公司的业务报告。这份报告主要是向政府部门和普通投资者介绍这家金融机构的操作过程,但这份报告多达 270 页。巴菲特一边阅读,一边把自己认为有疑问的地方列在空白纸上。等看完最后一页,巴菲特发现他竟然列了 25 页问题。最后他实在失去了耐心,把笔一扔,决定再也不投资这个股票了。巴菲特之所以不碰高科技,也是因为他觉得高科技太复杂了,投资风险太大了。

巴菲特认为,如果某项业务的不确定因素很多,那么该项业务的投资成功率就会很低。如果某项业务只有 1 个不确定性因素,而这个因素的成功概率高达 80%,那么这项业务的投资成功率就是 80%;如果这项业务有两个不确定性因素,而每个因素的成功概率都是 80%,那么这项业务的投资成功率就是 64%;以此类推,不确定性因素越多,这项业务的投资成功率就越低。巴菲特觉得,如果某项业务的投资成功率很低,即使该业务有再高的投资回报率,他也不会进行投资的。

1998 年伯克希尔公司打算投资一个锌金属回收项目,项目内容就是将地热发电产生的卤水中的锌提取出来进行回收利用。本来这是巴菲特非常看好的一个项目,利润率很高,项目内容也简单。可是在真正实行的过程中,问题层出不穷,总是一个问题接着另一个问题出现。常常刚解决完这个问题,又有一个新问题跑出来。这令巴菲特非常不满。经过全面的衡量利弊，最终巴菲特觉得投资成功率太低，放弃了这个很赚钱的项目。

你要能了解它的新型业务

一项新型业务，可能是有前途的业务，也有可能是没前途的业务。如果碰到从事新型业务的企业，投资者要在认真了解该新型业务的基础上再决定是否投资。

巴菲特在 1998 年写给股东的信里说道："在这个产业占据主导地位是一件非常重要的事情。我们遍布全美的机队可以使我们的客户受惠无穷。我们能够提供其他公司无法提供的服务，所以我们也能够大幅度降低飞机停在地面的时间。我们还有一个让客户无法抵抗的诱惑，那就是我们提供的飞机种类非常多，有波音、湾流、Falcon、Cessna 和雷神。而我们那两个竞争对手却只能提供自己生产的飞机。通俗地说，Netjets 公司就像一位治病的医生，能够根据病人的情况对症下药。而其他两个对手就像卖祖传膏药的江湖郎中，无论病人是什么病况，开的药都是那一贴膏药。"

如果一个企业经营的是过去从来没有过的新型业务，投资者也要认真地去了解它，根据它的价值来判断是否值得投资，而不是根据自己的猜测直接肯定或否定这项投资。

第六章
巴菲特教你做交易

如何判断买入时机

要懂得无视宏观形势的变化

很多普通投资者在面对一个问题的时候，总是从宏观推向微观，根据这个国家甚至国际经济走势一定能预测出来一些市场方向。但巴菲特说："我不关心宏观的经济形势。在投资领域，你最希望做到的应该是搞清楚那些重要的，并且是可以搞懂的东西。"实际上，有的时候大势好未必对你好，大势不好未必对你不好。

巴菲特 1998 年在佛罗里达大学商学院的演讲时说："我不关心宏观经济形势。在投资领域里，你最需要做到的是应该弄清楚哪些重要，并且认清可以搞懂的东西。对于那些既不重要也很难懂的东西，把它们忘记就对了，如果你认为你所讲的是重要的，但是很难彻底弄明白。我们从来没有靠对宏观经济的感觉来买或不买任何一家公司。我们根本不去在乎那些读不懂的预估利率、企业利润等，因为那些预估真的无关紧要。"

巴菲特经常逆宏观形势而动，例如他在 1972 年买了时思糖果，虽然从那以后的不久政府就实施了价格管制，股价也随之狂跌，但是巴菲特仍然继续买进，并不为所动。然而事实证明，这个生意给了他很大的赚头，因为伯克希尔只是花了 2500 万美元，然而时思糖果现在的税前利润却高达 6000 万美元。

再比如，在巴菲特眼中，他认为通货膨胀并不是简单的经济现象。关于这一点他是从 4 个方面来理解的：

（1）从国内看，通货膨胀是过多地增加货币供应造成的。只有当货币的发行量严重超过商品流通中实际货币的需求量，才会形成通货膨胀。由此可以看出，在一定程度上可以说通货膨胀是政府行为的作用结果。如果不对政府的发行行为进行约束，那么通货膨胀就不可能根本消除。而美国政府的开支一直没有严格的限制，这使得要消灭通货膨胀几乎是不可能的。所以巴菲特始终认为通货膨胀从某种程度上讲更是政治现象。

（2）从国际角度看，国与国之间的贸易交流，无论是在古典经济学的理论角度还是现代的西方经济学的理论中，都是无法避免的。只要有国际贸易，那就可能有贸易的顺差和逆差。顺差的情况一般比较好解决，但是一旦形成逆差，国家就可能会利用通货膨胀来抵制这种经济上的压力，而这点也是令巴菲特忧心的。尽管这是政府的对策行为，但却对经济产生了重大的影响。这种形势下采用的通货膨胀这一

通货膨胀对投资的影响

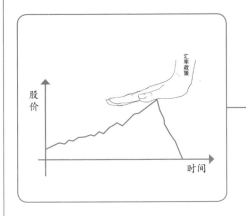

在通膨胀情况下，政府一般会采取诸如控制和减少财政支出，实行紧缩货币政策，这就会提高市场利率水平，从而使股票价格下降。

在通货膨胀情况下，企业经理和投资者不能明确地知道眼前盈利究竟是多少，更难预料将来的盈利水平。

企业利润也会因为通货膨胀下按名义收入征税的制度而极大减少甚至消失殆尽。因此，通货膨胀引起的企业利润的不稳定，会使新投资裹足不前。

手段对本国经济的损害也绝对不小。

（3）从投资者角度来看，通货膨胀对投资人的影响是很大的。通货膨胀率的高低就等于手中握有现金的实质价值损失幅度。假设通货膨胀率是25%，实质购买力就减少25%。在此时，巴菲特认为，起码要获得25%的投资报酬率，才能使实质购买力维持不变。

（4）除了以上不好的方面，从另一个角度看，通货膨胀中也存在着机遇。例如伯克希尔在1972年付出约3500万美元买下时思公司，相当于8%的税后回报率，和当年度的政府公债所提供的5.8%回报率相比，时思的税后回报率8%显然不差。巴菲特又正是在通货膨胀中得到了好处。

当然，对于巴菲特来说，通货膨胀肯定不会是个好的合作伙伴。它的复杂多变，对于任何一个投资者来说都是一项艰巨的挑战。虽然它具有两面性的后果，但是没有几个人能在其中获得高额的利润。相比之下，巴菲特更喜欢平稳状态下发展的企业，因为稳定的市场经济状态才能够给他更切实稳定的利益回报。

如果你不能从通货膨胀中获利，你应该寻找其他方法以避开那些会被通货膨胀伤害的公司。通常说来，需要大量的固定资产来维持经营的企业往往会受到通货膨胀的伤害；需要较少的固定资产的企业也会受到通货膨胀的伤害，但伤害的程度要小得多；经济商誉高的企业受到的伤害最小。

判断股票的价格低于企业价值的依据

我们不是天才，也不完美，所以弄清自己所购买的每家企业的安全边际十分重要。如果得不到符合安全边际的价格，我们就不买。安全边界会使你在方法得当时大捞一笔。而当情况不妙时，它又会使你免受损失。

1997年，巴菲特在致股东们的信里写道："即使，我们从来都试图尝试预测股市的动向，但是我们还是试着去评估股票的合理价位，在去年的股东会上，当时的道指大约为7071点，长期公债的利率为6.89%，查理和我曾经表示，假如能够符合其一利率维持不变或继续下滑，其二美国企业能够继续维持现有高股东的权益报酬率这两个条件的话，则表示股市并未被高估。

"然而，依目前的情况来看，利率确实又在下滑的过程中，这一点算是符合其中一个条件的，但是另一方面，股东的权益报酬率却仍然维持在高档。也就是说，如果这种情况还会持续下去的话，同时利率也能维持现状，则没有理由再去相信股市处于过于被高估的状态；不过从保守的角度来讲，股东权益报酬率维持在现有的水平也是很难达到的。"

巴菲特的主要思想是在价格具有商业价值时买入优质企业。怎样才具有商业价值呢？在巴菲特看来，具有商业价值是指投资能带给你最大的预期年复利收益率和最小的风险。巴菲特在这方面之所以比其他投资经理更胜一筹，原因在于他把自己看成公司所有者，进行的是长期投资，而不像华尔街其他投资专家，关注的是短期投资。

如何发现股票价格低于价值还是高于价值呢？这里，巴菲特运用了他的导师格雷厄姆的"安全边际"法则，即寻找价格与价值之间的差价，差价越大时买入，"安全边际"越大，风险越小。这是巴菲特永不亏损的投资秘诀，也是成功投资的基石。

但是并不是所有的投资者都能理解并且正确利用巴菲特的这种估值方法。举个例子来说，股民小王一直都以价值投资者自称，尤其对"安全边际"法则坚信不疑，他一直都把"内在价值大于价格，就有了安全边际。"这句话挂在嘴边。2007年10月，听了某分析师推荐煤炭股，思考了一下："煤电的价格到了冬天应该还会往上涨，现在的内在价值肯定很高。"于是，68元买入了当时走势红火的西山煤电。由于自信有"安全边际"的保障，小王心中就有底，于是按照巴菲特的教导，在"安全边际"以下就大胆进行了操作。越跌越买，一路补仓，结果却只能眼巴巴迎来了该股32元的"底部"，尽管他一再补仓，现在的平均价位也仍在50元左右，深套其中。

实际上他并没有完全理解"安全边际"的意义，这也是大多投资者常会犯的错误，"安全边际"法则的含义，像购买物美价廉的商品一样，即用比实际价值更便宜的价格买入好股票。

"安全边际"这个概念听起来很高深，其实很简单，就是寻找价格大大低于内在价值的质优价廉的便宜货。买便宜货的道理我们谁都懂，但股票毕竟不同于衣服，普通投资者怎么能认定，它的价格到底是高估了还是低估了？明明价格已经脱离价值了，还以为有"安全边际"，那就糟了。比如有人这样计算南方航空的内在价值，他把南航的每架飞机都拆成零件，然后把价格进行全部的加和，除以总股本后，和股价做个对比，衡量股价是高了还是低了，尽管这种方法有点极端，但是也不失为一个有效的方法。

此外，在你进行"拆飞机"之余，还有几个指标可以用来作为参考。一是市盈率，通常情况下蓝筹股要低于10倍，周期性股票低于5倍的情况下，存在着安全边际。二是每股净资产，这是一个最为稳妥的指标，一旦股价跌破每股净资产，理论上就是"打折"。在中国的A股市场上存不存在这样的打折股呢？巴菲特告诉你：每等一个周期，就肯定会有。事实上，2005年时A股里"打折股"比比皆是。

基于"安全边际"的价值投资策略是指投资者通过公司的内在价值的估算，比较其内在价值与公司股票价格之间的差价，当两者之间的差价达到安全边际时，可选择该公司股票进行投资。

买入点：把你最喜欢的股票放进口袋

投资者需要明白的关键的一点是，当你还没有投资的时候，不要感觉你应该投资的时候到了。一旦对该股票充满了信心的时候，你自然会作出越来越少的买卖决定。

不管你购买什么公司的股票，在没有完全掌握公司的情况之前，绝不要轻易地购买，并且对于已经看好的公司，要衡量它合适的买入价位。

1988 年，巴菲特在致股东们的信里写道："以早餐麦片为例来说，它的资产报酬率是汽车保险业的一倍（这也正是为什么家乐氏与通用磨坊的市净率是 5 倍，然而保险业者的市净率却仅是 1 倍），麦片公司经常都在调整产品的售价，即便是在生产成本没什么变化的情况下，消费者仍然没有任何抱怨。如果要是换成保险业者，就算只是反映成本稍微调整一下价格，投保的客户就会生气地跳起来。所以如果你识相的话，最好是去卖掉高价的麦片，而不是低价的汽车保险。"

巴菲特有很强的识别力，他能够抵制住在当时看来非常有诱惑力的股票。只有在股价的合理价位，并且具有很好的投资的潜力，他才会购买。但是，巴菲特绝对不允许自己随波逐流地去购买那些只是由于价值被低估才具有投资价值的股票。

1999 年初，巴菲特拥有 35 亿美元的现金和伯克希尔公司的债券。当时他对此感到非常满足，因为这些财富已经相当于很多小国家国民生产总值的总和了。他的打算是长期持有这些财富，直到发现有值得购买的投资标的时才出手。而与他有鲜明对照的是，大多数投资者有一种心理上的需要，就是想让他们手里宽松的资金立刻发挥作用。他们并没有耐心去等待所有喜爱的股票股价下降，而是在没有考察一些公司基本财务状况的前提下，就买进了一些品质比较差的股票，结果可想而知。

巴菲特为了避免这些错误，就会先鉴定那些在几年后他想拥有的所有股票，然后在某个合适时机购买，但是只在这些股票的价格降到非常有吸引力时才会去购买。如果股票的价格没有降到他所希望的价格，那么他就会把注意力转向价位合适的公司。

具体确定买入点的方法是：

名称	价格（美元）	欲购买价格	点评
美国运通	135	100	不够便宜
阿姆根公司	65	45	太贵了
思科系统公司	130	小于 60	下挫风险太大
联邦快递	33	小于 40	现在可以买入
通用电气	135	135	现在可以买入
保洁公司	65	小于 85	准备买入

这种分析方法的一个很明显的好处就是强迫你时刻保持警惕。在购买之前，就必须确定这个公司合理的价值。

确定买入点时的注意事项

在确定股票投资的买入点时一定要谨慎，特别注意以下三点：

该跌到底了吧？

1. 不要把"股票已跌到很低了"作为买入的理由，你不知道它还会跌多少！

2. 不要把"好消息"或"专家推荐"作为买的理由，特别在这些好消息公布之前，股票已升了一大截的情况下。

好消息！好消息！

到这里我就该止损了！

停

3. 在买入之前，先定好止损点，搞清楚你最多能亏多少钱。

好公司出问题时是购买的好时机

对于我们而言，最好的投资机会来自于一家优秀的公司遇到暂时的困难时，当他们需要进行手术治疗时，我们就买入，这是投资者进行长期投资的最好时机。

1989 年，巴菲特在给股东的信里写道："我们同样面临着一项挑战：就是在有限的世界里，任何高成长的事物都会最终自我毁灭，如果成长的基础比较薄弱，那么这项定律也会被暂时性地打破，但是当基础膨胀到一定程度的时候，高成长就会结束，高成长最后终有一天会被自己所束缚。"

上面这段话，巴菲特明确地指出了无论是多么优秀的公司都不会是一直呈高成长的状态，总有一天这种成长会被打破，然而如果是一个好公司的话，当它出现问题的时候，反而是很好的买入时机。

巴菲特喜欢在一个好公司因受到质疑或误解干扰，而使股价暂挫时进场投资。虽然一个人不能预测股市波动，但几乎所有对股票市场历史略有所知的人都知道，一般而言，在某些特殊的时候，却能够很明显地看出股票价格是过高还是过低了。其诀窍在于，在股市过度狂热时，只有极少的股票价格低于其内在价值的股票可以购买。在股市过度低迷时，可以购买的股票价格低于其内在价值的股票如此之多，以至于投资者因为财力有限而不能充分利用这一良机。市场狂跌是以较大"安全边际"低价买入股票的最好时机。

巴菲特有时会买下一家前景似乎暗淡无光的企业。19 世纪 60 年代末，他在美国运通银行发生"色拉油丑闻"事件后，出资吃下该银行的股份，并于 20 世纪 70 年代，他买下了 GEICO 公司，20 世纪 90 年代初期，买下威尔斯法哥银行。

巴菲特这么做的原因就是，市场上大多充斥着抢短线进出的投资人，而他们为的是眼前的利益。这就是说，如果某公司正处于经营的困境，那么在市场上，这家公司的股价就会下跌。这是投资人进场做长期投资的好时机。巴菲特能够慎思明辨，分清何者为真，何者只是表面上看起来为真，巴菲特将这个特殊的分辨力运用于股市，专门购买不受欢迎的好公司股票。巴菲特喜欢在一个好公司因受到疑云、恐惧或误解干扰，而使股价暂挫时进场投资。

1996 年巴菲特在伯克希尔公司股东手册中指出，市场下跌使买入股票的价格降低，所以是好消息。"我们面临的挑战是要像我们现金增长的速度一样不断想出更多的投资主意。因此，股市下跌可能给我们带来许多明显的好处。

大多数人是对别人都感兴趣的股票才感兴趣。但没有人对股票感兴趣时，才正是你应该对股票感兴趣的时候。越热门的股票越难赚到钱。只有股市极度低迷，整个经济界普遍悲观时，超级投资回报的投资良机才会出现。"

总而言之，作为一般投资者，如果已经证实某家公司具有营运良好或者消费独占的特性，甚或两者兼具，就可以预期该公司一定可以在经济不景气的状况下生存下去，一旦度过这个时期，将来的营运表现一定比过去更好。经济不景气对那些经营体质脆弱的公司是最难挨的考验，但经营良好的公司，在这场淘汰赛中，一旦情势有所改观，将会展现强者恒强的态势，并扩大原有的市场占有率。

股市下跌对巴菲特来说也有好处

巴菲特认为自己想买的那只股票的股价一直下跌也会给投资带来一定的好处，具体来说有以下几点：

首先，它有助于降低整体收购企业的价格，从而降低自己买入股票的成本。

其次，还会使得伯克希尔公司所拥有的主要投资对象以更低的价格回购自己发行的股票，从而间接受益。

低价回购股票！

总体而言，伯克希尔公司和它的长期股东们从不断下跌的股票市场价格中获得更大的利益。对伯克希尔公司来说，市场下跌反而是重大利好的消息。

价格具有吸引力时买进

只投资自己了解的股票。当这只股票下跌到"非常有吸引力"的价格时就可以勇敢地买进了。按照这样的投资策略，股价跌得越厉害，你将来的投资回报就越安全。

巴菲特1982年在给股东的信里写道："我们在投资股票时的做法是，只有在能够用合理的价格买到足够吸引人的企业时才是可行性的方式，与此同时也需要温和的股票市场加以配合。对于投资者而言，如果买入的价格过高的话，势必会抵消掉这家企业哪怕是绩优企业未来10年的发展所带来的正面效应。"

巴菲特认为，当股价跌到"非常有吸引力"时，就是买入的好时机。

他在伯克希尔公司1992年年报中，提出了买入股票时怎样认定股价是否合理的标准。他认为"有吸引力的"股价应当具有"充分的安全边际"。也就是说，只有具有"充分的安全边际"的股价，对他来说才是"有吸引力的"。

巴菲特认识到，首先，即使企业的业务易于理解、有持续的盈利能力和由股东利益导向的管理层来领导，并不能保证投资成功，还必须以比较明智的价格购买。其次，企业的行为必须合乎事先的预期。巴菲特认为，投资失误只可能出现于以下三方面：一是支付的价格；二是我们选定的管理层；三是企业未来的盈利能力。而在第三方面的估算错误是最常见的。

巴菲特不仅致力于挑选盈利水平高于平均水平的企业，同样也要求在其市场价格低于内在价值时购买。格雷厄姆曾教导巴菲特牢记安全收益投资准则，即在估算的内在价值超过其市场价格的差额具有较高的安全系数时，才能购买该公司股票。

那么，什么样的买入价格对巴菲特来说"有吸引力"或者"非常有吸引力"呢？他说，绝大多数证券分析师认为是"价值"和"成长"，但实际上，许多人把这两个术语混淆了，这就像穿错了衣服一样可笑。

他说，"价值"和"成长"是一对矛盾的投资策略。虽然这两种策略在关键时候相互一致，例如公司成长性总是其内在价值评估的一部分，它对公司内在价值的影响力有时候是正面的，有时候又是负面的；可是在绝大多数时候，这两者之间是对立的。

巴菲特认为，在许多时候"价值"这一术语是多余的——试想，如果股票投资不是为了寻求足以补偿投资成本的行为，那么还有什么能称为"投资"呢？如果买入股票的价格比内在价值高，而投资者希望的只是将来能以更高的价格卖出这只股票，这种行为只能称为投机，而不是投资。这种投机行为虽然不违法，也不能说不道德，但却不可能发财致富。

公司的成长性，只有在新增投资具有诱人的回报率时，才能使投资者获益。例如，上市公司投入1美元，能够使它的长期市场价值增加1美元以上，这时候才会体现出成长性来。否则，就只能称之为缺乏成长性，或者干脆就叫负增长。对于投资者来说，这不但没有回报，而且还会损失利益。

巴菲特认为，你支付的成本价将直接影响你的投资回报率。比如他将一家具有持续竞争优势公司的股票当作一种股权债券，为之支付的价格越高，初始投资回报率和投资该公司未来 10 年的利润回报率也就越低。

20 世纪 80 年代末，巴菲特开始以平均每股 6.50 美元的价格买入可口可乐公司的股票，该公司的每股收益为 0.46 美元，巴菲特认为这相当于 7% 的初始回报率。到 2007 年，可口可乐公司每股收益为 2.57 美元，巴菲特认为，可口可乐股权债券如今为他每股 6.50 美元的初始投资支付了每股 2.57 美元的回报，相当于 39.9% 的投资

巴菲特买入股票的两个法则

纠缠于"价值"和"成长"等术语是非常枯燥无聊的，为此巴菲特选择了另一条简单的道路，只需掌握两条简单法则：

一是只买自己了解业务的公司的股票；业务复杂并且不断变化的公司，这种股票就不买。

二是在前者基础上，股价必须具有非常有吸引力的安全边际，即相对于公司内在价值来说，这个价格非常之低。

回报率。但如果他当初支付可口可乐公司的成本价为每股 21 美元的话，他的初始投资回报率仅为 2.2%。到 2007 年，这一投资回报率也只能增长到 12%，这显然不如 39.9% 那样更有吸引力。

因此，你为一家具有持续竞争优势的公司所支付的价格越低，那你的长期回报率就越高。一家具有持续竞争优势的公司偶尔也可能会搞砸或做出一些愚蠢的事情，这在短期内将迫使其股价大跌。新可乐案例就是其中之一。巴菲特说过，当一家优质公司面临一个偶然的、可解决的困难时，一个完美的买入契机就从天而降。因为公司所面临的困难也是可以解决的。

抛售股票，止损是最高原则

牛市的全盛时期卖比买更重要

巴菲特强调要长期持有，如果一些公司一直保持其竞争优势，那你就不要卖出他们任何一家。道理很简单，你持有它们越久，你获得的税后回报率就越多。但在三种情况下，卖出也是有利的选择：第一种情况是当你需要资金投资于一个更优秀的、价格更便宜的公司时；第二种情况是当这个公司看起来将要失去其持续性竞争优势的时候；第三种情况在牛市期间股价远远超过了其长期内在经济价值时。一个简单法则：当我们看到这些优质公司达到 40 倍甚至更高的市盈率时，就到该卖出的时候了。

1999 年巴菲特在《财富》杂志撰文道："美国投资人不要被股市飙涨冲昏了头，因为股市整体水平偏离其内在价值太远了。我预测美国股市不久将大幅下跌，重新向价值回归。"

巴菲特上面这段陈述，提醒了投资者在股市的全盛时期，一定要看清楚市场的状态，不要被市场强烈的投机气氛冲昏了头脑，在大家都热火朝天地沉浸在股价上涨带来的喜悦的同时，市场的风险已经越来越高了。当市场膨胀到一定状态，出现泡沫时，离泡沫破碎的时候也不远了。一旦股市情形大转，没人能预料会跌到什么地步，而等到股票价值再次调整又要一定时间，并存在潜在的风险。你掌握在手中的相对不是很优秀的股票就根本体现不出它的价值，与其握在手中，不如卖掉它。

1969 年，随着 20 世纪 60 年代美国股市的狂飙突进，巴菲特解散了合伙人企业。进入 1972 年时，伯克希尔保险公司的证券组合价值一亿一百万，其中只有 1700 万投资于股票。

1987 年，道琼斯指数是让人大开眼界的 2258 点，正是牛市的全盛期，巴菲特认为股市是个危险地带，已静静地卖掉了大多数股票。

在 2005 年致股东信中，巴菲特自责道："从我们最早买进这些股票后，随着市盈率的增加，对这些公司的估值增长超过了它们收益的增长。有时这种分歧相当大，在互联网泡沫时期，市值的增长远远超过了业务的增长。在泡沫期间我对令人头晕目眩的价格啧啧称奇，却没有付诸行动。尽管我当时声称我们有些股票的价格超过了价值，却低估了过度估值的程度——在该行动的时候我却只是夸夸其谈。"

在牛市的全盛时期，股市上的股票价格大都在上涨，此时股票价格偏离价值越来越远。尽管这种状态符合了投资者想要获取利润的心理。但是，股市整体水平就会偏离内在价值越来越远。这样的股市行情，也很容易让人辨认不清公司股票的真正价值，越是涨得快的股票越可能是大家不熟悉的品种。股市不久将下跌，重新向价值回归。在这个时期，大家都会存在跟风的心理。市场的盲目性、求利性就凸显得更加厉害，股票牛市的整个大状态的形成就不可避免。而一旦股市冷却，整个急速降温的市场状态又会对股价产生巨大影响。优秀公司股票价格有时候也不能幸免。这样，投资者的利益必然要受到影响，为了避免造成过大的损失和影响，卖出一部分股票，也是合理的。当股市大盘和个股一涨再涨，潜在的风险也在其酝酿之中了。

理智的投资者一定要和市场保持一定的距离。因为市场是变幻莫测的，若你想靠市场上的股价变化来投资，那将十分冒险。绝对不能人云亦云，尤其是在市场发展到全盛期，股市出现了泡沫时，你的投资必须更加理智。往往这个时候的卖出决定比买入的决定更理智。否则，当你发现买入的是个随时存在风险的不定时炸弹时，那么你的财产也就保不住了。

抓住股市"波峰"的抛出机会

长时间持有一只股票是一件很明智的选择，但是并不是说要无条件地长期持有。比如：当公司内部发生了经营方式的变化或是公司所处行业的发展前景发生了重大变化的时候，都可以改变自己的持股策略，果断地抛售自己的股票。

如果发现一个行业的发展前景没有一开始那么好了，巴菲特一定会毫不犹豫地卖出。因为没有了良好的发展前途，就根本不可能有良好的利润增值空间，那么也就不可能有较高的回报率。

巴菲特曾在谈到投资的时候说道："当人们对一些大环境时间的忧虑达到最高点的时候，事实上也就是我们做成交易的时候。恐惧是追赶潮流者的大敌，却是注重基本面的财经分析者的密友。"

巴菲特上面这段话，清晰地阐释出了股市中每个人都在追求着一个高点，试图把自己的股票卖一个好的价钱，但是往往内心的恐惧会阻碍自己将股票抛在合适的价位，这是需要一定的胆识的，人都有不可避免的恐惧心理，如果投资者能够对股市进行成功的基本面分析的话，把股票卖在一个波峰的时期并不是一件不可能的事。

股市中流传着这样一句话：会买是徒弟，会卖是师傅，要保住胜利果实，应该

如何判断最佳卖出时机

股票市场错综复杂，稍不注意就会血本无归，那么在什么情况下要果断卖出退出股市呢？

第一，低于买入价 7% ~ 8% 坚决止损	第二，高潮之后卖出股票

研究发现，在关键点位下跌 7% ~ 8% 的股票未来有较好表现的机会较小。长期来看，持续地将损失控制在最小范围内投资将会获得较好收益。

股票进入高潮区后，股价很难继续上升了，因为没有人愿意以更高价买入了。根据研究，股价在高潮后很难再回到原高点，如果能回来也需要 3 ~ 5 年的时间。

第三，获利 20% 以后了结

不是所有的股票都会不断上涨，许多成长型投资者往往在股价上涨 20% 以后卖出股票。如果你能够在获利 20% 抛出股票而在 7% 止损，那么你的投资就不会遭受亏损。

选准卖出的关键时机。"股神"巴菲特就有一种气魄，该出手的时候绝不含糊。

1987年10月18日清晨，美国财政部长在全国电视节目中一语惊人：如果联邦德国不降低利率以刺激经济扩展，美国将考虑让美元继续下跌。结果，就在第二天，华尔街掀起了一场震惊西方世界的风暴：纽约股票交易所的道琼斯工业平均指数狂跌508点，6个半小时之内，5000亿美元的财富烟消云散！第三天，美国各类报纸上那黑压压的通栏标题压得人喘不过气来：《10月大屠杀》《血染华尔街》《黑色星期一》《道琼斯大崩溃》……华尔街笼罩在阴霾之中。这时，巴菲特在投资人疯狂抛售持股的时候开始出动了，他以极低的价格买进他中意的股票，并以一个理想的价位吃进10多亿美元的可口可乐。不久，股票上涨了，巴菲特见机抛售手中的股票，大赚特赚了一笔。巴菲特总是在关键时刻能够把握住机会卖出他的股票。

任何一种成功的投资策略中都要有一个明确的"抛出时机"。每个人都在为自己的股票寻找一个好的卖出时机，即寻找一个波峰。但是，并不是每个人都能够如愿以偿，这在具体操作的过程中，是需要掌握一定的技巧和方法的。股市的走势呈波浪式前进，正如大海的波浪一样，大市和个股的走势也有底部和顶部之分。因此，你要找到这两个点。当然，如果你能准确分析，找到确切的最顶或最低的点，那是最好不过的事。不过大多数人在绝大多数时间内是不可能做到这点的，就连巴菲特也没有这个把握。所以他总是这样认为，自己不一定能找到极致点，也不需要找到，只要在次高点或次低点就好了。而这两个点是常人都可以把握的。所以他总是这样认为，自己不一定能找到极致点，也不需要找到，只要在次高点或次低点就好了。而这两个点是常人都可以把握的。一般，当大市和个股在一段时间里有较大升幅时，就算没有政策的干预或其他重大利空，技术上的调整也是必要的。通常而言，升幅越大，其调整的幅度也就越大。当大市和个股上升到顶部时，及时抛出股票，就可以避免大市和个股见顶回调的风险；而当大市和个股调整比较充分之后入市，风险也就降低了。

所持股票不再符合投资标准时要果断卖出

投资标准不完善或没有自己的投资标准时，投资者显然无法采用退出策略，因为他无法判断一个投资对象是否符合他的标准。另外，他在犯了错误的时候也不会意识到自己的错误。可见，制订投资标准有多重要。

巴菲特说过："我最喜欢持有的一只股票的时间期限是永远，但需要强调的是，我们不会仅仅因为股份已经增值，或因为我们已经持有了很长时间而卖掉它们。"

巴菲特一直都是坚持长期持股的，但事实上他认为只有极少数的股票才值得这样做。经济学家会告诉你买入的绝大多数股票都是为了卖出，否则你永远不可能得到最大的利润回报。同理，在投资股票时，每个投资者也都该清楚这个道理。不然，你买入的应该是不动产，而不是股票。可卖出的时候也需要诀窍，卖什么样的股票，什么时候卖，卖多少，都是你要深思熟虑的问题。巴菲特认为，要卖出，首选就是投资对象不再符合自己的投资标准的股票。

巴菲特在 1986 年年报中公开声明，希望永久保留三种持股：大都会/ABC 公司、GEICO 和华盛顿邮报。但在迪士尼收购了 ABC 之后，迪士尼在网络繁荣中挥金如土，拖了发展的后腿，巴菲特从 1998 年开始减持，1999 年几乎把持有的迪士尼股票都出售了。

巴菲特在 2006 年的股东大会上说："报纸仍然是很赚钱的，特别是与投入的有形资产相比，但其发展前景与二三十年前相比就不如当时乐观了。读者数量在减少，长期而言会侵蚀报刊行业的效益。我们仍然持有 World Book(百科全书出版商)，我们曾以每套 600 元的价格售出了 30 万套。问题是，随着互联网的发展，不再需要装帧和递送图书，人们就能在网上搜罗获取同样丰富的信息。不是说产品本身不再值此价钱，而是说人们有其他办法了。我看不出有什么事情能够改变这种趋势。"巴菲特认为，报纸和其他媒体行业的本质已经发生改变，但股票价格还没有反映这一点就有点让人担心了。巴菲特很可能会卖出华盛顿邮报和 World Book 等报刊类公司。

巴菲特在推出时机的把握上主要遵循四个原则。一般他会参考这四项中的一种或几种。一是当投资对象不再符合标准；二是当他预料某个事件发生时，当他做收购套利交易时，收购完成或泡汤的时候就是他退出的时候；三是他的目标得以实现时；四是在他认识到犯了一个错误时。

巴菲特设立止损点

作为投资者，每一次买进前要确定三个价位，即买入价、止盈价和止损价。如果这个工作没有做好，严禁任何操作，学习止损并善于止损才是在股市中生存发展的基本前提！

当然，对于投资者来说，止损绝不是目的，但止损理念的彻悟和止损原则的恪守却是投资者通向成功之路的基本保障。

巴菲特说："入市要有 50% 的亏损准备。"

很多长期投资者也许都会认为，巴菲特一旦买进，就永远持有，都不会卖出，那你就错了。从巴菲特上面一句很简短的话，就可以看出大师对止损的重视程度。所以，像巴菲特这样的大投资家也会止损，在哪里止损？在所投资公司失去成长性时、基本面恶化时，止损！投资的止损不同于投机的止损，投机的止损只相对于价格的变化，而投资的止损是相对于基本面的变化。一份"止损单"是一份买进或卖出股票的交易单，当这些股票达到或超过一个预定价格时要执行。"买股止损单"

✋ 及时止损为什么这么难

一直在升，刚降一点，还是再等等吧。

股价

1. 侥幸的心理作祟。某些投资者尽管也知道趋势上已经破位，但由于过于犹豫，总是想再看一看、等一等，导致自己错过止损的大好时机。

2. 价格频繁的波动会让投资者犹豫不决，经常性错误的止损会给投资者留下挥之不去的记忆，从而动摇投资者下次止损的决心。

股价

股价

又降了？上次也是这样，结果止损后股价就涨了，这次还是先不止损了。

损失这么多，实在是痛心啊！

股市

3. 执行止损是一件痛苦的事情，是对人性的挑战和考验。

一般在目前交易价之上被执行，"卖股止损单"一般在低于目前交易价的价格被执行。一旦触发该价位，该止损单就成为市场交易单，表明该投资者将在最有利的价位交易。

比如说，你以40美元的单价买了某公司的100股股票，现在它的价格只有28美元了，对于持有成本为4000美元的股票来说，现在只值2800美元，你损失了1200美元。不管你卖掉股票而改持现金，还是继续持有股票，它都只值2800美元。即使不卖，股价下跌时你还是会受损。你最好还是卖掉它们，回到持有现金的位置，这样可以让你从更客观的角度上思考问题。如果继续持有从而遭受更大损失的话，你将无法清醒地思考问题，总是自欺欺人地对自己说："不会再降价了。"可是，你要知道还有其他许多股票可以选择，通过它们，弥补损失的机会可能要大一些。

大致说来，巴菲特的止损理念主要有如下3个要点：

1. 根据自身情况，确定止损依据

通常而言，止损的依据是个股的亏损额，即当某一股票的亏损达到一定程度时，应斩仓出局；但止损的依据也可以是某个投资者的资金市值，这常常是针对投资者的整个股票投资组合来说的。当总的亏损额超过预定数值时，应减少或清仓。

2. 确定合适的止损幅度

能否合理地设置止损位，是止损理念的关键所在。这通常需要投资者根据有关技术和投资者的资金状况决定。但在不同的止损依据下，设置止损位考虑的重点也有所区别。

3. 意志坚定地执行止损计划

巴菲特认为，止损计划一旦制订，就需要意志坚定地执行，这是止损操作的关键。他强调，在应该止损时绝不要心存侥幸，决不能用各种理由来说服自己放弃或推迟实施止损的计划。当然，止损计划的实施也可以随行情的变化而适当调整，但必须牢记的是，只能在有利的情况下才能调整止损位，即只允许当原投资决策正确，股价已有一定涨幅后，方能随行情的发展逐步调整原定的止损位，在保证既得利益的同时，尽量赚取更多的利润。

个人投资者一定要很明确坚持这样一个原则：每只股票的最大损失要限制在其初始投资额的70% ~ 80%之内。由于投资额较大和通过投资种类多样化降低总体风险，大多数机构投资者在迅速执行止损计划方面缺乏灵活性。对机构来说，很难快速买入卖出股票，但快速买卖股票对它们执行该止损准则来说又是非常必要的。所以对于作为个人投资者的你来说，这是一个相对于机构投资者的极大优势，所以要利用好这一优势。记住，7%或8%是绝对的止损限额。你必须毫不犹豫地卖出那些股票——不要再等几天，去观望之后会发生什么或是期盼股价回升；没有必要等到当日闭市之时再卖出股票。此时除了你的股票下跌7%或8%这一因素，就不会有什么东西去对整个行情产生影响了。

巴菲特在股价过高时操作卖空

作为一个投资者，并非一定要做卖空。大多数投资者专注多头，关注空头的人则少得多。只有少数投资者擅长多头的同时，空头也做得很出色。无论你是否想同时进行多、空投资，都是你个人的选择。即使对股市专家来说，卖空也极具风险；只有能力更高、胆量更大的人才敢尝试。所以，投资者不要仅仅因为股价看上去太高了就去卖空一只正在涨升的股票。那样的话，你可能会变得"一贫如洗"。

巴菲特认为，是否卖空股票，要看投资标的是否具备持久竞争优势，业务是否发生根本变化，以及股价是否够高而定。

在 1987 年 10 月股灾之前，巴菲特几乎把手头上的所有股票都卖掉了，只剩下列入永久持股之列的股票，所以遭受的损失较少。巴菲特认为，当有人肯出远高过股票内在价值的价格，他就会卖出股票。当时，整个股票市场已经到达疯狂的地步，人人争着去买股票，因此，他觉得已经有了卖股票的必要。

如果一位投资者有（多头）100 股中国石化股票，并卖出（空头）100 股，该投资者就是在持仓卖空。该策略经常被称为"完美的避险"。如果中国石化价格下跌，就无损失。相反，如果价格上涨，也无利润。

买入 110 元 100 股中国石化：11000 元

卖出 115 元 100 股中国石化：11500 元

如果两个仓位平仓了结，获利 500 元；如果该股价下跌，利润仍是 500 元；如果股价上升，两个仓位了结，利润也是 500 元。持仓卖空可以通过卖掉多头仓位并买回空头仓位来了结，或者用多头股份平仓了结空头股份。实际上用股票了结空头仓位时要求投资者给其经纪人下达一个命令书。如果没有支付股票的交易命令书，一般也就不用支付佣金。

巴菲特的套利法则

通过购并套利使小利源源不断

对于那些试图在股市中可以稳操胜券的投资者们，只需察看巴菲特始于 20 世纪 20 年代惊人的套利记录就足够了。在巴菲特的案例中，很明显，推动其年收益超出一个老练的投资者预期水平的一个至关重要的因素就是购并套利，事情就是这样简单，也是最值得称道的。购并套利的妙处在于可以使投资者的年收益最大化并使你的损失降到最小限度。公司通常会封锁何时达成交易的信息，这对投资者的收益会产生重大影响。

巴菲特在 1982 年的年度报告里写道："在我看来，格雷厄姆—纽曼公司、巴菲特合伙业务以及伯克希尔连续 63 年的套利经验表明，有效市场理论是多么的愚蠢，少数几个幸运的例子并不能改变这样的结论，我们不必去发掘那些令人困惑的事实或者挖空心思地去探究有关产品与管理的奥秘——我们只是去做那些一目了然的事情。"

善于套利是巴菲特的一项特殊才能。他认为，如果你有把握在短期套利中获得短差，就可以考虑买入这样的股票。如果每一笔交易对你都有利，就会积少成多，从而使得获利非常可观。他自己就经常用这种手法进行短期套利，并且获利颇丰。

所谓套利，是指巧妙掌握股票投资时效，在买入一种期货合约的同时卖出另一种期货合约。这种期货合约对象，可以是同一种期货品种、不同交割月份（表现为跨期套利），也可以是不同期货市场上的同一种期货（表现为跨市套利），更可以是完全不同的两种期货（表现为跨货套利）。

短期套利，主要是为了提前锁定利润、减小风险，在不同期货交易中，利用做多、做空的价差变动获得投资回报，与绝对价格水平关系并不是很大。

套利的好机会一般出现在公司转手、重整、合并、抽资、对手接收的各关口。在巴菲特有限公司早期，巴菲特每年都以 40% 的资金用于套利。

1962 年美国股市纷纷下跌之时，巴菲特就是通过套利投资度过了这一段最困难的时期。当年道琼斯工业指数下跌 7.6%，而巴菲特有限公司的年收益率却高达 13.9%。

把握住套利的交易原则

对于套利的交易巴菲特持比较谨慎的态度，但是如果能够把握住套利的交易原则，并利用以下原则就能够实现盈利目标。

这样交易要多久呢？最低收益是这些……

1. 确定出预期收益率的下限

在每次交易之前，计算出交易需要的时间以及你潜在的年度收益，避免那些低收益的交易。

2. 确保达成最后的交易

如果交易失败，目标股票的价格就会突然下降。

这样就不怕股价下跌了！

3. 选择具有高保护价的交易

如果你决定介入"股权合并"交易，一定要选择那些具有高护价能力的交易。在交易活动被宣布之后，购并活动应该能够确保目标股票的价格不至于下降。

1915 年，巴菲特的恩师本杰明·格雷厄姆买入了古根海姆公司的股份，这是一家控股公司，每股价值为 69 美元。古根海姆拥有 4 家铜矿公司小部分股份，这 4 家公司分别是凯尼科特公司、奇诺铜业公司、美国冶炼公司以及雷氏联合公司。古根海姆合计的股份超过了每股 76 美元。在账面上，一个投资者仅以 69 美元的价格就获得了价值 76 美元的资产，这种情况是不可能无限期地保持下去。因为古根海姆的股价至少会涨到 76 美元，这样就可以稳稳赚到每股 7 美元的利润。

购并套利的运作，实际上是在试图获得股票的市场价格与交易的市场价格之间的差价。交易价格就是一个公司购并另一个公司时支付的价格。例如，甲公司或许会以每股 85 美元的价格买入乙公司。如果乙公司每股的市价为 80 美元，那么一个投资者就可以买入乙的股票，并一直持有到交易完成时再卖给甲公司。这样他就会锁定一个 5 美元的利润。5 美元的利润表示你 80 美元的投资带来了 6.25% 的收益。如果 B 公司的股价跌到 80 美元以下，潜在的收益就更高。

在这个例子中，5 美元的利润意味着 12.9% 的年收益，如果这项交易恰好在你购买后的 6 个月内完成。如果交易在 4 个月内进行，你的年收益将超过 20%。这是相当吸引人的。一旦交易结束，从 A 公司收回了资金，投资者就可以把收入投入到能够产生类似盈利机会的另一笔交易中。

假如，投资者能够在 3 个月内完成的一系列连续交易中使收益率达到 10%，假定投资者把此前的每一笔交易的利润都进行再投资，那么投资者的复利收益在整个年度将达到惊人的 46.4%。他告诉他的客户们，他们 35% 的资金被投入一种股票中，其余的资金投入到某些被低估的股票以及购并套利交易中。

总的看来，巴菲特合伙资产的第二大要素就是购并套利。巴菲特很少告知投资者们他正在操作的套利交易的具体形式，但是他会公开他正在运作的交易规模以及他采取融资的手段进行某些交易。

像巴菲特一样合并套利

投资者需要明白的是，在投资生涯中可能有着很多种套利的形式，比如合并套利、相关价值的套利、可转换套利、定息套利还有其他很多短期操作的特殊形式的套利。事实上对于某个特定的公司来说，如需要在一宗交易中投入数量规模很大的资金，从而使得一些市场容量小的投资选择就不再适合这些套利策略了。也就是说，投资者应用套利模式赚钱应该首先选择那些市场容量相对较大的公司。

巴菲特在 1985 年公司年报里说："给某人一条鱼，他只能吃一天；教他去套利，则可享用终生。"

由于一次套利的不成功，巴菲特拥有伯克希尔—哈撒韦公司。因为一次套利的不成功，而使他由股票的交易者转变为该公司的长期投资者。当时该公司正在交易几乎其面值一半的股票，并且通过股权收购的方式定期将股票买回。巴菲特原本购买这家公司股票的目的是等待招标，然后再将这些股票卖出去，这几乎是一个无风险的套利，因为他以低于清算价值的价格买入股票，并且该公司也定期以更高的价格购回股份。这种双边的安全边际就是巴菲特式交易的特征。不管怎样，正是由于"退出"使得巴菲特得以构建一个价值超过 1000 亿美元的公司。当时该公司的 CEO 是杰克·斯坦顿，他问巴菲特愿意以何种价格卖出他的份额，巴菲特提出 113 ~ 118 美元 / 股，这家公司继续其收购行动，并且以 111 ~ 114 美元 / 股的价格意图与巴菲特一较高下。巴菲特最后还是拒绝了该公司的股权收购，相反的是他买入了更多的股份，并且辞掉了斯坦顿——最后自己担任了 CEO 和董事会主席的角色。我们只能希望斯坦顿抓紧他可能已经获得的股份。在他的合伙公司创立的早期，巴菲特将他的投资活动分成三份："一般市场"、"疲软市场"和"控制市场"。

"一般市场"的投资依靠的是长期价值投资，股票价值主要取决于面值的折现，同时将一些质量标准也应用其中（1964 年的"色拉油丑闻"事件后巴菲特将他大部分的资金投放在美国运通的股票上即为一例）。通常情况下的控制市场就是对一般市场的"促进"（或"降级"，取决于你的观点），这就表示巴菲特买到的股份最终控制了这家公司。这种情况通常发生在"雪茄烟蒂"股票上，巴菲特能够以相对面值很大的折价买入股价被严重低估的股票，他并不反对接管该公司的所有权，因为他可以通过控制清盘来保证他的投资能够获利。他将这种股票称为"雪茄烟蒂"股票，因为如果你在地上发现一个雪茄烟蒂，可能还可以再吸上两口，那就是它的价值。

关于"疲软市场"，巴菲特表示它们是附有时间表的证券，它们产生于公司的经营活动——出售、合并、重组、资产分拆等。在此我们不谈论有关公司发展的谣言或"内部信息"，而是关注公司公开宣称的经营活动。一直要等到能在报纸上或报表上看到这些消息时，才能开始自己的投资决策。风险并不主要取决于市场的整体行为（尽管有时候在某种程度上是相关的），而是那些扰乱市场，使得预期发展不能实现的因素。这些令人不愉快的因素包括反托拉斯法或政府的其他管制行动、股东不赞成、预扣赋税规则等。在许多疲软市场中获利量看上去很少。然而，良好的预测能力加上短期持有就会产生一个可观的年收益率。在这种类型的市场上，我们可以年复一年地获得比一般市场上更稳定的绝对利润。在任何给定的一年中，巴菲特 50% 或以上的利润都是在这种市场疲软的状况下获得的。

封闭式基金套利

任何套利交易都不是完美的，单边头寸的风险，在其对冲投资组合中会有一部分被消除，但仍然会有一部分被保留下来。保留下来的越少，表明套期保值效果越好，投资面临的风险也就越小；相反，如果保留下来的越多，则套期保值效果越差，投资面临的风险也就越大。

2006 年巴菲特在给股东的信里说："历史证明，随着时间流逝，几乎所有封闭式基金都会进行折价交易，在最初的时候，这些封闭式基金卖出得到的佣金就是 6%，最初的投资者只得到了所投入 1 元中的 94 分，假如我能够在 X 的价位买开放式基金或以 1.2X 的价位购买封闭式基金，那要让我买封闭基金你得让我相信它的管理者很特别才行，偶尔我会看到封闭式基金很长时间以溢价在交易，但最终它们会回到折价交易。"

在 20 世纪 70 年代，巴菲特和芒格开始买进 "Fundof Letters" 的股份。Fundof Letters 始建于歌舞升平的 20 世纪 60 年代，正好是当巴菲特由于股市缺乏机会而逐渐缩小投资规模之时。繁荣的经济加上注意力的聚集燃起了投机的火焰。卡尔和他的基金公司在 1967 年赚到了 177% 的利润，在 1968 年则赚了 44% 的利润，与此同时，标准普尔 500 指数分别只上升了 25% 和 11%，并在 1968 年成立了封闭式基金资源资本，以满足公众对这类投机的需求。事实上，他们采取的策略就是简单地保持资金从一个热点流动到另一个热点，投资会往最吸引人的地方运动，这一情况在 20 世纪 90 年代晚期又出现了一次，那时所有的钱都向和 ".com" 有关的东西涌去。当戈戈舞类型的投资在 70 年代土崩瓦解时，卡尔和他的基金信誉扫地，投资者四散逃走。当巴菲特和芒格控制下的蓝带印花票证公司开始积累股份时，曾有每股 18 美元的净资本价值的资源资本被以 50% 的折价，也就是每股 9 美元的价格卖掉了。

最后他们拥有了该基金 20% 的股份，芒格加入了该公司的董事会。在卡尔离开之后，资源资本在乔治·麦可利斯的领导下成为价值投资的避风港。麦可利斯以其对公司估价的方法而著称，这一方法被称作麦可利斯比率。

麦可利斯总收益率＝收益率＋增长率

收益率＝（股东权益报酬率 × 派息比率）／账面价值的价格

增长率＝股东权益报酬率 × 再投资比率

派息比率＝每股股息／每股盈利

再投资比率＝ 100% —派息比率

这也就是说，这种方法十分强调在可能的账面价值折价下的股本回报率和稳定的增长率。这是格雷厄姆—多德风格的投资以及巴菲特和芒格经常使用的成长投资的有趣的结合。在 1975 年，他们的股份翻倍了，巴菲特和芒格开始清算他们的资产。他们之所以这样做并不是因为麦可利斯（在他持有期间曾经获得 18% 的年收益）的方法，而是出于简化持有的资产的目的。在此期间，巴菲特和芒格开始把他们在伯克希尔公司、多样化零售公司和蓝带印花票证公司合并为伯克希尔—哈撒韦旗下的一个联合公司。

巴菲特的封闭式基金套利策略

巴菲特并不会盲目地采用封闭式基金套利策略，而常常会另辟蹊径。巴菲特在封闭式基金世界里的策略是这样的：

1. 寻找在净资产价值折价的基础上交易的基金。

2. 折价比应有的要大。

3. 寻找使得基金价格趋近于 NAV 的催化剂。这种催化剂可能是公司管理层的更换，也可能是公司出现的清算，还可以是自己计划接管基金的控制权，并同时引发上面两种情况的发生。

投资者在应用封闭式基金套利时应该注意的是，它主要有两个套利机会：一是封闭式基金到期时会转为开放式基金，投资者可以按净值赎回，所以在实施"封转开"停牌前基金价格会大幅上涨，迅速向净值靠拢；二是大比例分红，折价交易的封闭式基金在分红后，折价率会自然上升，如果要回复到分红前的折价率水平，那么交易价格就必须上升，由此也会带来套利机会。即使在市场中存在大量的套利机会，在应用的时候仍然不能将它作为一种短期的套利工具，应该将其作为一种长期的投资工具，并同时关注两项指标：一项是折价率大的，另一项是净值增长速度快的。

固定收入套利

根据巴菲特的套利经验，可以总结出五条原则：一是投资于"现价"交易而不是"股权交易"，并且只有在消息正式公布后才进行交易；二是确定自己预期收益率的下限；三是设法确保交易能够最终完成；四是一定要选择那些具有高护价能力的交易；五是不要把利润过分寄托在套利交易上。

巴菲特在2002年公司报告里写道："查理和我对于衍生工具以及交易的看法很简单：我们都将视它们为定时炸弹，然而对于那些涉及其中的利益方和整个经济生活都是如此。这些金融工具约定了在未来某个时间金钱的换手，而换手金额则取决于其他一些因素，比如利率、股价或者汇率水平等。"

实际上，对于衍生品和杠杆投资方面的投资巴菲特是不那么感兴趣的，但是也不排除他会通过分配固定收入套利策略涉及这些领域的情况。

在1998年巴菲特通过对冲基金（由马克·伯恩经营），投入了数亿美元。不管是West End Capital Management，还是马克·伯恩的基金他们都会集中在固定收入策略上，然而与此不同的是巴菲特不只是涉足于固定收入套利这一个方面。

在LTCM的那场灾难中，基金中的固定收入套利板块损失严重，然而巴菲特却愿意去购买这个公司的资产。巴菲特发现这个公司是有利可图的，但是最后还是拒绝了，这正是他宁愿承担固定收入的高杠杆风险的原因。甚至在LTCM事件之前，巴菲特也涉及固定收入套利，那时他成为所罗门兄弟公司的主席，并且在不久之前，他们的固定收入部门爆发了一个丑闻，这个丑闻涉及一个为约翰·梅里韦瑟效力的交易者，而约翰·梅里韦瑟后来建立了LTCM。

固定收入套利不仅仅是一种策略，而是通过购买和出售固定收入工具过程中的一系列策略，然后再通过这些策略能够得到一个很少的利益，通常是两个投资之间的收益差。

用一个很简单的例子来说，假如一个公司有一个收益率为6%的公司债券和一个收益率为5%但期限一样的美国政府票据，那么就可以对公司债券做多而对政府票据做空，得到1%的利差。暂时不考虑违约风险，假如利率发生了变化，这两种票据的收益都会存在一定的风险。如果你对公司债券做多并且利率呈上升的趋势，公司债券的票面价值将会下降，如果这种套期保值处理得当，对利率风险进行套期保值，通过对政府债券做空而持有公司债券，这在相对零风险方法中（假定在公司票据上没有违约风险）还是会得到 1% 的利差。

主要固定收入的策略有：

（1）市政与政府之间的票据价差交易。

（2）在资产担保证券和其他种类的固定收入工具之间的价差交易，一个资产担保证券的例子就是抵押证券。在固定收入的套利策略中，需要套期保值的风险包括：信用风险、利率风险、外汇交易风险和预付风险。

这样投资者可以看出，固定收益套利的可能收益非常低，因此大量的杠杆交易被广泛运用（10～25 倍或者更多）。在交易一种债券和它的期货合约之间的价差时，价差可能是很小的基点（每个基点是万分之一）。假如你采用杠杆比例进行固定收益套利时，就好像其他人都看不到的真空钱币一样，固定收入的套利者在迎面开来压路机的情况下，是不会冒险去拾起那些钱币的。

第七章

巴菲特教你如何防范风险

巴菲特规避风险的 6 项法则

面对股市，不要想着一夜暴富

对于投资者而言，"避免风险，保住本金"这八个字，说说容易，做起来却不容易。股市有风险，似乎人人皆知，但是，当人们沉醉在大笔赚钱的喜悦之中时，头脑往往会发热，就很容易把"风险"两字丢到一边。世界上"没有只涨不跌的市场，也没有只赚不赔的投资产品"。在成熟度不高，监管不规范，信息不对称，经常暴涨暴跌的中国股票市场，不顾一切，盲目投资无疑是危险行为。

巴菲特说："成功的秘诀有三条：第一，尽量规避风险，保住本金；第二，尽量规避风险，保住本金；第三，坚决牢记第一、第二条。"

实际上，巴菲特这三条秘诀总结起来就是八个字：避免风险，保住本金。巴菲特的名言是他投资股市的经验总结。他从 1956 年到 2004 年的 48 年中，股市的年均收益率也只有 26%。由此可见，他的巨额家产也不是一夜暴富得来的。

以中国股市来说，自从 2006 年股市一路高歌以来，大众亢奋和"羊群效应"越发明显。越来越多的人认为，股市成了一只"金饭碗"，只要投钱进去，"金饭碗"里就能源源不断地生出钱来。左邻右舍相继入市，农民开始炒股，和尚开始操盘，即使平日最保守、最沉着的人也摇摇晃晃地入市了。有人卖房、有人贷款、有人辞职，证券营业部人满为患，系统不堪重负，上班族人心浮动……恐怕没有人不承认，现在的股市泡沫已经令人担忧。可既然大家都知股市泡沫重，为何还如此疯狂？显然，面对股市，我们已经不仅从投资跃入了投机，而且从投机跃入了赌博！

中国股市，从一定角度讲还是一个资金市，源源不断的资金进入，才是行情不断高涨的根本原因。在股市的狂热下，炒股者多会觉得总有后来者，就像掉进传销网络的人，总认为还有大量的下线等着送钱进来。可历史早就证明，没有哪一波大牛市不是以套牢一大批投资者作为最后"祭品"的，这一点，炒股者也"理性"地清楚。前方是巨大的利益引诱，后面是怕成"祭品"的担忧，使贪婪与恐惧这两种人性弱点最充分地体现在了炒股者身上。

中国证监会于 2007 年 5 月 11 日发出通知，要求加强对投资者的教育，防范市场风险。并且特别要求、"告诫"那些抵押房产炒股、拿养老钱炒股的投资者，千万理解并始终牢记：切勿拿关系身家性命的生活必需和必备资金进行冒险投资。可谓良药苦口，正当其时。

遇风险不可测则速退不犹豫

2005 年巴菲特在致股东的信里说:"为了满足保险客户的需求,在 1990 年通用再保险设立衍生交易部门,但在 2005 年我们平仓的合约中有一个期限竟然是 100 年。很难想象这样的一个合约能够满足哪方面的需求,除非是可能只关心其补偿的一个交易商在他的交易登记簿中有一个长期合约需要对冲的需求。

"设想一下,假如一个或者是更多家企业(麻烦总会迅速扩散)拥有数倍于我们的头寸,想要在一个混乱的市场中进行平仓,并且面临着巨大的广为人知的压力,情况会变成怎样?在这种情形下应该充分关注事前而不是事后。应该是在卡特里娜飓风来临之前,考虑且提高撤离新奥尔良的最佳时机。

"当我们最终将通用再保险的证券交易部门关门大吉之后,对于它的离开我的感觉就像一首乡村歌曲中所写的那样:'我的老婆与我最好的朋友跑了,我想念更多的是我的朋友而不是我的老婆。'"

上面这些话是巴菲特在 2005 年将通用再保险的平仓合约持后的一段话,可以说巴菲特这项投资是很失败的,他的经验教训就是一旦该项投资遇到不可测的风险时,绝不要恋战。

2004 年 3 月,美国国际集团承认公司对一些账目处理不当,伯克希尔—哈撒韦下属的通用再保险公司曾经与其合作过一笔"不符合规定"的再保险交易,这笔业务应该属于贷款而非保险交易。

通用再保险公司自从 1998 年被收购以后就一直风波不断,1998 年与同属伯克希尔—哈撒韦的国家火险公司为 FAI 保险公司出售再保险产品,经商定后达成秘密协议:FAI 公司在 3 年内不得寻求保险赔偿。这项规定在很大程度上弱化了该产品转移风险的功能,摇身一变成了短期贷款。FAI 公司不久被澳大利亚第二大保险商 HIH 公司收购,因 FAI 公司的资产负债表被人为美化,HIH 公司利润也随之虚增。澳大利亚监管部门调查后决定,自 2004 年 10 月开始禁止通用再保险公司的 6 位主管在澳大利亚从事保险业活动。澳大利亚监管部门还发现,违规操作的再保险产品来自于通用再保险公司位于爱尔兰首都都柏林的一个团队,而爱尔兰金融服务管理局也开始对通用再保险公司在爱尔兰的经营活动展开调查。

2004 年 3 月,该公司公布的盈利报告显示去年净利润下降 10%,由 2003 年的近 82 亿美元减至 73 亿美元。相比美国股市的总体表现,巴菲特在股市上的投资业绩最近几年出现了明显下滑。以标准普尔 500 指数为例,该指数成分股在 2003 年和 2004 年的平均账面净值增长率分别达到 28.7% 和 10.9%,均超过了巴菲特的伯克希尔—哈撒韦公司。与股市投资不景气相对应的是,伯克希尔—哈撒韦公司的现金大量闲置,截至 2003 年 12 月,公司的现金存量由 2003 年的 360 亿美元升至 430 亿美元。2003 年,伯克希尔决定让通用再保险退出酝酿巨大风险的衍生品业务,当时它有 23 218 份未平仓合约。2005年初下降为2 890份，2005年底平仓合约减至741份，此举在当年让伯克希尔付出了1.04亿美元的代价。

对于普通的投资者而言，也许在你的投资道路上总会遇到不可测的风险，在这种时候大多数投资者似乎都会抱着一丝希望，但是正是这种渺茫的希望让他们陷得更深。事实上，在这种时候正确的做法就是，无论暂时的斩仓痛苦有多大，坚决退出。如果巴菲特当时不退出，2008年的"次贷危机"爆发后，他也许就退不了了。

风险接受度的影响因素

风险接受度与两个因素有关：性别与年龄。

> 还是存银行保险，我可不想有什么风险！

年龄：一般情况下，年纪大的人们较年轻人更不愿意承受风险。

> 股市都是有风险的，没事。

> 可是我还是觉得风险太大！

性别：就性别而言，女性通常比男性更谨慎，在接受风险的程度上也是如此。

这点显然与富裕程度没有关系，有钱或没钱似乎对风险承受能力并无影响。

等待最佳投资机会

投资是"马拉松竞赛"而非"百米冲刺"，比的是耐力而不是爆发力。对于短期无法预测，长期具有高报酬率的投资，最安全的投资策略是：先投资，等待机会再投资。投资人应记住的是，在下降通道中参与投资，风险无形中放大了好多倍，成功率大大降低，所以，请耐心等待重大投资机会的到来。

巴菲特说："许多投资人的成绩不好，是因为他们像打棒球一样，常常在位置不好的时候挥棒。"

巴菲特说，在他的投资生涯中，曾经至少三次的经验，看到市场有太多的资金流窜，想要用这一大笔资金从事合理的活动似乎是不可能的事情。然而，4年过后，却看到"我一生中最好的投资机会"。

其中一次是发生在1969年，也就是巴菲特结束他首次的投资合伙事业的时候，这个过程值得巴菲特迷们好好去研究，因为对很多中国的巴菲特迷来说，如何挖到第一桶金很重要，目前巴菲特管理几百亿美元的经验，对想获得第一桶金的投资人来说，并没有太大的意义。然后在1998年，当长期资本管理公司这家避险基金公司出现问题的时候，投资界突然出现了绝佳的投资机会。

托伊·科布曾说过："威廉姆斯等球时间别人都多，是因为他要等待一个完美的击球机会。这个近乎苛刻的原则可以解释，为什么威廉姆斯取得了在过去70年里无人能取得的佳绩。"巴菲特对威廉姆斯敬佩有加，在好几个场合，他与伯克希尔的股民分享威廉姆斯近乎苛刻的原则。在《击球的科学》一书中威廉姆斯解释了他的击球技巧。他将棒球场的击球区划分成77块小格子，每块格子只有棒球那么大。巴菲特说："现在，当球落在'最佳'方格里时，挥棒击球，威廉姆斯知道，这将使他击出最好的成绩；当球落在'最差'方格里时，即击球区的外部低位角落时，挥棒击球只能使他击出较差的成绩。"

威廉姆斯的打击策略如运用到投资上显然极为恰当。巴菲特认为，投资就像面对一系列棒球击球那样，想要有较好的成绩，就必须等待投资标的的最佳机会到来。许多投资人的成绩不好，是因为常常在球位不好的时候挥棒击球。也许投资人并非不能认清一个好球（一家好公司），可事实上就是忍不住乱挥棒才是造成成绩差的主要原因。

那么，我们怎样才能克服这种毛病呢？巴菲特建议投资人要想象自己握着一张只能使用20格的"终身投资决策卡"，规定你的一生只能作20次投资抉择，每次挥棒后此卡就被剪掉一格，剩下的投资机会也就越来越少，如此，你才可能慎选每一次的投资时机。对又低又偏外角的球尽量不要挥棒，威廉姆斯就是宁愿冒着被三振出局的风险去等待最佳打点时机的到来。投资者是否能从威廉姆斯的等待最佳打点时机中获得启迪呢？巴菲特说："与威廉姆斯不同，我们不会因放弃落在击球区以外的三个坏球而被淘汰出局。"

特别优先股保护

特别优先股可以给投资者特别的保护，巴菲特在"次贷危机"中，仍然敢于买进通用电气和高盛的股票。这两支股票同样都是特别优先股，这类股票拥有股价上的安全边际，能够合理地利用自己的话语权去建立技术性的安全边际也是一项厉害的投资技术。

1996年巴菲特在致股东的信中写道："当维京亚特兰大航空公司的老板理查德·布兰森，被问到要怎么样才能变成一个百万富翁的时候，他的回答是：'其实也没有什么，你首先需要变成一个亿万富翁，然后再去购买一家航空公司就可以了。'"

在1989年的时候巴菲特以3.58亿美元的价格买了年利率为9.25%的特别股。那时候，他非常喜欢美国航空的总裁埃德·科洛德尼，直到现在仍然没有改变。但是，现在，巴菲特觉得他对于美国航空业的分析研究实在是过于肤浅并且错误百出，他被该公司历年来的获利能力所蒙骗，并且过于相信特别股提供给债券上的保护，以导致他们忽略了最为关键的一点，美国航空公司的营业收入受到了毫无节制的激烈价格战后大幅下降，同时该公司的成本结构却仍然停留在从前管制时代的高档价位上。

从巴菲特上面的这项投资中，能够看出巴特特在当初的投资时买的是特别优先股，那就意味着公司每年要付给伯克希尔9.25%的利息，加之还有一项"惩罚股息"的特别条款，这就意味着如果该公司要延迟支付股息的话，除了需要支付原有欠款外，同时还必须支付5%利率的利息。这就导致了在1994年和1995年伯克希尔都没有收到股息，所以，在此之后美国航空就不得不支付13.25%和14%的利息。在1996年下半年美国航空公司开始转亏为盈的时候，它们果真开始清偿合计4790万美元的欠款。

所谓的优先股是相对于普通股而言的，主要指在利润分红及剩余财产分配的权利方面，优先于普通股。在公司分配盈利时，拥有优先股票的股东比持有普通股票的股东分配在先，而且享受固定数额的股息，即优先股的股息率都是固定的，普通股的红利却不固定，视公司盈利情况而定，利多多分，利少少分，无利不分，上不封顶，下不保底。

以巴菲特2008年50亿美元买入的高盛优先股为例来说明，优先股和债券一样，享有固定的红利（利息）收益，高盛给巴菲特的是10%。意味着，每年高盛要支付5亿美元的固定红利，当然如果以后高盛的分红率更高，巴菲特也只能拿10%,但这已经大大高于国债利率了。除了安全，巴菲特没有放弃可能的暴利机会，

👆 优先股投资的特征

1.收益相对稳定

优先股的股息率在股票发行时就约定好了，无论公司的经营状况和盈利水平如何变化，该股息率不变。

2.股息分派优先

当公司进行股利分配时，优先股股东要先于普通股股东领取股息。

3.剩余资产分配优先

当股份公司因破产或解散而进行清算时，公司的剩余财产分配顺序上，优先股股东排在债权人之后、普通股股东之前。

同时获得了一个认股权证，5年内可以以每股115美元的价格，认购50亿美元额度之内的高盛股票，当然现在高盛的股价已经大大低于115美元，但是只要5年内高盛股价高过这个价格，巴菲特还可以从认股权中获得超额利润。

由于巴菲特选择的是永久性优先股，意味着不能转成普通股，但是只要不被赎回，就可以永远拿10%的股息。当然，巴菲特也并非绝对安全，如果高盛真的破产的话，他的权利也无法兑现。但是优先股的股东可先于普通股股东分取公司的剩余资产。

运用安全边际实现买价零风险

理性投资者是没有理由抱怨股市的反常的，因为其反常中蕴含着机会和最终利润。从根本上讲，价格波动对真正的投资者只有一个重要的意义：当价格大幅下跌后，提供给投资者低价买入的机会；当价格大幅上涨后，提供给投资者高价卖出的机会……测试其证券价格过低还是过高的最基本的方法是，拿其价格和其所属企业整体的价值进行比较。

巴菲特说："……我们强调在我们的买入价格上留有安全边际。如果我们计算出一只普通股的价值仅仅略高于它的价格，那么我们不会对买入产生兴趣。我们相信这种'安全边际'原则——本·格雷厄姆尤其强调这一点——是成功的基石。"

上面的这段话不仅揭示出了安全边际的实质内涵，即股票的内在价值和股票的市场价格之间的差距。而且强调了在分析股票价值时运用"安全边际"可以帮我们真正实现买价零风险。

"安全边际"是价值投资的核心。尽管公司股票的市场价格涨落不定，但许多公司具有相对稳定的内在价值。高明的投资者能够精确合理地衡量这一内在价值。股票的内在价值与当前交易价格通常是不相等的。基于"安全边际"的价值投资策略是指投资者通过公司的内在价值的估算，比较其内在价值与公司股票价格之间的差价，当两者之间的差价（即安全边际）达到某一程度时就可选择该公司股票进行投资。

美国运通银行属于全球历史悠久、实力强大的银行之一。它在1981年的时候开始推出旅行支票，它可以解决人们旅行时带大量现金的不便。在1958年它又推出了信用卡业务，开始引导了一场信用卡取代现金的革命。截至1963年，美国运通卡已经发行1000多万张，这家银行当时在美国的地位就像中国工商银行在中国的地位一样强大。但美国运通后来出现了问题。联合公司是一家很大的公司，运用据称是色拉油的货物仓库存单作为抵押，从美国运通进行贷款。但是当联合公司宣布破产后，清算时债权人想从美国运通收回这笔抵押的货物资产。美国运通在1963年11月的调查时发现，这批油罐是色拉油海水的混合物，由于这次重大诈骗，使美国运通的损失估计高达 1.5 亿美元。如果债权人索赔的话，可能会导致美国运通资不抵债。这个消息导致华尔街一窝蜂地疯狂抛售美国运通的股票。1964 年年初，在短短一个多月，美国运通的股票价格就从 60 美元大跌到 35 美元，跌幅高达 40%。

在这期间巴菲特专门走访了奥马哈的餐馆、银行、旅行社、超级市场和药店，但是他发现人们结账时仍旧用美国运通的旅行支票和信用卡。他得出的结论是这场丑闻不会打垮美国运通公司，它的旅行支票和信用卡仍然在全世界通行。巴菲特认为，它这次遭遇巨额诈骗，只是一次暂时性损失而已，从长期来看，任何因素都不可能动摇美国运通的市场优势地位。1964 年，巴菲特决定大笔买入，他将自己管理的 40% 的资金全部买入美国运通公司的股票。不久诈骗犯被抓住并被起诉，美国运通与联合公司达成和解，双方继续正常经营。在后来的两年时间里美国运通的股价上涨了 3 倍，在后来 5 年的时间里股价上涨了 5 倍。

巴菲特神奇的 "15% 法则"

毫无疑问，如果投资者以正确的价格来购买正确的股票，获得 15% 的年复合收益率是可能的。相反，如果你购买了业绩很好的股票却获得较差的收益率也是很可能的，因为你选择了错误的价格。大多数投资者没有意识到价格和收益是相关联的：价格越高，潜在的收益率就越低，反之亦然。

1989 年巴菲特在给股东的信里写道："我们还面临另一项挑战：在有限的世界里，任何高成长的事物终将自我毁灭，若是成长的基础相对较小，则这项定律偶尔会被暂时打破，但是当基础膨胀到一定程度时，好戏就会结束，高成长终有一天会被自己所束缚。"

上面这段话表示了巴菲特在有限世界里的理性，他是不会相信无限增长的。从 20 世纪 70 年代就开始写"致股东函"，每隔两三年他都会非常诚恳地表示动辄 20% ~ 30% 的增长都是不可能长期持续的。巴菲特在购买一家公司的股票之前，他要确保这只股票在长期内至少获得 15% 的年复合收益率。为了确定一只股票能否给他带来 15% 的年复合收益率，巴菲特尽可能地来估计这只股票在 10 年后将在何种价位交易，并且在测算公司的盈利增长率和平均市盈率的基础上，与目前的现价进行比较。如果将来的价格加上可预期的红利，不能实现 15% 的年复合收益率，巴菲特就倾向于放弃它。

例如在 2000 年 4 月，你能够以每股 89 美元的价格购买可口可乐的股票，并假设你的投资长期能够获得不低于 15% 的年复合收益率。那么，当 10 年之后，可口可乐的股票大致可以卖到每股 337 美元的价格，才能使你达到预期目标。关键是假如你决定以每股 89 美元的价格购买，那么你就要确定可口可乐的股票能

要确立自己的投资法则

1. 不盲目跟风

盲目跟风的投资者，往往会上那些在股市上兴风作浪、用心不良的人的当。因此，投资者要树立自己买卖股票的意识，不要盲目跟着别人的意志走。

2. 不贪得无厌

当股票价格上涨时，不能果断地卖出手中的股票，总希望还能再涨，这样往往就失去了抛售的机会。

3. 不轻信

一些投资者受到各种小道消息的影响，对股市或某些股票失去信心，感到恐慌，于是纷纷抛售手中的股票，结果却是虚惊一场。

　　总之，我们要向巴菲特学习，给自己确立一个适合自己的投资法则，不盲目、不贪婪、不轻信。

否给你带来 15% 的年复合收益率。这需要你衡量四项指标：其一，可口可乐的现行每股收益水平；其二，可口可乐的利润增长率；其三，可口可乐股票交易的平均市盈率；其四，公司的红利分派率。只要你掌握了这些数据，你就可以计算出这家公司股票的潜在收益率。仍然以可口可乐为例，可口可乐股票的成交价为 89 美元，连续 12 个月的每股收益为 1.30 美元，分析师们正在预期收益水平将会有一个 14.5% 的年增长率，再假定一个 40% 的红利分派率。如果可口可乐能够实现预期的收益增长，截止到 2009 年每股收益将为 5.03 美元。如果用可口可乐的平均市盈率 22 乘以 5.03 美元就能够得到一个可能的股票价格，即每股 110.77 美元，加上预期 11.80 美元的红利，最后你就可以获得 122.57 美元的总收益。数据具有很强大的可信度，10 年后可口可乐股票，必须达到每股 337 美元（不包括红利）才能够产生一个 15% 的年复合收益率。然而数据显示，那时可口可乐的价位每股 110.77 美元，再加上 11.8 美元的预期红利，总收益为每股 122.57 美元，这就意味着将会有 3.3% 的年复合收益率。如果要达到 15% 的年复合收益率，可口可乐目前的价格只能达到每股 30.30 美元，而不是 1998 年中期的 89 美元。所以巴菲特不肯把赌注下在可口可乐股票上，即使在 1999 年和 2000 年早期可口可乐股票一直在下跌。

第二节

巴菲特提醒你的投资误区

研究股票而不是主力动向

对于投资者而言，只要能够坚持自己的投资理念，由主力机构造成的市场波动，反而能够使真正的投资人获得更好的机会去贯彻实施他们明智的投资行动。投资者只要在股市波动的情况下，不要因为财务或者心理的作用下在不恰当的时机卖出，投资者的重点应当放在股票身上，而不是判断主力机构有没有进入该股票、接下来是不是会拉升该股票。

1987年巴菲特在致股东的信里写道："1987年的美国股市表现是相当令人满意的，可是到最后股指仍然没有上升多少，道琼斯工业指数在一年内上涨了2.3%。回顾这一年的情况来看，股票的指数就像过山车一样，在10月份之前是一路蹿高的，之后就突然收敛下来。"

巴菲特分析这种情况说：市场之所以这么动荡，原因就在于市场上存在一些所谓的专业主力机构，他们掌握着数以万计的资金，然而这些主力机构的主要精力并不是去研究上市公司的下一步发展状况，而是把主要的精力用在研究同行下一步如何操作的动向上。

巴菲特说，有这么多的闲散资金掌握在主力机构的手中，股票市场不动荡是不可能的事，因此散户投资者常常抱怨说，自己一点机会都没有，因为市场完全由这些机构控制了，研究他们才是研究了市场的动向。但是巴菲特认为这种观点是非常错误的，因为不管你有多少资金，在股市面前都是平等的，反而在市场越是波动的情况下，对于理性投资者来说就越是有利的，用巴菲特老朋友许洛斯的操作情况为例来说：早在50多年前，当时有一个圣路易斯家属希望巴菲特为他们推荐几位既诚实又能干的投资经理人，当时巴菲特给他们推荐的唯一人选就是许洛斯。

许洛斯没有接受过大学商学院的教育，甚至从来没有读过相关专业，但是从1956年到2006年间他却一直掌管着一个十分成功的投资合伙企业。他的投资原则就是一定要让投资合伙人赚到钱，否则自己不向他们收取一分钱。那么看一下许洛斯到底是怎么操作股票的呢？

许洛斯一直都不曾聘请秘书、会计或其他人员，他的仅有的一个员工就是他的儿子爱德文，一位大学艺术硕士。许洛斯和儿子从来不相信内幕消息，甚至连公开消息也很少关心，他完全采用在与本杰明·格雷厄姆共事时的一些统计方法，归纳起来就是简简单单的一句话："努力买便宜的股票。"因为按照他们的投资原则，现代投资组合理论、技术分析、总体经济学派及其他复杂的运算方法，这一切都是多余的。然而值得注意的是，在许洛斯长达47年的投资生涯中，他所选中的大多数都是冷门的股票，但是这些股票的业绩表现却大大超过了同期标准普尔500指数。

警惕投资多元化陷阱

对于普通投资者而言，经常出现与巴菲特截然相反的景象：用区区数十万甚至数万元的资金，却分散到了十几二十家公司的股票，此外这些公司种类特别多，从高速公路到白酒，从房地产到化工……但是，真正了解这些公司的投资者又有几个呢？投资者很容易陷入多元化的陷阱，没能分散掉风险，反而造成了资金的损失。

1998年巴菲特在佛罗里达大学商学院演讲时说："假如你认为值得去拥有部分美国股票，那就去买指数基金。那是你应该作出的选择，假如你想着对企业作出评估。一旦你决定进入对企业作评估的领域，就做好要花时间、花精力把事情做好的准备。我认为不管从什么角度来说，投资多元化都是犯了大错。

假如做到真正懂生意，你懂的生意可能不会超过6个。假如你真的懂6个生意，那就是你所需要的所有多元化，我保证你会因此而赚大钱。如果，你决定把钱放在第7个生意上，而不是去投资最好的生意，那肯定是个错误的决定。因为第7个好的生意而赚钱的概率是很小的，但是因为最棒的生意而发财的概率却很大。我认为，对任何一个拥有常规资金量的人而言，如果他们真的懂得所投的生意，6个已经绰绰有余了。"

巴菲特素来都是反对"分散投资"的，他所推崇的投资理念就是："把鸡蛋放在一个篮子里，并看好这个篮子。"纵然，巴菲特的"篮子"十分的庞大，已经不可能用个位数的股票数去装满他的篮子，但是他始终坚持长期持有，甚至宣称在他一生都不会卖出4家股票，当然后来他卖出了一家。

在1965年，巴菲特35岁的时候，收购了伯克希尔—哈撒韦的濒临破产的纺织企业，但是到了1994年底该公司已经发展成拥有230亿美元资产的投资王国，该公司由一家纺纱厂变成了巴菲特庞大的金融集团，发展到今天它继续成长为资产高达1350亿美元的"巨无霸"。从最后的分析来看，伯克希尔—哈撒韦公司的股票市值在30年间上涨了2000倍，而标准普尔500指数内的股票平均仅上涨了约50倍。

巴菲特为什么投资业绩这么突出，一个重要原因就是他从来不分散投资，根本不会随便乱七八糟地买一堆质地平平的股票。他只集中投资于少数好公司的股票。此外，巴菲特还把自己的投资精力用在作出少数重大投资决策上。

巴菲特说："在与商学院的学生交谈时，我总是说，当他们离开学校后可以做一张印有 20 个洞的卡片。每次做一项投资决策时，就在上面打一个洞。那些打洞较少的人将会更加富有。原因在于，如果你为大的想法而节省的话，你将永远不会打完所有 20 个洞。"

大多数人的公司价值分析能力很可能没有巴菲特那样杰出，所以我们集中投资组合中的股票数目不妨稍多一些，但 10 ~ 20 只股票也足够了。一定要记住巴菲特的忠告：越集中投资，业绩越好；越分散投资，业绩越差。

集中投资对投资人的要求

集中投资的投资对象少，投资资金又大，一旦失利亏损必定非常巨大，因此，想要投资成功，投资就必须：

1. 需要投资人对投资对象深入研究分析，这一分析需要大量的精力和时间，稍一失策很可能满盘皆输。

听说 A 公司的股价最近一个月都在下跌，你还不赶紧卖了？

我暂时没打算卖。

2. 集中投资想要获利，一般要长期持有，这就需要投资人要有面临短期失利而临危不乱的心理素质。

总之，只有在投资的时候，不盲目、不随大流、有自己的分析与判断，才能避免掉入投资的陷阱。

没有完美的制度

投资者们在投资的过程中，通常都会把"制度"看得重于一切。尤其是从现代企业制度理论诞生以来更是如此。但是需要提醒投资者的是，好的管理制度纵然很重要，但是再好的制度都有漏洞，完美的制度是不存在的。

2002 年巴菲特在致股东的信里说："在 1993 年的年报中，我曾经说过董事的另外一项职责：'如果能干的经营阶层过于贪心，他们总是会不时地想要从股东的口袋里捞钱，这就需要董事会适时地出手进行制止并给予相应的警告。'然而可惜的是，自从那以后，尽管经理人掏空口袋的行为司空见惯，但却没有看到谁出面进行制止。

"为什么一向英明并且睿智的董事们会如此惨败呢？其实实质的问题并不在于法律的层面，本来董事会就应该以捍卫股东利益为自己的最高职责，我认为真正的症结在于所谓的'董事会习性'。以一个例子来进行说明，通常情况下，在充满和谐气氛的董事会议上，讨论是否应该撤换 CEO 这类严肃的话题几乎是不可能的事。同样的道理，董事也不可能笨到会去质疑已经由 CEO 大力背书的购并案，尤其是当列席的内部幕僚与外部顾问皆一致地支持他英明的决策时，他们若不支持的话，可能早就被赶出去了，最后当薪资报酬委员会（通常布满了支领高薪的顾问）报告将给予CEO 大量的认股权时，任何提出保留意见的董事，通常会被视为像是在宴会上打嗝一样失礼。"

对于普通的职业经理人来说不一定会做出利于股东的事，它们往往更多地考虑自己的职位。

巴菲特是在分析"安然事件"以及跟它一起灭亡的安达信会计师事务所的问题时指出以上问题的。在十几年前，安达信事务所出具的意见可以说是业界的金字招牌，在事务所内部，由一群精英组成的专业准则小组（PSG），不管面对来自客户多少的压力，仍坚持财务报表必须诚实编制。为了坚持这项原则，专业准则小组在 1992 年坚持期权本来就应该列为费用的立场。然而不久之后，专业准则小组在另一群安达信的合伙人的推动下，对此立场做了 180 度的转变。他们相当清楚，如果这些高额期权成本如实反映在公司账上的话，就很可能被取消，而这些企业的 CEO 就会拂袖而去。

"价值投资"的误区

价值投资知易行难，并非只是找到优秀企业难，做到长期持有难，更难的是对于企业价值及价值变动方向、变动速度、幅度等相对确定性评估与价格关系、股市自身规律等基础上建立的投资决策体系。对于投资者而言，你如果能清晰地知道你为何买、为何卖、为何持有、为何换股，背后都有足够清晰的理由，每一次操作都知道你将赚的是什么钱，那么你已经入了价值投资的门。

1985 年，巴菲特在致股东的信里写道："1985 年在出售证券收益时金额达到 4.88 亿美元，这其中的大部分都源于我们出售通用食品的股票，从 1980 年开始我们就开始持有这些股票，我们买进这些股票是以远低于合理的每股企业价值的价格购买的，经过年复一年后，该公司的管理层大大提升了该公司的价值，一直到去年的秋天，当该公司提出购并的要求后，其整体的价值在一夕之间显现出来了。"

巴菲特解释价值的增长也是需要一个过程的，出售股票就像大学生的毕业典礼一样，经过 4 年所学的只是在一朝被正式的认可，但是实际上当天你可能还没有一点长进。巴菲特经常将一只股票持有长达 10 年之久，在这期间其价值在稳定增长，但是其全部的账面利益却都反应在出售的那一年。所以按照价值投资进行选择的时候并不是一朝一夕能够分辨的出的。

1999 年巴菲特拒绝投资市盈率过高的高科技股票，结果导致了他 10 年来最大的投资失误，其投资基金回报率远远低于股市指数的年平均增幅。什么时候该做趋势的朋友？什么时候该与大众为"敌"？这的确是个难题。我们经常看到媒体寻找价值被"严重低估"的股票，关于"低估"的标准，已经不再是"价格低于每股净资产"了。一个人必须对关于成长股价值的计算持怀疑的态度，而不可以完全相信。

投资者要避免步入价值投资的几大误区：

（1）价值投资就是长期持有。长期持有，其本身不是目的，长期持有是为了等待低估的价格回归价值，是为了等待企业价值成长，从而带动价格的上涨，这才是本。但如果股票价格当前就已远高于企业价值，即使是对于价值仍能不断成长的企业，继续持有也失去了意义，因为即使未来数年内企业通过成长，价值能达到或超越现在的价格，也无非是通过时间让价值去追赶上价格，而价格继续上涨已无任何确定性。相反，大多数的情形是股价会以大幅下跌的形式来直接找价值，因为股票出现严重高估往往是市场疯狂的牛市末期，市场的长期有效性就会发生作用，通过市场的自身调节来实现价值的回归，同时调节又往往是矫枉过正的，使市场进入低估的另一个市场无效状态。

（2）把买入优秀企业等同于价值投资，这是严重的本末倒置。企业价值成长是为了带动价格的成长，但如果价格已经透支了多年企业的成长，那么价值成长也很难为价格继续上涨创造正作用了；而优秀企业又仅是企业价值成长的一个保障而已，优秀企业也会有成长期和成熟期，不够优秀的企业也并非不能高速成长。

因此，买入优秀企业可能是价值投资，买入成长的不够优秀的企业也可能是价值投资，买入低估的不成长企业同样可能是价值投资。持有企业是价值投资，卖出企业也是价值投资。买入同一个企业也有的是价值投资，有的不是价值投资，即使同时同价买入，又同时同价卖出的也有的是价值投资，有的不是，关键是买卖的动机和理由是什么。价值投资的本质在于你每次操作的理由是否基于企业价值、价格、确定性及安全边际的关系，而非操作本身。

炒股切忌心浮气躁

平常心是战胜心浮气躁以及其他一切的法宝，没有平常心去体悟生活中的一切，即便再成功、再伟人，但最后可能因为自己的贪婪而失败了。平常心就是指对一切都放下，无论发生什么都想得开。因为市场中没有什么是不可能发生的，而一切的发生又都是无序的，无常的。因此急不可耐地想要在市场中实现某个目标，是非常危险而又不切实际的想法。

1998 年巴菲特在佛罗里达大学商学院演讲时说："我们是从来不去借钱的，即使有保险作为担保。即使在只有 1 美元的时候，我也不去借钱。借钱能够带来什么不同吗？我只需要凭借我自己的力量，也能够其乐无穷。1 万美元、100 万美元、1000 万美元对于我来说都是一样的。当然，当我遇到类似紧急医疗事件的情况下会有些差别。"

说这话的时候，也许巴菲特正在羡慕着台下的那群大学生的青春。巴菲特对钱的态度决定了他的投资风格和结果。巴菲特这种平和的想法，正是成就了他的成功，可以试想一下，如果雷曼兄弟的高管不是那么疯狂地赌博，他们原本也是可以在华尔街上风光无限，但是结果他们却成为了那么不体面的乞丐。

有人说，一个人做事情要想成功，一定要果断；有人说，一个人做事情要想成功，缺少耐性是不行的；又有人说，要想成大功立大业，没有机会是不行的。虽然这些话用在平时的生活中非常启发人，但如果把这些观点移用到股市里，却不一定正确。固然炒股赚钱与否是由很多因素造成的，但最重要的不是这些因素，而是一个人的心态。能不能在股市中赚到钱改善自己的生活，是每一位散户投资者最关心的问题。但往往抱有此想法的人因为心浮气躁，最后成为离梦想最遥远的人，相反，有着一颗平常心的投资者则"无心插柳柳成阴"。

心浮气躁的投资者总是迫不及待地进场交易，既追高，又杀跌，最终在牛市中只是捡了芝麻，丢了西瓜，甚至可能落得个低吸高抛的下场。

股市的涨跌都非常正常，因为有涨才会有跌，而因为有跌才会有涨，如果你是一个以平常心对待股市的人，那么，股市的涨跌对你而言就是非常无常的，而投资者就一定会轻松视之，并不会因股市的波动起伏而心惊胆战。但如果你是一个本来就喜欢或者本来就不平静的人，那股市的涨跌对你而言一定会非同小可。因为你会密切注意到你的资金是否也随着股市的涨跌而增减，由于你过分专注你的个人资产的变化，你的心态一定就是不稳定的，而你一旦如此，你对股市行情的涨跌就会特别在意，并认为股市只有上涨你的心才是平静的，但遗憾的是，股市至今还在涨，可是，你会认为股市涨得太多了，而原本就"不平常的心"就更加不平常了，甚至你的心出现了"恐慌"或"恐高"，结果就在你把原本不应该抛的股票全部抛了，并自认为股市一定会大跌，股市不会以一去不回头的气势而不断再创新高。

矫正自己的浮躁性格

浮躁的心态让股市热闹喧嚣、风雨凄迷，如何才能克服浮躁心态，在纷杂的股市中保持一个清醒的头脑？有专家建议，对于有浮躁性格的投资者，可以从三个方面来加以矫正：

1. 不要天天泡在股市里，以免受市场气氛影响。平时多看报纸杂志，多听广播，密切注意各种动向，学会从多个角度分析市场消息与股市走势。

2. 在大势不明朗的时候以观察为主，盘局中学会"忍"，一旦盘局往上或往下突破再顺势而为。

3. 根据自己资金的情况一次买卖不要太多，如果股市上升可逐步吃进，免得把全部资金套死，一旦下跌则无还手之力。

做到了以上三点，我们便能有针对性地克服投资中的浮躁心态，躲开股市的风险陷阱，成为股市里的赢家。

大牛市里每天都有人预言股市要大跌，甚至有些人说，多少天多少天内股市必然狂跌，结果他们看到的是行情不断上涨，并且每天都在创新高，而自己由于过于担心股市下跌早早就抛掉手中的股票。造成这样的结果没有别的因素，更不是因为股市的上涨看跌，而是完全在于自己的心浮气躁。这样投资股票，你有多少钱都会输。所以，应该也只应该这样理解股市：股市与世间的一切都是一样的，也都是无常，因为无常就是会出现不断的变化，加之股市本身就是风险的、投机的市场，所以，更要以平常心来对待，只有真正以平常心对待股市，你才不会因为行情的变化而忐忑不安，也不会因为股市的涨跌而担心资金是否出现盈亏，更不会看到股市的不断上涨而感到害怕。因为，你已经把一切置之度外，平淡视之。炒股最忌心浮气躁，赚钱兴高采烈而亏钱痛苦不堪，因为这些都反映出你是一个不懂控制自己的人，而这样的人又怎么能炒好股票呢？

买贵也是一种买错

对于投资人来说，如果买入一家优秀公司的股票时支付过高的价格，将会对这家绩优企业未来 10 年所创造的价值产生抵消的效果。投资者应该记住巴菲特投资术中的这个重要的精髓，这比选择一个好公司还重要。

1982 年巴菲特在致股东信里写道："在 1982 年几件大型购并案发生时，我们的反应不是忌妒，相反我们很庆幸我们并不在其中。因为在这些购并案中，在管理当局的冲动下，追逐的刺激过程使得追求者变得盲目，布莱士·帕斯卡（法国著名的数学家、哲学家）的观察非常恰当：'它使我想到所有的不幸皆归咎于大家无法安静地待在一个房间内。'

"你们的董事长去年也曾数度离开那个房间，且差点成为那场闹剧的主角，现在回想起来，去年我们最大的成就是试图大幅购买那些我们先前已投入许多的公司的股份，但由于某些无法控制的因素却无法执行；假如我们真的成功了，这宗交易必定会耗尽我们所有的时间与精力，但却不一定能够获得回报。如果我们将去年的报告做成图表介绍本公司的发展，你将会发现有两页空白的跨页插图用来描述这宗告吹的交易。

"我们对股票的投资，只有在我们能够以合理的价格买到够吸引人的企业时才可以，同时也需要温和的股票市场配合。对投资人来说，买进的价格太高就会将这家绩优企业未来 10 年亮丽的发展所带来的效应抵消掉。"

巴菲特经常会在相当长的一段时期内，在股票的市场内保持沉默，尤其是在别人狂欢的时候，巴菲特往往都会被新锐们嘲笑无能、落伍，而这也正是在日后被称道、被崇拜的"股神"时刻。

比如巴菲特出手认购了通用电气 30 亿美元的优先股，对此巴菲特表示"通用电气公司是美国面向世界的标志性企业。数十年来，他一直是通用电气公司及其领导人的朋友和赞赏者"。但是在这漂亮言论的背后，更为真实的事实是：即使巴菲特赞赏通用电气数十年了，却只是在等待次贷危机发生时，通用电气的股票大幅缩水后才毅然决定出手。回首过去10年通用电气的股价，在2000年科网泡沫中一度高见60.5美元，而这一波牛市中也一度高见42.15美元，但是巴菲特却选择在通用电气迄今为止几近腰斩，徘徊在20美元接近10年来低位时才出手，显然其有足够的耐心等待好的公司出现好的价格。

回首巴菲特的投资历程，类似这样等待好公司出现好价格的例子可谓是数不胜数。此前提到的富国银行无疑是一个绝佳的范例。

富国银行可以称得上是上一次美国楼市危机S&L危机的受害者。对于一家成立于1852年的老牌银行来说，在20世纪90年代初股价一度曾高达86美元，但在S&L危机中，投资者担心银行会收到房贷市场的拖累而持不信任态度，尤其是担心作为所有加州银行中房地产贷款最多的银行，富国银行能否承受得起巨大的房地产贷款坏账损失。结果，富国银行的股价短期内暴跌，4个月时间里便重挫至41.3美元，而有先见之名的巴菲特早就看好富国银行，并出手以57.89美元的均价买入了大量富国银行的股票，并在此后逐步追加。

不要误入股市陷阱

识破信用交易的伪装

信用交易从长远来看，是一个陷阱，一旦陷入便难以自拔。作为投资者，买卖股票一定要量力而行。某些股票之所以红得发紫，往往并非出于股票自身的价值力量，而是因为投机者的力量才被抬到吓人的高度，从事信用交易的人交上好运时，可以在一夜之间发大财，交上坏运时，就会陷入绝境。如果有经纪人劝你从事信用交易时，请千万不要轻举妄动，要三思而后行。

2000年巴菲特在致股东信里写道："我们发现卖方是否在意公司将来的归属是一个十分重要的问题，我们喜欢与我们钟爱的公司，而不是斤斤计较出售公司能够得到多少钱的人交往，当我们意识到这个问题时，这通常就意味着该公司拥有诚实的账户、自信的产品及忠实的员工。"

巴菲特所选的公司都是上面所指具有良好信用价值的公司，因为这样的公司能够很好地达到信用交易的目的。因为信用交易的目的是利用财务杠杆提高选股能力，财务杠杆在牛市时是非常好的投资工具，假设投资者以每股50元的价格购入100股，正常情况下，除佣金以外，要支付的金额是5000元。如果使用保证金交易，投资者可以借入高达交易金额一半的额度，只需支付2500元，剩下的2500元从经纪人那里借入。如果投资者在股价升至75元时卖出的话，就会得到7500元，当然除了利息之外，还要还款2500元。投资者的初始投资只有2500元，却能赚取5000元的收益。

这听起来相当诱人，然而你想过将这个过程倒过来是什么样的吗？如果股价下跌，投资者的经纪人可能会要求以抛售股票来偿付借款，更糟糕的情况是，经纪人可能不经投资者的允许就售出股票，目的是为抢在市场行情进一步下跌之前让投资者偿付借款。2000年和2001年股市下跌的时候，就有许多投资者抛售股票的钱不足以偿付从经纪商那里借入的款项。我们可以一起来看一下这个倒过来的过程：假定投资者以每股50元的价格买入100股，自己支付2500元，从经纪人那里借得2500元，如果股价跌至25元，100股就只值2500元了，投资者不但损失了自己的2500元初始投资，还要向经纪人偿付贷款的利息。

除了这个风险外，信用交易还有另一个弊端。按规定，经纪人在投资者的净资产（股票总值减去借贷后的余额）占股票总值的比例下降至25%时，会收取额外的钱，25%被称作"维持保证金的最低要求"。而现在，大部分经纪人在风险较大的投资中使用他们自己规定的、更为严格的高达30%～50%的"维持保证金的最低要求"。再来看一下，假定借入2500元购买100股单价50元的股票，经纪公司要求的维持保证金为30%，如果股价下跌至40元，净资产从原来的2500元（初始投资）下降至1500元（100×40-2500），1500元的净资产仍然符合经纪人30%的维持保证金的最低要求（30%×4000=1200）。

信用交易的缺点

信用交易是指证券交易的当事人在买卖证券时，只向证券公司交付一定的保证金，或者只向证券公司交付一定的证券，而由证券公司提供融资或者融券进行交易。这种交易有如下的缺点：

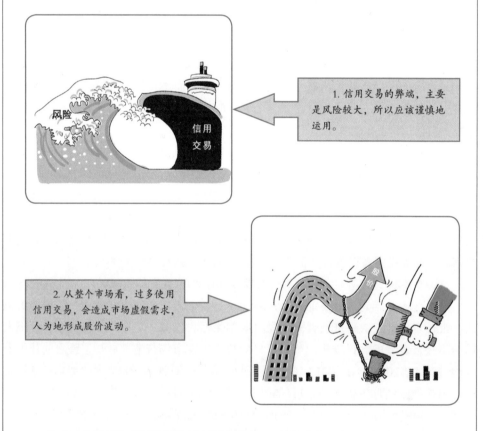

1. 信用交易的弊端，主要是风险较大，所以应该谨慎地运用。

2. 从整个市场看，过多使用信用交易，会造成市场虚假需求，人为地形成股价波动。

为此，各国对信用交易都进行严格的管理。尽管如此信用交易仍是当前西方国家金融市场上最受客户欢迎的、使用最广泛的交易方式之一。

但是，如果股价跌至 25 元，这时净资产为 0（100×25－2500=0），经纪人就会发出追缴保证金通知，要求你在 2～3 天内支付现金或者存入账户其他的股票，如果做不到，经纪商会卖出你的股票，这将会使投资者的损失更加惨重，因为投资者想继续持有等待股价反弹。

例如日本大阪有一家公司叫中山制钢所。该公司的股票总是成为信用交易的交易对象。中山制钢所股票的持有人，通过借贷股票来赚取日息（即 100 日元一天的利益），巧妙地利用游离的股票达到盈利的目的。东京证券交易所的一位投资者，以信用交易的方式卖出 5000 股中山制钢所的股票，这个数不是很大。可是在不到半年的时间里，股价升至每股 3000 日元。即使他当初能以每股 1000 日元出手，现在每股也出现了 2000 日元的差额，他要将原先卖出的 5000 股股票全部买回就得多支付 1000 万日元。这件事发生在 20 多年前，按照当时的币值，1000 万日元足以在东京将一栋住宅连同上好的土地一起买下。

不要为"多头陷阱"所蒙蔽

1990 年巴菲特在给股东的信里写道："依照某种程度而言，这些经理人应该已经收到了一些消息，当你发现自己已经深陷其中的时候，最重要的一件事是不要再继续挖洞了，不过在这个临界点显然还没有到来，许多人虽然不甘愿但是仍然还在用力地挖洞。"

巴菲特对于那种知道了自己已经深陷陷阱而不懂得自救，仍然还在继续挖洞的做法是相当不赞同的。因为那无异于自寻死路。所谓"多头陷阱"是市场主力通过拉高股指、股价，佯装"多头行情"，引诱散户跟进，自己则乘机出货。多头陷阱是市场主力常用的一种套牢股的方法。通常发生在指数或股价屡创新高，并迅速突破原来的指数区且达到新高点，随后迅速跌破以前的支撑位，结果使在高位买进的投资者严重被套。

"多头陷阱"通常发生在一种股票新高价成交区内，股价突破原有区域到达新的高峰，然后又迅速地跌破以前交易区域的低点（支撑水准），具体地说，就是大盘指数（或者某种股票价格）创新高后，在其密集成交区内，突破原有区域再创新高，随后突然迅速跌破密集成交区的低点（支撑线）。那些在股指（或者股价）最后上涨时买进的人或在股指（或者股价）突破买进的人，都落入了这个陷阱。陷阱区域里成交量愈多，套牢者愈多。

例如 1994 年，主力庄家将上证指数从 333 点一路拉升，并一举突破 1000 点的心理大关。按一般的经典技术分析，当股价突破原来的阻力线而创新高后，其上升势头仍将延续。许多股民根据突破重要关口理论，认为沪指至少会上涨到 1200 点，于是纷纷杀入股市大量买进。谁知庄家借此反手派发，股指应声回落，制造了威震

巴菲特的投资建议

沃伦·巴菲特在接受美国广播公司的采访中，给了投资者 3 条最佳投资建议：

1.机会好得令人难以置信时，可能是陷阱，要记住一点：错过收益总要比亏钱好得多。

2.当某人试图向你进行销售时，想想对方会赚多少钱。要知道投资顾问、理财策划师们的投资"建议"是偏向股市的利益，因为这是他们赚钱的途径。

3.远离杠杆融资，没有人会因为不借钱而破产。巴菲特曾说："如果你足够聪明，就不需要它；如果你不聪明，那杠杆就更没有任何商业用途。"

一时的千点多头大陷阱，使不少股民在高位被套牢。

股民容易掉进多头陷阱，主要是因为庄家非常狡猾，为引诱散户上钩，"多头陷阱"一开始与"多头行情"差不多，都是股指、股价跳空开盘，高开高走，甚至击穿股指、股价之上档阻力位而创新高，成交量也随之放大，从技术图形上看可谓"形势大好"。此时，你怎么办？做多还是做空？很难作出正确选择。因为你难以预测下一步的走势。倘若是"多头行情"，随着成交量的不断放大，股指、股价持续上扬，做多者可获利；倘若是"多头陷阱"，随着成交量地不断放大，股指、股价掉头向下，做多者则会被高价套牢。

多头陷阱甚至也曾蒙骗并获猎过有绝佳经验的图形分析专家，因为在初期，股指（或者股价）到达一个新的高点时，看起来好像是继续着强势的信号。在一般的情况下，它也确实是照着比较规则的趋势演变的，尤其是股指（或者股价）突破至新的高点以后，更表现出该趋势会维持下去。然而，恰恰被那些技术高手忽视的是，此时一个突然的反转或陷阱随时可能出现。如果我们贸然行事，便正中庄家的下怀，跌入多头陷阱之中。投资者可以通过许多方法，比如看成交量及是否突破支撑线，而多头陷阱一般来说恰好是成交量不大而且向下回档又跌破了支撑线。

许多股民亏损，就亏在"多头陷阱"里。他们把"多头陷阱"当作"多头市场"，以为股指会继续上攻，股价会继续上涨，于是纷纷抢进去，结果落入陷阱之中。因此，对于行情的突然上攻，一定要认真分析，看到底是多头陷阱还是多头市场。如果情况不明，则宁愿踏空，也不要贸然行动。

面对收益寸土不让

短线活动等于经常把时间浪费在我们不认识，且人格水准不高的人身上，这几乎等同于一个有钱人竟然会为了金钱而结婚，这样的行为未必显得有点疯狂。

1989年巴菲特在致股东的信里说："假设伯克希尔公司只有1美元的投资，但是这样的话每年仍然会有一倍的回报；但是如果我们将卖掉它的资金，用同样的方式重复投资19年，到第20年的时候，如果按照34%的税率还是能够贡献给国库13000美元，我们自己都能拿到25250美元，这看起来也是不错的成绩。然而在简单一点的话，只做一项不变的投资的话，同样能够每年赚到一倍，最后的金额仍然能够高达1048576美元，如果扣除掉34%即356500美元的所得税，实际上也能够得到690000美元。

"之所以会产生如此大的差距，理由就是在所得税的支付点上。但是需要强调的是，并不是因为这种简单的算术而倾向于采用长期投资的，经常性的变动很可能是我们的税后报酬更高一些，但是在几年之后，查理和我却一直这么做着。"

在巴菲特看来，做那种疯狂的短线投资活动，几乎就是等于投机的代名词，即使赚取了不菲的利润也不屑于谈。

入股市炒股，如下海捉鱼，水深，但是绝对能捉到大的。人人都想捉到大的，获得最大收益理所当然无可厚非，但是在实战中，经常可以看到许多股民由于过分贪心，将到手的利润又放跑了，甚至有时还要赔本割肉。

捉到鱼就不放手，面对利润寸土不让，尤其是在短线操作中。他们不想控制，也不能够控制自己的贪欲。每当股票上涨时，不肯果断抛出手中股票，锁定收益，心中总在纵容自己，一定要坚持到最后一刻，坚持就是胜利，不放弃一切可以盈利的机会。而每当股票下跌的时候，总是盼望股票跌了再跌。这类股民虽然有别于盲目跟风之人，但是有一个共同之处，就是无法把握自己。这种无止境的欲望，反而使得本来已经到手的获利事实一下子落空。他们只想在高风险中有高收益，而很少想到高收益中有高风险。

每一个短线炒手关注的焦点都是利润，然而赚钱才是交易和投资背后的推动力量。尽管获利是而且应该是主要目的，一旦进行交易之后，就必须忘掉利润。如果一个短线炒手一刻不停地关注自己手中的股票是涨还是跌，这很有可能使你以前所辛苦获得的利润被完全毁灭掉。因为它会加深你的恐惧，而且提高了每一刻的不确定性，使人无法将注意力集中到正确的技术上来。而正确的技术最终决定我们能获利多少。你可以回想一下在自己的短线操作生涯中，你多少次因为害怕损失一点小利而使你在一只股票快要上涨前将它抛掉了？多少次在损失的麻痹中使得你在应该卖时而没有卖掉？

事实就是，你太专注于你现在的得失了，而没有去考虑在面对"涨"与"跌"时，你应该做的事。这种计较当前利益的人往往会作出不明智、缺乏根据、下意识的和快速的反应。你的行动应该受到一个周密思考的交易计划的指导，而不是由你账户每一分钟的变化所决定。好的技术来自好的判断，好的判断自然产生利润。

超越"概念"崇拜

作为投资者，我们需要注意的是，即使有实质性内容的题材，如果乱炒滥炒，透支或者远远超过了其发展潜力，炒作者同样会一无所获，甚至反受其"套"。而更值得股民警惕的是，大多数所谓的题材或者概念，都缺乏实质性的内容，相当多一部分是舆论为即将被炒或正在炒作的股票制造的借口。它们要么是空穴来风，要么是刻意散布的谣言，如果股民们信以为真，则等于伸长脖子往圈套里钻。

1987 年巴菲特在致股东的信里说："糖果店是个很好玩的地方，但是对于大多数老板来说也并不是那么有趣的事情。据我所知，这几年除了时思赚了大钱外，其他糖果店的经营都是相当的惨淡。"

在当时看来，人们对糖果店存在着一个概念崇拜，但是巴菲特也明确地指出并不是所有的糖果店都在赚钱，所以投资者一定要超越这种概念上的崇拜。通过题材炒作来设置陷阱是庄家惯用的又一大伎俩。在许多股民的心目中，有题材股票就涨，而涨了的股票则必定有题材。即使庄家坐庄，也必定要借用一个什么题材来激活人气，拉抬股价。在中国股市里题材炒股更是一道特别的风景，庄家炒，股民炒，券商炒，基金炒，上市公司也在悄悄地配合庄家炒。

庄家炒作股票，最常用的炒作题材是"处理资产"（包括"转投资"）。但这种处理资产的方法，往往数十年后却始终"原封不动"，只有形式上的、口头上的处理，而实际并未处理。当庄家炒作时，便是"利多"，上市公司十有八九闷声不响，等到庄家炒得差不多，钞票已"落袋为安"的时候，再由公司当局发表"严正声明"：绝无处理资产或迁厂计划，比如某家公司在某处有一块地皮，处理了十几年，而地皮的所有权还是原封不动。奇怪的是，这种炒作题材，永远灵光，屡试不爽。比如说，某家电机厂在某地的厂房一直在使用中，却年年传出该处土地所值如何如何，如果迁厂又如何如何，只要投资者稍一思考，便可识破庄家玩的花招。试想一下，一处正在使用中的厂房，如果需要迁建，谈何容易！总得先找好土地吧？土地到哪里去找，到穷乡僻壤的地方去找，不必考虑原材料供应、产品运销、迁厂费用以及重建与停工损失？所以，只要稍加思考，那些炒作题材往往会不攻自破。

1995年中期市场上流行新股概念，凡是上市的新股不论青红皂白都要炒作一番，结果在这一段挂牌的新股，其市盈率普遍偏高，同类股票新股比老股要高1~2倍，而时过境迁之后，这些新股便无人问津，一些盲目跟风的股民便在高位惨遭套牢。2000年时兴科技题材和网络题材，不管什么股票，只要挂个科技的招牌或者贴个网络的标签，便受到市场的一顿狂炒，但好景不长，推上天的股价现在大都跌回原位，有的甚至跌进深渊。亿安科技最高炒到126元，后来跌得一个零头都没有了。不可否认，有些股票确实具有实质性的内容，能提升上市公司的盈利能力，增强其成长性，从而能给投资的股民较好的回报。比如有些股票入世后明显受益，其入世题材便货真价实；有些股票进入高科技领域，其科技题材也名不虚传；有些股票经过重组后确实脱胎换骨，其重组题材当然引人注目。在炒作不过分的前提下，介入这类有题材的股票，股民们自然会获得较好的收益。如实行股改后的上市公司，其资本结构与经营状况都有明显改善，其股价也相应上涨。据统计，在已完成股改的企业中，90%以上的股价较股改前有明显上涨。随着2008年奥运会的日益临近，因为奥运会确实能给相关企业带来庞大商机，具有奥运概念的股票也在2007年的牛市里表现突出。

由此看来，作为投资者应当具有独立的分析能力和判断力，对于有实质性内容的题材，我们可以适度适量地介入，而对于那些牵强附会的题材、那些无中生有的题材、那些庄家用作借口的题材，则坚决不要介入，做到了这一点，便很容易跳过题材炒作设置的陷阱。

炒作题材

许多投资者认为没有题材炒作就没有上涨的动力，没有高涨的人气，也就没有暴富的机会。于是，庄家便根据股民们的"需要"不断"制造"所谓的题材，股评家们则是不遗余力地挖掘题材。

有的题材是从现成的"题材库"里拿的，这类题材是长盛不衰、百炒不厌的，诸如业绩题材、重组题材、科技题材等。

有的题材则是庄家或者股评家们自己创造的，他们凭自己的喜好与需要，结合具体的实际进行大胆地想象，诸如"回归"题材、领袖家乡题材、奥运题材等。

识破财务报表的假象

在对上市公司做分析时，要首先了解公司的控股股东的情况以及公司所属子公司的情况，了解控股股东的控股比率、上市公司对控股股东的重要性、控股股东所拥有的其他资产以及控股股东的财务状况等。对于子公司，要了解上市公司持有的股权比率、子公司销售与母公司以及各子公司之间的相关性、子公司销售额和盈利对母公司的贡献度以及各子公司的所得税率和执行优惠税率的阶段。

1988年巴菲特在致股东的信里说："我们面对的问题还是不断增加的资金规模的

问题，4年前我就曾经告诉过大家，在未来10年，伯克希尔要想每年都增加15%的报酬，我们需要大约39亿美元的获利。资金规模会影响到最后的投资报酬率。"

巴菲特指出了伯克希尔公司在资金上面的问题，资金规模会影响到投资回报率，但是好多公司并不像伯克希尔一样能够如此透明地告诉给投资者资金上的问题，很多公司都是蒙上了一层财务上的面纱。在选股过程中，广大中小投资者往往都是根据上市公司提供的财务报表进行分析、判断，再作出投资抉择，因为他们只能从公开的信息上获取有关上市公司相对准确的资料，如中报、年报、其他公告等。然而，在实际生活中，有部分上市公司为达到操纵利润的目的，往往会在这些公开信息中造假。

比如，一些上市公司明明亏损，刻意不让其出现亏损；为了维持与满足配股的最低条件，明明小盈，可以编制中盈至大盈的会计资料；刚刚配过股，当年不可能再获准配股，为了保持"发展后劲"，明明大盈，则编制成中盈甚至小盈的会计资料。

因此，如何研读那些财务报表，怎样才能揭开虚假的财务报表的面纱就变得非常重要。这就要求中小投资者学会从一些财务指标中发现公司存在的重大问题。大体说来，为了避开上市公司的财务陷阱，我们需从以下几方面入手：

1. 辨别利润的真假

虽然一般情况下投资者很难辨别利润的真假，但还是可以发现一些蛛丝马迹。例如，净利润主要来源于非主营利润，或公司的经营环境未发生重大改变，某年的净利润却突然大幅增长，或公司的利润率高得离谱等。随着我国《证券法》的实施及监管措施不断完善，这一困扰投资者的问题有望逐渐得到解决。

但是，如果企业已经发生重大资产置换，注册主营尚未改变时，新产业方向的业务利润有时也被纳入非经常性损益中，这种情况就不能简单地判断，要结合近期的重要公告来判断。

2. 检验现金流量的净额

现金流量净额即每股经营活动产生的现金流量，它是每股收益的重要补充指标和每股收益的现金保障。每股经营性现金流量越高，说明企业资本前盈利能力越强。在通常情况下，每股经营性现金流量应相当于每股收益，从而使企业在报告期内经营活动产生的现金净流量足以支付当期现金股利。

除此之外，应关注的报告内容还有很多，如公司现存生产经营资产及变化、进行中和未来进行的主要项目与主业的关系、税收等外部环境的变化。总之，投资者对待问题公司的股票必须持慎之又慎的态度，最好是敬而远之。回避问题股应运用基本分析方法选股时所坚持的基本原则。

3. 查看应收账款

如果应收账款绝对值和增幅巨大，应收账款周转率过低，则说明公司在账款回收上可能出现了较大问题。

庞大的应收款会像无底洞一样不断侵蚀市场投资资金，因此必须注意应收款的来源，预先发现应收款给企业带来的潜在危机。

尤其要注意的是，正常经营活动所产生的应收款一般比较分散，可以通过正常的业务关系回笼，但是，有些应收款是被控股的大股东"借"去的。在这种情况下，以现金偿还的可能性极小，形成呆坏账或者无法回收的可能性就较大。

两招教你识别财务假象

很多企业因为这样或者那样的目的而对财务报表进行造假，以迷惑别人，想要拨开迷雾见真相，下面就教你两个小方法：

1. 检查存货

存货巨额增加，存货周转率下降，很可能是公司产品销售发生问题，货品积压。这时最好再进一步分析是原材料增加还是生产成品大幅增加。

我得好好看看它的关联交易。

2. 考察其关联交易

上市公司的利润可能存在虚假，但是对待关联交易需认真分析，也许一切交易都是正常合法的。

其实，只要我们能够认真比对，抓住一切细节，就能识破其财务陷阱，成功投资。

第八章

巴菲特的投资实录

可口可乐公司

120 年的成长历程

可口可乐是世界上最大的软饮料生产和经销商。公司的软饮料早在 1886 年就已经问世，至今畅销 120 年，遍布全球 190 多个国家和地区。

可口可乐公司的名声不仅来自于它的著名产品，还来自于它无可匹敌的全球销售系统。可口可乐公司在美国以外的国际市场上的销售额和利润分别占其销售总额的 67% 和利润总额的 81%。可口可乐公司拥有可口可乐企业（美国最大的装瓶商）44% 的股份以及可口可乐阿玛提公司 52% 的股份——该公司是澳大利亚的一家装瓶商，业务遍及澳大利亚、新西兰和东欧。可口可乐公司还持有墨西哥、南美、东南亚、中国大陆、中国香港特别行政区和中国台湾地区等地装瓶公司的股份。1992 年，可口可乐公司销售了 100 多亿箱的饮料。

巴菲特对可口可乐公司非常熟悉，他与可口可乐公司的关系可以追溯到他的童年时代。巴菲特在 20 世纪 80 年代买入可口可乐公司之前，已经关注了它 52 年，才等到可口可乐公司价格下跌形成足够的安全边际，他终于抓住了这绝好的投资机遇。巴菲特 1989 年大笔买入可口可乐股票后，在当年的年报中兴致勃勃地回顾了自己 52 年来持续长期关注可口可乐公司的过程：

"我记得大概是在 1935 年或 1936 年第一次喝了可口可乐。不过可以确定的是，我从 1936 年开始以 25 美分 6 瓶的价格从巴菲特父子杂货店成批购买可口可乐，然后再以每瓶 5 美分零卖给周围的邻居们。在我跑来跑去进行这种高利润零售业务的过程中，很自然地就观察到可口可乐对消费者非同寻常的吸引力及其中蕴藏的巨大商机。在随后的 52 年里，当可口可乐席卷全世界的同时，我也继续观察到可口可乐的这些非凡之处……直到 1988 年夏天，我的大脑才和我的眼睛建立了联系。一时之间，我对可口可乐的感觉变得既清楚又非常着迷。"

在 1989 年大规模投资之前，巴菲特认真研究了可口可乐公司 100 多年的经营历史。

1886 年 5 月 8 日，约翰·潘伯顿用一只三脚铜壶第一次调制出可口可乐糖浆。潘伯顿第一年就卖出了 25 加仑，第一年的总销售额为 50 美元，总成本是 73.96 美元。1887 年，他将发明的"可口可乐糖浆浓缩液"申请了专利。

潘伯顿听从了他的记账员弗兰克·罗宾孙的建议，用"可口可乐"来为他发明的产品命名。在广告中，可口可乐名字用流畅的斯宾塞字体书写，其中两个"C"看起来十分美观。经过 100 多年，可口可乐的这一标识如今为全世界所熟知，可口可乐饮料已经成为美国人乃至全世界人们生活中不可缺少的一部分。

1891 年，亚特兰大商人阿萨·坎德勒用 2300 美元买下可口可乐公司的经营权。巴菲特在 1997 年伯克希尔公司股东年会上说："坎德勒基本上只用了 2000 美元就买下了可口可乐公司，这可能是历史上最精明的一桩买卖。"坎德勒在给可口可乐配制糖浆时，在饮用水里加入了一些自然原料，这就是众所周知的可口可乐"商品 7X"配方——这是世界上最令人嫉妒的商业秘密，也是被最严密保护的饮料配方。

1892 年可口可乐公司在亚特兰大召开了第一届股东年会，有 4 位股东出席。当时的年销售额为 49676.30 美元，资产负债表上的资产额为 74898.12 美元。经过几年的努力，坎德勒杰出的经商才能使得可口可乐在全美各州的销售量迅速增长。

1894 年密西西比州维克斯伯格的一家糖果商人约瑟夫·比登哈恩从亚特兰大用船来运输糖浆，成为第一个生产瓶装可口可乐的商人。

1899 年，经过 5 年多的发展，大规模瓶装生产日益成熟。田纳西州沙塔诺加的约瑟·夫·怀特海德和本杰明·托马斯获得了在美国大部分地区销售瓶装可口可乐的特许经营权。

这个合同开启了可口可乐公司独立开创瓶装生产系统的先河，这一系统一直是公司软饮料运作系统的基础。可口可乐将用于软饮料生产的糖浆和浓缩液运送到世界各地的瓶装可乐销售商手中，然后进行灌装后，在销售商所在的地区配送和销售。

1919 年，以欧尼斯特·伍德洛夫为首的投资者们用 2500 万美元买下了这家公司。到 1923 年，他的儿子罗伯特·伍德洛夫成为这家公司的总裁。罗伯特·伍德洛夫决心让全球各地都有可口可乐，带领公司开展了一系列的展览宣传和促销活动。他 60 多年的卓越领导使可口可乐公司逐步发展成为全球最强大的软饮料企业。

可口可乐公司通过向外扩张，在加拿大、古巴设立分支机构，于 19 世纪 90 年代就迈出了国际化的步伐。在 20 世纪 20 年代，可口可乐公司开始向欧洲进军，1928 年它首次进入中国。1928 年可口可乐公司成为奥林匹克运动会赞助商。当时在一架运送参加奥林匹克运动会的美国代表队到阿姆斯特丹的美国运输机上同时装着 1000 箱可口可乐饮料。

在 1941 年，由于美国介入第二次世界大战，伍德洛夫命令："无论是谁，无论花公司多少钱，每个士兵只要花 5 美分就可以买一瓶可口可乐。"第二次世界大战期间，公司说服美国政府在海外建立了 95 个灌装厂，名义上是为了提高士气而实际是专门为了扩大市场。马克·彭德格拉丝特在 1993 年 8 月 15 日的《纽约时报》上发表了一篇题为《为了上帝、国家和可口可乐》的文章：一个成功的企业需要一群忠实的消费者。一位士兵在给家里的信中写道："在两栖登陆中最重要的问题是在第一次或第二次潮汛来临时，岸上是否会有可口可乐售卖机。"第二次世界大战结束后，尽管

可口可乐的产业特点

可口可乐软饮料是世界上规模最大的产业之一。软饮料产业发展的巨大前景为可口可乐的高速增长提供了坚实的基础。产业的特点是：

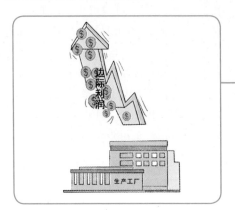

大规模生产、高边际利润

可口可乐是全球最畅销的饮料之一，这就需要生产规模足够大，而大规模的生产销售促成了它的高利润。

高现金流、低资本要求

可口可乐公司能够长久兴盛不衰得益于它的高现金流，这也是巴菲特看中可口可乐公司的原因之一。

高回报率

从巴菲特的投资之中我们不难看出，虽然可口可乐公司产品数十年不变，但是其回报率却居高不下。

美国军队撤离了，但可口可乐却继续受到当地人的喜爱，成为第一批畅销海外的美国产品之一。在此基础上，可口可乐公司迅速在全球建立了规模庞大的生产销售系统，形成了公司在软饮料业内的巨无霸地位。

可口可乐公司向全球近200个国家约1000家加盟者提供其糖浆和浓缩液。尽管在这200个国家里同时销售其他230多种品牌的饮料，但在大多数国家中，几乎没有什么饮料品牌能够与可口可乐相竞争。世界上一半的碳酸饮料都是由可口可乐公司销售的，这一销量是它的劲敌百事可乐公司的3倍。全世界成千上万的人一天就要喝掉10亿罐的可口可乐，这相当于全球饮料市场日消费量的2%。

在1997年可口可乐公司的年度报告中，可口可乐公司前主席道格拉斯·伊维斯特写道："可口可乐公司的创业者们决不会想到会有今天的成绩，当你读到这份报告的时候，可口可乐公司已经取得了一个里程碑式的发展：公司的可口可乐产品以及其他产品每天的销售已逾10亿罐。第一个价值10亿美元的可口可乐饮料，我们花了22年的时间才卖出，如今，我们1天就能卖出10亿罐饮料。"

一个多世纪以来，世界范围内可口可乐员工们将1盎司的可口可乐糖浆兑入6.5盎司的碳化水，没有哪种产品有这样普及。

巴菲特告诉《福布斯》杂志说，他购买可口可乐的一个主要原因就是，在这个大众口味日趋相同的世界里，可口可乐的股票价格并没有反映出可口可乐国际市场销售额中的增长。

巴菲特买入可口可乐股票后感叹道："当时我看到的是：很明白……世界上最流行的产品为自己建立了一座新的丰碑，它在海外的销量爆炸式地迅速膨胀。"

独一无二的饮料配方

1886年，美国佐治亚州亚特兰大市，一家药店的药剂师约翰·史蒂斯·潘伯顿用古柯叶、可乐果、蔗糖等原料，在自家后院的铜罐里配制出一种咖啡色药水。这种药水味道可口，类似糖浆，喝后有健脑提神的作用。药店的记账员弗兰克·鲁滨孙把这种饮料中的两种成分古柯叶和可乐果组合成了"可口可乐"这个名字。后来在药店使用的商业名片上用手写体设计出流畅优雅的商标，凡是拿到名片的人都可以免费得到一杯可乐，人们开始了解可口可乐。潘伯顿当时绝对没有想到，自己的发明后来居然成为全世界风靡的软饮料。

1891年潘伯顿去世，一位名叫阿萨·坎德勒的药品批发商，以2300美元的低价，买下了可口可乐的配方专利权和所有权，并于次年成立了可口可乐公司。精通营销之道的坎德勒深知广告宣传对产品的促销作用，为此他尝试在各种媒体上做广告。除了报纸杂志、户外广告以外，还通过一些辅助材料如菜单、书签、日历、扑克牌等宣传可口可乐。到1895年，可口可乐已经全国皆知，在美国几乎每一个州都有出售。后来，坎德勒创建了可口可乐的独立装瓶体制，即与装瓶公司签订协议，特许该公司购买可口可乐原液，并生产、装瓶和销售可口可乐饮料。

自从1886年创制出可口可乐配方以来，可口可乐公司在过去120多年里一直对这支营销全球的汽水秘方保密。直到最近几年面临食品安全问题时，可口可乐公司才改变策略，稍微揭开一点神秘面纱，强调饮料配方中没有添加防腐剂，也没有人造味道。原来，可口可乐的配方124年来都没有改变过。法国一家报纸曾打趣道，世界上有三个秘密是为世人所不知的，那就是巴西球星罗纳尔多的体重、英国女王的财富和可口可乐的秘方。

在与合作伙伴的贸易中，可口可乐公司只向合作伙伴提供半成品，获得其生产许可的厂家只能得到将浓缩的原浆配成可口可乐成品的技术和方法，并不能得到原浆的配方。

可口可乐公司的历任领导人都把保护秘方作为首要任务。大约在1923年，可口可乐公司向公众播放了将配方的手书藏在银行保险库中的过程，并表明，如果谁要查询这一秘方必须先提出申请，经由信托公司董事会批准，才能在有相关人员在场的前提下，在指定的时间内打开。而如果你要证实可口可乐公司的其他保密资料，则就变得简单很多。

可口可乐的主要配料是公开的，包括糖、碳酸水、焦糖、磷酸、咖啡因、古柯叶等，但核心技术"7X"却从未公开，虽然它只占所有配方的1%。"可口可乐"的竞争对手数次高薪聘请高级化验师对"7X"配方进行破译，但总以失败告终。虽然科研人员通过化验得知可口可乐的最基本配料是水，再加上少量的蔗糖、二氧化碳等，但其他公司按此配制出来的饮料口味却大相径庭。

"7X"商品的配方由三种关键成分组成，这三种成分分别由公司的3个高级职员掌握，三人的身份被绝对保密。而且，他们只知道自己的配方是什么，三人不允许乘坐同一交通工具外出，以防止发生事故导致秘方失传。而且据传现在全世界只有两个人知道可口可乐糖浆的完整配方，可口可乐公司规定这两个人不能同时外出旅行，如果其中一人死了，另一人就要去找一个"徒弟"，把配方的秘密传授给他。

由此人们才知道，可口可乐中的极少量"神秘物质"，才使得可口可乐维系了一个多世纪的荣光，而作为每年销售几百亿箱的全球碳酸饮料龙头，可口可乐的配方早已成为美国大众消费文化的代表。

1916年坎德勒用设计独特、曲线优美的筒裙状瓶子替换了可口可乐原有的直筒瓶子，这种独特的瓶形设计后来也成为可口可乐品牌的独特标志之一。

无法撼动的知名品牌

全世界每一秒钟约有10450人正在享用可口可乐公司所生产的饮料。

在巴西，西姆斯集团装瓶厂为将可口可乐运到偏远地区的销售点，需要用小船，沿亚马孙河流域航行30天才能到达。

可口可乐带来巨大利润的原因

可口可乐公司之所以能给巴菲特带来如此大的利润，是由以下几方面的因素决定的。

雪碧　　可口　　Tab　　芬达
　　　　可乐

1. 著名的品牌优势

在全球最著名的 5 种碳酸饮料中，公司独揽 4 种品牌：可口可乐、雪碧、芬达、Tab。其中，可口可乐已经成为全球最被广泛认同、最受尊重的著名品牌。

2. 持续竞争优势

可口可乐占了全球软饮料行业一半以上的市场份额。如今可口可乐公司每天向全世界 60 亿人口出售 10 亿多罐的可口可乐。

竞争

其他饮料　　可口可乐

你怎么升这么快？

利润率

3. 出众的利润创造能力

从巴菲特买入后，10 年时间，到 1998 年的时候，可口可乐就已经超过了 1500 亿美元的市值，给巴菲特带来超过 10 倍的收益。

日本拥有最多的自动售卖软饮料机，全国共有 200 万部，其中超过 1/3 带有可口可乐商标。日本最畅销的非碳酸饮料乔治亚咖啡，就是可口可乐公司的产品。

在哥斯达黎加的阿蜜，一个大市场和一个公共汽车站都是以"可口可乐"命名，该处是原来的可口可乐装瓶厂所在地。如果你坐计程车，告诉司机你要去"可口可乐"，那么司机很可能送你到市场，而非真正的可口可乐装瓶厂。

可口可乐湾在洪都拉斯的科尔特斯港。40 多年前以可口可乐为这个海滩命名，因为这个海滩就在一家可口可乐装瓶厂前面。那间可口可乐装瓶厂现今已不复存在，但名字却留给了海滩。

巴西马卡帕装瓶厂位处赤道，因此我们可以在街的一边即南半球买一瓶可口可乐，然后立即到街的另一端即北半球再买一瓶可口可乐。

如果将至今所有出厂的可口可乐，以 8 盎司可口可乐曲线瓶，将其首尾相连地排列，沿着地球周围的卫星轨道环绕，所形成的距离将花费一个卫星 11 年 10 个月又 14 天内的时间绕行 4334 圈。

如果可以制造一个大的足以装下所有曾经生产过的可口可乐的超级大瓶子，则这个瓶子的瓶高将会有 3.2 公里，宽达 2.4 公里。若有与这个瓶子成同等比例的人，这人将会是一个身高超过 27.2 公里，体重达到 3 亿 2 千万吨的巨人。

如果将曾经出厂的可口可乐以 8 盎司弧形瓶送给全世界所有的人，则每人将可获得 678 个瓶子（或 42 加仑以上）。如果将所有曾经生产的可口可乐，以 8 盎司曲线瓶装首尾相连排列，它们将会从月球来回 1057 次。若以每天来回一趟计算，则须花费 2 年 10 个月又 23 天的时间。

如果将所有曾经生产的可口可乐以 8 盎司曲线瓶头尾相连排列，它们将会从水星通过金星、地球、火星，一直到木星。

如果将曾经生产的所有可口可乐倒进一个平均深度为 1.8 公尺的游泳池，则这个超级大游泳池的长为 35.2 公里，宽为 12.8 公里。这个游泳池将可同时容纳 54800 万人。

领导可口可乐占领世界的天才经理人

现在世界上有多少人手里拿着可口可乐在畅饮，恐怕是无法数清的。可口可乐这个典型的美国饮料，已成为了美国著名品牌、世界著名品牌，并成为美国文化的象征。

可口可乐总裁甚至多次说过："即使我的工厂被大火毁灭，即使遭遇世界金融风暴，但只要给我留下可口可乐的配方，我还能东山再起，还能重新开始。"的确如此，今天我们之所以能够喝到这样美味可口的饮料，必须感谢一个人——阿萨·坎德勒。

1851 年 12 月 30 日，阿萨出生在美国佐治亚州一个富裕的家庭里。1870 年，他先是在小镇卡特斯维尔的小药店当学徒，两年之后，学徒生涯使他明确了自己要做一个药剂师的愿望。于是在 1873 年，学徒期满的他踏上了去亚特兰大的路程，当时，阿萨的口袋里仅有 1.75 美元。一直到晚上 9 点钟，他来到了桃树街的"大众药房"，药房老板接待了这个看上去疲惫不堪的小伙子，勉强同意留下他试用。

1888 年，少时受过伤的阿萨被头痛折磨得很是苦恼，朋友就建议他试试可口可乐。阿萨照办了，头痛果然减轻。后来，他不断饮用可口可乐，偏头痛竟逐渐好转，这使得身为药剂师的阿萨对可口可乐大感兴趣。经过调查，他发现潘伯顿并不善于经营，于是他决定入股。阿萨入股可口可乐之后，觉得潘伯顿和参与生产、销售可口可乐原浆的人都没有做好工作，他不想只接管一项管理不善的事业。要么不干，要么完全控制！ 1888 年 8 月 30 日，阿萨·坎德勒付出了最后一笔款子——1000 美元，最终拥有了可口可乐的全部股权。

1891 年秋季，阿萨把他的可口可乐公司搬到亚特兰大迪凯特街 42 号的楼上。在推销可口可乐的过程中，他很快意识到，如果只把这种饮料定位于"药用饮料"，它的产品消费者就会局限于"病人群体"，而如果改变促销宣传内容，将其定位于大众化的软饮料，人人都能喝，何愁打不开销路？从此，可口可乐便从一种药用饮料变为人们所熟悉的"清香提神"饮料。

阿萨的促销广告宣传摇身一变，由"神奇健脑液"变成了后来人们熟悉的"清香提神"软饮料的广告词。汽水店、冷饮店是当时城市人最爱光顾的主要场所。夏季生意相当红火，但进入秋冬季节，生意便一落千丈，甚至关门歇业。阿萨看准这个潜力巨大的市场，亲自上门促销，鼓动店主们摆卖可口可乐。

1899 年，两名青年律师托马斯和怀特黑德主动恳请与可口可乐公司合作，采用瓶装技术扩大可口可乐饮料的销售。阿萨当即对他们表示："我对这种瓶装业务几乎没有什么信心。"同时，他又表示，如果他们能够作出合格、安全的玻璃瓶，他还是愿意提供充足的原浆及饮料。两位律师使出浑身解数，终于说服阿萨跟他们签订了一份合同：托马斯和怀特黑德自筹资金建立瓶装厂，并保证只灌装可口可乐饮料。作为回报，阿萨则让他俩独享瓶装可口可乐专营权和商标权，并提供充足的饮料。

第二年起，专门灌装可口可乐饮料的瓶装厂陆续在全美各地建成投产。阿萨经营的可口可乐通过瓶装技术，源源不断地销售到美国城乡各地。

阿萨有一句座右铭："今天损失的可口可乐，明天再也补不回来。"从细微处着手，认认真真地做着每一笔生意，并力图把生意做好，这使得许多客户从他那里得到了足够的自尊，感受到了阿萨的自信。因此，所有的客户都乐于和阿萨做生意，也相信阿萨的可口可乐原浆的产品质量。于是，阿萨的客户越来越多，生意也越做越大。

20 世纪 80 年代可口可乐公司在罗伯托·郭思达领导下又发生了巨大变化。

可口可乐对优秀的管理者的能力要求

1.知识业务能力

现代企业管理者须具有相当的科学管理、企业管理等方面的知识和技能才能出色地完成企业管理的艰巨任务。

只要这样做，我们就一定能成功！

2.人际交往能力

人际交往能力是指一个人在工作中如何处理与他人之间的关系以共同完成工作任务的能力。

3.理念能力

理念能力又称为概念能力，指的是管理者整体的经营思想及行动的指南，它直接影响到管理者如何从全局出发来考虑如何做和做什么等重大问题。

企业管理者掌控着企业的各项工作，通过其职能发生作用。企业管理工作的好坏关键在于企业管理者，企业的文化建设与企业管理者的作用也是密不可分的。

自 1962 年起一直担任公司总裁的保罗·奥斯汀，1971 年被任命为董事长，他开始大规模进行多元化经营，如投资于众多与可乐无关的项目，包括水净化、白酒、养虾、塑料、农场等。事实上 20 世纪 70 年代可口可乐公司的股东权益投资收益率仅为可怜的 1%。保罗·奥斯汀偏离饮料主业进行多元化的行为加重了可口可乐公司 70 年代的不景气。同时他刚愎自用，令人难以接近，公司董事会财务委员会主席、91 岁的元老小罗伯特·伍德拉夫在民怨沸腾的情形下，要求奥斯汀辞职，并起用罗伯托·郭思达。

20 世纪 70 代末 80 年代初，在美国南部，观众打开电视时，突然看到了一个很有意思的广告。这则广告是百事可乐新推出的，广告的内容是：给顾客倒两杯可乐，不告诉顾客杯子里盛的是什么可乐，然后让顾客根据口感来判断，谁的口味更好。结果 80% 的顾客选出来的口味更好的可乐，最后一查全都是百事可乐。

百事可乐广告一经播出很轰动，因为在参加这些测试的顾客中，很多人都是可口可乐的拥趸。但是在这次盲测中，他们觉得百事可乐口感更好，这连他们自己都觉得很不可思议。

百事可乐很快把它推向全国。一瞬间社会舆论一片大哗。百事可乐在美国饮料市场的份额突然从 6% 猛升至 14%，距离可口可乐只有一个百分点。

初上任的郭思达无法忍受这样的情况继续下去，他必须要做出某种改变。要改的就是 90 多年来一直都没有变过的可口可乐配方。

1985 年，可口可乐放弃了已使用 100 多年的老配方，推出了新的可乐配方。这一惊人的失误付出了惊人的代价。在无数可口可乐忠诚消费者的压力下，老配方不得不又恢复了。

20 世纪 80 年代中期，可口可乐的经营策略发生了改变。郭思达渐渐放弃了与可乐无关的业务。

他最大的功劳是推动可口可乐的全球化高速增长。可口可乐开始加强在巴西、埃及、中国、印尼、比利时、荷兰和美国的灌装生产。这种策略重心的转变在可口可乐 1986 年度的报告中明确体现，其封面是三瓶可乐放在世界之巅，里面则表达了公司对未来的热切期望：潜力是无穷的。到处都有人安装可口可乐系统……全世界都有可口可乐，到处都能买，到处都能卖。

报告中的数字表示罗伯托·郭思达的全球化经营策略获得了丰厚的回报。从 1984 ~ 1987 年，即巴菲特投资前，可口可乐在全世界的销量增加了 34%，每加仑边际利润也从 22% 上升到 27%，国外的总利润从 6.66 亿美元涨到了 11.10 亿美元。

从 1886 年可口可乐诞生到今天，可口可乐已经走过了近 130 年的历史。可口可乐的历史本身就是近现代企业发展史的浓缩版本。这一百多年来，可口可乐经历了十余任 CEO。然而最伟大的 CEO，总是出现在最危难的时刻，坎德勒、郭思达……他们把危机转成时机，让这种棕色汽水红遍全世界。

载入吉尼斯纪录的超级销量

1988 年巴菲特开始买入可口可乐公司股票，在此之前可口可乐的经营情况如何呢？

可口可乐公司 1987 年的年报对前 11 年的经营情况做了一个很好的回顾，以下我们在扣除非经常性项目损益与所得税调整的影响后加以分析。营业收入每年增长 10.6%，10 年里增长了 2.75 倍，营业利润增长了 2.58 倍。

1981 年罗伯托·郭思达上任后公司产品盈利能力大幅度增长，1982 ~ 1997 年 5 年间营业利润每年增长 12%。

1976 ~ 1980 年可口可乐公司税前利润率连续下降了 5 年，1980 年可口可乐公司的税前利润率不足 12%，远远低于公司 1973 年 18% 的水平。1981 年罗伯托·郭思达上任的第一年，税前利润率就上升到 13.7%。1988 年，巴菲特买进可口可乐公司股票时，公司的税前利润率已上升到创纪录的 19%。

可口可乐公司每年 9 亿美元的净利润无疑会吸引新的竞争对手进入软饮料产业，但可口可乐取得如此业绩依靠的是每天高达 10 亿罐的销售量。公司尽可能降低成本，以低价格保证巨大的销售量，每罐只有半美分的利润，这形成了阻挡其他竞争者的巨大壁垒。

罗伯托·郭思达的目标是到 2000 年可口可乐公司的销售额要翻一番。罗伯托·郭思达在《可口可乐面向 2000 年的企业制度：我们 90 年代的使命》一书中指出：可口可乐公司是唯一具有能给全世界任何地方带来新鲜活力和能量的企业。通过提高公司在东欧、俄罗斯、印尼、印度、非洲和中国的销量，销售额翻一番的目标完全可以实现。尽管这些国家的人均消费量可能永远赶不上美国（年人均消费 296 瓶 8 盎司装可口可乐），但只要销量在这些发展中的国家和地区略有增长，就可以获得可观的利润。目前，世界上有一半人人均可口可乐年消费量不到 2 瓶，仅在中国、印尼、印度的机会就足以使可口可乐公司积累进入 21 世纪的财富。

第二节

美国运通公司

125 年历史的金融企业

回溯 1851 年，美国运通在创立之初，其实是一家快递公司，它是由好几家小型快递公司共同组成的快递联盟，口号是"安全、迅速"，牛头犬是它的标志。

1860 年，美国爆发南北战争，美国运通全力支持北方军，肩负起联邦军队所需物资的运输，后来还帮助军队在战地印发选票。

1880 年，公司规模已经迅速发展壮大，在美国 19 个州先后设立了 4000 家分支机构。

1882 年，大量现金的运送风险日益增加，于是美国运通开始了汇票承销。汇票业务快速成长，因此和欧洲各大银行往来密切。美国运通除了基金划拨外，更朝着多元化方向发展。但尽管金融业务蒸蒸日上，货物运输依旧是其首要的经营重心。

1891 年美国运通推出了旅行支票，开创了一个新的里程碑，也让公司经营发展做出了重大变化，自此从货物运输公司转型为金融服务公司。美国运通承诺，每一张标有面额的支票都可以在许多国家兑换成各种不同币种的现金，更重要的是，一旦旅行支票被窃或遗失，受害人能自动地获得退款。

旅行支票的问世，让观光客可以凭着一张纸就悠游在各国汇率之间。旅行支票的效力高低，其实凭借于开票银行品牌势力的大小，于是，美国运通萌生了进军旅游界的念头，它开始发售火车联票和越洋船票。

1914 年，第一次世界大战爆发，15 万名美国人投身欧洲战场。美国运通灵机一动，把参战士兵的钱寄到它在欧洲各地的据点，这大大增强了它在某些国家所拥有的品牌影响力——当地商人对美国运通旅行支票的接受度，远高于对本国货币的信任度。美国运通公司充分利用海外广泛的分支机构及其崇高声誉，在旅行支票业务基础上提供旅游代理服务和货币兑换等大量旅游相关业务。当时美国的海外旅游热潮为美国运通公司提供了大量利润。

即使在 20 世纪 30 年代的经济大萧条时期，美国运通的声望仍持续上升。当时各大银行纷纷暂停营业，美国运通资产遭到冻结，但它还是继续兑现所有的旅行支票，足见它的品牌信誉比现金更可靠。

当《时代周刊》宣告"无现金的社会"已经到来，一场信用卡取代现金的流通革命即将开始，而美国运通正是这场革命的导航灯。1958 年美国运通开发出了最大胆也是最成功的产品——运通卡。公司与许多商家签约，向持卡人收取一定的费用并按照刷卡额的一定百分比给商家一定的折扣。到了 1963 年，有 1000 万公众持有美国运通卡，该公司成千上万美元的票据在流通，像货币一样被人毫不迟疑地接受。1970 年美国运通收取了 23 亿美元的手续费，运通卡使美国步入无现金社会。美国运通多年来也在公众中建立了巨大的声誉。

1963 年，美国运通在新泽西州巴约纳的一家仓库的一场非常普通的日常交易中，接收了由当时规模庞大的联合原油精炼公司提供的一批据称是色拉油的罐装货物，仓库给联合公司开出了收据作为这批所谓色拉油的凭证，联合公司用此收据作为抵押来取得贷款。

1963 年 11 月，美国运通发现油罐中只装有少量的色拉油，大部分是海水。美国运通的仓库遭受了巨大的欺骗，其损失估计达 1.5 亿美元。

美国运通总裁霍华德·克拉克决定承担下这批债务，这意味着母公司将面对各种索赔，而且将包括没有法律依据的索赔，潜在的损失是巨大的。实际上，他说公司已经"资不抵债"。

巴菲特专门走访了奥马哈罗斯的牛排屋、银行和旅行社、超级市场和药店，发现人们仍然用美国运通的旅行者支票来做日常的生意。他根据调查得出的结论与当时公众的普遍观点大相径庭：美国运通并没有走下坡路，美国运通的商标仍是世界上畅行标志之一。

巴菲特认识到美国运通这个名字的特许权价值。特许权意味着独占市场的权力。在全国范围内，它拥有旅行者支票市场 80% 的份额，还在付费卡上占有主要的市场份额。巴菲特认为，没有任何东西动摇过美国运通的市场优势地位，也不可能有什么能动摇它。

股票市场对这个公司股票的估价却是基于这样一个观点，即它的顾客已经抛弃了它。华尔街的证券商一窝蜂地疯狂抛售。1963 年 11 月 22 日，公司的股票从消息传出以前的 60 美元 / 股跌到了 56.5 美元 / 股，到 1964 年年初，股价跌至每股 35 美元。

1964 年巴菲特将其合伙公司 40% 的资产，约 1300 万美元买入美国运通公司 5% 的股票。

在接下来的两年时间里美国运通的股价上涨了 3 倍。在 5 年的时间内股价上涨了 5 倍，从 35 美元上涨到 189 美元。巴菲特告诉《奥马哈世界先驱报》（1991 年 8 月 2 日）说，他持有这些股票长达 4 年，因此他投资美国运通的收益率最起码在 4 倍以上。

巴菲特在伯克希尔 1994 年的年报中对他投资美国运通的历史，认为正是这种对公司的长期了解使他做出了大笔增持美国运通股票的明智投资决策。

美国运通公司业务现状

目前，美国运通公司业务主要分为四部分：

旅游及相关服务（TRS），包括发行运通信用卡和运通旅行支票和旅游代理服务，这是公司的核心业务。

财务顾问服务（IDS），主要是向个人客户提供财务计划和投资咨询服务，涉及财务计划、保险和投资产品等。

运通银行，在全世界 37 个国家和地区设有 87 家办事处，但运通银行的业务收入只占美国运通公司总收入的 5%。

为客户特别是信用卡公司提供处理数据服务。

"在寻找新的投资目标之前,我们会先考虑能否增加原有股票投资的头寸。如果一家企业非常具有吸引力而曾经让我们愿意买入,那么这家公司同样值得我们再次择机买入。我们非常愿意继续增持 See's 或者 Scott Fetzer 的股东权益比例,但我们至今无法增持到 100% 的持股比例。但是在股票市场中,投资人经常有机会可以增持他了解且喜欢的公司股票。去年我们就是这样增持了可口可乐与美国运通的股票。

"我们投资美国运通的历史可以追溯到很早以前了,事实上这也符合我总是根据过去的认识来做出现在的投资决策的模式。……我投资美国运通的历史包含两段插曲,在 20 世纪 60 年代中期,这家公司由于'色拉油丑闻'而声名狼藉,股价受到严重打压,我们乘机将巴菲特合伙企业 40% 的资金投入到这只股票,这是合伙企业所做出的最大一笔投资。我要进一步补充说明一下,我们投资 1300 万美元买入的股票高达该公司 5% 的股权比例。目前我们在美国运通的持股比例接近 10%,投资成本高达 13.6 亿美元(美国运通 1964 年的利润为 1250 万美元,1994 年则高达 14 亿美元)。

"我对目前在美国运通总利润占 1/3 的 IDS 部门的投资可以追溯到更早以前。我在 1953 年第一次买入 IDS 股票,当时该部门迅速增长而市盈率只有 3 倍(在那些日子压弯了枝头的果子唾手可得)。后来我在《华尔街日报》刊登广告以 1 美元将其股票卖出,我甚至还写了一篇关于这家公司的长篇报告——我写过短的报告吗?

"显然美国运通与 IDS(最近已更名为美国运通财务顾问)现在经营的业务已经远远不同于过去,但我还是认为,长期以来非常熟悉一家公司及其产品常常在评估这只股票时很有帮助。"

重振运通的哈维·格鲁伯

1992 年罗宾孙辞职后由哈维·格鲁伯接任总裁,在此之前他负责的 IDS 非常成功。哈维·格鲁伯清醒地认识到运通公司核心竞争力在于美国运通卡,他经常用"特许权"和"品牌价值"等字眼来形容运通卡的优势地位。哈维·格鲁伯决心逐步清理非核心业务,全力恢复并加强运通公司的核心业务旅游及相关服务(TRS)业务的市场占有率与盈利能力。

1992 年,哈维·格鲁伯将下属的数据处理部门(IDC)出售。尽管这一业务盈利能力不错,但与公司核心业务及核心客户关系不大。这次出售 IDC 为运通公司带来了 10 亿美元的收益。

1993 年,哈维·格鲁伯将运通公司下属的波士顿公司以 15 亿美元转让给梅隆银行。

不久,又将西尔森—雷曼公司一分为二,将原西尔森及其他证券经纪业务出售,然后又在 1994 年将从事投资银行的雷曼兄弟公司分拆上市。

哈维·格鲁伯一系列大刀阔斧的运作重新让公司回到专业化经营的正轨上。经过重组，清算了运通公司业绩不佳的非核心业务和不良资产，公司集中力量于最核心的业务，专门向富人阶层提供服务，其中旅游相关服务，包括银行卡、支票、旅游代理仍然是公司的核心产品。管理层的目标是把运通卡变为世界上最受尊敬的服务品牌。公司多次强调美国运通卡的品牌价值，甚至将下属的金融服务公司更名为运通金融服务公司。

哈维·格鲁伯清楚地知道，用户希望从美国运通得到的是信贷安全和特权享受。一旦你购买了美国运通卡，无论你身处世界的哪一个角落，你的权益都将得到保证。多年来，正是这种承诺使美国运通的信用卡和旅行支票业务经久不衰。无论是在国内还是国外，每个用户都能体会到美国运通公司周到、体贴的关怀。据统计，70%的用户在选择信用卡时认为服务质量同价格一样重要。美国运通的用户希望在他们掏出美国运通卡的一刹那就能立即引起饭店接待员的注意，意思是"站在你面前的不是一般人物"。哈维·格鲁伯已竭力使美国运通的白金卡用户在掏出他们的信用卡之后，立即能得到最热情的服务。

在哈维·格鲁伯的领导下，美国运通公司主业旅游相关业务得到显著改善，重组成本与坏账率大幅降低，盈利能力大幅回升。1994年生产成本降低了16亿美元，年营业额高达156亿美元，利润增长了18%，公司的股票也由每股25美元涨至44美元。

优秀经理人创造的超额价值

1990年以来，美国运通公司的非现金费用（折旧、摊销）与其用于土地、建筑和设备的资本支出数额相当。根据巴菲特对所有者收益的定义，当折旧、摊销等非现金费用接近资本支出时，所有者收益就近似等于净利润。

在1991年巴菲特投资30亿美元买入其可转换优先股之前，美国运通公司经营历史不稳定，很难断定其股东收益的增长率。

在哈维·格鲁伯接任后对美国运通进行大规模重组，公司进入稳定增长的轨道。公司的价值增长主要来自于哈维·格鲁伯对运通进行专业化重组后，用其高超的管理能力创造的超额价值。

但对于巴菲特而言，由于公司经历了较大的变化，在这种情况下，最好的办法是使用比较保守的增长估计。

"1994年公司的净利润约为14亿美元。哈维·格鲁伯的目标是净利润每年增长12%～15%。为了保守起见，我们的估计要大大低于管理层的预计，假设未来10年美国运通公司净利润每年增长10%，其后的增长率为5%。

"考虑到30年期国债收益率为8%，这已经是一个相当保守的贴现率，为了更加稳妥起见，我们采用10%的贴现率。"

根据计算，运通公司股票的内在价值为 434 亿美元，即每股 87 美元。

高端客户创造高利润

公司旅游相关服务持续增长，主要体现在运通卡发行量持续增加。1990 年运通卡发行数量已经高达 365 万张，银行卡直接消费金额达到 1110 亿美元，旅行支票销售 250 亿美元，旅游业务收入达 50 亿美元。

1993 年运通卡消费总额达到 1240 亿美元，其中企业客户达 34 亿美元。

1997 年发卡量更是比 1990 年增长了 17%，消费额增长了 87%。

目前全球 500 强的企业中 70% 以上使用运通卡。由于运通卡持有者多为富人和企业，持有人平均每年消费支出几乎是维萨卡和万事达卡平均年消费水平的 4 倍，而且平均每张运通卡的年消费支出保持持续增长，1998 年为 6885 美元，1999 年增长为 7758 美元，增长了 12.67%。

更高的消费对于商家来说意味着更多的利润，这也让运通卡越来越多受到商家青睐。运通卡的覆盖面较广，可以在美国 80% 的零售商店、86% 的加油站和近 100% 的世界性大旅游和娱乐场所使用。持卡人的高消费与更多的商家使用运通卡，使其平均每张信用卡的盈利水平远远高于维萨卡和万事达卡。

由于金融创新，更多美国人将现金、存款、养老金转为货币市场基金、共同基金。公司财务顾问业务相应大幅增长近一倍，1990 年资产管理规模达到 1060 亿美元，收入平均每年递增 20% 以上。1997 年与 1990 年相比，资产管理规模增长了 4 倍，利润以每年 20% 的速度增长。

华盛顿邮报公司

投资 0.11 亿美元，盈利 16.87 亿美元

1971 年，凯瑟琳·格雷厄姆决定让华盛顿邮报公司股票上市。

华盛顿邮报公司的股票分为 A、B 两种类型。A 种股票股东有权选举公司董事会的主要成员，B 种股票股东只能选举董事会的次要成员。凯瑟琳·格雷厄姆持有 50% 的 A 种股票，可以有效地控制公司。1971 年 6 月，华盛顿邮报公司发行了 1354000 股 B 种股票。

令人吃惊的是，公司上市仅仅两天后，凯瑟琳·格雷厄姆无视白宫的威胁，授权本·布莱德利出版五角大楼文件。

1972 年，华盛顿邮报公司股票价格强劲攀升，从 1 月份的每股 24.75 美元上升到 12 月份的 38 美元。

1973 年，尽管报业在不断发展，道琼斯工业指数持续下跌 100 多点，创造了 3 年来的历史新低。6 月份，美国联邦储备委员会再次提高贴现率，道琼斯工业指数跌破 900 点。华盛顿邮报公司股票价格也随之下跌，到 5 月份下跌到每股 23 美元。

1973 年华盛顿邮报公司股权收益率达到 19%，其收入增长趋势也很好。但 1973 年其股价下跌了近 50%，因为美国的股市崩溃了，股指大跌 20%。巴菲特抓住这一良机，投资 1062.8 万美元买入 461750 股 B 种股票，平均买入价格为每股 22.69 美元。

巴菲特指出："在 1973 年，华盛顿邮报公司的总市值为 8000 万美元，在那时候某一天你可以将其资产卖给十位买家中的任何一位，价格不会低于 4 亿美元，甚至还能更高。该公司拥有《华盛顿邮报》、《新闻周刊》以及数家在主要市场区域的电视。当时与其相同的资产的价值为 20 亿美元，因此愿意支付 4 亿美元的买家并非发疯。"可见巴菲特认为自己是以低于华盛顿邮报股票内在价值 1/4 的价格买入股票的。

巴菲特在伯克希尔 1985 年的年报中回顾投资华盛顿邮报公司时指出："1973 年中期，我们以不到企业每股商业价值 1/4 的价格，买入了我们现在所持有的华盛顿邮报全部股份。其实计算股价价值比并不需要非同寻常的洞察力，大多数证券分析师、媒体经纪人、媒体行政人员可能都和我们一样估计到华盛顿邮报的内在商业价值为 4

亿～5亿美元，而且每个人每天都能在报纸上看到它的股票市值只有1亿美元。我们的优势更大程度上在于我们的态度：我们已经从本·格雷厄姆那里学到，投资成功的关键是在一家好公司的市场价格相对于其内在商业价值大打折扣时买入其股票。

"1973～1974年间华盛顿邮报的业务经营继续非常良好，内在价值持续增长。尽管如此，1974年年底我们持股的市值却下跌了约25%，我们原始投资成本为1060

超级明星股

一只超级明星股必须具备以下两个条件：

增长3～10倍

1. 在3～5年的时间内，与期初相比，股价增长3～10倍。

2. 以相当于次级公司的股价水平，买入超级公司的股票。

现在买的话属于次级公司的股票价格！

股票交易

选择一只超级明星股是十分不容易的，不仅需要机遇，更需要准确的投资分析，但是，一旦选择了正确的明星股，其回报率是十分惊人的！

万美元，这时仅为 800 万美元，本来在一年前我们觉得已经便宜得可笑的股票现在变得更便宜了，拥有无穷智慧的'市场先生'又将华盛顿邮报的股价相对于其内在价值进一步降低了 20%。"

即使按该公司股票内在价值最保守的估算，也会显示出巴菲特是以少于其内在价值一半的价钱买进华盛顿邮报公司股票的，而巴菲特自己认为是以低于其内在价值 1/4 的价钱购买的。不管怎么说，他是按华盛顿邮报公司股票内在价值显著的折扣价格买进的。巴菲特充分满足了本·格雷厄姆关于购买企业的准则，即低价购买创造了一个很大的安全边际。

1973 年巴菲特持有华盛顿邮报股票 461.75 万股，1979 年拆细为 186.86 万股，1985 年略有减少为 172.78 万股，然后到 2003 年年底巴菲特仍然保持持股毫无变化。这是巴菲特持有时间最长的一只股票，长达 31 年。1977 年底，华盛顿邮报公司股票在伯克希尔公司的普通股投资组合中占 18.4%，这是一个非常高的比重。在 1973 年时巴菲特还没有买入 GEICO 保险股票，当时在投资组合中占的比重可能超过 30% 以上。

巴菲特在伯克希尔 1985 年的年报中感叹道："在伯克希尔公司我通过投资华盛顿邮报，将 1000 万美元变成 5 亿美元。" 1973 年巴菲特用 1062 万美元买入华盛顿邮报公司的股票到 2004 年底市值增加到 16.98 亿美元，30 年的投资利润为 16.87 亿美元，投资收益率高达 160 倍。华盛顿邮报公司股票是巴菲特寻找到的第一只超级明星股，也是回报率最高的一只超级明星股。

美国两大报业之一

《华盛顿邮报》是美国最主要的城市之一——华盛顿最大、最悠久、最具有影响力的报纸。20 世纪 70 年代初通过揭露水门事件，迫使理查德·尼克松总统退职，《华盛顿邮报》获得了国际威望。许多人认为它是继《纽约时报》后美国最有声望的报纸。由于它位于美国首都，尤其擅长于报道美国国内政治动态，而《纽约时报》则在报道国际事务上更加有威望。也有人认为《华盛顿邮报》过分关心政治而忽略了对其他方面的报道。

《华盛顿邮报》拥有世界著名的优秀政治新闻记者，1971 年 6 月在公司发行 B 种股票仅仅两天后，《华盛顿邮报》在巨大的政治压力下刊登了五角大楼文件并跟踪报道水门事件，直接导致了尼克松总统的辞职。此举充分表现了作为媒体的独立性，使该报获得了崇高的声誉，确立了该报在业内的领袖地位。在很多年之后的 1998 年初，《华盛顿邮报》第一个报道美国总统克林顿与白宫实习生莱温斯基的性丑闻事件。2004 年《华盛顿邮报》获得 18 项普利策奖。

几十年来，《华盛顿邮报》一直在同《星报》的竞争中努力前进。《华盛顿邮报》

公司通过收购《国际先驱论坛报》，已经成为一个非常强大的竞争对手，并且很快超过了《星报》。1981年《星报》被迫停刊，这使得《华盛顿邮报》实际上成为这个世界上最重要的城市之——美国首都华盛顿的唯一一家处于垄断地位的报纸。按2003年9月30日的数据显示《华盛顿邮报》的日平均发行量为78万份，继《洛杉矶时报》、《纽约时报》、《华尔街日报》和《今日美国》后列第五名。《华盛顿邮报》星期日的发行量大约为110万份。《华盛顿邮报》的零售价格从1981年最初的25美分已经增加到2001年的35美分。

在最近几年里，《华盛顿邮报》已经在利润和股票市场价值方面超过了自己最大的竞争对手《纽约时报》。《华盛顿邮报》公司利润的一半来自于《华盛顿邮报》的发行，除此以外，《新闻周刊》在1995年的经营利润就已经达到了这个数字，到1997年，经营利润达到了3800万美元。

目前公司下属的《新闻周刊》也是与《时代周刊》并驾齐驱的全球最有影响力的杂志之一。《新闻周刊》是一份在纽约出版，在美国和加拿大发行的新闻类周刊。在美国，它仅次于《时代周刊》，当然有时它的广告收入超过了《时代周刊》。在发行量上，它超过了《美国新闻和世界报道》。在这三份期刊中，《新闻周刊》通常被视作观点比《时代周刊》更自由而比《美国新闻和世界报道》更保守。最初《新闻周刊》的英语名字是 News Week，由托马斯 J.C. 马丁于1933年2月17日创立，在这份创刊号的封面上印有有关那周新闻的7张照片。1937年，马尔柯姆·米尔成为该刊主编及总裁，他将刊物的英文名字改成了现在的样子，并加强了该刊文章的可读性，引入了新的署名专栏和国际版面。随着时间的流逝，《新闻周刊》已经发展为一个内容广泛的全方位新闻类杂志，其涵盖范围包括了从突发新闻到深度分析的各种内容。1961年，华盛顿邮报公司将其收归旗下。

根据2003年的统计数据，《新闻周刊》在全球有超过400万的发行量，其中在全美为310万。同时，它还出版日、韩、波兰、俄、西、阿拉伯等多种语言版本，以及一份英语的国际刊物。

巴菲特1973年开始购买股票之前，华盛顿邮报公司就已经有30多年的经营历史。公司从一家几十万美元的小报纸起步，发展成为如今50多亿美元市值的美国传媒企业中的领导者。1931年，《华盛顿邮报》是美国五家主要日报之一。第一期《华盛顿邮报》有4版，每一版面包括7个栏目，采用优质印刷纸印刷。

1933年，华盛顿邮报公司因无力支付新闻纸的费用而被拍卖。金融家百万富翁尤金·梅耶在拍卖会上以82.5万美元的价格购买了这家报社。

当时《华盛顿邮报》的日发行量只有5万份，一年亏损100万美元，是当年华盛顿5份报纸中质量最差、亏本最多、读者最少的一份报纸，谁也没有想到它以后会变成美国的媒体帝国。

在以后的20年中，尤金·梅耶把自己的全部时间、精力和资金都投入到华盛顿邮报，他的追求、执着以及他为此而不断投入的资金，拯救了华盛顿邮报。经历了九年半的亏损之后，华盛顿邮报终于扭亏为盈，1942 ~ 1945 年累计盈利额达到了24.75 万美元。1946 年，杜鲁门总统邀请尤金·梅耶担任世界银行的第一任总裁。

1948 年，尤金·梅耶正式宣布，把具有投票权的 5000 股公司股份分别转交给女婿菲利普·格雷厄姆 3500 股和女儿凯瑟琳·格雷厄姆 1500 股。菲利普·格雷厄姆毕业于哈佛大学法学院，加入华盛顿邮报公司前担任过《法律评论》的主管。

菲利普·格雷厄姆很快就成为华盛顿邮报公司一个精明强干的领导人。他开始从财务和新闻两个方面着手打造公司。

1954 年，菲利普·格雷厄姆收购了《时代先驱报》，从而成为华盛顿唯一的一家晨报。通过这次收购《华盛顿邮报》的发行量增加了两倍，广告收入也出现了大幅度提升，使 39 岁的菲利普·格雷厄姆成为美国新闻历史上一位重要的人物。他 1961 年收购了《新闻周刊》，随后购买了两家电视台，后来又收购了伯沃特·莫塞纸业公司——它为公司提供了绝大部分的新闻纸。《华盛顿邮报》公司在格雷厄姆掌门期间，从一家报社转变为一家名声大振的传媒通信公司。

菲利普·格雷厄姆在 1957 年患上了严重的间歇性抑郁症，1963 年 8 月自杀，年仅 48 岁。

这样，管理华盛顿邮报公司的责任突然之间就完全落到了凯瑟林·格雷厄姆的肩上，她曾经在报社担任过编辑，但是她对新闻报道和商业经营的经验在当时却非常有限。格雷厄姆夫人出于对华盛顿邮报公司的真挚热爱，勇敢地担起了重任。她说："我可以出售这家报社，我可以找个人替我管理报社，或者我自己去经营，但是实际上我已经别无选择，我只能自己去经营。对于我来说，要放弃我的父亲和丈夫用心血和爱一手建造起来的一切，或者把它交给别人是不可思议的。"

她把《华盛顿邮报》做成全国最出色的报纸，一份以调查性报告、文体风格独特和经营成功而著称的报纸。

巴菲特对报纸出版业务非常了解，这完全在他的能力圈之内。

巴菲特的祖父曾经拥有一家小型报社并自任编辑，他父亲曾经担任过《内布拉斯加日报》的编辑。

巴菲特本人 13 岁时就是《华盛顿邮报》一名非常勤奋的报童，他一度每天要走5 条线路递送 500 份报纸，主要是投送给公寓大楼内的住户。

通常巴菲特下午 5：20 出发，坐上开往马塞诸塞大街的公共汽车。聪明的他把春谷区的两条投递《华盛顿邮报》的路线和两条投递《时代先驱者报》的路线结合起来，这个年轻的报童后来又增加了西切斯特公寓大楼的投递工作。

为了能够更好地利用送报机会从顾客那里赚取更多的收入，他想出了一个十分有效的杂志征订的方法。他从被丢弃的杂志中撕下带有征订优惠有效期的广告页，把它们归类，然后在适当的时间请顾客从中选择要续订的刊物。在近 4 年多的时间里，

《华盛顿邮报》业务范围

报刊

华盛顿邮报公司除了《华盛顿邮报》的发行之外，公司还拥有《新闻周刊》，在美国国内发行量仅次于最大的竞争对手《时代周刊》。

电视台

华盛顿邮报公司拥有大约6000名雇员，除了报刊发行之外，还拥有6家电视台。

教育中心

华盛顿邮报公司拥有斯坦利·卡普兰公司（被称为卡普兰教育中心），公司在全国各地设有教育中心。

他同时开发了 5 条送报路线，总共赚了 5000 多美元，这是巴菲特投资致富的最初资金来源。

巴菲特对传媒产业非常有兴趣，他和很多高级记者成为亲密的朋友，他曾经说过，如果他没有选择商业的话，很有可能会成为一名记者。

他具有一名记者在编辑和制作方面所具有的一切天分，他对那些价值被低估行业进行的研究，他所具有的敏锐的商业意识，以及一个记者所具有的独特眼光结合为一身。

1969 年，巴菲特购买了《奥马哈太阳报》，同时还有一系列周报。在他第一次买《华盛顿邮报》公司股份之前，已经具有了 4 年报纸运作的亲身经验。经营管理《奥马哈太阳报》使巴菲特认识到了报纸的经济特许权，这是巴菲特投资一系列传媒产业公司股票大获成功的根本。

传统媒体的特许经营权

华盛顿邮报公司拥有报纸、杂志、电视台等大量传媒企业，股票的市场价值总额已经远远超过了 50 亿美元。

公司一半的营业收入来源于报纸《华盛顿邮报》。

1998 年初《华盛顿邮报》第一个报道美国总统克林顿与白宫实习生莱温斯基的性丑闻事件。《华盛顿邮报》获得了 18 项普利策奖。许多人认为它是继《纽约时报》后美国最有声望的报纸。

公司 1/4 的收入来源于杂志，主要杂志《新闻周刊》的国内发行量超过 300 万份，国际发行数量超过 70 万份。

华盛顿邮报公司还拥有考斯传媒公司 28% 的股份，考斯传媒公司主要发行《明尼阿波利斯星星论坛》，其他一部分股份已经在 1997 年出售给麦克兰奇公司。

同时，《华盛顿邮报》与《纽约时报》分别拥有《国际先驱论坛报》一半的股份，这份报纸在巴黎发行，并在世界各地的 8 个城市同时印刷，主要是转载《华盛顿邮报》和《纽约时报》的报道，报纸在全世界 180 个国家发行。《国际先驱论坛报》的发行量大约为 24 万份。

此外，《华盛顿邮报》公司还控制着洛杉矶—《华盛顿邮报》新闻社一半的股份，这个新闻社为世界各地 50 个国家的 768 家客户提供新闻、专访和评论。

1992 年 3 月，华盛顿邮报公司收购了加瑟斯伯格·加塞特公司 80% 的股份，这家公司是加塞特报社的母公司，目前在马里兰州发行了 39 份周刊，这些周刊的综合发行量大约为 60 万份。

华盛顿邮报公司还在当地的军事基地发行了一系列周报，其中包括在保龄空军基地的《光束》、美国空军学院的《三叉戟》以及沃尔特·里德军事医疗中心的《星条旗》。

在 2001 年年初，华盛顿邮报公司的加塞特公司，还收购了马里兰州艾尔克顿切萨皮克出版公司的《南方马里兰报》。

公司其他 1/4 收入主要来源于电视部门。

华盛顿邮报公司目前拥有大约 6000 名雇员，还拥有 6 家电视台：底特律的 WDIV/TV4 电视台、迈阿密 / 福特劳德代尔堡的 WPLG/TVl0 电视台（与麦雷迪斯公司交换得到）、奥兰多的 WCPX 电视台——1998 年为了纪念凯瑟林·梅耶·格雷厄姆而更名为 WKMG 电视台（与麦雷迪斯公司交换了哥伦比亚广播公司之后）和杰克逊维尔的 WJXT/TV4 电视台。华盛顿邮报公司还在 1994 年以 2.53 亿美元的价格收购了休斯敦的 KPRC–TV 电视台和·圣·安东尼奥 KSAT–TV 电视台。

此外，公司还拥有一个有线电视网，这个有线电视网是 1986 年以 3.5 亿美元的价格从资本城公司购入的，当时该有线电视网已经拥有大约 36 万名用户。巴菲特是所有这些交易的中心人物。华盛顿邮报公司有线电视一台在亚利桑那州的菲尼克斯通过收购，用户已经达到了大约 75 万名（同时还拥有 23.9 万名数字有线电视用户）。目前有线电视业务的利润水平远远超过当初收购的水平。

华盛顿邮报公司拥有斯坦利·卡普兰公司（现在被称为卡普兰教育中心），负责为学生提供各种注册资格考试和入学考试，包括目前非常盛行的学习能力考试。

巴菲特对传媒行业非常钟爱，先后投资过联合出版公司、华盛顿邮报公司、大都会 / ABC 等多家传媒产业公司。巴菲特对传媒行业进行了深入分析，将其产业的基本特征总结为由于经济特许权形成的产业平均高盈利水平。

巴菲特在伯克希尔 1984 年的年报中分析传媒产业的高盈利特性时感叹道："即使是三流报纸的获利水平也一点不逊色于一流报纸。"

在商业社会中一家占有主导地位的报纸的经济状况是最具有优势的。企业主们通常相信只有努力地推出最好的产品才能取得最好的盈利，但是这种令人信服的理论却让无法令人信服的事实打破，当一流的报纸取得高获利时，三流报纸的获利水平却一点不逊色有时甚至更多一些，只要这两类报纸在当地都占有主导地位。当然产品的品质对于一家报纸取得主导地位非常关键。……一旦主宰当地市场，报纸本身而非市场将会决定这份报纸是好还是坏，不管报纸好坏，都会大赚特赚。但是在大多数行业内却并非如此，质量水平较差的产品，其经营状况也肯定会比较差。但即使是一份水平很差的报纸对一般民众来说仍然具有公告栏的价值。当其他条件相同时，一份烂报纸当然无法像一份一流报纸那样拥有广大的读者，但是一份水平很差的报纸对一般市民却仍然具有很重要的作用而吸引他们的注意力，从而也会吸引广告商们的注意力。

巴菲特认为传媒产业的高盈利来自于其取得市场垄断地位的经济特许权。

事实上，报纸、电视与杂志等传媒企业的特点，越来越类似于普通企业，越来越远离于经济特许权企业。我们简单分析一下经济特许权企业与一般企业的本质不同，不过请记住，很多企业事实上是介于这两者之间，所以也可以将之形容为弱竞争力的经济特许权企业或是强竞争力的一般企业。借由特定的产品或服务，一家公司拥有经济特许权：（1）产品或服务确有需要或需求；（2）被顾客认定为找不到其他类似的替代品；（3）不受价格上的管制。

一家具有以上三个特点的公司，就具有对所提供的产品与服务进行主动提价的能力，从而赚取更高的资本报酬率，更重要的经济特许权比较能够容忍不当的管理，无能的经理人虽然会降低经济特许权的获利能力，但是并不会造成致命的伤害。与经济特许权企业不同，一般企业会因为管理不善而倒闭。

巴菲特指出："传媒企业过去之所以能一直保持如此优异的表现，并不是因为销售数量上的成长，而主要是绝大多数传媒企业拥有非同一般的定价权力。"

报纸是一种奇妙的行业，它是那种趋向一种自然的有限垄断的少数行业之一。很明显，它与其他广告媒体互相竞争，但与报纸相近的其他文字印刷品是无法与报纸竞争的。你能举出其他像报纸那样的行业吗？没有了。

巴菲特提议的最成功的股票回购

巴菲特在伯克希尔 1985 年的年报中对华盛顿邮报的总裁凯瑟琳·格雷厄姆资本配置能力予以高度赞赏，他认为对华盛顿邮报股票投资巨大收益中的大部分来自于这位女总裁的高超管理能力。

"你们当然知道我们这次对华盛顿邮报公司股票投资的美满结局。华盛顿邮报的总裁凯瑟琳·格雷厄姆用非凡的智慧和勇气，充分利用股价低迷的时机大量回购公司的股份，而且运用高超的管理能力推动公司内在商业价值大幅增长。与此同时投资人开始认识到公司业务非凡出众的竞争优势，从而推动公司股价上升，逐步接近于其内在价值。因此我们得到了三大好处：一是公司内在商业价值快速增长；二是每股商业价值由于公司回购股份又进一步快速增长；三是随着股票被低估的幅度逐渐缩小，股价上涨的幅度超越了每股商业价值的增长幅度。

"我们 1973 年投资 1060 万美元买入的华盛顿股份，除了 1985 年根据持股比例在公司回购时卖回给公司的股份外，全部一直持有至今。这些股份年末的市值加上因回购而出售股份所得的收益共计 22.1 亿美元。

"假若在 1973 年我们将 1060 万美元随意投资到 6 家当时最热门的传媒企业之一，则到今年年底我们持股的市值在 4000～6000 万美元之间，这将大大超过市场平均收益水平，其根本原因在于传媒企业的非凡出众的经济特征。我们买入华盛顿邮报股票所获得的额外 1.6 亿美元投资收益，在很大程度上来自于凯瑟琳·格雷厄姆所作出的远胜于其他传媒企业管理者的高超经营决策。尽管她惊人的商业成就大部分并不为人所知，但伯克希尔的所有股东却不能不倍加赞赏。"

华盛顿邮报公司由于其作为传媒行业拥有突出的经济特许权，公司只需少量的有形资产，就能产生巨大的现金流入，而资本支出相对小得多，因此公司每年都会形成大量的自由现金流，远远超过了公司业务经营的资金需求。

如何使用这部分自由现金流，为股东创造更多的价值，是对管理层资本配置能力的考验。

凯瑟琳·格雷厄姆在她的自传《我的历史》一书中说，她和巴菲特的第二次见面是在巴菲特收购华盛顿邮报的股份之后。巴菲特再一次向格雷厄姆表示，绝对不会干涉华盛顿邮报的内部事务，凯瑟林·格雷厄姆邀请巴菲特到华盛顿共进晚餐，并参观一下华盛顿邮报公司。1974年，巴菲特被任命为华盛顿邮报公司的董事，并主持财务委员会的工作。于是，巴菲特成为了她的商业顾问。从此以后，他们之间建立了一种深厚的友谊和相互依赖的利益关系。凯瑟琳·格雷厄姆在《我的历史》中回忆道："我在这些年所采取的措施，巴菲特在财务金融方面提出的建议，以及我们之间的经常性沟通发挥着关键性的作用。"

凯瑟琳·格雷厄姆任总裁期间在以下三个方面体现了高超的资本配置能力：

一是低价回购股票。华盛顿邮报公司是在报业同行中第一个大量回购股票的公司，1975～1991年期间，公司以平均每股60美元的价格回购了43%的流通股。1974年，巴菲特担任华盛顿邮报公司的董事后不久提议回购华盛顿邮报公司的股票。

凯瑟琳·格雷厄姆在《我的历史》中回忆道："我认为最重要的仍然是，他劝说我回购公司股票，这让我们受益匪浅。以前我对此一直将信将疑。虽然回购在今天已经成为司空见惯的事情，但是在20世纪70年代中期，还没有几家公司会采取这样的措施。当时我认为，如果以公司全部的资金购买自己发行在外的股票，那么公司的成长能力将会大受影响。巴菲特为我提供了各个方面的数据，通过这些数字向我说明了这一措施不仅可以从长期为公司带来收益，甚至使公司在短期内也可以从中受益。他反复强调，目前的股票价格如何低于真实价值，回购措施与目前所采取的各种方案相比，如何具有其特殊的优势。他让我逐渐明白了这一点：如果我们回购华盛顿邮报公司1%股票的话，我们就可以以更低的价格拥有更多的股份，于是我认为我们的确有必要这样做。"

二是只进行合理的收购。在伯克希尔公司投资后的25年内，传媒产业发生过很多购并，而华盛顿邮报公司是传媒产业中最经常对购并说"不"的，它的目标企业是有竞争壁垒，不需要过多的资本性支出，而且有合理调价的能力。

令人吃惊的是，在巴菲特的董事会任期中，华盛顿邮报公司几乎没有任何大的购并行动。整整11年中，《华盛顿邮报》公司以合理的价格在华盛顿买下一家报纸的同时又在特伦顿买了一家，使公司报业得到很好的扩张。1986年，从大都会公司手中购买了电缆公司的所有权，这又使大都会公司有能力收购美国广播公司（ABC）。

股票回购的目的

反收购措施

回购将提高本公司的股价，减少在外流通的股份，给收购方造成更大的收购难度，可以防止浮动股票落入进攻企业之手。

改善资本结构

利用企业闲置的资金回购一部分股份，虽然降低了公司的实收资本，但是资金得到了充分利用，每股收益也提高了。

稳定公司股价

公司回购本公司股票以支撑公司股价，股价在上升过程中，投资者又重新关注公司的运营情况，消费者对公司产品的信任增加，公司也有了进一步配股融资的可能。

华盛顿邮报公司还是手机产业最早的投资者，但后来又出售了。和从前一样，98%的利润依旧来自于《华盛顿邮报》、《新闻周刊》以及 4 家电视台，唯一显著的变化是它的盈利能力翻了一番。

巴菲特在伯克希尔 1987 年的公司年度会议上这样说："在华盛顿邮报公司出售无线电话业务的过程中，我的唯一作用是当初曾经建议公司以现在出售价 1/5 的价格收购这项业务，这也是他们最后一次征求我的意见。他们对我第一次提出的建议显然并不感兴趣，此后，他们再也没有征求过我的意见。"

三是提高现金红利。1990 年，华盛顿邮报公司面对大量现金储备，公司决定把红利从每股 1.84 美元提高到 4.00 美元，增长了 117%。

第九章

巴菲特致股东的信

公司的管理与财务

最佳的董事会结构

首先我相信最近许多公司的董事们已开始试着把他们的腰杆挺直了。现在的投资人与以前相比，也慢慢地被公司当作真正的拥有人来对待了，但评论专家们却并没有仔细地区别出目前公开上市公司有三种截然不同的经营权与所有权形态。虽然在法律上，董事们应该承担的责任是责无旁贷的，但他们发挥影响力进行改变的程度却有很大的不同。大家通常都把注意力摆放在第一类的案例之上。因为这是目前一般企业的常态，但由于伯克希尔本身是属于第二类，甚至有一天可能会变成第三类，所以在这里我们有必要讨论一下这三者的不同。

首先是第一类，也是目前最普遍的一类。在公司的股权结构中，并没有一个具备掌控能力的大股东。在这种情况下，我相信董事会的行为应该像是公司拥有一个因事未出席的大股东一样，在各种情况下，都要能够确保这位虚拟大股东的长期利益不会受到损害。然而很不幸的是，所谓的长期利益，反而给了董事会很大的弹性操作空间。而假设董事会运作尚称顺畅，不过经营阶层却很平庸甚至差劲时，那么董事会就必须负起责任将经营阶层换掉，就好像一般公司老板会作的决定一样。另外，要是经营阶层能力尚可，只不过过于贪心，不时地想从股东口袋里"捞钱"，那么董事会就必须适时地出手制止并给予警告。

在这种常见的情况下，当个别董事发觉有不合理的现象时，应该试着说服其他董事有关自己的看法。若能够成功，那么董事会就有能力作出适当的决定，但假设要是这位落寞的董事孤掌难鸣，无法获得其他董事的支持，那么他就应该让没能出席的股东知道他的看法。当然很少有董事真的这样做，很多的董事事实上并没有足够的胆识敢做这样大胆的动作，但我却认为这样的举动并没有什么不妥。当然假设问题真的很严重的话，自然而然发出不平之鸣的董事一定会遭到其他不认同看法的董事严重的驳斥，认为反对的董事不要在细枝末节或是非理性的原因上捣乱。

对于这类模式的董事会形态，我认为董事的人数不必太多，最好是 10 个以内。另外，大部分成员应该从外部遴选，并且这些外部董事应该能够建立起对 CEO 表现的评核制度，定期聚会时，在 CEO 不在场的情况下，依据这些原则评断其表现。

对于董事会成员遴选的条件，我认为必须要具备商业经验，并对这项角色有兴趣，同时以股东利益为导向。只是目前大部分被遴选出来的董事，大多是因为他们的社会地位，或只是为了增加董事会成员的多样化，然而这样的做法是错误的。这种错误还会有后遗症，因为董事被任命之后就很难再加以撤销。

第二种类型就像伯克希尔公司一样，具有控制权的大股东本身也是经营阶层。在某些公司，经过特殊的安排，按投票权重的不同将公司的股权分成两类，也会产生这种情况。很明显，在这种情况下，董事会并非所有权人与经营阶层之间的中介了。除非经由劝说，否则董事会很难发挥改变的影响力。因此如果老板经营者本身的能力平庸且不顾他人利益，则董事除了表示反对以外，别无他法。

此时如果公司无法做出改变，且情况演变很严重时，外部董事就应该要辞职了。外部董事的辞职等于是对现有的老板经营阶层投下反对票，同时也凸显出外部董事没有能力纠正经营者缺失的现象。

第三种情况是公司拥有具控制权的大股东，但却不参与公司经营。好时食品与道琼公司等的例子就是现实社会中的这种特殊个案。此时公司能够充分运用外部董事的能力，若是董事们对于经营阶层的能力或品格感到不满意，他们可以直接向大股东反应（当然大股东可能也是董事成员）。这种环境相当适合外部董事的发挥，因为他只需将情况向关心着公司前景的所有权人报告，只要论点理由充分，就可以马上发挥改变的效果。但即便如此，有意见的董事也只是拥有这样的选择权力。若是他对于特定事情的处理结果不满意，还是只能辞职而别无选择。

理论上，第三种情况最能够确保一流的经营阶层存在。因为第二种情况，老板不可能把自己给炒掉；第一种情况，董事们通常很难与表现平庸而又难以驾驭的经理人打交道，除非那些有意见的董事能够获得董事会多数的支持，但这是一件很困难的协调沟通任务，尤其是经营阶层的表现虽然可恨但却"罪不至死"的时候，基本上他们的手脚是被绑得死死的。事实上，面临这种现象时，董事通常会说服自己留下，至少还能有所图。但与此同时，经营阶层却还是同样可以为所欲为。

在第三种情况下，老板本身不必衡量自己的表现，也不必费心去取得多数人的支持。同时他也可以确保所遴选出来的外部董事，将会对董事会的素质有所提升，而这些被选中的董事，也可以确定所提出的建议会真正被听进去，而不是被经营阶层消极抵制，当作是耳边风。若大股东本身够聪明且有自信，那么他就能够找到以股东利益为导向的精英经理人，还有一点更重要的是，他能够随时准备改正自身所犯的错误。

——1993 年巴菲特致股东的信

百分之百为客户着想

克里思蒂小姐嫁给了一位考古学家，她曾说"配偶最理想的职业就是考古学家，因为你越老，他就越有兴趣"，事实上，需要多多研究 B 夫人——这位内布拉斯加家具店高龄 94 岁的负责人，应该是商学院而非考古学系的学生。

50 年以前，B 夫人以 500 块美金创业，到如今内布拉斯加家具店已是全美远近驰名的家具量贩店。但是 B 夫人还是一样从早到晚，一个礼拜工作七天，掌管着采购、销售与管理。我很确定，她现在正蓄势待发，准备在未来的 5 ~ 10 年内，全力冲刺并再创高峰。正因如此，我也已经说服董事会取消一百岁强迫退休的年龄上限（也该是时候了，随着时光的流逝，我越来越确定这个规定是该修改了）。

去年（1987 年）内布拉斯加家具店的销货净额是 14000 多万美元，较前一年度增长了 8%。这是全美独一无二的店，也是全美独一无二的家族。B 夫人跟她的三个儿子拥有天生的生意头脑、品格与冲劲，并且分工合作，团结一致。

B 夫人家族的杰出表现，不但让身为股东的我们受益良多，内布拉斯加家具店的客户们受惠更大。只要选择内布拉斯加家具店的产品，估计光是 1987 年就能省下至少 3000 万美元。换句话说，若客户到别处去买，可能要贵上这么多钱。

去年我接到一封无名氏所写的信，非常有趣："很遗憾看到伯克希尔第二季的盈利下滑，想要提高贵公司的盈利吗？有一个不错的法子，去查查内布拉斯加家具店的产品售价吧，你会发现他们把一两成的获利空间白白奉送给了客户。算算一年 14000 万的营业额吧，那可是 2800 万的利润啊，这个数字实在是相当的可观。再看看别家的家具、地毯或是电器用品的价格吧，你就会发现把价格调回来是再合理不过的了。谢谢！一位竞争同行所写。"

展望未来，内布拉斯加家具店在 B 夫人"价格公道与实在"的座右铭领导下，必将继续茁壮成长。

——1987 年巴菲特致股东的信

查克·哈金斯持续地为时思糖果创造了新的辉煌，自从 16 年前我们买下这家公司，并请他主掌这项事业时，便一直如此。在 1987 年糖果销售量创下近 2500 万英镑的新高时，并在最近的连续两年使得单店平均营业额维持不坠。你可能会觉得这没什么了不起，事实上，这已是相当大的改善了，因为过去连续 6 年，该数字都呈现了下滑的趋势。

虽然 1986 年的圣诞节特别旺，但 1987 年的销售记录比 1986 年还要好。季节因素对时思糖果来说是越来越重要，据统计，去年一整年约有 85% 的获利是在 12 月单月所创造的。

糖果店是个很好玩的地方，但对大部分的老板来说就不那么有趣了。据我们所知，这几年来，除了时思赚大钱之外，其他糖果店的经营皆相当惨淡，所以很明显，

企业要以顾客利益为主

只有真正为客户着想，保障顾客的切身利益，企业才能长远发展。而保障顾客利益就要做到以顾客为本：

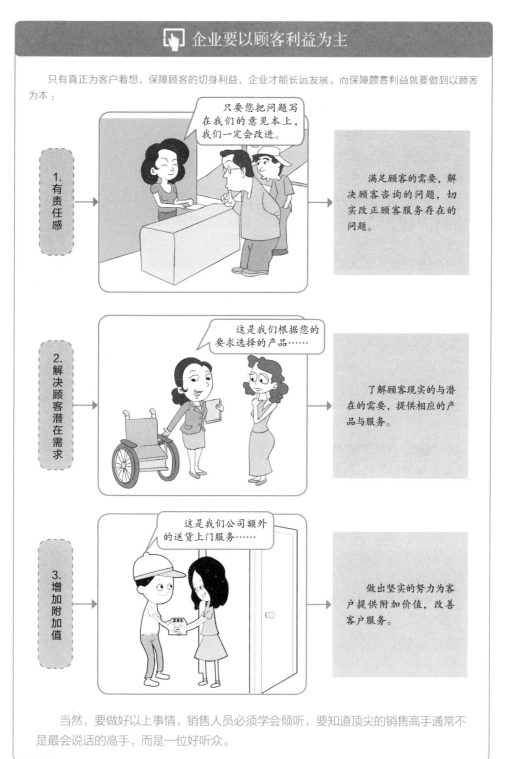

当然，要做好以上事情，销售人员必须学会倾听，要知道顶尖的销售高手通常不是最会说话的高手，而是一位好听众。

时思搭的并不是顺风车，这更凸显出它的表现是扎扎实实的。

取得这样的成就当然离不开优秀的产品，这个倒不是问题，因为我们确实拥有。但除此之外，它还需要有着对客户衷心的服务。查克可以说是百分之百地为客户着想，而且他的这种态度直接感染到了公司上下所有的员工。

以下是一个具体的例证：在时思，我们通常会定期增添新的口味，并删除旧的口味，以维持大约一百种组合。去年我们淘汰了 14 种口味，结果其中有两种让我们的客户无法忘怀，并不断地表达出他们对我们这种举动的不满："愿时思所有作出这种卑鄙决定的相关人士嘴巴流脓长疮；愿你们新的巧克力糖在运送途中融化；愿你们吃到酸掉的糖果；愿你们亏大钱；我们正试图寻求法院强制令的帮助，要求你们恢复供应原有的口味"，总之，最后我们收到好几百封抱怨信。

为此，查克不但重新推出原来的口味，他还将危机化为转机。所有来信的客户都得到了完整而诚实的回复，信上是这样写的："虽然我们做出了错误的决定，但值得庆幸的是，我们最后得以以喜剧收场"，随信还附赠一个特别的小礼物。

过去两年时思糖果仅仅很小幅度地涨价，在今年（1988 年）我们仍会继续调涨价格，幅度还算合理，只是截至目前销售状况持续低迷，预计今年公司盈余将难再有继续成长的可能性。

——1987 年巴菲特致股东的信

完整而公平的披露

在伯克希尔，所谓翔实的报告，代表着今天如果角色互换，我希望各位能够提供所有我们想要知道的信息。这包含了目前经营的重大信息，以及 CEO 对于公司长远发展的真正看法，当然，要解释这些信息必须辅以相关的财务资料。

当查理和我一起阅读财务报告时，我们对于人员、工厂或产品的介绍没有多大兴趣。倒是有关扣除折旧摊销税负利息前的盈余的引用更让我们胆战心惊，难道经营阶层真的认为拿牙齿就可以换来大笔的资本支出吗？（美国小孩相信牙齿掉时，只要把牙齿藏在枕头底下，牙仙就会拿钱来换你的牙齿。）对于那些含混不清的会计原则，我们一向抱持怀疑的态度。因为经营阶层通常都会借此来掩盖一些事实。此外，我们也不想读那些由公关部门或顾问所提供的资料，而是希望能够由 CEO 亲自来解释实际发生的状况。

对我们来说，翔实的报告代表着我们 30 万位合伙人可以同时得到相同的信息，至少能够尽可能地做到。因此，我们习惯将季报与年报在星期五收盘后通过网络统一对外公布。如此一来，股东们与所有关心伯克希尔的投资人，都可以及时地得到重要的信息；同时，在星期一开盘之前，也会有足够的时间吸收消化相关的信息。今年我们的季报分别会在 5 月 12 日、8 月 11 日及 11 月 10 日（均为星期六）公布，至于 2001 年的年报，则会在 3 月 9 日公开。

亚瑟·莱维特目前仍然担任美国证券交易委员会（SEC）的主席，我们要为他所做的工作喝彩——对股份公司"有选择地披露"的行为采取了严厉的措施，尤其最近几年该行为如癌症一般在传播。实际上，对于大股份公司而言，这种"有选择地披露"已经成为"指引"分析师或大股东预期盈利的实际操作标准，并把这个预期盈利用来相当于或者稍稍低于公司真正希望得到的盈利。通过股份公司这种有选择地散布的暗示、眨眼和点头等信号，相对于具有纯粹投资倾向的个人，满脑子投机思想的机构和顾问就得到了一种信息上的优势。这是一种堕落腐败的行为，不幸的是，它既被华尔街所信奉，又被美国的股份公司所信奉。

感谢莱维特主席为投资人所做的努力，美国企业现在才得以被要求公平对待所有的股东与投资人，同时，我们也为这些 CEO 及公关部门这种被动而非主动的态度感到羞耻。

最后站在这个"肥皂箱"上，我再发表一点个人的看法。那就是查理和我认为，CEO 预估公司未来成长率是相当危险且不当的，当然，是指他们通常在分析师与公关部门鼓动下这样做的行为，但他们应该要坚决抗拒，因为这样做通常会惹来许多不必要的麻烦。

CEO 自己心中有一个目标不是件坏事，甚至我们认为，如果这些期望能够附带合理的条件，CEO 公开发表个人心中的愿景是很好的一件事。但如果一家大公司公开宣称每股盈余长期可以维持 15% 的年增长率的话，那肯定会招致许多不必要的麻烦。

其原因在于，这种高标准只有在极少数的企业才有可能做得到。让我们做一个简单的测试：根据历史记录，1970 年与 1980 年，在 200 家盈余最高的公司当中，数数到底有几家在此之后能够继续维持 15% 的年盈余增长率。你会发现，能够达到这个目标的公司少之又少。我可以跟你打赌，在 2000 年获利最高的 200 家公司当中，能够在接下来的 20 年里，年平均增长率达到 15% 的公司，绝对不超过 10 家。

过高的预估不但会渲染没有根据的乐观，麻烦的是此举还会导致 CEO 行为的腐化。这么多年来，查理和我已经看过很多 CEO 不专注于本业，而热衷于运用一些非经济的手段来达成他们先前所做的盈余预估。更糟的是，在用尽营运上的各种手段之后，被逼得走投无路的经理人最后还会运用各种会计方法，无所不用其极地做假账。这种会计骗术会产生滚雪球效应：一旦今天你挪用以后的盈余，明天你就会变本加厉地挪用以后的盈余，到最后会从造假演变为贪污（毕竟，用笔偷钱要比用枪抢钱容易得多了）。

对于那些习惯以绚丽的盈余预估吸引投资人的 CEO 所经营的公司，查理和我总是报以怀疑的态度。或许少数的经理人确实能说到做到，但大部分的经理人，最后都变成无可救药的乐观派，甚至可以说是骗子。不幸的是，投资人实在很难事先分辨出他们到底是在跟哪一种人打交道。

——2001 年巴菲特致股东的信

限制一切不必要的支出

眼尖的读者应该会发现，1992 年 420 万美元的营业费用，比起 1991 年的 560 万还要少得多。或是各位会以为是我把企业专机——"无可辩解号"给卖掉了，别做梦！除非我退休，否则别想打这架飞机的主意。

其实，公司营业费用的减少主要是由于 1991 年的费用特别高，以及当时一次性地提列早期 19 世纪 70 年代纺织事业与环境相关的费用所致，而现在一切恢复正常，所以我们税后的费用占账面税后盈余的比率不到 1%，占年度透视盈余的比率更低于 0.5%。在伯克希尔，我们没有法律、人事、公关或是营运企划部门，这同时也代表我们不需要警卫、司机或是跑腿的人，最后除了弗纳以外，我们也没有任何的顾问，巴金森教授一定会喜欢我们的营运模式，我必须说查理还是觉得我们的组织过于庞杂。

在某些公司，营业费用可能占营业利益 10% 以上，这不但对于盈余有相当的影响，同时对企业价值也有很大的伤害。比起一家总部费用占其盈余的 1% 的公司来说，投资人可能因为企业总部额外的费用，立即就要遭受 9% 以上的损失。根据查理跟我这么多年观察的结果，企业总部的高成本与公司的绩效改善之间可以说完全没有关系，事实上，我们认为组织越简单、成本越低的公司，运作起来会比那些拥有庞大官僚组织的公司更有效率的多，就这点而言，我们相当佩服沃尔玛、纽柯、多弗、政府雇员保险与戈尔登西等公司。

——1992 年巴菲特致股东的信

每一天，通过无数种方式，我们下属每一家企业的竞争地位，要么变得更强，要么变得更弱。如果我们让客户更加愉悦，消除不必要的成本支出，改善我们的产品和服务，我们的竞争力就会变得更强；但如果我们对待客户时显得很冷淡，或者容忍一些不必要的费用成本不断上升，我们的竞争力就会萎缩。对每一天而言，我们对行为的影响难以察觉，但天长日久所累计的影响后果之巨大，却难以估计。

由于这些几乎毫不显眼的行为的后果，导致我们的长期竞争地位得到改善时，我们称这种现象为"加宽护城河"。这些行为对于我们想要打造 10 年，甚至 20 年以后的企业至关重要。当然，我们总是想在短期内赚到更多的钱，但当短期与长期目标产生冲突时，"加宽护城河"的行为应该优先加以考虑。如果一个公司管理层作出了糟糕的决策，以实现短期盈利目标，并因此置成本、客户满意度、品牌吸引力于不顾，那么，以后再出色的努力也难以弥补由此造成的损害。当今汽车和航空行业

如何减少生产中不必要的支出

1.减少设备的不必要支出

做好设备的维护保养工作，可以减轻零部件磨损，延长设备的中修、大修间隔周期，节省修理费用，提高设备的完好性和利用率。

2.减少物料的不必要支出

控制好元件损坏、丢失率，对于物料还可以采用一种回收重复利用的方法来收回一部分成本。

这几块砖还可以再放回去利用。

现在生产的产品真是太少了！

3.减少人员的闲置

给员工安排合适的岗位，减少人员闲置，并采用人员激励的方式提高员工的工作热情。

当然，生产过程中还有很多方面都可以提前防备，减少浪费，从而降低成本，减少不必要的开支。

的公司经理人在努力处置其前任留下的问题时，所面临的进退两难的局面就是最好的证明。芒格和我喜欢引用本·富兰克林的名言，"预防为主，治疗为辅"，但有时无论如何治疗，也无法治愈过去的错误。

我们的经理人们十分专注于"加宽护城河"，并且在这方面才华横溢，原因非常简单，因为他们对他们的企业充满热情。在伯克希尔收购以前，他们往往已经管理了这家公司很长时间，伯克希尔进入之后，唯一的作用是使其继续坚持原来的方向。各位股东如果在年度大会上，看到这些为股东们作为杰出贡献的英雄们（其中包括 4 位女中豪杰），请向他们表示感谢。

——2005 年巴菲特致股东的信

用人标准

其实，我们一些经理人自己本身就已经相当富有（当然我们希望所有的经理人都如此），但这一点丝毫不影响他们继续为公司效力，他们之所以工作是因为乐在其中，并散发出干劲。毫无疑问，他们都能够站在老板的角度看事情，这是我们对这些经理人最高的评价，而且你会为他们经营事业的各方面成就所着迷。

这种职业病的典型，就像是一位天主教的裁缝省吃俭用了好几年，好不容易存下了一笔钱，可以到梵蒂冈朝圣，当他回来后，教友们特地集会，争相想要了解他对教宗的第一手描述，"赶快告诉我们，教宗到底是个怎么样的人？"只见这位裁逢师淡淡地说："四十四的腰，中等身材。"

查理跟我都知道，只要找到好球员，任何球队经理人都可以做得不错，就像是奥美广告创办人大卫奥美曾说的那样："若我们雇用比我们矮小的人，那么我们会变成一群侏儒；相反，若我们能找到一群比我们更高大的人，我们就是一群巨人。"

这种企业文化也使得查理跟我可以很容易地去扩展伯克希尔的事业版图，我们看过许多企业规定，一个主管只能管辖一定人数的人员，但这规定对我们来说一点意义都没有。当你手下有一群正直又能干的人才，在帮你经营一项他们深具感情的事业时，你大可以同时管理一打以上这样的人，而且还可以有余力打个盹；相反，若他们存心要欺骗你，或是能力不够，或是没有热情时，只要一个就够你操心的了，只要找对人，查理与我甚至可以同时管理比现在多 1 倍的经理人，这都没有问题。

——1986 年巴菲特致股东的信

接下来的是一点记忆回顾，大部分伯克希尔的大股东，是在 1969 年清算巴菲特合伙事业时取得本公司股份的，这些合伙的伙伴可能还记得当初在 1962 年时，我曾经在巴菲特合伙事业所投资控制的登普斯特——一家农用机具制造公司，面临着经营上的重大难题。

当时我带着这个无法解决的问题去找查理，就像现在一样，查理建议我去加州找他的一位叫哈里波特的朋友，说该人非常脚踏实地，或许可以帮得上忙。我于当年 4 月赶去洛杉矶拜访他，一个礼拜后，他就被请到内布拉斯加州来管理登普斯特，此后的问题立刻获得解决。记得在 1962 年的年报中，我还特地将哈里封为年度风云人物。

24 年后，场景搬到伯克希尔另外一家子公司 K & W 公司，一家专门生产自动机具的小公司，过去这家公司做得还不错，不过到了 1985～1986 年却突然发生状况，由于盲目追求达不到的东西，放弃了现有可以做的产品。负责管理监督 K & W 的查理，知道可以不必通知我，直接找到现年 68 岁的哈里，任命他为 CEO，然后就静待结果出来，事实上也没让他等多久。到了 1987 年，K & W 的获利就创下了新高，比 1986 年增长了 3 倍，由于获利提升，该公司所需的资金也就跟着减少，并且应收账款及存货水准都减少了 20%。

所以，要是再往后 10 年、20 年，在我们被投资的事业又发生问题时，你就知道谁的电话又会响了。

——1987 年巴菲特致股东的信

零售业的经营相当不易。在我个人的投资生涯中，我看过许多零售业曾经拥有极高的成长率与股东权益报酬率，但是到最后，突然间表现急速下滑，很多甚至被迫倒闭关门收场。比起一般的制造业或服务业，这种刹那间的永恒，在零售业屡见不鲜。部分的原因是这些零售业者必须时时保持聪明警戒，因为你的竞争对手随时准备复制你的做法，然后超越你，同时消费者绝对不会吝于给予新加入者尝试的机会，在零售业一旦业绩下滑，就会注定失败。

相对于这种必须时时保持警戒的产业，还有一种我称之为"只要聪明一时"的产业。举个例子来说，如果你在很早以前就睿智地买下一家地方电视台，你甚至可以把它交给既懒惰又差劲的亲人来经营，而这项事业却仍然可以好好地经营几十年。当然若是你懂得将汤姆墨菲摆在正确的位置之上，你所获得的将会更加惊人。但对零售业来说，要是用人不当的话，就等于购买了一张准备倒闭关门的门票。

不过今年我们买下的这两家零售业，却很幸运地拥有喜欢面对竞争挑战的经理人，同时他们过去几十年来的表现也相当优异，就像是我们旗下其他事业的经理人，他们都可以独立自主地经营事业，我们希望他们能够觉得，这就好像是在经营自己的事业一样，没错，就是这样，查理跟我绝没有其他的意思。我们尽量避免像校友会常常对足球校队教练所说的那样：不论赢或是打平，我们永远与你站在同一阵线。身为所有权人，我们的基本原则是期望我们自己的行为与我们所要求的旗下经理人的表现一样。

在我们又新增旗下事业的同时，我被问及自己到底可以应付多少个经理人同时向我报告。我的回答相当简单，要是我只管一个经理人，而他是一颗"酸柠檬"，那么管一个人对我来说，实在是太麻烦了；相反，要是我所面对的，都是像我们现在

怎样选择高管

好的管理人对于一个企业的重要性我们已经从前面的内容中有所了解,既然管理人员如此重要,那么在选择高管时应该注意哪些问题呢?

把握企业需求	全面背景调查

我们正缺一位人事管理人员……

知道了企业需要什么角色,缺少什么角色,才能找到我们真正需要的人。

对候选人员进行细致全面的背景调查成了降低企业人事风险的"良药"。

深度沟通接触

与其深度沟通,完整地描述企业的真实状况。

所拥有的经理人那样的话，那么这个数目将没有任何限制。很幸运的是，这回新加入的是比尔跟谢尔顿，而我们也很希望在不久的未来，还能有更多相同水准的经理人加入我们的行列。

——1995 年巴菲特致股东的信

选人重在德才兼备

伯克希尔的经营团队在许多方面都与众不同，举个例子来说，这些先生女士大部分都已经相当有钱，靠着自己经营的事业致富，他们之所以愿意继续留在工作岗位上，并不是因为缺钱，或是有任何合约上的限制。事实上，伯克希尔并没有跟他们签订任何契约，他们之所以辛勤工作，完全是因为他们热爱自己的事业。而我之所以用"他们"这个字眼，是因为他们对这些事业完全负责，不需要到奥马哈做演示文稿，也不需要编预算送交总部核准，对于任何开支也没有繁复的规定，我们只是简单地要求他们，就像是经营自己祖传百年的事业一样来对待即可。

查理跟我与这些经理人一直保持互动的模式，这与我们和伯克希尔所有股东保持的互动模式一致，那就是试着尽量站在对方的立场为大家设想。虽然我本人早就可以不必为了经济因素而工作，不过我还是很喜欢现在在伯克希尔所做的这些事，原因很简单，因为这让我很有成就感、可以自由地去做我认为应该做的事，同时，让我每天都有机会与自己欣赏及信赖的人一起共事，所以为什么我们旗下的经理人——那些在各自产业卓然有成的大师，一定要有不同的想法呢？

在与伯克希尔母公司的关系上，我们的经理人通常恪守甘乃迪总统的名言，"不要问国家为你做了什么，问问你为国家做了什么？"以下就是去年一个最明显的例子，关于 R.C. 威利——犹他州家具业的霸主，伯克希尔是在 1995 年，从比尔·柴尔德家族买下这家公司的，比尔跟他大部分的经营团队都是摩门教徒，因此，他们的店星期天从来不开张。这样的惯例实在是不适合用在做生意上，因为对大部分的顾客来说，周末正是他们出外血拼的大好时机。尽管如此，比尔还是坚守这项原则，并且将这家店从 1954 年他接手时的 25 万美元营业额，一路成长到 1999 年的 3.42 亿美元。

比尔认为，R.C. 威利应该也能够在犹他州以外的地区成功开拓市场，因此，1997 年我们在博伊西设立了一家分店。不过我还是相当怀疑这种星期天不营业的政策，能否在陌生的地区抵抗住每周 7 天无休息日的对手的强力竞争。当然由于这是比尔负责经营的事业，尽管我对这点持保留的态度，但我还是尊重他的商业判断与宗教信仰。

比尔后来甚至还提出了一个非常特别的提案，那就是他愿意先花 900 万美元，以私人的名义买下土地，等建筑物盖好，并确定营运良好之后，再以成本价卖回给我们；而要是营运不如预期，那么公司可以不必付出一毛钱。如若这样，他就必须独力承担起产生庞大损失的风险。对此，我告诉比尔，很感谢他的提议，但伯克希尔想要获取投资的报酬，那么它也必须同时承担可能的风险。比尔没有多说什么，只是表示，如果因为个人的宗教信仰而使得公司经营不善，他希望能够独力承担这个苦果。

后来，这家店在去年八月顺利开张，并立即引起了当地不小的轰动，比尔随即就将产权办理过户，另外还包含一些地价已高涨的土地，并收下我们以成本价开出的支票。还有一点必须特别说明，对于两年来陆续投入的资金，比尔婉拒收取任何一毛钱的利息。

从来就没有一家公开发行公司的经理人会这样做，至少我个人没有听说过，所以各位不难想象，能够与这样的经理人共事，让我每天早上上班时都雀跃不已。

——2000年巴菲特致股东的信

我们发现，卖方是否在意公司将来的归属这点其实相当重要，我们喜欢与那些钟爱公司的人往来，而不是那些只斤斤计较出售公司能够得到多少钱的人（当然我们也明白没有人会不爱钱）。

当我们意识到有这样的情形存在时，通常代表了这家公司的重要特质有：诚实的账务、产品的自信、客户的尊重以及一群专心一致的忠实员工。反之亦然，当一家公司的老板只一味地想要将公司卖一个好价钱，但却一点都不关心公司卖掉后的下场时，你马上就会了解为什么他会急着想要卖掉公司。当一家公司的老板表现出一点都不在乎公司死活时，公司的上上下下一定也会受到这种气氛的感染，使得其态度与行事作风跟着在转变。

——2000年巴菲特致股东的信

公司的兼并与收购

股权购并要牺牲原有股东的利益

未来几年，我们目前的业务总体上应该在经营利润上表现出一定的增长，但仅靠这些业务本身并不能产生令人满意的回报，要想实现这样的理想目标，我们必须进行一些规模较大的购并。已经过去的 2005 年，我们的大规模购并活动令人鼓舞，我们达成了 5 项购并协议，其中 2 项在 2005 年年内完成，1 项在 2006 年年初完成，其余两项预计也会很快完成。这些购并协议无一涉及伯克希尔发行新股，这一点非常关键却常常被忽略：当一家公司管理层骄傲地宣布以股票收购另一家公司时，作为收购方公司的股东们不得不为此牺牲自身的一部分股东权益。我也做过几次类似的购并交易，当然，伯克希尔的股东们为我的举动付出了相应的代价。

以下逐一讨论我们去年的购并：

2005 年 6 月 30 日，我们收购了医疗保护保险公司梅德普诺，这是一家位于韦恩堡并有着 106 年经营历史的医疗事故保险公司。医疗事故保险是一种十分难以承保的险种，一度成为许多保险公司的梦魇之地。然而，梅德普诺却由于以下原因经营良好：首先，梅德普诺将和伯克希尔下属其他保险公司一样，在制度上领先一筹，那就是承保纪律重于其他一切经营目标；其次，作为伯克希尔公司的一个组成部分，梅德普诺拥有远远超过其竞争对手的财务实力，这足以向医生们保证，那些需要很长时间的诉讼案件，绝不会由于他们所投保的保险公司的破产而无法结案；最后，这家公司有一个聪明能干的首席执行官蒂姆·克内西，他本能地和其他伯克希尔经理人一样，遵循着同样的思考模式。

我们的第二起购并是森林之河，已经于 2005 年 8 月 31 日完成。在此之前的 7 月 21 日，我收到一份只有 2 页纸的传真，上面逐一说明了森林之河完全符合我们曾经在年报上披露的收购标准（参见本年年报第 25 页）。在此之前，我从未听说过这位年销售额 16 亿美元的周末旅游汽车制造商，及其所有人兼总经理皮特·列戈。但这份传真却让我十分动心，于是我马上要求对方提供更多的相关数据。第二天早上我就拿到了这些数据，当天上午我就向皮特·列戈提出了收购要约。7 月 28 日，我们俩握手成交。皮特·列戈是一个杰出的企业家，几年之前，他的企业远远比现在小，那时他把企业卖给了一家杠杆收购机构，他们接手后马上对他指手画脚，不久皮特·列戈就离开了公司。此后不久，公司就陷入破产，皮特·列戈重新收回了这家公司。你可以放心，我绝不会干涉皮特·列戈的任何经营行为。

森林之河拥有 60 家工厂和 5400 名雇员，在休闲车制造业中持续保持相当的市场份额，同时还将向船舶制造等其他业务拓展。皮特·列戈现年 61 岁，绝对处于加速前进的状态。请你好好读读年报中所附的刊登在《商务房车》上的一篇文章，你就会明白为什么皮特会和伯克希尔"喜结良缘"。

除了收购新的业务之外，我们继续在进行链接购并，其中一些购并规模不可小看——我们下属的地毯企业，于 2005 年投资了 5 亿美元进行两起购并的业务链垂直整合，这将进一步提升其毛利率。XTRA 和克莱顿·和蒙斯也进行了价值提升的购并。

与其他购并方不同，伯克希尔根本没有"退出策略"，我们买入只是为了长期持有。不过我们的确有一个进入策略，在美国及国际上寻找能够符合我们的 6 个标准且价格合理、能够提供合理回报的目标企业，如果你有合适的企业，请给我来电。就像一个充满爱情憧憬的小女生，会在电话旁等候梦中男孩的电话。

——2005 年巴菲特致股东的信

收购的优势

去年购并案之所以会蜂拥而现，主要有两个原因：

首先，许多经理人跟老板都预见到自己公司的产业即将走下坡。事实上在我们这次买下来的公司当中，确实就有好几家今年的盈余将会较 1999 年或 2000 年减少，不过对于这点我们并不介意，因为每个产业都会有景气循环（只有在券商做的投资演示文稿中，盈余才会无止尽地成长）。我们不在乎这短期的波折，真正重要的是长期的结果，当然有些人会比较看重短期的成败，这反而能增加卖方出售的意愿，或降低其他潜在买家的竞争意愿。

其次，能让我们在 2000 年这么顺的原因，是去年垃圾债券市场状况日益低迷。由于前两年垃圾债券投资人逐渐降低他们的标准，以不合理的价格买进许多资质不佳的公司债，浮滥的结果终究导致大量违约的出现。在这种状况下，习惯靠融资买下企业的投机者（就是习惯印股票换公司的那群人）便很难再借到足够的钱，而且就算能够借到，其成本也不便宜。因此当去年有公司对外求售时，融资购并者的活动力便锐减。因为我们习惯以买下整家公司股权的方式投资，所以我们的评估方式没有太大的改变，这使得我们的竞争力大幅提高。

除了这两项有利于我们的外部因素之外，现在在进行购并时，我们自己本身也拥有另一项优势，那就是伯克希尔通常都是卖方期望指定的买方。虽然这无法保证

📱 收购的形式

收购的形式有很多种，从关联性上来划分的话，收购分为以下三种形式：

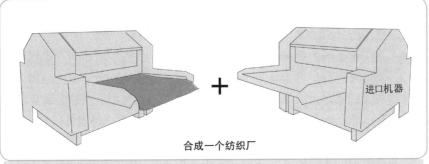

进口机器

合成一个纺织厂

1. **横向收购**。横向收购是指同属于一个产业或行业，生产或销售同类产品的企业之间发生的收购行为。

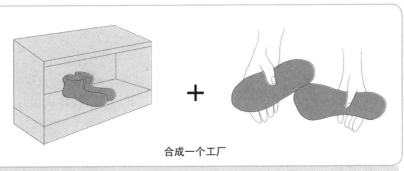

合成一个工厂

2. **纵向收购**。纵向收购是指生产过程或经营环节紧密相关的公司之间的收购行为。

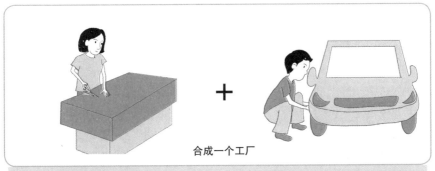

合成一个工厂

3. **混合收购**。混合收购又称复合收购，是指生产和经营彼此没有关联的产品或服务的公司之间的收购行为。

交易一定能谈成，一方面要看卖方是否能接受我们的报价，另一方面也要看我们喜不喜欢这家公司以及其管理阶层，但无可否认，这确实对交易的进行大有帮助。

另外我们还发现卖方是否在意公司将来的归属其实相当重要，我们喜爱与那些钟爱公司，而不只是斤斤计较出售公司能够得到多少钱的人往来（当然我们也明白没有人会不爱钱）。当我们意识到有这样的情节存在时，通常代表了这家公司拥有相当重要的特质：诚实的账务、产品的自信、客户的尊重以及一群专心一致的忠实员工。反之亦然，当一家公司的老板只一味地想要卖一个好价钱，但却一点都不关心公司卖掉后的下场时，那么你马上就会了解为什么他会急着想要卖公司的原因，尤其当他是靠借钱买下这家时。而当一家公司的老板表现出一点都不在乎公司死活时，公司的上上下下一定也会感染到这种气氛，使得其态度与行事作风跟着转变。

要知道，一家经典企业是由一个企业家终其一生，有时甚至是好几代，以无微不至的用心与优异的才能建立起来的。对于老板来说，接手的人是否能承续过去辉煌的历史是相当重要的一件事。关于这点，查理跟我相当有信心，伯克希尔绝对可以提供给这些企业一个美满的归宿。我们相当重视对于这些企业创办人所做的保证，而伯克希尔的控股结构绝对可以确保我们的承诺顺利落实。当我们告知约翰·贾斯汀他的企业总部仍将留在沃思堡，或保证布里奇家族他们的公司绝不会与其他珠宝公司合并时，我们可是绝对说到做到。

就像是林布兰画作一样珍贵的公司，与其让信托人或不肖的子孙把它拍卖掉，还不如由画家本身选择其最后的归宿。这几年来，我们与有这样认知的人士有过非常多的愉快经验，并让这些感觉一直延续到这些企业上，至于拍卖这玩意儿，就留给别人去做吧。

——2000 年巴菲特致股东的信

错误的动机与昂贵的价格

我们的历史显示，我们对于拥有整家公司或仅持有部分股权，并无特殊偏好。事实上，我们将会持续投资大笔资金于其上（我们尽量避免小额投资，因为若一件事一点也不值得去做，那就算是把它做得再好也没有用），而经营保险公司与礼券事业也必须保持流动性。我们购并的决策着重于把实质的经济利益（而非管理版图或会计数字）极大化。长期而言，若管理当局过度注重会计数字而忽略经济实质的话，通常最后两者都顾不好。不管对账面盈余有何影响，我们宁愿以 X 价格买下一家好公司 10% 的股权，而非以 2X 价格买下那家好公司 100% 的股权。但大部分的公司经营阶层偏好后者，而且对此行为总是找得到借口。对于这种行为，我们归纳出三种动机（通常是心照不宣的）：

（1）领导阶层很少有缺少动物天性的，且时时散发出过动与战斗的意念。相对地，在伯克希尔，即使是购并成功在望，你们管理当局的心跳也不会加快一下。

（2）大部分的公司或企业与其经营阶层，多以"规模"而非"获利"，作为衡量自己或别人的标准（问问那些名列《财富》500大企业的负责人，他们可能从来都不知道，若以获利能力来排的话，他们的公司会落在第几位）。

（3）大部分的经营阶层很明显过度地沉浸于小时候所听到的，一个变成青蛙的王子，因美丽的公主深深一吻而被救的童话故事，并认为只要被他们优异的管理能力一吻，被购并的公司便能脱胎换骨。

如此的乐观是必要的，否则公司的股东怎么会甘心以两倍的价钱买下那家好公司，而非以1倍的价格自己从市场上买进。换言之，投资人永远可以以青蛙的价格买到青蛙，而若投资人愿意用双倍的代价资助公主去亲吻青蛙的话，最好保佑奇迹会发生。许多公主依然坚信她们的吻有使青蛙变成王子的魔力，即使在她的后院早已养满了一大堆的青蛙。尽管如此，平心而论，仍然有两种情况的购并是会成功的：

第一类是你买到的（不管是有意或无意的）是那种特别能够适应通货膨胀的公司，通常它们又具备了两种特征：一是很容易去调涨价格（即使是当产品需求平缓且产能未充分利用也一样），且不怕会失去市场占有率或销货量；一种是只要增加额外少量的资本支出，便可以使营业额大幅增加（虽然增加的原因大部分是因为通货膨胀而非实际增加产出的缘故）。近十几年来，只要符合以上两种条件（虽然这种情况不多），即使是能力普通的经理人也能使这项购并案圆满成功。

第二类是那些经营奇才，他们具有洞悉少数裹着青蛙外衣的王子，并且有能力让它们脱去伪装。我们尤其要向资本城的汤姆·墨菲致敬，他是那种能将购并目标锁定在第一类的公司，而本身具有的管理才能又使他成为第二类的佼佼者。直接或间接的经验使我们体认，要达到像他们那样的成就非常困难（当然也因为如此，近几年来真正成功的个案并不多，且会发现，到头来利用公司资金买回自家股份是最实在的方法）。而很不幸的，你们的董事长并不属于第二类的人，且尽管已充分体认到，须将重点摆在第一类的公司，但真正命中的概率却是少之又少。我们讲的比做的好听（我们忘了挪亚的叮咛：能预测什么时候下大雨没有用，必须要能建造方舟才算）。我们曾用划算的价钱买下不少青蛙，过去的报告多已提及，但很明显我们的吻表现平平；我们有遇到几个王子级的公司，但是早在我们买下时他们就已是王子了，还好至少我们的吻没让他变回青蛙，甚至最后我们偶尔也曾成功地以青蛙般的价格买到了部分王子级公司的部分股权。

——1981年巴菲特致股东的信

我们必须承认，对于保险事业的股票投资有点过于乐观。当然我们对于股票的偏爱并非毫无限制，在某些情况下，保险公司投资股票一点意义都没有。

只有当以下条件都符合时，我们才会想要将保险公司大部分的资金投入到股票投资之上：（1）我们可以了解的行业；（2）具有长期竞争力；（3）由才德兼具的人

收购方式

任何进行收购的公司都必须在决策时充分考虑采用何种方式完成收购，不同的收购方式不仅仅是支付方式的差别，而且与公司的自身财务、资本结构密切相关。

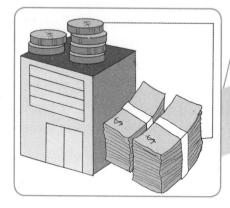

1 现金收购

现金收购是一种单纯的购买行为，它由公司支付一定数额的现金，从而取得目标公司的所有权。

2 用股票收购

股票收购是指公司不以现金为媒介完成对目标公司的收购，而是收购者以新发行的股票替换目标公司的股票。

债务我已经承担了，现在公司也是我的了！

3 承担债务式收购

在被收购企业资不抵债或资产和债务相等的情况下，收购方以承担被收购方全部或部分债务为条件，取得被收购方的资产和经营权。

士所经营；（4）吸引人的价格。我们常常可以找到一些符合前三项条件的投资标的，但最后一项往往让我们止步。举例来说，1971 年伯克希尔所有股票的投资成本累计为 1070 万美元，市价则为 1170 万美元。市场上确实有不少好股票，只是他们的价格通常也不便宜（讲到这里，我不得不补充，1971 年全体退休基金经理人，将可运用资金的 122% 投资在高价股票之上，甚至还嫌不够。但到了 1974 年，当股市大幅回档时，他们投资在股票的比例却降到 21% 的历史新低点）。

——1978 年巴菲特致股东的信

合理的股票回购与反收购

去年我们几个投资部位较大的被投资公司，只要其价格与价值差异颇大时，都会努力买回自家股份。而对于身为股东的我们而言，有两点好处：

第一点很明显，是一个简单的数学问题，通过买回公司的股票，等于只要花一块钱的代价便能够获得两块钱的价值，所以每股的内含价值可大大地提高，这比花大钱去购并别人的公司的效果要好得多。

第二点较不明显，且没有什么人知道，实际上也很难去衡量，但时间一长其效果越明显，那就是管理当局可通过买回自家的股票，来对外宣示其重视股东权益的心，而非一味地要扩张个人经营事业的版图，因为后者往往不但对股东没有帮助，甚至反而有害股东的利益。如此一来，原有的股东与有兴趣的投资人将会对公司的前景更具信心，从而股价便会向上反应，与其本身的价值更为接近。

相对地，那些整天把维护股东权益的口号挂在嘴边，却对买回自家股票的建议置之不理的人，很难说服大家他不是口是心非的。久而久之，他便会被市场投资人所离弃。

我们对回购的认可，仅限于那些受价格 / 价值关系支配的回购，并未扩展到"反收购式"的回购——一种我们发现是令人厌恶而且矛盾的惯例。在这些交易中，通过剥削无辜的，且未与之商议的第三方，双方都实现了他们的个人目的。这些玩家是：（1）甚至在股票证书的墨迹未干以前就把他"要钱还是要命"的消息传达给经理们的"股东"勒索者；（2）以任何价格（只要是别人付账）尽快寻求和解的公司内部人士；（3）手中的钱被用来赶走股东们。当尘埃落定的时候，打劫的股东"过客"会大谈"自由企业"，被打劫的管理人员会大谈"公司的最佳利益"，而站在一边的无辜股东只有默默地掏钱付账。

——1984 年巴菲特致股东的信

当一家公司的资金超过前述的资金需求时，那些以增长为导向的公司股东，可以考虑买进新事业或是买回公司自家的股份。要是公司的股价远低于其实质的价值，买回股份通常会最有利。在 19 世纪 70 年代，投资大众就曾大声呼吁公司的经营阶层采取类似的做法，不过当时却很少有公司响应。那些真正落实的，事后证明大大增进了股东的利益，而为多余资金另找出路的公司则惨不忍睹。确实在 19 世纪 70 年代（以及以后断断续续好几年），我们专门锁定那些大量买回自家股份的公司，因为这种举动通常暗示着这是一家公司股价被低估，同时又拥有相当注重股东权益的经营阶层。

不过这种情况已成明日黄花，虽然现在买回自家股份的公司比比皆是，但我们

企业的反收购策略——股票交易策略

企业的反收购策略多种多样，其中股票交易策略是上市公司反收购的一种策略，具体有：

1. 股份回购

股票一旦被大量购回，股价一般会上升。则收购者也不得不提高其收购价格，导致其收购难度增加。

2. 员工持股计划

即公司鼓励自己的员工持有公司股份，而员工为自己的工作及前途考虑，不会轻易出让自己手中拥有的本公司股票。

值得注意的是，目标公司在制订自己的反收购计划时，一定要注意当地法律对此种计划所持的态度，履行法定的程序和步骤。

认为大部分的背后都隐含着一个令人鄙夷的动机，那就是为了要拉抬或支撑公司股价。这当然有利于在当时有意出售股份的股东，因为他们能够以不错的价格顺利出场，不管他的背景或出售的动机是什么。不过留下来的股东却因为公司以高于实质价值的价格买回股份而蒙受其害，以 1.1 美元的价格买进 1 块钱美钞的生意很明显不划算。

查理跟我承认，我们对于估计股票的实质价值还有点自信，但这也只限于一个价值区间，而绝非一个准确的数字。不过即便如此，我们还是很明显地可以看出许多公司目前以高价买回股份的举动，等于是让卖出股份的股东占尽留下来股东的便宜。当然站在公司的立场来看，大部分的主管对于自家公司有信心也是人之常情，但他们其实比我们更知道公司的一些内情。不管怎样，这些买回的举动总是让我认为压根就不是为了想要增进股东权益，而只不过是经营阶层想要展现自信，或者一窝蜂跟进的心态而已。

有时，有的公司也会为了抵消先前发行低价认股选择权而买回股份，这种买高卖低的策略跟一般投资人无知的做法并无二致，但这种做法绝不像后者一样是无心的，然而这些经营阶层好像相当热衷于这种对于公司明显不利的举动。

当然发放认股选择权与买回股份不见得就没有道理，但这是两码子事，绝不能混为一谈。一家公司要决定买回自家的股份或发行新股，一定要有充分的理由，如果只是因为公司发行的认股权被行使或其他莫名其妙的原因，就要强迫公司以高于实质价值的代价买回股份，实在是没有什么道理。相反，只要公司的股价远低于其合理的价值，则不管公司先前是否发行过多的股份或选择权，都应该积极买回流通在外的股份。

——1999 年巴菲特致股东的信

稳定的收购政策

尽管如此，我们还是拥有几项优势。其中最有利的大概就是我们并没有一套策略计划，所以我们就没有必要依照固定的模式（一种几乎注定会以离谱的价钱成交的模式），而是完全以股东本身的利益为优先。在这样的心态之下，我们随时可以客观地将购并案与其他潜在的几十种投资机会做比较，其中也包含经由股票市场买进的部分股权。我们习惯性地做比较，在购并与被动的投资之间比较，这是一味地想要扩张经营版图的经理人绝对做不出来的。

管理大师彼得·杜拉克几年前在接受《时代》杂志的一次专访时，切中要点地提到："让我告诉你一个秘密，促成交易比辛勤工作好，促成交易刺激有趣，而工作却尽是一些醒酲的事。"经营任何事业无可避免的是一大堆繁杂的工作，而促成交易相对的就很性感浪漫，这也是为什么通常交易的发生都没什么道理可循。

在从事购并案时，我们还有一项优势，那就是我们可以提供给卖方，一种背后由众多优秀企业所组成的股份当作对价。当一家公司的老板或家族想要处分绩优的家族产业，同时希望相关的税负能够继续递延下去时，应该会发现伯克希尔的股票是一种相当好的选择。事实上我相信，这样的盘算在我们1985年促成以股份交换的两项购并案中扮演了极关键的角色。

此外，有些卖方也会关心他们的公司是否能够找到一个稳定可靠的美满归宿，可以让其旗下员工有一个良好的工作环境。就这点而言，伯克希尔绝对与众不同，我们旗下事业的经理人拥有绝对的自主权，此外我们的股权结构使得卖方可以相信当我们在购并时，所做出的每一个承诺将会被信守。对我们而言，我们也希望能与真正关心购并后其公司与员工会有怎样结局的老板打交道，就我们的经验而言，这类的卖主通常会比那些一心要把所拥有的公司拍卖掉的人，要让我们少发现许多令人不愉快的意外。

——1995年巴菲特致股东的信

事实上，费区海默正是我们想要买的公司类型。它有悠久的历史，有才能的管理人员，且品格高尚，乐于工作，且愿意与我们一起分享公司经营所带来的利益。所以我们很快就决定以4600多万美元买下该公司84%的股权，这与我们当初买下内布拉斯加家具的情况很类似。持有股权的大股东有资金上的需求，原经营家族有意愿继续经营公司并持有部分股权，且希望买下公司股权的股东不要只为了价格便随便将公司股权出让，并确保股权交易完成后，公司的经营形态不受干扰。这两家公司真正是我们所想要投资的类型，而它们也确实适得其所。

说来你可能不敢相信，事实上我与查理甚至根本就从未去过费区海默那位于辛辛那提的企业总部（另外还有，像帮我们经营时思糖果15年之久的查克，也从未来过奥马哈伯克希尔的企业总部），所以说若伯克希尔的成功是建立在不断地视察工厂的话，现在在我们可能早就要面临一大堆问题了。因此在从事购并公司时，我们试着去评估该公司的竞争能力、优势与缺点，以及经营阶层的能力与水准。费区海默在各方面都很杰出，而鲍勃与乔治正值60多岁的壮年期（以我们的标准而言），且后继还有加里等3位优秀的子弟继承衣钵。身为购并的最佳典型，该公司只有唯一一个小缺点，那就是它的规模不够大。我们希望下一次有机会能遇到各方面条件都与费区海默一般，且规模至少要有它好几倍大的公司。目前我们对于购并对象年度税后获利的基本门槛已由每年的500万美元，提高到1000万美元。报告完后，最后还是重复一下我们的广告，假若你有一家公司符合以下我们所列的条件，请尽快与我们联络。

（1）巨额交易（每年税后盈余至少有1000万美元）。

（2）持续稳定获利（我们对有远景或具转机的公司没兴趣）。

（3）高股东报酬率（并甚少举债）。

 收购的原因

想要收购一个企业并不是随心所欲的，而是要经过深思熟虑，总的来说，实行收购的原因如下：

1. 扩大生产经营规模，形成有效的规模效应，从而降低成本费用。

2. 实施品牌经营战略，提高企业的知名度，以获取高额利润。

3. 取得充足廉价的生产原料和劳动力，增强企业的竞争力。

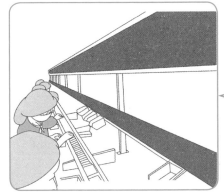

（4）具备管理阶层（我们无法提供）。

（5）简单的企业（若牵涉到太多高科技，我们弄不懂）。

（6）合理的价格（在价格不确定前，我们不希望浪费自己与对方太多时间）。

我们不会进行敌意购并，承诺完全保密，并希望你能尽快答复我们是否感兴趣（通常不超过 5 分钟）。我们倾向现金交易，除非我们所换得的企业内含价值跟我们付出的一样多，否则绝不考虑发行股份。我们欢迎可能的卖方向那些过去与我们合作过的伙伴打听，对于那些好的公司与好的经营阶层，我们绝对可以提供一个好的归属。

当然我们也持续接到一些不符合我们条件的询问电话，包括新事业、转机股、拍卖案以及最常见的中介案（那些通常会说你们要是能碰一下面，一定会感兴趣之类的）。在此重申，我们对这类型案件一点兴趣都没有。

——1986 年巴菲特致股东的信

第三节

公司的会计政策与纳税

企业正常获利水平

我们对于目前大盘的股价表现，与先前对于本身持股投资组合股价的看法一致。我们从来不会想要试图去预估下个月，或下一年度的股市走势，过去不会，现在也不会。不过如同我在附录的文章中指出的，股市投资人现在对于目前持股未来可能的投资报酬实在是显得过于乐观。

我们认为企业获利的增长幅度，与一个国家的国内生产总值（GDP）的增长率成一定关系。我们估计目前 GDP 的年增率大概只有 3%，此外再加上 2% 预估通货膨胀。当然查理跟我无法对于 2% 的准确性做任何保证，但这至少是市场上一般的共识。预防通货膨胀的国库券（TIPS）的利率大约也是一般政府公债减 2 个百分点，当然如果你感觉通货膨胀可能比这个数字还高，你大可以买进 TIPS，同时放空政府公债。

而如果公司的获利果真与 GDP 预估 5% 的成长走势相当，那么大家在对美国企业进行评价时的预期，就不可能过于乐观。若再加计配发的股利，那么你可以得出的预计股票报酬率，可能远低于大部分投资人过去几年的投资绩效，以及未来几年的投资预期。如果投资人的期望可以变得更实际一点——我相信总有一天他们一定会的，则股市将会进行一波相当大程度的修正，尤其是投机气氛特别浓厚的那些股票。

总有一天，伯克希尔会有机会将大量的资金再度投入股市，这点我们相当有信心，不过就像有首歌的歌词是这样："不知在何处？不知在何时？"当然要是有人想要试着跟你解释为何现今股市会如此的疯狂，请记住另一首歌的歌词："笨蛋总是为不合理的事找理由，而聪明人则避而远之。"

——1999 年巴菲特致股东的信

7 月份，我们决定关闭我们在纺织事业的营运，到年底之前这项令人不太愉快的工作也大致告一段落。回顾纺织产业的历史深具启发性。当巴菲特合伙事业（当时由我本人担任该合伙事业的执行合伙人）在 21 年前买下伯克希尔纺织公司的控制权时，公司的账面价值约为 2200 万美元，全部集中在纺织事业，然而当时由于公司无法赚得与账面价值相称的报酬，其内含价值却远低于此数。事实上，在此之前 9 年（即伯克希尔与海瑟威两家合并经营期间）的累计总营业收入达 5 亿多美元，但却发生了 1000 万美金的亏损。虽然时有获利，但总是在进一步、退两步。

在我们买下该公司的当时，南方的纺织工厂由于不具工会组织，而被公认为较具竞争优势，大部分北方的工厂皆已结束营运。当时，许多人认为我们也应该将该公司清算，然而我们觉得公司若能有一位长期稳定的管理者，营运将可得到改善。所以当时我们马上选中肯·蔡斯接手，有关这点我们倒是做对了。肯与后来接替他的加里合作得非常好，一点也不输给我们其他获利更高的事业经营者。

🖐 了解企业获利水平的方法

只有企业具有良好的获利水平，才能让投资成功，那么，如何了解一个企业的获利水平呢？

1. 查看企业的经营业绩。

企业的盈利能力与企业的营业业绩密切相关，因此，通过查企业经营业绩的好坏，可以了解企业的获利水平。

2. 企业管理人员的素质和能力。

在一定意义上，是否有卓越的企业管理人员，直接决定着企业的经营成败。好的管理人员往往能让企业提高盈利能力。

在 1967 年初，我们利用纺织事业产生的大量现金进入保险事业，买下国民保险公司，一部分资金来自于盈余，另一部分则来自于减少纺织事业的存货、应收账款与固定资产的投资。事实证明，这次撤退的决策完全正确。尽管由于肯的管理营运大为改善，但纺织事业从未赚到什么钱，即使是在景气高峰的时候。伯克希尔后来持续多元化，使得纺织业的不良对于公司整体的影响越来越轻微。我们之所以继续来经营纺织业的原因，我早在 1978 年便提过（后来也曾陆续提到）：

（1）该公司为当地非常重要的雇主。

（2）管理当局坦诚面对困境并努力解决问题。

（3）劳工体认困境并极力配合。

（4）尚能产生稳定现金收入。

我后来还说，只要这些情况持续不变（我们也预期不会变），即使有更多更好的投资机会，我们仍会将纺织事业坚持下去。

但事实证明第四点是错的。虽然 1979 年的获利状况还不错，但之后却耗用了大量的资金，直到 1985 年中情况变得再明显不过。若我们能够找到合适的买主，即使贱价出售，我们也不愿意看到该事业被清算。但我们清楚这点，别人也更清楚，没有人会有兴趣。

我们不会因为想要将企业的获利数字增加一个百分点，便结束比较不赚钱的事业。但同时我们也觉得只因公司非常赚钱，便无条件去支持一项完全不具前景的投资的做法不太妥当。亚当·史密斯一定不赞同我的第一项看法，而卡尔·马克斯也会反对我的第二项见解，采用中庸之道是唯一能让我感到安心的做法。

——1985 年巴菲特致股东的信

负债与资产的平衡艺术

在年度结束后不久，伯克希尔发行了两期的债券，总共的金额是 2.5 亿美元，到期日皆为 2018 年并且会从 1999 年开始慢慢分期由偿债基金赎回，包含发行成本在内，平均的资金成本在 10% 上下，负责这次发行债券的投资银行就是所罗门，他们提供了绝佳的服务。

尽管我们对于通货膨胀持悲观的看法，我们对于举债的兴趣还是相当有限。虽然可以肯定的是伯克希尔可以靠提高举债来增加投资报酬，即使这样做我们的负债比例还是相当保守，且就算如此我们很有信心应该可以应付比 19 世纪 30 年代经济大萧条更坏的经济环境。

但我们还是不愿意这种大概没有问题的做法，我们要的是百分之百的确定，因此我们坚持一项政策，那就是不管是举债或是其他任何方面。我们希望是能够在最坏的情况下得到合理的结果，而不是预期在乐观的情况下，得到很好的利益。

只要是好公司或是好的投资决策，不靠投资杠杆，最后还是能够得到令人满意的结果，因此我们认为为了一点额外的报酬，将重要的东西（也包含政策制定者与员工福祉）暴露在不必要的风险之下是相当愚蠢且不适当的。

当然我们不会畏惧借贷（我们还不至于认为借钱是万恶不赦的），我们还是愿意在不会损及伯克希尔利益的最坏情况下，进行举债，至于这个限度在哪里，我们就必须评估自己本身的实力。伯克希尔的获利来自于许多不同且扎实的产业，这些产业通常不需要额外大量的投资，负债的部分也相当健全，同时我们还保有大量的流动资产，很明显的，我们大可以承担比现在更高的负债比例。

我们举债政策还有一向特点值得说明，不像其他公司，我们比较希望能够预先准备而不是事后补救。一家公司若能够同时管好资产负债表的两侧，就会有不错的成绩，这代表一方面要能够将资产的报酬率提高，一方面要能够将负债的资金成本降低，若是两边都能碰巧地兼顾那就太好了。不过事实告诉我们，通常情况正好相反，当资金吃紧时，代表负债的成本上升，这正是对外购并的最好时机，因为便宜的资金有时会将竞标的资产飘到天价。我们的结论是，在举债方面的动作，有时应该要跟购置资产方面的动作分开做。

当然何谓吃紧？何谓便宜的资金？很难有一个清楚的分界。我们无法去预测利率的走向，所以我们随时保持开放的心态，随机地在市场还没有那么悲观时借钱，期望之后可以找到合适的购并或投资标的，而通常如同我们先前所提到的，大概是会在债市情况悲观时出现，我们一个基本的原则就是，如果你想要猎捕那种罕见且移动迅速的大象，那么你的枪支就要随时上膛准备。

——1987 年巴菲特致股东的信

迷信这些垃圾债券的门徒一再强调不可能发生崩盘的危机，巨额的债务会迫使公司经理人更专注于经营。就像是一位驾驶员开着一辆轮胎上插着一只匕首的破车，大家可以确定这位驾驶员一定会小心翼翼地开车。当然我们绝对相信这位驾驶员一定会相当小心谨慎，但是另外却还有一个变量必须克服，那就是只要车子碰到一个小坑洞，或是一片雪就可能造成致命的车祸。偏偏在商业的道路上，遍布着各种坑坑洞洞，一个要求必须避开所有坑洞的计划，实在是一个相当危险的计划。

在格雷厄姆《聪明的投资人》的最后一章中，很强烈地驳斥这种"匕首理论"。如果要将稳健的投资浓缩成四字箴言，那就是安全边际。在读到这篇文章的 42 年后，我仍深深相信这四个字，但没能注意到这个简单原则的投资人，在 1990 年开始就会慢慢尝到损失的痛苦。

在债务恐慌最高点的时候，资本结构注定导致失败的发生。有些公司的融资杠杆高到即使是再好的企业也无法负担。有一个特别惨、一出生就夭折的案例，就是那个坦帕湾地方电视台的购并案，这个案子一年的利息负担甚至还超过他一整年的营收，也就是说即使所有的人工、节目与服务都不须成本，且营收也能有爆炸性的成长，这家电视台还是会步上倒闭的命运（许多债券都是由现在大多倒闭的储贷机构买进的，所以身为纳税义务人的你，等于间接替这些愚蠢的行为买单）。

——1990 年巴菲特致股东的信

 企业借债要适度

　　企业借债既能有效地放大权益报酬率，同时还具有税盾和减轻代理人问题的优点，那么，企业借债的比例是否越多越好呢？其实不然。

原来公司的钱大部分都是借来的！

首先，企业举债比例越高，银行所要求利率也就会越高，这就要求企业有较高的资产报酬率来支付银行利率，无形中也就增加了企业经营的风险。

放心，根据报表显示，我们公司完全有能力偿还贵公司的债务。

其次，过高的银行负债会增大经营中资金调度的压力，财务弹性因此而减低，当这种压力达到一定程度时，很容易引起公司的债务危机和信用危机，造成资金链断流，影响公司正常经营。

　　因此，企业适度举债，既要考虑企业的行业特点、发展周期、资产构成和盈利水平，同时，还需要考虑公司债务危机所可能产生的各种成本，从而维持一个最佳资本结构。

通胀、税制与投资

高通货膨胀率等于是对投入的资本额外课了一次税，如此一来，可能使得大部分的投资变得有点愚蠢。近几年来这个基本门槛，即企业投资所需的最基本的报酬率以使得整件投资报酬为正的底限，可说是日益提高。每个纳"税"人就好像是在一个向下滑的电扶梯上拼命往上跑一样，最后的结果却是愈跑愈往后退。

举例来说，假设一位投资人的年报酬率为20%（这已是一般人很难达到的成绩了），而当年度的通膨为12%，又若其不幸适用50%高所得税级距，则我们会发现该位投资人在盈余全数发放的情形下，其实质报酬率可能是负的。因为这20%的股利收入有一半要归公库，剩下的10%全部被通货膨胀吃光，不够还要倒贴，这结局可能比在通膨温和时投资一家获利平庸的公司还不如。

假设只有外在的所得税负，而无隐性的通货膨胀税负，则不论如何，正的投资报酬永远不会变成负的（即使所得税率高达90%也一样）。但通货膨胀却不管公司账面到底赚不赚钱，只要像是最近这几年的通膨，就会使得大部分公司的实质投资报酬由正转为负，即使有些公司不必缴所得税也是一样。举例来说，如果通货膨胀率达到16%，约有六成的美国企业股东其投资报酬率将变为负值，即使大家都不必缴资本利得与股利所得税也一样。

当然这两者租税是交相存于现实社会中的，因为外在的课税系是按照名目所得，而非实质所得，所以在支付所得税后，股东的实质币值将不增反减。

而以目前的通货膨胀率来看，我们相信对适用中高级距所得税率的投资人而言（除非你是透过退休基金、慈善团体等免税机构来投资），将无法通过投资一般美国企业获得任何实质的资本利得，即使他们把分配到的股利一再重复地投资下去也一样，因为其获利早已被隐藏的通货膨胀与台面上的所得税给吸收殆尽。

而如同去年我们所说的一样，对于这个问题，我们目前无解（明年我们的回答很可能也是如此），通货膨胀对我们股权投资的报酬没有任何一点帮助。

一般认为，编制指数是对抗通膨的一种有效方法，但大部分的企业资本却从未这样做。当然账面每股盈余与股利通常会渐渐增加，若公司把所赚的钱再投资下去，即使是无通膨也是一样。就像是一个勤俭的薪水阶级，只要固定把他所赚薪水中的一半存入银行，就算是从来没有获得加薪，他每年的收入还是会慢慢地增加。

理论上，企业盈余（当然不包括由额外投入的资本所产生的盈余）不必增加任何资金，也能够稳定地随着物价指数持续增加，包含营运资金在内，但只有极少数的公司具有此种能力，而伯克希尔并不在其中。

当然，本公司在盈余再投资以求成长、多元化、茁壮的企业政策下，碰巧也有为股东减轻外在所得税负的效果，那就是只要你不将目前所持有的伯克希尔股份转做其他投资，就不会被课征所得税。但是隐藏的通货膨胀税，却是每天你醒来就必

🖱 通货膨胀对投资的影响

存一年缩水这么多！

存款

银行

近年来 CPI 持续走高，使通胀率高于银行各档定期存款年利率，以致居民储蓄存款不断缩水，也就是所说的负利率。

物价不断地上涨，老百姓存在银行里的钱却在缩水，而银行业的利润并不受任何影响。实际上，长时间的负利率，比直接征收利息税还来得快。

受负利率影响最大的其实正是人数最多、收入很低、负担很重，又不得不在银行存款的广大低收入者。这些低收入者从牙缝里挤出钱来存在银行，以备不时之需。

综上所述，在通货膨胀严重这一背景下，如果投资选择储蓄的话，已经不可能赚钱，反而是在赔钱。很显然，这一投资方式在通货膨胀的影响下已经不是一个好的选择。

须面对的问题。

——1980 年巴菲特致股东的信

获得一家公司 100% 的股权，而不是一小部分，在伯克希尔的这种偏好背后有着强烈的财务动机，而且它与税收有关。对我们来说，税则使伯克希尔希望拥有一家公司 80% 或更多的股份，相比于按比例地拥有较少的股份，则更加有利可图。当我们全资拥有的一家公司赚了 100 万美元的税后利润时，全部金额都是我们的利益。如果这 100 万美元上交给伯克希尔，我们无须为这笔红利纳税。而如果这笔收益得到了留存，并且我们要为比买入价多出的 100 万美元出售这家子公司——在伯克希尔这不可能，那么我们也不欠资本利得税。这是因为，我们在出售上的"税赋成本"会包括我们买这家公司的成本，以及该公司之后留存的全部收益。

与这种情形相对照的是，我们在一种可流通证券中拥有的投资。那时，如果我们在一家赚了税后 1000 万美元利润的公司中拥有 10% 的股份，那么我们在这笔利润中的 100 万美元就会受到州税和联邦税的影响：如果这 100 万美元派发给我们，就要纳税约 14 万美元（大多数红利税率是 14%）；或者如果这 100 万美元被公司留存，而随后又被我们以资本利得税的形式获得，就要纳税 35 万美元（我们的资本利得税率通常是 35%，尽管有时会达到 40%）。不立刻实现这种资本利得，我们可以递延支付这 35 万美元，但最终我们必须纳这笔税。结果，当我们通过股票投资部分拥有一家公司时，美国政府当了两次我们的"合伙人"，而当我们至少拥有 80% 时，它只当了一次。

——2000 年巴菲特致股东的信

把税看作无息负债

新的会计原则有可能会要求公司将所有的利得，以现行的税率估算（不管实际可能会是多少），若以 34% 来计（等于将税率提高 6 个百分点）。这样的规则可能会大幅增加我们账面递延所得税的数字，并使我们的账面净值减少约 7100 万美元，由于新提出的规定引发相当大的争议，最后的结果尚难定论，所以目前公司账上尚未做此反应。

大家可以从资产负债表上看到，若是年底我们一口气将所有的有价证券按市价全部出清，则我们要支付的所得税将高达 11 亿美元。但这 11 亿元的负债真的就跟 15 天后要付给厂商的货款一样或是相近吗？很显然并非如此，虽然在财务报表上计算净值的方式都一样，只是很简单地减掉 11 亿美元。

从另一个角度来看，难道这项估计所得税负债，会因为我们从来没有意愿要把股票卖掉，所以政府课不到所得税，就表示它不具重大的意义吗？答案很显然也不是。

就经济实质而言，这种所得税负债就好像是美国国库借给我们的无息贷款，且到期日由我们自己来决定（当然除非国会把课税时点提早到未实现时）。这种贷款还有一项很奇怪的特点，它只能被用来购买某些特定涨价的股票，而且额度会随市场价格而变动，有时也会因为税率变动而改变。这种递延所得税其实有点类似于资产移转时所要缴纳的交易税，事实上我们在 1989 年只做了一小部分的变动，总共产生了 2.24 亿的资本利得，因此发生了 7600 万美元的交易税。

由于税法运作的方式，如果情况许可的话，我们偏爱李伯大梦式的投资，因为较之疯狂短线进出的方法，它有一个很重要的利基点，让我们举一个很极端的例子来做说明。

假设伯克希尔只有 1 美元的投资，但它每年可以有一倍的报酬；假设我们将卖掉后所得的资金，用同样的方式再重复 19 年，结果 20 年下来，依照 34% 的税率总共贡献给国库 13000 美元，而我们自己则可以拿到 25250 美元。看起来还不错，然而要是我们简单一点，只做一项不变的投资，但是它同样可以每年赚一倍，则最后的金额高达 1048576 美元，在扣除 34%（356500 美元）的所得税之后，实得约 692000 美元。

之所以会有如此大的差异，唯一的理由就是所得税支付的时点。有趣的是政府从后面那种情况所抽的税金还比前者高，当然政府必须等到最后才能拿到这笔税金。必须强调的是，我们并不是因为这种简单的算术就倾向采用长期投资的态度，经常性的变动有可能会使我们的税后报酬高一些，事实上在几年之前，查理跟我就是这样在做的。

——1989 年巴菲特致股东的信

伯克希尔是联邦所得税的大付款人。总计，我们将在 1993 年缴纳 3.9 亿美元的联邦所得税，其中大约 2 亿美元归因于营业利润，而另外的 1.9 亿美元归因于已实现的资本收益。此外，由我们的被投资方缴纳的 1993 年度联邦所得税，和境外所得税远远超过 4 亿美元，你们不会在我们的财务报表中看到这个数字，但它无疑是存在的。无论是直接地还是间接地，伯克希尔缴纳的 1993 年度的联邦所得税大约将占前一年所有美国股份公司缴纳的总和的 0.5%。

说到我们自己的股份，查理和我对这些税收绝对毫无怨言。我们知道我们在一个基于市场的经济中工作，相比其他对社会做出相同甚至更大贡献的人的工作，市场对我们的工作做出的报偿慷慨得多。税制应该，也确实补偿了这种不平等，即使如此，我们仍享受了特别优厚的待遇。

如果，伯克希尔是合伙制或"S"股份公司。—两种为企业活动经常采用的结构，那么伯克希尔及其股东合起来就可以缴纳少得多的税。由于种种原因，伯克希尔这样做不可行。但是，伯克希尔的公司形式带来的不利影响已经通过我们的长期投资策略得到了缓和——尽管还远未消除。即使查理和我经营一家免税的机构，我们也会采取买入并持有的策略，我们认为这是最稳健的投资方式，还能平和我们的个性。然而，青睐这种策略的第三个原因是，我们只有在资本利得实现的时候才需纳税。

——1993 年巴菲特致股东的信

企业投资如何合理避税

依法纳税是每个企业应尽的义务，但在履行义务的同时，我们不妨通过税务筹划合理合法地有效避税，避免缴纳"冤枉税"。

1. 捐赠基金

很多公司每年会将大量的钱财投入到它们的基金会中，这是因为在很多国家有这样的法律规定，捐赠基金就可以得到税收方面的减免。

把这些钱都算在成本里吧。

2. 高估成本

高估成本这种做法在国内尤其普遍，避税者将日常生活费用，小至铅笔，大至家电，统统打进公司成本中，而成本是不征税的。

3. 利用国家税收优惠政策

税法以法律的形式规定了各种税收优惠政策，企业应该力争经过收入调整使企业享受各种税收优惠政策，最大限度避税，壮大企业实力。

控制一家公司的两个优点

在进行取得控制权或是部分股权投资时，我们不但试着去找一家好公司，同时最好是能够拥有品格与才能兼具，且为我们所喜爱的管理者经营。如果是看错了人，在具控制权的情况下，我们还有机会发挥影响力来改变。事实上，这种优势有点不太实际，因为更换管理阶层，就像是结束婚姻关系一样，过程是相当地费时、痛苦且还要看运气。不论如何，我们三家永恒的股权投资在这点是不太可能发生的，有汤姆和丹伯克在资本城／美国广播公司，斯奈德和劳辛普森在政府雇员保险，格瑞尔姆和迪克西蒙斯在《华盛顿邮报》，我们实在想不出有更好的接替人选。

我必须说明控制一家公司有两个主要的优点。首先，当我们控制一家公司我们便有分配资金与资源的权力。相比之下，若是部分股权投资，则完全没有说话的余地。这点非常重要，因为大部分的公司经营者，并不擅长做资金分配。之所以如此，这并不让人诧异，因为大部分的老板之所以能够成功，大都是靠着他们在行销、生产、工程、行政管理方面的专长。

一旦成为 CEO 之后，他们马上必须面临许多新的责任与挑战，这包括要做资金分配的决策，这是一项他们以前从未面对、艰巨且重要的任务。打个比方，这就好像是一位深具天分的音乐家，没有安排让他到卡内基音乐厅演奏，却反而任命他为联邦准备理事会主席一般。

CEO 缺乏资金分配的能力可不是一件小事。一家公司若是每年保留 10% 的盈余在公司的话，经过 10 年后，他所要掌管的资金等于增加了 60%。

某些体认到自己缺乏这方面能力的 CEO（当然也有很多不这样认为），会转向部属、管理顾问或是投资银行家寻求建议。查理和我通过平时观察这种寻求帮忙，最后的结论是：我们认为大多数的情况并不能解决问题，反而是让问题变得更严重。

结果你就会发现，在美国企业一大堆不明智的资本分配决策一再重复的发生（这也是为什么你常常听到组织重整再造的原因）。然而在伯克希尔，我们算是比较幸运，在一家我们不具控制权的股权投资方面，大部分的公司资金运用还算得当，有的甚至还相当地杰出。

第二项优点是相对于部分投资，取得控制权的投资能够享有纳税上的优惠。伯克希尔身为一家控股公司，在投资部分股权时，必须吸收相当大的纳税成本。相比之下，持有控制股权的投资则没有这种情况。这种纳税弱势发生在我们身上由来已久，但过去几年的税法修订，使得这种情形更雪上加霜。同样的获利，若发生在我们持有 80% 以上股权的公司身上，要比其他部分股权投资的效益高出 50% 以上。

不过这种劣势有时可以由另一项优势所抵消掉，有时候股票市场让我们可以以不可思议的价格买到绩优公司部分的股权，远低于协议买下整家公司取得控制权的平均价格。举例来说，我们在 1973 年以每股 5.63 美元买下《华盛顿邮报》的股票。

该公司在 1987 年的每股盈余是 10.3 美元。同样地，我们分别在 1976、1979 与 1980 年以每股 6.67 美元的平均价格买下政府雇员保险的部分股权，到了去年其每股税后的营业利益是 9.01 美元。从这些情况看来，"市场先生"实在是一位非常大方的好朋友。

——1987 年巴菲特致股东的信

在伯克希尔，对于将来会进入哪个产业，我们并没有特定的看法。事实上，我们常在想对于一家大型企业的股东来说，与其追求具有远景的新创事业有时反而有害，所以我们比较偏爱专注于那些我们想要拥有的经济形态，以及我们喜爱一起共事的经理人，剩下的就只看我们有没有足够的运气，找到同时拥有这两项特点的组合了，在德克斯特我们确实找到了。

虽然他们拥有商业界的宝石，但我们也相信哈罗德与皮特（他们对于现金都不感兴趣）作了一个正确的决定，将德克斯特的股份转为伯克希尔的股份。他们所做的，实际上等于将一家规模小的好公司的全部权益转成一家大规模好公司的一部分权益，这样的转换并不会产生租税负担，同时还可享有依个人意愿随时进行赠与或变现的好处。如果他们的家族成员有意愿，他们可以依照自己的想法追求不同的目标，而不必像过去那样，所有的资产全部绑在一家私人的企业。

此外，哈罗德与皮特也相当了解。在伯克希尔我们言出必行，在可见的未来几十年内，伯克希尔的控制权与文化将不会有所改变，最后同时也是最重要的一点，哈罗德与皮特可以确定将能够继续经营原来的企业，这是他们最喜爱的工作，这点不会因为合并案完成而有任何的改变。在伯克希尔，我们不会鸡婆地去提醒打击率高达四成的强打者应该要如何挥棒。

——1993 年巴菲特致股东的信

第十章

巴菲特语录

寻找价值

理解价值与价格的区别

在 1964 年，我们可以确信地说伯克希尔每股的账面价值是 19.46 美元。但是，这个数字大大夸大了公司的内在价值，因为公司的所有收入来源都捆在了盈利能力低下的纺织业务上。我们的纺织资产既没有继续经营的价值，也没有等同于其置存价值的清算价值。

但是，今天伯克希尔的处境已经逆转：我们在 1996 年 3 月 31 日 15.18 美元的账面价值，远远低于伯克希尔的内在价值，这是事实，因为我们控制的许多企业比它们的置存价值值钱得多。

尽管不能说明全部问题，但我们还是要给出伯克希尔的账面价值，因为今天它们是对伯克希尔内在价值粗略的跟踪方法，尽管低估了许多。换言之，账面价值在任何特定年度的百分比变化，很可能接近于该年的内在价值变化。

通过考察一种形式的投资——大学教育，你们可以洞察账面价值和内在价值之间的差别。把教育成本看作是它的"账面价值"。如果想得到精确的成本，就必须包括学生放弃的收益，因为他选择了上大学而不是工作。

对于这种情况，我们将忽略教育的各种重要的非经济效益，而严格集中于它的经济效益。首先，我们必须估计毕业生在他的整个一生中得到的收益，然后从这个数值中减去如果他缺少这种教育所获得的收益的估计值。我们会得到一个超额盈利数值，因此必须按一个适当的利率将其折现至毕业日。这样计算出的收益等于教育的内在经济价值。

一些毕业生会发现，他们所受教育的账面价值超出其内在价值，这意味着不管谁为这种教育掏腰包，都没有得到学费的价值。在另一些情况下，教育的内在价值远远超出其账面价值，这个结果证明资本的运用非常明智。显而易见，在任何情况下，作为内在价值的指示器，账面价值毫无意义。

比较我们的控股公司与那些我们持有少数股权的公司的报告财务收益，得出了一种有趣的会计讽刺。后者有 20 多亿美元市场价值，然而，它们在 1987 年仅为伯克希尔在报表上产生了 1100 万美元的税后利润。

会计规则要求我们仅将这些公司派发给我们的股利——只不过是名义上的，而不是它们的收益中属于我们的份额入账，后者在 1987 年总计大大超过 1 亿美元。另一方面，会计规则要求这三种少数股权——由我们的保险公司拥有的置存价值，必须按当前的市场价格记录在我们的资产负债表中。结果是公认会计准则的会计方法允许我们在净值中反映我们部分拥有的企业到目前为止的实际价值，但不允许我们在收入账户中反映它们的根本收益。

——1987 年巴菲特致股东的信

在 1995 年的信中，由于伯克希尔的股票卖到了 36000 美元，我曾告诉你们：最近几年伯克希尔市场价值的增长已经超出了其内在价值的增长，尽管后者的增长令人十分满意；这种过度的表现绝对不可能持续下去；查理和我那时并不认为伯克希尔会被低估。

自从我发出了这些警告之后，伯克希尔的内在价值已经大大增加，而我们股票的市场价格变化很小。这当然意味着，1996 年伯克希尔的股票超越了企业的表现。因此，今天的价格 / 价值关系，不仅与一年前的大不相同，而且在查理和我看来，也更加合适。

随着时间的流逝，伯克希尔股东获得的累计收益必定与公司的业务收益相同。如果股票暂时超出或低于企业的表现，那么一小部分股东（卖家或买家）就会在交易这些股票时获得超额利润。通常，在这场游戏中，成熟的参与者比单纯的人有优势。

尽管我们的主要目标，是使我们的股东从其伯克希尔所有权中获得的总收益最大化，但是我们还希望使一些股东以其他股东为代价获得的利润最小化。这些是如果我们在管理家族合伙制企业时会要求的目标，而且我们相信它们对公众持股公司的经理来说也有同样的意义。在合伙制企业中，公平要求合伙利益在合伙人进出的时候得到平等的估价；在公众持股公司中，当市场价格与内在价值保持同步时就出现了公平。显然，它们总是达不到这种理想状态，但是一位经理人通过他的经营策略和交流，可以为培养公平多出一把力。

当然，股东持有股票的时间越长，伯克希尔的企业收益对其金融经历的意义就越大，而且在他买卖股票时相对内在价值有什么样的溢价或折扣的重要性就越小。这是我们希望吸引有长远投资眼光的所有者的一个原因。总的来说，我认为我们已经在这个追求上获得了成功。对于由长远眼光的所有者持有的股票百分比，伯克希尔在所有大型美国股份公司中很可能名列第一。

——1996 年巴菲特致股东的信

影响企业内在价值的因素

关于内在价值讨论已经非常多了，早在几十年前，就已经给出了定义，企业的内在价值就是未来现金流的折现值，不多也不少。我们分析企业的内在价值也是从这个角度出发，综合考量的结果。

看来这家公司撑不了多久了，不适合投资啊。

1. 企业存活时间

从这个角度来说，当然是存活时间越长的企业价值越高，如果一个企业只能存活三年或者五年，那也不可能有太高的价值。

能融这么多现金，这个企业还是很值得投资的！

2. 现金流

现金是一个企业的血液，如果现金流断了，那么企业是非常危险的，所以从这个角度来说，现金流越高企业越有价值。

企业周期

3. 企业的生命周期

同样一个企业，在不同的生命周期价值是不同的，处于生命周期的成长期是发展最快的，企业最有活力的，一旦进入成熟期并向走向衰退期，那自然价值就非常有限了。

影响公司内在价值的因素基本就是这些，当然了，你如果想要把投资做好，只考虑这些还是不够的，在买入时还必须在内考虑安全边际，全价买入是很难取得优秀的投资业绩的。

对话"市场先生"

格雷厄姆是我的老师，也是我的朋友。很久以前讲过一段有关对于市场波动心态的谈话，是我认为对于投资获利最有帮助的一席话。他说，投资人可以试着将股票市场的波动当作是一位"市场先生"每天给你的报价。他就像是一家私人企业的合伙人，不管怎样，"市场先生"每天都会报个价格要买下你的股份，或是将手中股份卖给你。

即使是你们所共同拥有的合伙企业经营稳定变化不大，"市场先生"每天还是会固定提出报价。同时"市场先生"有一个毛病，那就是他的情绪很不稳定。当他高兴时，往往只看到合伙企业好的一面，所以为了避免手中的股份被你买走，他会提出一个很高的价格，甚至想要从你手中买下你拥有的股份；但有时候，当他觉得沮丧时，眼中看到的只是这家企业的一堆问题，这时他会提出一个非常低的报价要把股份卖给你，因为他很怕你会将手中的股份塞给他。

"市场先生"还有一个很可爱的特点，那就是他不在乎受到冷落。若今天他提出的报价不被接受，隔天他还是会上门重新报价，要不要交易，完全由你自主。所以在这种情况下，他的行为举止越失措，你可能得到的好处也就越多。

但就像灰姑娘参加化装舞会一样，你务必注意午夜前的钟声，否则马车将会变回南瓜。"市场先生"是来给你服务的，千万不要受他的诱惑反而被他所导引。你要利用的是他饱饱的口袋，而不是草包般的脑袋。如果他有一天突然傻傻地出现在你面前，你可以选择视而不见或好好地加以利用。但是，要是你占不到他的便宜反而被他愚蠢的想法所吸引，那你的下场可能会很凄惨。事实上，若是你没有把握能够比"市场先生"更清楚地衡量企业的价值，你最好不要跟他玩这样的游戏。就像是打牌一样，若是你没有办法在 30 分钟内看出谁是笨蛋，那么那个笨蛋很可能就是你！

格雷厄姆的"市场先生"理论在现今的投资世界内或许显得有些过时，尤其是在那些大谈市场效率理论、动态避险与贝塔值的专家学者眼中更是如此。他们会对那些深奥的课题感兴趣是可以理解的。因为这对于渴望投资建议的追求者来说，是相当具有吸引力的，就像是没有一位名医可以单靠"吃两粒阿司匹林"这类简单有效的建议成名致富的。

这当然是股市秘籍存在的价值，但就我个人的看法，投资成功不是靠晦涩难解的公式、计算机运算或是股票行情板上股票上下的跳动。相反地，投资人要想成功，唯有凭借着优异的商业判断，同时避免自己的想法、行为受到容易煽动人心的市场情绪所影响。以我个人的经验来说，要能够免除市场诱惑，最好的方法就是将格雷厄姆的"市场先生"理论铭记在心。

追随格雷厄姆的教诲，查理跟我着眼的是投资组合本身的经营成果，以此来判断投资是否成功，而不是他们每天或每年的股价变化。短期间市场或许会忽略一家经营成功的企业，但最后这些公司终将获得市场的肯定。就像格雷厄姆所说的："短期而言，股票市场是一个投票机，但长期来说，它却是一个称重机。"一家成功的公司是否很快地就被发现，并不是重点，重要的是只要这家公司的内在价值能够以稳定的速度成长，这才是关键。事实上越晚被发现有时好处更多，因为我们就有更多的机会以便宜的价格买进它的股份。

当然有时市场也会高估一家企业的价值，在这种情况下，我们会考虑把股份出售。另外，有时虽然公司股价合理或甚至略微低估，但若是我们发现有更被低估的投资标的，或是我们觉得比较熟悉了解的公司时，我们也会考虑出售股份。

然而，我们必须强调的是，我们不会因为被投资公司的股价上涨，或是因为我们已经持有一段时间，就把它们给处分掉。在华尔街名言中，最可笑的莫过于这句话："赚钱的人是不会破产的。"我们很愿意无限期的持有一家公司的股份，只要这家公司所运用的资金可以产生令人满意的报酬、管理阶层优秀能干且正直，同时市场对于其股价没有过度地高估。

——1987 年巴菲特致股东的信

寻找被低估的价值

我们之前曾提到过去 10 年来，投资环境已由过去完全不看重大企业的情况转变成适当的认同，华盛顿邮报就是一个最好的例子。我们在 1973 年以不到当时内含价值 1/4 的价格买进股权，计算价格 / 价值比并不需要有独到的眼光，大部分的证券分析师、经纪人与媒体经营者跟我们一样，估计该公司的价值约在 4 亿到 5 亿美元之间，但当时其仅 1 亿的股票市值却是随处可见，只是我们具有的优势是态度，我们从格雷厄姆那里学到成功投资的关键，是在好公司股价相对于代表的实际价值被低估的时候，买进其股票。

在 19 世纪 70 年代早期，大部分的机构投资人却认为企业价值与他们考量买进卖出的价格并无太大关联，现在看来当然令人难以置信，然而当时他们受到知名的商学院所提出的新理论所惑，"股票市场具有完全的效率，因此计算企业的价值对于投资活动一点也不重要"。事后想想，我们实在是欠这些学者太多了，在不管是桥牌、西洋棋或是选股等斗智的竞赛中，当对手被告知思考是白费力气的一件事，还有什么能比这让我们更有利呢。

1973 到 1974 年间，华盛顿邮报表现依旧良好，使得内在价值持续增加。尽管如此，我们在该公司的持股市值却由原始成本的 1000 多万减少 25%，变成 800 万美元。本来我们觉得已经够便宜的东西，没想到在一年之后，具有无比潜能的市场又将它的标价向下调整到至少比其实际价值少两成的地步。

美好的结局可以预知，凯·格雷厄姆——华盛顿邮报的总裁，具有无比的智能

巴菲特对投资企业的要求

巴菲特认为投资股票的选择方式与买进整家企业的模式很相近，他投资的企业必须是：

我得好好了解一下！

可以了解的行业：

　　了解的行业更容易进行分析，省去了了解新行业所需要的时间。

由才德兼备的人士所经营：

　　这就体现了优秀经理人对于一家企业的重要性。

吸引人的价格：

　　这是投资可以进行的关键，只有认为价格合适，才有投资的热情。

价格

　　巴菲特从来不买那短期股价预期有所表现的股票，事实上，如果其企业的表现符合他的预期，他反而希望股价不要太高，如此才有机会以更理想的价格买进更多的股权。

与勇气，除了拥有极佳的管理才能将公司的内在价值进一步提升之外，更大手笔地以便宜的价格大量买回公司的股份。在此同时，投资人开始认识到公司特殊的竞争优势，使得公司股价回升到合理的价位。所以我们经历了三重享受：一是公司本身的价值提升；二是每股所代表的价值因公司实施库藏股而增加；三是随着折价幅度逐渐缩小，股价的表现超越公司价值实际增加。

除了 1985 年依持股比例卖回给公司的股份外，其他的持股皆未变动，年底持股的市值加上卖回股份所得的收入合计为 22000 万美元。

假若在当初 1973 年时，我们将 1000 万随便投资一家当时最热门的媒体事业，则到今年年底，我们持股的市值会在 4000 万 ~ 6000 万美元。这结果显然比一般市场的平均表现高出许多，其原因在于媒体的特殊竞争力，至于再多出来的 16000 万部分，是因为华盛顿邮报的总裁凯作出的决策优于其他媒体事业的经营者，虽然她惊人的事业成就并未有人大幅报道，但伯克希尔的所有股东却不能不加以珍惜。

由于我们买下资本城股份，使得我必须在 1986 年被迫离开华盛顿邮报的董事会，但只要法令许可，我们将无限期的持有华盛顿邮报的股份，我们期待该公司的价值持续稳定成长。我们也知道公司的管理阶层有才能且完全以股东的利益为导向，不过该公司的市值目前已增加为 18 亿美元，公司的价值很难再以当初市值仅 1 亿美元时的速度成长，也由于我们其他主要的持股股价大多已反映，所以我们的投资组合很难再像过去一样具有成长潜力。

——1985 年巴菲特致股东的信

我们过去的经验显示，一家好公司部分所有权的价格，常常要比协议谈判买下整家便宜得多。因此想要拥有价廉物美的企业所有权，直接购并的方式往往不可得，还不如透过间接拥有股权的方式来达到目的，当价格合理，我们很愿意在某些特定的公司身上持有大量的股权。这样做不是为了要取得控制权，也不是为了将来再转卖出或是进行购并，而是期望企业本身能有好的表现，进而转化成企业长期的价值以及丰厚的股利收入，不论是少数股权或是多数股权皆是如此。

——1977 年巴菲特致股东的信

选择合适的投资工具

去年，我们的保险公司总计买进了 7 亿美元的免税政府公债，到期日分别在 8 ~ 12 年。或许你会觉得这样的投入表示我们对于债券情有独钟，不幸的是事实并非如此。债券充其量只不过是个平庸的投资工具，它们不过是选择投资标的时看起来最不起眼的投资替代品，虽然现在看起来也是。我突然发现我与梅·韦斯特的喜好完全相反，她曾说："我只爱两种男人，本国人或是外国人"，现在的我对股票与债券皆不感兴趣。

在保险公司随着资金持续涌入，我们当然必须将有价证券列入投资组合，一般来说我们只有五种选择：长期股票投资，长期固定收益债券，中期固定收益债券，短期约当现金和短期套利交易。

在其中股票算是最有乐趣的。当状况好时（我是说找到经营得当，业绩蒸蒸日上但价值被低估的公司），你很有机会能够挥出大满贯的全垒打。不过很不幸的是目前我们根本找不到类似这样的标的。这不代表我们要预测未来的股市，事实上我们从来就不知道股市接下来到底是会涨还是会跌。不过我们确知的是贪婪与恐惧这两种传染病在股市投资世界里，会不断地发生上演，只是发生的时间很难准确地预期。而市场波动程度与状况一样不可捉摸，所以我们要做的事很简单。当众人都很贪心大作时，尽量试着让自己觉得害怕；反之，当众人感到害怕时，尽量让自己贪心一点。

而当我在写这段文章时，整个华尔街几乎嗅不到一丝的恐惧，反而到处充满了欢乐的气氛。没有理由不这样啊？有什么能够比在牛市中，股东因股票大涨赚取比公司本身获利更多的报酬而感到更高兴的事。只是我必须说，很不幸的是，股票的表现不可能永远超过公司本身的获利表现。反倒是股票频繁的交易成本与投资管理费用，将使得投资人所获得的报酬无可避免地远低于其所投资公司本身的获利。以美国企业来说，平均投资报酬率为12%，这表示其投资人平均所能获得的报酬将低于此数。牛市可以暂时模糊数学算术，但却无法推翻它。

第二种投资选择是长期债券。除非在特殊情况下，就像是我们在1984年年报曾提到的华盛顿功用电力系统所发行的公司债——截至年底，我们拥有该公司债券的未摊销成本为21000万美元，市价则为31000万美元，否则，债券这种投资标的实在很难引起我们的兴趣。

我们对于长期债券没有兴趣的原因，在于对未来十几年通货膨胀可能再度肆虐的潜在恐惧。长期而言，汇率的演变将取决于立法人员的态度，这会威胁到汇率的稳定，进而影响到长期债券投资人的利益。我们持续将资金运用在套利之上，然而不像其他套利客，每年从事几十个案子。我们只锁定在少数几个个案，我们限制自己只专注在几个已经公布消息的大案子，避开尚未明朗化的。虽然这样会让我们的获利空间减小，但相对的，只要运气不要太差，我们预期落空的概率也会减少许多。到年底为止，手上只有一个案子李尔西格公司，另外还有一笔14500万美元的应收款项，这是联合利华用来买下庞氏所欠我们的款项。

套利是除了政府债券以外，短期资金运用的替代品，但风险与报酬相对都比较高。到目前为止，这些套利投资的报酬确实比政府债券要好得多。不过即便如此，一次惨痛的经验将使总成绩猪羊变色。

另外，虽然有些不情愿，我们也还是将目光摆在中期的免税债券之上。买下这类债券我们将承担巨额损失的风险，若可能的话，我们在到期之前就会把它们卖掉。

最常见的三种投资工具

股票：→ 股票投资是指企业或个人用积累起来的货币购买股票，借以获得收益的行为。

基金：→ 这里指的是证券投资基金，是通过汇集众多投资者的资金，交给银行保管，由基金管理公司负责投资于股票和债券等证券，以实现保值增值目的的一种投资工具。

房地产：→ 房地产投资，是指资本所有者将其资本投入到房地产业，以期在将来获取预期收益的一种经济活动。

当然这样的风险也提供我们相对的报酬，到目前为止，实现的获利还是比短期债券要好得多。不过这种高报酬在扣除可能承担损失的风险与额外的税负，其实报酬好不了多少，更何况还有可能估计错误。不过即便我们真的发生损失，其程度还是比我们不断在短期债券上打滚来的好。

不论如何，大家必须有个体认，那就是以目前的市场状况，我们在债券或股票的预期报酬都不会太高。目前我们可以做的，顶多是认赔处分一些债券，然后重新将资金投入到未来可能好一点的股票投资上。债券会发生损失的原因在于利率高涨，当然这同样也会压缩股票的价格。

——1986 年巴菲特致股东的信

第二节

投资与投机的区别

不熟不买，不懂不做

我之所以取得目前的成就，是因为我们关心的是寻找那些我们可以跨越的1英尺障碍，而不是去拥有什么能飞越7英尺的能力。

不同的人理解不同的行业，最重要的事情是知道你自己理解哪些行业，以及什么时候你的投资决策正好在你自己的能力圈内。

对你的能力圈来说，最重要的不是能力圈的范围大小，而是你如何能够确定能力圈的边界所在。如果你知道了能力圈的边界所在，你将比那些能力圈虽然比你大5倍却不知道边界所在的人要富有得多。

对于大多数投资者而言，重要的不是他到底知道什么，而是他们是否真正明白自己到底不知道什么。

很多事情做起来都会有利可图，但是，你必须坚持只做那些自己能力范围内的事情，我们没有任何办法击倒泰森。

投资必须是理性的，如果你不能理解它，就不要做。我只做我完全明白的事。任何情况都不会驱使我做出在能力范围以外的投资决策。一定要在自己的理解力允许的范围内投资。如果我们不能在自己有信心的范围内找到需要的，我们就不会扩大范围，我们只会等待。

我是一个非常现实的人，我知道自己能够做什么，而且我喜欢我的工作。也许成为一个职业棒球大联盟的球星非常不错，但这是不现实的。我们的工作就是专注于我们所了解的事情，这一点非常非常重要。

——巴菲特投资语录

我们不愿因为自身本就不精通的一些预估而错过买到好生意的机会。我们根本就不听或不读那些涉及宏观经济因素的预估。在通常的投资咨询会上，经济学家们会作出对宏观经济的描述，然后以此为基础展开咨询活动。在我们看来，那样做是毫无道理的。

假想格林斯潘在我一边，罗伯特·鲁宾在我另一边，即使他们都悄悄告诉我未来12个月他们的每一步举措，我还是无动于衷的，而且这也不会对我购买公务机飞

如何了解一个企业

巴菲特主张投资自己熟悉的企业，那么在投资之前，应该如何了解一个企业呢？通常应该从哪方面入手去了解呢？

通过这种手段，你很快就会发现谁是业界最好的企业。

机公司或通用再保险公司，或我做的任何事情有一丝一毫的影响。

——1998 年巴菲特在佛罗里达大学商学院的演讲

你只能活在现在时。你也许可以从你过去的错误中汲取教训，但最关键的还是坚持做你懂的生意。如果是一个本质上的错误，比如涉足自己能力范围之外的东西，因为其他人建议的影响等，所以在一无所知的领域做了一些交易，那倒是你应该好好学习的。你应该坚守在凭自身能力看得透的领域。

当你作出决策时，你应该看着镜子里的自己，扪心自问，"我以一股 55 元的价格买入 100 股通用汽车的股票是因为……"。你对自己所有的购买行为负责，必须时刻充满理性。如果理由不充分，你的决定只能是不买。如果仅仅是有人在鸡尾酒会上提起过，那么这个理由远未充分。也不可能是因为一些成交量或技术指标看上去不错，或盈利等。必须确实是你想拥有那一部分生意的原因，这一直是我们尽量坚持做到的，也是格雷厄姆教给我的。

——1998 年巴菲特在佛罗里达大学商学院的演讲

如果你不能马上足够了解自己所做的生意，那么即使你花上一两个月时间，情况也不见得会有多少改观。你必须对你可能了解的和不能了解的有个切身体会，你必须对你的能力范围有个准确的认知。范围的大小无关大局，重要的是那个范围内的东西。哪怕在那个范围内只有成千上万家上市公司里的 30 家公司，只要有那 30 家你就没问题。

你所要做的就是深入了解这 30 家公司的业务，你根本不需要去了解和学习其他的东西。早年的时候，我做了大量功课来熟悉生意上的事情。

——1998 年巴菲特在佛罗里达大学商学院的演讲

利用市场情绪，把握投资机遇

在投资市场上，情绪的力量往往比理性的力量更为强大，贪婪与恐惧往往促使股价高于或低于企业股票的内在价值。

一个投资者必须既具备良好的企业分析能力，同时又必须具备把他的思想和行为同在市场中肆虐的极易传染的情绪隔绝开来的能力，这样才有可能取得成功。在我自己与市场情绪保持隔绝的努力中，我发现将格雷厄姆的"市场先生"的故事牢记在心里非常有用。

市场是自己的仆人，而非自己的领导。事实上，聪明的投资人不但不会预测市场走势，而且还会利用这种市场的情绪化而得益。

——巴菲特投资语录

我们有必要讨论一下市场效率理论，这理论在近年来变得非常热门，尤其在 19

世纪 70 年代的学术圈被奉为圣旨，基本上它认为分析股票是没有用的，因为所有公开的信息皆已反应在其股价之上。换句话说，市场永远知道所有的事，学校教市场效率理论的教授因此做了一个推论，比喻说任何一个人射飞镖随机所选出来的股票组合可以媲美华尔街最聪明、最努力的证券分析师所选出来的投资组合。令人惊讶的是，市场效率理论不但为学术界所拥抱，更被许多投资专家与企业经理人所接受。正确地观察到市场往往是具有效率的，他们却继续下了错误的结论，市场永远都具有效率，这中间的假设差异，简直有天壤之别。

就我个人的看法，就我个人过去在格雷厄姆的纽曼公司、巴菲特合伙企业与伯克希尔公司连续 63 年的套利经验，说明了效率市场理论有多么的愚蠢（当然还有其他一堆证据）。当初在格雷厄姆的纽曼公司上班时，我将该公司 1926 年到 1956 年的套利成果做了一番研究，每年平均 20% 的投资报酬率；之后从 1956 年开始，我在巴菲特合伙企业与之后的伯克希尔公司，运用格雷厄姆的套利原则，虽然我并没有仔细地去算，但 1956 年到 1988 年间的投资报酬率应该也有超过 20%（当然之后的投资环境比起格雷厄姆当时要好的许多，因为当时他遇到了 1929 ~ 1932 年的经济大萧条）。

——1988 年巴菲特致股东的信

首先谈谈普通股投资，1987 年股市的表现精彩连连，但最后指数却没有太大的进展，道琼斯指数整个年度只涨了 2.3%。你知道这就好像是坐云霄飞车一样，"市场先生"在 10 月以前暴跳如雷，之后却突然收敛了下来。

市场上有所谓专业的投资人，掌管着数以亿万计的资金，就是这些人造成市场的动荡。他们不去研究企业下一步发展的方向，反而钻研其他基金经理人下一步的动向。对他们来说，股票只不过是赌博交易的筹码，就像是大富翁手里的棋子一样。

他们的做法发展到极致，便形成所谓的投资组合保险。一个在 1986 ~ 1987 年间广为基金经理人所接受的一种策略，这种策略只不过是像投机者停损单一样，当投资组合或是类似指数期货价格下跌时就必须处分持股。这种策略不仅如此，只要下跌到一定程度便会涌出一大堆卖单，根据一份研究报告显示：有高达 600 亿到 900 亿的股票投资，在 1987 年 10 月中面临一触即发的险境。

许多评论家在观察最近所发生的事时，归纳出一个不正确的结论，他们喜欢说由于股票市场掌握在这些投资大户手上，所以小额投资人根本一点机会也没有。这种结论实在是大大的错误，不管资金多寡，这样的市场绝对有利于任何投资者，只要他能够坚持自己的投资理念。事实上，由手握重金的基金经理人所造成的市场波动，反而使得真正的投资人有更好的机会可以去贯彻其明智的投资行动，只要他在面临股市波动时，不会因为财务或心理因素而被迫在不当的时机出脱手中持股，他就很难受到伤害。

在伯克希尔过去几年，我们在股票市场实在没有什么可以发挥的地方。在 10 月的那段时间，有几支股票跌到相当吸引我们的价位，不过我们没有能够在他们反弹之前买到够多的股份。在 1987 年年底，除了永久的持股与短期的套利之外，我们并没有新增任何主要的股票投资组合（指 5000 万美元以上），不过你大可以放心，一旦"市场先生"确切地会给我们机会的时候，我们一定会好好把握住的。

——1987 年巴菲特致股东的信

通货膨胀是投资的最大敌人

我们的保险资金会持续地将资金投资在一些经营良好，但不具控制权且保留大部分盈余的公司之上。依照这个政策，可预期的长期的报酬率将持续地大于每年账面盈余的报酬率，而我们对此理念的坚信不疑是很容易用数字来说明的。虽然只要我们把手上的股权投资卖掉，然后转进免税的长期债券，公司每年账面盈余马上就能净增加 3000 万美元，但我们从来就没想过要那么去做。

很不幸，公司财务报表所记载的盈余已不再表示是股东们实际上所赚的了。假设当初你放弃享受 10 个汉堡以进行投资，后来公司分配的股利足够让你买 2 个汉堡，而最后你处分投资可换 8 个汉堡，你会发现事实上不管你拿到的是多少钱，你的这项投资并无所得，你可能觉得更有钱了，但不表示你能吃得更饱。高通货膨胀率等于是对资本额外课了一次税，如此一来，使得大部分的投资变得有点愚蠢。而近几年来这个基本门槛，使得整件投资报酬为正的企业投资所需的最基本报酬率，可说是日益提高。每个纳"税"人就好像是在一个向下滑的电扶梯上拼命往上跑一样，最后的结果却是愈跑愈往后退。

举例来说，假设一位投资人的年报酬率为 20%（这已是一般人很难达到的成绩了），而当年度的通胀为 12%，又若其不幸适用 50% 高所得税级距，则我们会发现该位投资人的实质报酬率可能是负的。总之，若只有外在的所得税而无隐性的通货膨胀税，则不管如何正的投资报酬，永远不会变成负的（即使所得税率高达 90%），但通货膨胀却不管公司账面到底赚不赚钱，只要像最近这几年的通胀，就会使得大部分公司的实质投资报酬由正转为负，即使有些公司不必缴所得税也是一样，当然这两者是交相存在于现实社会中的。

以目前的通货膨胀率来看，相信以适用中高级距所得税率的投资人而言，将无法从投资一般美国公司获得任何实质的资本利得，即使他们把分配到的股利一再重复地投资下去也一样，因为其获利早已被隐藏的通货膨胀与直接的所得税吸收殆尽。如同去年我们所说的一样，对于这个问题我们目前无解（明年我们的回答很可能也是如此），通货膨胀对我们股权投资的报酬实在是一点帮助也没有。

编制指数是一般认为对抗通胀的一种方法，但大部分的企业资本却从未这样做。当然账面每股盈余与股利通常会渐渐增加，若公司把所赚的钱再投资下去，即使是无通胀也是一样。就像是对个勤俭的薪水阶级，只要固定把他所赚薪水中的一半存入银行，就算是从来没有获得加薪，他每年的收入也会慢慢地增加。

理论上，企业盈余（当然不包括由额外投入的资本所产生的盈余）会稳定地随着物价指数持续增加而不必增加任何资金，包含营运资金在内，但只有极少数的公司具有此种能力，而伯克希尔并不在其中。当然本公司在盈余再投资以求增长、多元化、茁壮的企业政策，碰巧也有减轻股东外在所得税负的效果。只要你不将所持有的伯克希尔股份转做其他投资，但隐藏的通货膨胀税，却是每天你醒来就必须面对的问题。

——1980 年巴菲特致股东的信

去年我们曾解释，通货膨胀是如何使我们的账面表现比经济实质要好看的多，我们对联邦准备理事会主席沃尔克先生所作的努力，使得现在所有的物价指数能温和的成长表示感谢。尽管如此，我们仍对未来的通胀趋势感到悲观，就像是童真一样，稳定的物价只能维持现状，却没有办法使其恢复原状。尽管通胀对投资来讲实在是太重要了，但我不会再折磨你们而把我们的观点复述一遍，通胀本身对大家的折磨已足够了（若谁有被虐狂倾向，可向我索取复本）。但由于通胀间断不止地使货币贬值，公司可能尽力地使你的皮夹满满，更胜于填饱你的肚子。

——1981 年巴菲特致股东的信

慎重对待高科技企业

我很崇拜安迪·格鲁夫和比尔·盖茨，我也希望能通过投资于他们将这种崇拜转化为行动。但当涉及微软和英特尔股票，我们不知道 10 年后世界会是什么样子。我不想玩这种别人拥有优势的游戏。我可以用所有的时间思考下一年科技发展，但不会成为这个国家分析科技企业的专家，第 100 位、第 1000 位、第 10000 位都轮不上我。许多人都会分析科技企业，但我不行。

我们充分了解科技为整个社会所带来的便利与改变，只是没有人能预测往后 10 年这些科技企业会变成什么样。我常跟比尔·盖茨及安迪·格鲁夫在一起，他们也不敢保证。

显然，许多在高技术领域或新兴行业的公司，按百分比计算的成长性比注定必然如此的公司要发展得快得多。但是，我宁愿得到一个可以确定会实现的好结果，也不愿意追求一个只是有可能会实现的伟大结果。

我们应该再次说明，缺乏对科技的洞察力丝毫不会使我们感到沮丧。在许许多多的行业，查理和我并没有特别的资本分配技巧。例如，每当评估专利、制造工艺、地区前景时，我们就一筹莫展。如果说我们具备某种优势的话，那么优势应该在于我们能够认识到什么时候我们是在能力圈之内运作良好，而什么时候我们已经接近于能力圈的边界。在快速变化的产业预测一个企业的长期经济前景远远超出了我们

慎重选择高科技企业

高科技企业不一定适合投资，在选择这类企业时一定要慎重，主要原因如下：

1.高科技企业往往需要投入大量资金进行创新研究，这就减少了现金流，并使得企业利润减少。

2.高科技日新月异，产品更新换代迅速，这就使得企业的未来不能预测，投资风险大。

因此，在选择投资企业的时候一定要慎选这类企业，如果已经选择了，就要时刻保持高度关注，及时调整。

的能力圈边界。如果其他人声称拥有高科技产业中的企业经济前景预测技巧，我们既不会嫉妒也不会模仿他们。相反，我们只是固守于我们所能理解的行业。如果我们偏离这些行业，我们一定是不小心走神了，而决不会是因为我们急躁不安而用幻想代替了理智。幸运的是，几乎可以百分之百地确定，伯克希尔公司总是会有机会在我们已经画出的能力圈内做得很好。

我可以理性地预期投资可口可乐公司的现金流量，但是谁能够准确预期 10 大网络公司未来 25 年里的现金流量呢？如果你说你不能准确预期，你就不可能知道这些网络公司的价值，那么你就是在瞎猜而不是在投资。对于网络，我们知道自己不太了解，一旦我们不能了解，我们就不会随便投资。

——巴菲特投资语录

在 1989 年的年报中，我曾经写过伯克希尔头 25 年所犯的错误，而且承诺在 2015 年还会有更新的报告。但是第二阶段的头几年，让我觉得若是坚持原来的计划的话，可能让这些记录多到难以管理，因此我决定每隔一段时间会在这里丢出一点东西。所谓自首无罪，抓到双倍，希望我公开的忏悔能够免于大家继续对我的轰炸（不管是医院的死后验尸或是足球队常常用到的事后检讨，我想应该也能够适用在企业与投资人之上）。

通常我们很多重大的错误不是发生在我们已经做的部分，而是在于我们没有去做的那部分。虽然因为各位看不到这些失误，所以查理跟我可以少一点难堪，但看不到不代表我们就不必付出代价。而这些我公开承认的错误，并不是指我错过了某些革命性的新发明（就像是全录像印技术）、高科技（像是苹果计算机）或是更优秀的通路零售商（像是威名百货），我们永远不可能拥有在早期发掘这些优秀公司的能力。反而我指的是那些查理跟我可以很容易就了解，且很明显对我们有吸引力的公司，无奈在当时我们只是不断地咬着指甲犹豫不决，就是不能下定决心把他们买下来。

——1991 年巴菲特致股东的信

1999 年我们只做了些许的变动，如同先前我曾提到的，去年有几家我们拥有重大投资部位的被投资公司，其经营状况令人不甚满意。尽管如此，我们仍然相信这些公司拥有相当的竞争优势，可协助其继续稳定经营下去，这种可以让长期投资有不错成果的特点，是查理跟我还有点自信可以分辨得出的地方。只是有时我们也不敢百分之百保证一定没问题，这也是为什么我们从来不买高科技股票的原因，即使我们不得不承认它们所提供的产品与服务将会改变整个社会。问题是，就算是我们再想破头，也没有能力分辨出在众多的高科技公司中，到底是哪一些公司拥有长远的竞争优势。

——1999 年巴菲特致股东的信

避免过度负债

当我们试图实现贸易收支平衡时,我们的财富成了施加于我们身上的诅咒。如果我们不像现在这么富裕,则商业活动会限制我们的贸易逆差。然而,由于我们富裕,我们能不断地用收益资产交换消费品。我们就像一个富有的农场主家族,每年都卖掉一部分田地,以这部分收入来维持一种无法依靠当前产出加以保障的、奢侈的生活方式,直到所有的田地都卖完。这个家族只注重享乐,而从不付出。最终,这个家族将从地主沦为佃农。

——巴菲特《如何在不损害我国经济条件下解决我国贸易混乱问题》1987年5月3日

查理跟我在进行购并时,也会尽量避开那些潜藏高额退休金负债的公司,也因此虽然伯克希尔目前拥有超过22000名的员工,但在退休金这方面的问题并不严重。不过我还是必须承认,在1982年时我曾经差点犯下大错,买下一家背有沉重退休金负债的公司,所幸后来交易因为某项我们无法控制的因素而告吹。而在1982年年报中报告这段插曲时,我曾说:"如果在年报中我们要报告过去年度有何令人觉得可喜的进展,那么两大页空白的跨页插图,可能最足以代表当年度告吹的交易。"不过即便如此,我也没有预期到后来情况会如此恶化。当时另外一家买主出现买下了这家公司,结果过了没多久,公司便走上倒闭关门的命运,公司数千名的员工也发现大笔的退休金健保承诺全部化为乌有。

最近几十年来,没有一家公司的总裁会想到,有一天他必须向董事会提出这种没有上限的退休健保计划。他不需要具有专业的医学知识也知道,越来越高的预期寿命以及健保支出将会把一家公司给拖垮。但是即便如此,很多经理人还是闭着眼睛让公司通过内部自保的方式,投入这种永无止境的大坑洞,最后导致公司股东承担后果而血本无归。就保健而言,没有上限的承诺,所代表的就是没有上限的负债,这种严重的后果,甚至危急了一些美国大企业的全球竞争力。

而我相信之所以会有这种不顾后果的行为,一部分原因是由于会计原则并没有要求公司将这种潜藏的退休金负债呈现在会计账上,相反地,会计原则允许业者采取现金基础制,此举大大地低估了负债,而公司的经营阶层与签证会计师所采取的态度就是眼不见为净。讽刺的是,这些经理人还常常批评国会对于社会保险采用现金基础的思维,根本就不顾未来年度所可能产生的庞大负债。

——1992年巴菲特致股东的信

在我写这封信的同时,织机水果公司的债权人正在考虑接受我们的提案,这家公司由于负债过于沉重加上管理不当,在几年前宣布破产。而事实上,在许多年以前,我个人也曾与织机水果有过接触的经验。

✋ 避免过度负债的对策

还是多个渠道好啊!

1. 建立健全的投资体制。发展资本市场，提高企业的融资比例，让企业的资金来源渠道多样化,发展证券市场、股票市场。

2. 完善企业经营管理制度,增强企业的自我资本积累以及偿债能力。

多积累点资本!

3. 采取多元化的资产重组方式。合理调整企业债务,进行资产重组,是降低企业负债率的有效途径。

1955 年 8 月，当时我还是纽约一家投资公司——格雷厄姆—纽曼公司仅有的 5 位员工之一（包含 3 位经理加上 2 位秘书）。当时格雷厄姆—纽曼所掌控一家专门生产无烟煤，名叫费城碳铁的公司，该公司拥有多余的资金、可扣抵的税务亏损以及日益下滑的业务。在当时，我将个人有限资金的大部分都投资在这家公司上头，此举充分反映我对老板们（包含本·格雷厄姆、杰瑞·纽曼以及霍华·纽曼等人）投资哲学的信仰。

这样的信仰在费城碳铁决定以 1500 万美元从杰克·戈德法布手中买下联合内衣公司时，获得了丰厚的回报。联合公司（虽然它只是被授权生产的厂商）当时专门生产织机水果的内衣，该公司拥有 500 万美元的现金——其中 250 万美元被费城碳铁用来购并，另外每年约 300 万美元的税前盈余，将因费城碳铁本身亏损部位而得到免税的利益。更棒的是，在剩下的 1250 万美元尾款当中，有整整 900 万美元是开出免付利息的票据，由联合公司日后年度盈余超过 100 万美元时提拨半数支付（真是令人怀念的往日时光，每当想起这类的交易就让我雀跃不已）。

后来，联合公司进一步买下织机水果的商标权，同时跟着费城碳铁并入西北工业，织机水果后来累计的税前获利超过 2 亿美元。

约翰·荷兰是织机水果营运最辉煌时期的经营者，然而约翰却于 1996 年宣布退休，之后的管理当局竟大幅举债，其中部分的资金被用来购并一堆没有效益的公司，公司最后终于宣布破产。约翰后来又回来走马上任，并对营运进行大幅改造。在约翰回来之前，交货总是一团混乱、成本激增、与主要客户之间的关系日益恶化，而约翰在陆续解决这些问题之后，也开始裁减公司不当的冗员，将员工人数由 40000 人减为 23000 人。简言之，他又让织机水果回复到原来的模样，只是外在的产业环境竞争却日益激烈。

——2001 年巴菲特致股东的信

让财富像滚雪球般增长

在长期投资中，没有任何因素比时间更具有影响力。随着时间的延续，复利的力量将发挥巨大的作用，为投资者实现巨额的税后收益。

复利有点像从山上滚雪球，最开始时雪球很小，但是当往下滚的时间足够长，而且雪球粘得适当紧，最后雪球会很大很大。

长期持有具有竞争优势的企业的股票，将给投资者带来巨大的财富。其关键在于投资者未兑现的企业股票收益通过复利产生了巨大的长期增值。

根据不完全资料，我估算伊莎贝拉最初给哥伦布的财政资助大约为 3 万美元。如果不考虑发现新大陆所带来的精神上的成就感，需要指出的是，整个事件所带来的损失并不仅仅是另一个 IBM。因为粗略估计，最初投资的 3 万美元以每年 4% 的复利计算，到现在（1962 年）价值将达到 2 万亿美元。

作为必须纳税的投资人，以同样复利利率增长的连续单一投资，比连续重新循环投资能够实现远远多得多的回报。

——巴菲特投资语录

当资本报酬率平平，这种大堆头式的赚钱方式根本没什么了不起，你坐在摇椅上也能轻松达到这样的成绩。好比只要把你的钱存在银行户头里，一样可以赚到加倍的利息，没有人会对这样的成果报以掌声。但通常我们在某位资深主管的退休仪式上，歌颂他在任内将公司的盈余数字提高数倍，却一点也不会去看看，这些事实上是因为公司每年所累积盈余与复利所产生的效果。当然，如果那家公司在此期间以有限的资金赚取极高的报酬，或是只增加一点资金便创造更多的盈余，则他所得到的掌声是名副其实。但若报酬率平平或只是用更多的资金堆积出来的结果，那么就应该把掌声收回，因为只要把存在银行所赚的 8% 利息再继续存着，18 年后你的利息收入自然加倍。

这种简单的算术问题常常被公司所忽略而损及股东的权益，因为许多公司的奖励计划随随便便就大方地犒赏公司主管。例如 10 年固定价格的认股权，事实上公司的盈余增加有许多只是单纯地因为盈余累积所产生的效果。有一个例子可以用来说明这期间的不合理性，假设你在银行有年利率 8% 定存 10 万美元，交由一位信托人士来保管，由他来决定你每年实际要领多少利息出来，未领出的利息则继续存在银行利滚利；再假设我们伟大的信托人将实领利息的比例定为 1/4，最后让我来看看 10 年之后你会得到什么，10 年后你的户头会有 179084，此外在信托人的精心安排下，你每年所赚的利息会从 8000 美元增加到 13515 美元，实领的利息也从 2000 美元增加到 3378 美元。而最重要的是当每年你的信托人送交你的年度报告时，你会发现图表中每一项数字都是一飞冲天。

现在让我们再作进一步假设，你与信托人签订的信托合约中有一项赋予信托人 10 年固定价格的认股权的约定，到最后发现你的信托人会从你的口袋中大捞一笔，而且你会发现要是利息付现的比例越低，你付的就会越多。而你不要以为这跟你一点关系都没有，在现实社会中这样的情况比比皆是，这些公司主管只因公司盈余累积而非将公司资金管理得当，便大捞一票，10 个月我都觉得太长，更何况是长达 10 年以上。

——1985 年巴菲特致股东的信

纺织事业的表现远低于预估，至于伊利诺国家银行的成绩以及蓝筹印花贡献给我们的投资利益则大致如预期，另外，由菲尔利舍领导的国家产险保险业务的表现甚至比我们当初最乐观的期望还要好。

通常公司会宣称每股盈余又创下历史新高，然而由于公司的资本会随着盈余的累积扩增，所以我们并不认为这样的经营表现有什么大不了的。比如说每年股本扩充 10%，或是每股盈余成长 5% 等，毕竟就算是静止不动的定存账户，由于复利的关系每年都可稳定地产生同样的效果。

——1977 年巴菲特致股东的信

你可以这样想象一下。美国所有的上市公司被一个美国家庭所拥有，而且将永远如此。对所得分红纳税之后，这个家庭的一代接一代依靠他们拥有的公司所获得的利润，将变得更加富有。目前美国所有上市公司一年的收益约为 7000 亿美元，这个家庭自然还得花费掉一些钱用于生活，但这个家庭所积蓄的那部分财富将会稳定地以复利不断地累积财富。在这个大家庭里，所有的人的财富都以同样的速度持续增长，一切都十分协调。

——2005 年巴菲特致股东的信

第三节

投资的前期心理准备

拒绝短线

投资股票很简单，你所需要做的，就是要以低于其内在价值的价格买入，同时确信这家企业拥有最正直和最能干的管理层。然后，你永远持有这些股票就可以了。

投资的一切秘诀在于，在适当的时机挑选好的股票之后，只要它们的情况良好就一直持有。投资明星企业不可能今天投下钱，明天就能获得利润，我们应该看远一点，3 年之后，或 5 年、10 年之后，你再回头看看当初，也许你会发现原来钱是那么轻易赚来的。如果你不愿意持有一只股票的时间长达 10 年，那也不要考虑持有它的时间只有 10 分钟。

我和查理都希望长期持有我们的股票。事实上，我们希望与我们持有的股票白头偕老。认真分析一下我们 1993 年与 1992 年持股的策略，你可能会以为我们的投资管理属于那种无可救药的昏睡风格。但是，我们认为放弃对一家既能够理解又能持续保持卓越的企业的持股常常是一件大蠢事，因为这些优秀企业非常难以替代。

树懒天生持有的懒散正代表我们的投资模式：1990 年我们对于 6 只主要持股中的 5 只没有买入也没有卖出 1 股。唯一的例外是富国银行这家拥有超一流的管理、很高的回报率的银行企业，我们将持股比例增加到接近于 10%，这是联邦储备委员会允许的最高持股比例。其中 1/6 是在 1989 年买入的，其余则是在 1990 年买入的。

我们长期持有的行为表明了我们的观点：股票市场是一个重新配置资源的中心，资金通过这个中心从交易活跃的投资者流向有耐心的长期投资者。

——巴菲特投资语录

大致而言，我们觉得可通过不断地沟通公司经营哲学，以吸引并维持优质的股东群，以达到自我筛选的目的。例如一场标榜为歌剧的音乐会，跟另一场以摇滚乐为号召的演唱会，铁定会吸引不同的观众群来欣赏，虽然任何人皆可自由买票进场。相同地透过不断地宣传与沟通，我们希望能够吸引到认同我们经营理念与期望的股东（同样重要的是，说服那些不认同的远离我们），我们希望那些倾向长期投资且把公司当成是自己事业一样看待的股东加入我们，大家重视的是公司的经营成果，而非短期的股价波动。

具有这项特质的投资人属于极少数，但我们却拥有不少，我相信大概有 90%（甚至可能超过 95%）的股东已投资伯克希尔或蓝筹股达 5 年以上；另外 95% 的股东，其持有的伯克希尔股票价值，比起其本身第二大持股超过两倍以上。在股东上千人，

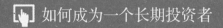

如何成为一个长期投资者

怎样才能成为一个成功的长期投资者呢？这恐怕是很多想进行长期投资的人所关心的问题，下面是对于这个问题的建议：

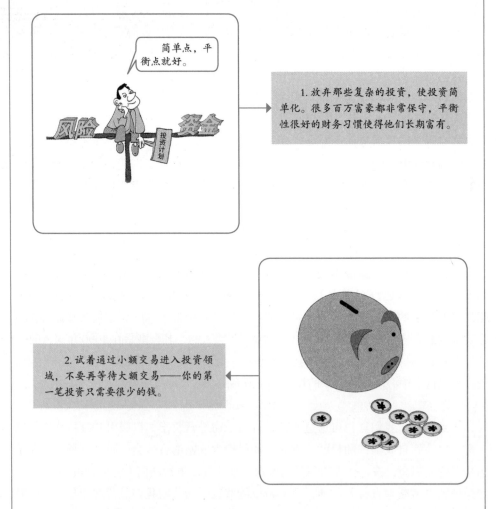

1. 放弃那些复杂的投资，使投资简单化。很多百万富豪都非常保守，平衡性很好的财务习惯使得他们长期富有。

2. 试着通过小额交易进入投资领域，不要再等待大额交易——你的第一笔投资只需要很少的钱。

当然，想要成为长期投资者，最重要的还是要有耐心能够坚持，不因为一时的风吹草动而放弃原有的投资计划。

市值超过 10 亿美元的公司中，我敢保证伯克希尔的股东与经营者的想法是最能契合的，我们很难再将我们股东的素质再加以提升。

如果我们将公司的股票分割，同时采用一些注重公司股价而非企业价值的动作，我们吸引到的新进股东其素质可能要比离开的股东差得多。当伯克希尔的股价为 1300 元时，很少有人负担得起。对于买得起一股的人来说，将股票分割为 100 股对他来说并无任何影响；而那些认为有差别，且真的因为我们股票分割而买进的人，肯定会将我们现有的股东水准往下拉。人们若非基于价值而买进股票，早晚也会基于相同原因卖掉股票，他们的加入只会使公司的股价偏离价值面而做不合理的波动。所以我们尽量避免那些会招来短期投机客的举动，而采取那些会吸引长线价值型投资者的政策。就像你在布满这类型投资者的股票市场中买进伯克希尔的股票，你也可以在相同的市场中卖出，我们尽量维持这种理想的状态。

——1983 年巴菲特致股东的信

假设伯克希尔只有 1 美金的投资，但它每年却可以有 1 倍的报酬；假设我们将卖掉后所得的资金，用同样的方式再重复 19 年，结果 20 年下来，依照 34% 的税率总共贡献给国库 13000 美元，而我们自己则可以拿到 25250 美元。看起来还不错，然而要是我们简单一点，只做一项不变的投资，但是它同样可以赚到每年 1 倍，则最后的金额却高达 1048576 美元，在扣除 34%（356500 美元）的所得税之后，实得约 692000 美元。

之所以会有如此大的差异唯一的理由就是所得税支付的时点，有趣的是政府从后面那种情况所抽的税金还比前者高，当然政府必须等到最后才能拿到这笔税金。

必须强调的是，我们并不是因为这种简单的算术就倾向采用长期投资的态度。没错，经常性的变动有可能会使我们的税后报酬高一些，事实上在几年之前，查理跟我就是这样在做的。

——1989 年巴菲特致股东的信

不要为数学绞尽脑汁

我从没发现自己要用到代数。当然你要算出企业的价值，然后把它除以它发行在外的普通股总数，这里要用到除法。如果你准备出去买一个农场、一栋住宅或一台干洗机，你有必要带帮人帮你计算吗？你做的买卖是否合算取决于那些企业的未来获利能力与你的买价相比如何？

——巴菲特访谈录

如果微积分是投资所必需的，那我只好回去派送报纸了。在这么多年的投资生涯中，我从未认为数学是必需的工具。从本质上来说，我所做的工作就是试图计算出公司的价值，为此，我不得不用发行在外的股数来相除，因此除法运算是必须要掌握的。如果你打算买一座农场或一幢公寓楼，或开一家干洗店的话，我真的认为没有必要雇用专业人士来做这些简单的代数运算。你所作的购买决策是否正确将取决于公司未来的收益能力，你要把这一因素和公司给你的报价结合起来综合考虑。

当时《巴伦周刊》上有则征稿启事，面向读者征集关于读者是如何使用他们所提供的统计资料的文章，他们将选择刊登其中的一篇，并支付 5 美元稿费。我写了一篇关于自己如何运用零股指标的文章，有幸得到录用，获得了 5 美元稿费。这 5 美元是我唯一通过运用统计方法赚到的钱。

——巴菲特投资语录

我所不能理解的是，这 16 个如此高智商的能人（已破产的长期资产管理公司的团队）怎么会玩这样一个游戏。简直就是疯了。某种程度上，他们的决定基本上都依赖于一些事情。他们都有着所罗门兄弟公司的背景，他们说一个 6 或 7 西格玛的事件（指金融市场的波动幅度）是伤不着他们的。

他们错了，历史是不会告诉你将来某一金融事件发生的概率的。他们很大程度上依赖于数学统计，他们认为关于股票的（历史）数据揭示了股票的风险。我认为那些数据根本就不会告诉你股票的风险！我认为数据也不会揭示你破产的风险。也许他们现在也这么想了？事实上，我根本不想用他们来做例子，因为他们的经历换一种形式，很可能发生在我们中的每个人身上。我们在某些关键之处存在着盲点，因为我们懂得太多的其他地方。正像亨利古特曼所说的，破产的多是两类人：一是一窍不通者；一是学富五车者。这其实是令人悲哀的。我们是从来不借钱的，即使有保险做担保。即使是在我只有 1 万美元的时候，我也决不借钱。借钱能带来什么不同吗？

——1998 年巴菲特在佛罗里达大学商学院的演讲

回顾 1998 年，我们每股的投资金额增加了 9604 美元，约 25.2%，不过每股营业盈余却减少 33.9%，主要的原因来自通用再保险公司（如先前所说，在今年以拟制的方式并入伯克希尔）。这家公司拥有相当大的投资部位，这使得我们每股的投资金额大幅增加，不过另一方面，该公司在 1998 年也产生承保损失，这又拖累了我们的每股营业盈余表现。事实上，要是我们没有买下通用再保险公司，我们当年的每股营业盈余可能还能维持小幅增加。

虽然某些特定的购并案与经营策略会影响到其中某一栏数字，但我们还是尽量让两栏数字能够均衡发展。不过有一点可以确定的是，我们未来的成长率将远不及过去所创造的水准，伯克希尔现在的规模实在是大到我们很难再做出任何重大的突破。若是你不这样认为，你应该去从事业务员的工作，而不是去教数学（请永远记住，世界上只有两种人，一种会算术，另一种不会算术）。

——1998 年巴菲特致股东的信

期待市场出现步调不一

当大多数人对股票感兴趣时，人们会随大流。但我一般在没有人对股票感兴趣时，对股票产生兴趣。你不能指望通过买进热门股票获得高收益。当随波逐流的人们抛出股票时，伯克希尔买进股票。

——巴菲特投资语录

看到 1988 年如此丰硕的套利成果，你可能会觉得我们应该继续朝这方面加强，但事实上，我们决定采取观望的态度。

一个好的理由是因为我们决定大幅提高在长期股权方面的投资，所以目前的现金水位已经下降。常常读我们年报的人可能都知道，我们的决定不是基于短期股市的表现，反而我们注重的是个别企业的长期经济展望，我们从来没有，以后也不会对短期股市、利率或企业活动做任何的评论。

然而就算是我们现金满满，我们在 1989 年可能也不会从事太多的套利交易，购并市场的发展已经有点过头了，就像桃乐斯所说的："奥图，我觉得我们好像已经不是在堪萨斯市了！"

我们不太确定这种过热的现象会持续多久，包括参与热潮的政府、金主与买家的态度会如何转变，不过我们可以确定的是，当别人越没有信心参与这些活动时，我们的信心也就越高。我们不愿意参与那些反映买方与金主无可救药的乐观，通常我们认为那是无保障的，在此我们宁愿注重相信黑布施泰因的智慧——若一件事不能持久不衰，那么它终将结束。

——1988 年巴菲特致股东的信

对于发行新股我们有相当严格的规定，那就是除非我们确信所收到的价值与我们付出的一致时，我们才会考虑这样做。当然同等的价值不是那么容易达到，因为我们一向自视甚高，不过那又如何，除非确定公司股东的财富也会增加，否则我们不会随便扩大规模。

大家要知道这两个目的不一定就会自然吻合。事实上在我们过去所举过的例子中，有些就是看起来有趣，但却是让价值受到减损的经验。在那次经验中，我们在一家银行有相当大的投资，而银行经理人对于扩张却有极度偏好（他们不都是如此吗）。当我们投资的银行在追求另外一家较小的银行时，对方开出的价码是以其净值与获利能力作为基础后的两倍，当时我们的经理人因为正在热头上，所以很快就答应了，这时对方又得寸进尺开出另外一项条件，他说："你必须答应我，在整个购并案完成后，我可以变成公司最大的股东，同时以后你也不能再做类似这次交易那样

股市中盲目跟风的危害

对股民来说，盲目跟风会增加炒股风险，导致炒股亏损，因为盲目跟风无异于把自己的金钱交给别人去控制。盲目跟风常常导致中小股民成为大投机者操纵股市的牺牲品。

一些大投机者往往利用市场心理，把股市炒热，把股价抬高，使一般投资者以为有利可图，紧追上去，一直把股价逼上顶峰。

这时投机者又把价位急剧拉下，一般投资者不知就里，在恐惧心理下，又只好盲目跟风，竞相抛售，从而使股价跌得更惨。

这种因盲目跟风而助长起来的大起大落常常把中小股民搞得晕头转向，大投机者则从中大获其利。

愚蠢的购并案。"

早年在我担任经理人时，也曾碰到几只"蟾蜍"，还好他们算是相当便宜的了，虽然我并没有那么积极，但所得到的结果与那些花高价追求"蟾蜍"的凯子经理人差不多，在亲了之后，它们还是依然"呱呱叫"。

——1992 年巴菲特致股东的信

看到我们高达 34.1% 的超高报酬率，大家可能忍不住要高呼胜利口号，并勇往前进。不过若是考量去年股市的状况，任何一个投资人都能靠着股票的飙涨而大赚一票。面对多头的行情，大家一定要避免成为一只嘎嘎大叫的骄傲鸭子，以为是自己高超的泳技让他冲上了天，殊不知面对狂风巨浪；小心的鸭子反而会谨慎地看看大浪过后，其他池塘里的鸭子都到哪里去了。

那么我们这只鸭子在 1997 年的表现又如何呢？报表显示，虽然去年我们拼命地向前划，不过到最后我们发现，其他被动投资标准普尔 500 指数的鸭子的表现一点也不比我们差，所以总结我们在 1997 年的表现是嘎嘎！

——1997 年巴菲特致股东的信

情商比智商更重要

投资并非智力游戏，一个智商为 160 的人未必能击败智商为 130 的人。想要一辈子都能投资成功，并不需要天才的智商、非凡的商业眼光或内线情报。真正需要的是，有健全的知识架构供你作决策，同时要有避免让你的情绪破坏这个架构的能力。

我很理性，很多人比我智商更高，很多人也比我工作时间更长，更努力，但我做事更加理性。你必须能够控制自己，不要让情感左右你的理智。

关键是要有一种"金钱头脑"，这并非智商，并且你还得有恰当的性格。如果你不能控制你自己，你迟早会大祸临头……20 世纪 90 年代末期对于投资人来说整个世界一片疯狂。怎么会发生这样的事呢？人们从中汲取教训了吗？我们能从历史中学到的是，人们总是不能从历史中学到什么。

——巴菲特投资语录

我个人认为，当前的证券分析和 50 年前没有什么不同。我根本没有再继续学习（正确投资）的基本原则，它们还是格雷厄姆当年讲投的那些内容。你需要的是一种正确的思维模式，其中大部分你可以从格雷厄姆所著的《聪明的投资人》学到，然后用心思考那些你真正下功夫就能充分了解的企业。如果你还具有合适的性格的话，你就会做得很好。

你必须将情绪纳入纪律之中，如果你遵从格雷厄姆所倡导的投资原则，尤其是第 8 章与第 20 章的宝贵建议，你的投资将不会出现拙劣的结果（这是一项远超过你想象范围的成就），你的投资将取决于你在投资业绩上倾注的努力与智力，以及在你

理性投资

投资是一件说难不难、说易不易的事情，但是可以肯定的是，无论哪种投资，理性永远都是摆在第一位的。

剩下的钱再投资吧！

一、先保证生活后投资

投资是为了能获得更多的收入，从而改善个人和家庭的生活。如果因为投资而影响了正常的生活，未免有些得不偿失。

二、懂得放弃，量力而行

每个人能力有限，所以你看得懂的企业终究有限，放弃繁星，你才能收获黎明。

这个风险太大，我们还是放弃吧！

三、及时进行自我反思与总结

及时自我反思与总结，不仅能帮助投资者及时发现和改正投资策略的不足，还能有效避免在下一次投资中犯相同的错误。

的投资生涯中股票市场所展现的愚蠢程度。市场的表现越是愚蠢，善于捕捉机会的投资者胜率就越大。如果遵循格雷厄姆的话去做，你就能够从别人的愚蠢行为中赚钱，否则你自己也会干出蠢事，让别人赚钱。

——巴菲特《聪明的投资人》前言

价值投资的理念看起来似乎很简单，也很普通。它就像一个愚蠢的人去上学，却获得了经济学的博士学位。它还有一点像在神学院读了 8 年书，不断有人告诉你十诫就是你人生的全部。

在商学院演讲时，我总是说如果当他们（学生）离开学校时，每个人都拿到一张可以打 20 个孔的票，每一次当他们作出投资决策时，就用掉一个孔。如果你总是试图把它们留给最好的投资决策，你永远不会用完全部的 20 个孔。如果他们能慎重对待投资的话，他们应该能做得更好。

我们不会雇佣任何人来完成收购，我们不需要和顾问、投资银行、商业银行等讨论贵公司。您只需要和我以及伯克希尔的副主席查理芒格打交道。

——1992 年伯克希尔股东大会

尽管 1981 年我们并没有成功的个案，但我们预计未来仍能买到 100% 符合我们标准的公司。此外，我们也期望能有像后面报告所述平克顿这样，投资大量无投票权的股权的例子。在身为次要的大股东的我们可获得可观的经济利益的同时，亦能帮助公司原有的经营阶层实现其长期的目标。

我们也发现，很容易从市场买到一些由有能力且正直的人经营的公司的部分股权，而事实上，我们也从未打算自己去经营这些公司，但我们的确想要从这些公司上获利。而我们也预期这些公司的未分配盈余，将会百分之百回报给伯克希尔及其股东，若最后没有，可能是出了以下几种差错：我们所指派的经营阶层有问题；公司的前景有问题；我们付的价格有问题。而事实上，我们不论在买进具控制权或不具控制权的股权时，皆曾犯了许多错误，其中以第二类误判的情况最常见，当然要翻开我们投资的历史才能找到类似的案例（可能至少要回溯至少两三个月以上吧……）。例如去年你们的董事长便看好铝业发展的前景，只是到后来陆续经过些微的调整，最后的结论却是 180 度的转弯。

然而基于个人与客观的原因，通常我们改正在对不具控制权的股权投资的错误，要比对具控制权的来得容易许多，这时候缺少控制权，反而成为一种优点。而就像去年我曾提到的，我们在不具控制权的股权投资，已经大到其依投资比例应分得之未分配盈余甚至超越公司整体的账面盈余，且我们预期这种情况将会持续下去。

——1981 年巴菲特致股东的信

不要把简单的事情复杂化

真正的投资策略就像生活常识一样非常简单，简单得不能再简单。商学院重视复杂的程式而忽视简单的过程，但是，简单的过程却更有效。要想成功地进行投资，你不需要懂得什么有效市场、现代投资组合理论、期权定价或是新兴市场。事实上，大家最好对这些东西一无所知。

你应该选择一些连笨蛋都会经营的企业，因为总有一天这些企业会落入笨蛋手中。我喜欢简单的东西，不过看起来，人性中总是有喜欢把简单的事情复杂化的不良成分。

由于价值非常简单，所以，没有教授愿意教授它。如果你已经取得博士，而且用很多学习运用数学模型进行复杂的计算，然后你再来学习价值投资，这就好像一个牧师去神学院上学，却发现只要懂得《摩西十诫》就足够了。

我们始终在寻找那些业务清晰易懂、业绩持续优异、由能力非凡并且为股东着想的管理层来经营的大企业。这种目标企业并不能充分保证我们投资盈利：我们不仅要在合理的价格上买入，而且我们买入的企业的未来业绩还要与我们的估计相符。正是这种投资方法——寻找超级明星——给我们提供了走向真正成功的唯一机会。

我们的投资仍然是集中于很少几只股票，而且在概念上非常简单；真正伟大的投资理念常常用简单的一句话就能概括。我们喜欢一个具有持续竞争优势并且由一群既能干又全心全意为股东服务的人来管理的企业。当发现具备这些特征的企业而且我们又能以合理的价格购买时，我们几乎不可能投资失误。

——巴菲特投资语录

关于失误的有趣的一点是，在投资上，至少对我和我的合伙人而言，最大的失误不是做了什么，而是没有做什么。对于我们所知甚多的生意，当机会来到时，我们却犹豫了，而不是去做些什么。我们错过了赚取数以 10 亿美元计的大钱的好机会。不谈那些我们不懂的生意，只专注于那些我们懂的。我们确实错过了从微软身上赚大钱的机会，但那并没有什么特殊意义，因为我们从一开始就不懂微软的生意。

——1998 年巴菲特在佛罗里达大学商学院的演讲

可口可乐与吉列近年来，也确实在一点一滴地增加他们全球市场的占有率。品牌的力量、产品的特质与配销通路的优势，使得他们拥有超强的竞争力，就像是树立起高耸的护城河来保卫其经济城堡。相对地，一般公司却要每天耗尽心思，去打没有意义的游击战，就像是彼得·林奇所说的，对于那些只会销售量贩式产品的公司来说，大家应该在其股票上加印这句警语"竞争可能有害于人类的利益"。

可口可乐与吉列的竞争力在一般产业观察家眼中实在是显而易见的，然而其股票的贝塔值却与一般平庸、完全没有竞争优势的公司相似。难道只因为这样，我们就该认为在衡量公司所面临的产业风险时，完全不须考虑他们所享有的竞争优势吗？或者就可以说，持有一家公司部分所有权——也就是股票的风险，与公司长期所面临的营运风险·点关系都没有？我们认为这些说法，包含衡量投资风险的贝塔公式

👆 如何让投资简单化

投资不能盲目，也不要想得太复杂，而是应该根据自身情况进行选择，尽量不要想太多，有时简单的选择往往比精明设计之后的选择更适合。

1.选择与自己风险承受能力相适应的投资

稳健的投资者可以选择储蓄、基金等，而愿意冒风险的投资者可以投资股票等产品。

2.选择与自己情趣爱好关系密切的投资

比如通过投资收藏品获得丰厚的经济效益和精神陶冶，不失为一箭双雕的美事。

> 这真是好东西，又能收藏，又能增值！

当然，简单并非随便，而是不需要考虑太多复杂的因素，进而选择适合自己的投资项目让自己轻松投资。

在内，一点道理都没有。

学者所架构的理论根本就没有能力去分辨。销售宠物玩具或呼啦圈的玩具公司，与销售大富翁或芭比娃娃的玩具公司，所隐藏的风险有何不同？但对一般普通的投资人来说，只要他略懂得消费者行为，以及形成企业长期竞争优势或弱势的原因的话，就可以很明确地看出两者的差别。当然每个投资人都会犯错，但只要将自己集中在相对少数，容易了解的投资个案上，一个理性、知性与耐性兼具的投资人，一定能够将投资风险限定在可接受的范围之内。

当然有许多产业，连查理或是我可能都无法判断。到底我们在玩的是宠物玩具，或是芭比娃娃，甚至在花了许多年时间努力的研究这些产业之后，我们还是无法解决这个问题。有时是因为我们本身知识上的缺陷阻碍了我们对事情的了解；有时则是因为产业特性的关系，例如，对于一家随时都必须面临快速变迁技术的公司来说，我们根本就无法对其长期的竞争力作出任何的评断。人类在 30 年前，是否就能预知现在电视制造或计算机产业的演进，当然不能！就算是大部分钻研于这方面领域的投资人与企业经理人也没有办法，那么为什么查理跟我觉得应该要有去预测其他产业快速变迁前景的能力呢？我们宁愿挑些简单一点的，一个人坐的舒舒服服就好了，为什么还要费事去挨稻草里的针呢？

——1993 年巴菲特致股东的信

第十一章
巴菲特的财富观

钱的逻辑和机制

钱能带来什么不同

我们是从来不借钱的，即使有保险做担保。即使是在我只有 1 万美元的时候，我也决不借钱。借钱能带来什么不同吗？

我只凭一己之力时也乐趣无穷。1 万美元，100 万美元和 1000 万美元对我都没有什么不同。当然，当我遇到类似紧急医疗事件的情况下会有些例外。基本上，在钱多钱少的情况下，我都会做同样的事情。如果你从生活方式的角度来想想你们和我的不同，我们穿的是同样的衣服，当然我的是森特勒斯特给的；我们都有机会喝上帝之泉（说这话的时候，巴菲特开了一瓶可乐），我们都去麦当劳，好一点的，奶酪皇后（一家类似于麦当劳的快餐店），我们都住在冬暖夏凉的房子里，我们都在平面大电视上看内布拉斯加州大学和得克萨斯农机大学（美国的两所大学）的橄榄球比赛。我们的生活没什么不同，你能得到不错的医疗，我也一样，唯一的不同可能是我们旅行的方式不同，我有我的私人飞机来周游世界，我很幸运。但是除了这个之外，你们再想想，我能做的你们有什么不能做呢？我热爱我的工作，但是我从来如此，无论我在谈大合同，还是只赚一千美元的时候。我希望你们也热爱自己的工作。如果你总是为了简历上好看些就不断跳槽，做你不喜欢的工作，我认为你的脑子一定是进了水。

我碰到过一个 28 岁的哈佛毕业生，他一直以来都做得不错。我问他，下一步你打算做些什么？他说，可能读个 MBA 吧，然后去个管理咨询的大公司，简历上看着漂亮点。我说，等一下，你才 28 岁，你做了这么多事情，你的简历比我看到过的最好的还要强10 倍，现在你要再找一个你不喜欢的工作，你不觉得这就好像把你的性生活省下来到晚年的时候再用吗？是时候了，你就要去做的（不能老等着）。（这是一个比喻）但是我想我把立场告诉了他。你们走出去，都应该选择那些你热爱的工作，而不是让你的简历看上去风光。

当然，你的爱好可能会有变化。（对那些你热爱的工作）每天早上你是蹦着起床的。当我走出校园的时候，我恨不得马上就给格雷厄姆干。但是我不可能为他白干，于是他说我要的工资太高了（所以他没有要我）。但我总是不停地"骚扰"他，同时我自己也卖了 3 年的证券，期间从不间断地给他写信，聊我的想法，最终他要了我，我在他那儿工作了几年。那几年是非常有益的经验。我总是做我热爱的工作。抛开其他因素，如果你单纯地高兴做一项工作，那么那就是你应该做的工作。你会学到很多东西，工作起来也会觉得有无穷的乐趣。可能你将来会变。但是（做你热爱的工作），你会从工作中得到很多很多。起薪的多寡无足轻重。

不知怎么，扯得远了些。总之，如果你认为得到两个 X 比得到一个让你更开心，你可能就要犯错了。重要的是发现生活的真谛，做你喜欢的。如果你认为得到 10 个或 20 个 X 是你一切生活的答案，那么你就会去借钱，做些短视以及不可理喻的事情。多年以后，不可避免地，你会为你的所作所为而后悔。

——1998 年巴菲特在佛罗里达大学商学院的演讲

对于受限制的盈余我不再多谈，让我们将话题转到更有价值的不受限制的部分。所谓不受限制的盈余顾名思义可以加以保留，也可以予以分配。我们认为分配与否主要取决于管理当局判断何者对公司股东较为有利，当然这项原则并未广为大家所接受。基于某些理由，管理当局往往偏好将盈余予以保留以扩大个人的企业版图，同时使公司的财务更为优越。但我们仍然相信，将盈余保留只有一个理由，亦即所保留的每一块钱能发挥更多的效益，且必须要有过去的成绩作证或是对未来有精辟的分析，确定要能够产生大于一般股东自行运用所生的效益。

——1984 年巴菲特致股东的信

自信与激情

我并不以我赚的钱来衡量我的人生价值。其他人可能会这么做，但我肯定不会。从某种程度讲，钱有时会让你的生活变得更有乐趣，但它无法改变人们对你的爱或你的健康状况。钱能使人摆脱窘境，但你无法用它买到真爱。成功就是能拥有你所爱的人对你的爱。

我从不缺乏自信，也从不气馁。我一直坚信我会成为有钱人，对于这一点，我从未动摇过。我无法忍受一生之中有什么东西是我想要却无法拥有的。

证券投资吸引我的地方之一，就在于能以自己的方式生活，而不必穿得像个成功人士。我不会试图越过 7 英尺高的横杆，我会环顾四周，寻找一根 1 英尺高的横杆，因为我知道这个高度是我能越过的。

正如韦恩·格雷茨基所说的那样，要冲向冰球将要到达的位置，而不是它当前所处的位置。要想迅速游完 100 米的话，最好是顺着大浪游，这比仅靠你自己的努力要轻松得多。

如果我们乘坐列车从纽约前往芝加哥，我们绝不会中途在奥尔托纳下车。

我总觉得研究公司失败要比研究公司成功能让我学到更多东西。商学院通常研究公司的成功，但我的合伙人查理·芒格却说他希望知道哪里是自己的死穴，这样他就

获取投资信心的步骤

　　想要投资成功，就要对自己的投资计划有一定的信心，信心是获取投资成功的前提，那么，该怎样获取投资信心呢？

　　1. 写下你的财富目标，比如35岁之前积累起500万的个人资产。确信你有能力实现一生中你所确定的财富目标，并坚持下去，继续努力。

　　2. 将心里的想法变成实际的行动，在你的心中创造一个清晰的已经达到目标的个人形象，并逐渐形成有形物质的事实。

　　3. 每天进行自我暗示，"我一定会实现自己的目标"或"我一定能挣到500万"。每天用10分钟的时间增强自信心。

　　按照以上3个步骤去做，你一定会成为一个富有而又自信的人。

不会犯下致命错误。

——1980 年巴菲特语录

我要建立一家合伙公司，通过这家公司，用自己和你们的钱进行证券投资。我保证你们能获得 5% 的回报，扣除给你们的回报后，我将获得剩余利润的 20%。我会交出令你们满意的成绩单，但我希望能有足够的自由和隐私。例如，当我离开办公室去参加高尔夫培训时，并不希望你们一直跟着我，盯着我如何练习高尔夫球。

——1990 年《财富·投资者指引》《这些是新的巴菲特们吗？》

我们必须要有激情。我们所做的事情是因为我们喜欢，而不是为了致富。当然，事情做好了，可能会变富。但是，并不是因为某些诱惑而做事。我认为，激情极为重要。

——2009 年巴菲特接受某媒体采访时说的话

赚钱是一种游戏

这种资金有价的游戏规则，在史考特·飞兹的决策上再也清楚不过了。如果拉尔夫可以运用额外的资金创造出高额的报酬，那么他就绝对有理由这么做，因为当公司的投资报酬超过一定的门槛后，他本身所获得的奖金也会跟着水涨船高。不过我们的奖励方式可是赏罚分明，相对地，要是额外投入的资金没有办法贡献足够的报酬，拉尔夫本身连同伯克希尔都将一体受害；另外，要是拉尔夫能将多余用不到的资金送回奥马哈给我们的话，他将可以因而获得丰厚的奖金报酬。

最近上市公司很流行强调管理阶层的利益与公司的股东是一致的，不过在我们的赏罚簿上，所谓的"一致"是对等的，而不是只有当公司营运顺利时才如此。许多公司的一致性就不符合我们的标准，因为表面上虽是如此，但其实骨子里玩的却是"正面我赢，反面你输"的游戏。

——1994 年巴菲特致股东的信

股票市场上讽刺的一点，是太过于重视变动性，经纪商称之为流动性与变现性。对那些高周转率的公司大加赞扬（那些无法让你口袋满满的人，一定会让你的耳朵不得闲），但投资人必须有所认知，那就是凡事对庄家有利的一定对赌客不利，而过热的股市跟赌场没有两样。

假设一家公司的股东权益报酬率为 12%，而其股票年周转率为 100%，又若买卖股票须抽出 1% 的手续费（低价股的费率可能还更高），而公司股票以账面净值进行交易，这样算下来光是每年股权移转的交易成本便占去净值的 2%，且对公司的获利一点帮助都没有（这还不包括选择权交易，后者将会使这项摩擦成本更上一层楼）。玩这种大风吹的游戏实在是有点划不来，若是政府突然宣布调高企业或个人所得税 16% 时，相信大家一定都会跳起来，但过度重视变动性的结果便是要付出这样的代价。

过去在每天交易量约 1 亿股的年代（以今日的水准算是相当低的了），对所有权人来说绝对是祸不是福，因为那代表大家要付出 2 倍于 5000 万股交易量的成本。又假设每买卖一股的交易成本为 15 美分，则一年累积下来约要花费 75 亿美元的代价，这相当于爱克森石油、通用动力、通用汽车与太古石油这四家全美最大企业的年度盈余加总。这些公司以 1982 年底计有 750 亿美元净值，约占财富杂志五百大企业净值与获利的 12%。换句话说，投资人只因为手痒而将手中股票换来换去的代价，等于是耗去这些大企业辛苦一年的所得，若再加计约 20 亿美元投资管理费的话，更相当于全美前五

频繁交易的危害

频繁交易是指在短时间内（如一周以内）至少交易同一只股票一次以上的投资方式。那么，这样的交易有什么危害呢？

1. 增加了投资成本。 每次交易的成本是千分之一的印花税加上万分之几的佣金，单笔交易并不算多，但是频繁进出所缴的费用就高了。

交易费用

2. 加大了犯错的概率。 证券投资炒股票的人都有频繁交易的冲动。天天看盘，机会每天都有，风险无处不在。盘面不断跳跃的数字，总像是在挑逗人们下单。

涨了，涨了，赶紧卖出去！

因此，在买卖股票的时候，一定要切忌频繁买进卖出，这样只会增加自己投资的失败率。

大金融机构（花旗、美国银行、大通银行、汉华银行与摩根银行）获利的总和。

这昂贵的游戏只是用来决定谁能吃这块饼，但没有一点办法让饼变得更大（我知道有一种论点说这过程能使资金作更有效的配置，但我们却怀疑其可信度，相反过热的股市反而妨碍资金的合理配置，反而使饼变得更小）。亚当·史密斯说："自由市场中有一只看不见的大手，能导引经济社会使其利益极大化。"我们的看法是——赌场般的股市与神经质的投资行为仿佛是一只看不见的大脚，碍手碍脚地拖累了经济社会向前发展。

——1983 年巴菲特致股东的信

我们在华盛顿公用电力供应系统的债券投资，分几个不同时点与价格买进。若我们决定要调节有关部分，可能要在变动结束后许久才会知会各位（在你看到这篇年报时，我们可能已卖到或加码相关部位）。由于股票的买卖是属于竞争激烈的零和游戏，所以，即使是因此加入一点竞争到任何一方，也会大大影响我们的获利。以我们买进华盛顿公用电力供应系统的债券可以作为最佳范例：从 1983 年 10 月到 1984 年 6 月间，我们试着买进所有第一、二、三期的债券，但到最后我们只买到所有流通在外数量的 3%。如果我们在碰到一个头脑清楚的投资人，知道我们要吃货而跟着进场，结果可能是我们以更高的价格买到更少的债券（随便一个跟班可能要让我们多花 500 万美元）。基于这项理由，我们并不透露我们在股票市场上的进出，不论是对媒体，或是对股东，甚至对任何人，除非法令上特别要求。

——1984 年巴菲特致股东的信

一有机遇就抓住

伯克希尔目前积极寻求各类保险业务，包含"霹雳猫"与大型单一风险，因为我们无与伦比的财务实力，使得投保客户可以确定不论在多糟的状况下，他们都可以顺利获得理赔；我们可以最快的速度向客户完成报价；我们可以签下比其他保险公司金额更高的保单。其他竞争同业大多都有范围广阔的再保条款，并将大部分的业务分保出去，虽然这样的做法可以让他们避免重大的损失意外，但却也破坏掉他们的弹性与反应时间。

大家都知道，伯克希尔抓住投资与购并的动作向来相当的快，在保险业务方面我们的反应速度也是如此；另外还有很重要的一点，高额的保险上限吓唬不了我们，相反地更能引起我们的兴趣，我们可以接受的最高理赔上限是 10 亿美元，相比之下，其他同业所能容忍的最高限度仅为 4 亿美元。

总有一天我们会碰上大麻烦，但是查理和我本人却可以接受这种变动剧烈的结局，只要长期来说我们的报酬可以令人满意。讲的再白一点，我们比较喜欢上下变动的 15%，更甚于平淡无奇的 12%。而正因为大部分的经理人倾向平淡，这使得我们长期报酬极大化的目标享有绝对的竞争优势，当然我们会密切注意，避免让最坏的状况超越我们可以容忍的范围。

——1995 年巴菲特致股东的信

犯下其他几个错误之后，我试着尽量只与我们所欣赏、喜爱与信任的人往来，就像是我之前曾提到的。这种原则本身不会保证你一定成功，二流的纺织工厂或是百货公司不会只因为管理人员是那种你会想把女儿嫁给他的人就会成功的，然而公司的老板或是投资人，却可以因为与那些真正具有商业头脑的人打交道而获益良多。相反地我们不会希望跟那些不具令人尊敬的特质为伍，不管他的公司有多吸引人都一样，我们永远不会靠着与坏人打交道而成功。

其实有些更严重的错误大家根本就看不到，那是一些明明我很熟悉了解的股票或公司，但却因故没有能完成投资。错失一些能力之外的大好机会当然没有罪，但是我却白白错过一些自动送上门，应该把握却没有好好把握的好买卖，对于伯克希尔的股东，当然包括我自己本身在内，这种损失是难以估计的。

——1989 年巴菲特致股东的信

从星期四到星期一的股东会期间，波仙都将提供股东特惠价，所以如果你希望避开星期五晚上到星期天的拥挤人潮，你可以在其他时间上门光顾，记得表明股东的身份。星期六我们会营业到晚上 6 点，波仙的营业毛利要比其他主要竞争对手要低 20 个百分点以上，所以买得越多省得越多。这是我的老婆跟女儿告诉我的，她们两人都谨记从前一个小男孩的故事：他因为错过一班公车而走路回家，同时骄傲地表示自己因此省下了 5 美分，他爸爸听到之后很生气地说："要是你错过的是出租车，不就可以省下 10 美元钱吗？"

——2003 年巴菲特致股东的信

切入点的时机是很难把握的。所以，如果我拥有的是一个绝佳的生意，我丝毫不会为某一个事件的发生，或者它对未来一年的影响等而担忧。当然，在过去的某些个时间段，政府施加了价格管制政策。企业因而不能涨价，即使最好的企业有时也会受影响，我们的时思糖果不能在 12 月 26 日涨价。但是，管制该发生的时候就会发生，它绝不会把一个杰出的企业蜕变成一个平庸的企业。政府是不可能永远实施管制政策的。

一个杰出的企业可以预计到将来可能会发生什么，但不一定会准确到何时会发生。重心需要放在"什么"上面，而不是"何时"上。如果对"什么"的判断是正确的，那么对"何时"大可不必过虑。

——1998 年巴菲特在佛罗里达大学商学院的演讲

只做有把握的事

星辰家具的交易有个相当有趣的故事。每当涉足一个原本我们不熟悉的产业，我都会习惯性地问一问新加入的合作伙伴，"除了你们以外，还有没有像你们一样的企业？"早在 1983 年我们买下内布拉斯加家具店时，我就问过 B 夫人这个问题，当时她告诉我全美其他地方还有 3 家不错的家具零售商可以考虑，不过很可惜在当时没有任何一家有出售的意愿。

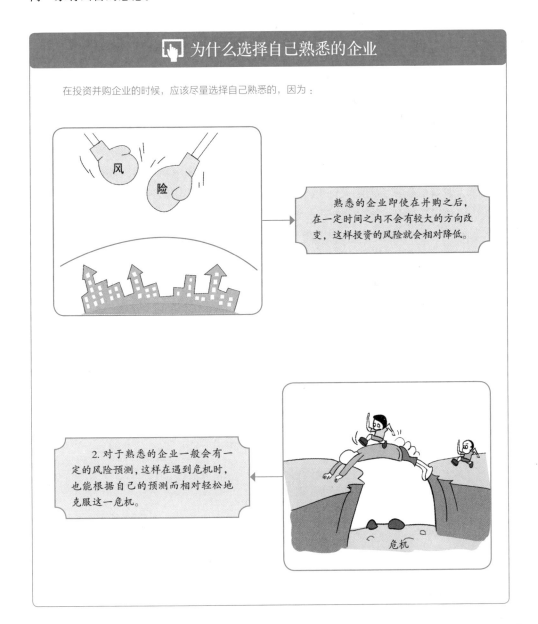

为什么选择自己熟悉的企业

在投资并购企业的时候，应该尽量选择自己熟悉的，因为：

风
险

熟悉的企业即使在并购之后，在一定时间之内不会有较大的方向改变，这样投资的风险就会相对降低。

2. 对于熟悉的企业一般会有一定的风险预测，这样在遇到危机时，也能根据自己的预测而相对轻松地克服这一危机。

危机

多年后，B 夫人家族的埃文得知当初获得推荐的三家公司之一——R.C. 威利家具总裁比尔·柴尔德有意与人合并，我们立刻把握良机促成交易。这项交易也在 1995 年的年报向各位报告过，事后我们也很满意这次的结合，比尔是再理想不过的合作伙伴，当然我也不忘问问比尔相同的问题，请他推荐其他杰出的同业，结果得到的答案与 B 夫人所说的一致，其中一家就是位于修士顿的星辰家具，只是随着时光的流逝没有一家有意愿出售。

而就在去年年度股东会的前一个星期四，所罗门公司的董事长丹汉告诉我，星辰家具的大股东兼总裁梅尔文·沃尔夫有意愿跟我谈谈。于是在我们的邀约下，梅尔文光临奥马哈与我们会谈，进一步确认对于伯克希尔的正面观感，而在此同时我也看了星辰家具的财务报表，一切正如我所预期。

——1997 年巴菲特致股东的信

我们的购并行动发生的形态一向很类似。在别的公司，高阶主管通常亲自与投资银行家一起寻求可能的购并机会，所运用的拍卖程序相当制式化。在此过程中，银行业者准备的账册让我想到童年时代读到的"超人"漫画，只不过在华尔街版中，换成了一家本来平淡无奇的公司，进入了银行业者特地准备的电话亭后，摇身一变成了一跃升天，盈余成长飞快的超人。而抵挡不住卖方账册所叙述的神力，购并案饥渴成痴的买方，就像是具有冷艳外表的露易丝，立刻融化在其膝下。

而在这其中最有趣的是，这些资料所显示未来几年的盈余预测都相当明确。不过要是你问问编造这些报表的银行业者，他们自己银行下个月的盈余预估，他会马上露出警戒的神色告诉你，产业与市场的状况是如何变化多端，以至于他无法妄下定论。

——1999 年巴菲特致股东的信

第二节

赚钱更有乐趣

赚钱更有乐趣

赚钱非常有趣，就好像参与一个擅长的游戏，这样能保证腿脚灵活，耳聪目明。尽管这个游戏对我来说并不需要手眼的精密配合，像很多其他的工作那样，但是我想象不出更有趣的游戏了。当然，知道这些钱能帮助那些需要的人也是很不错的感觉。我经常收到人们的来信，不仅是感谢我的捐款，他们还在信里详细告诉我因为这些捐款，他们的生活如何被彻底改变。当想到可能有数百万人因为捐款而免于患上疟疾，或者站在小一点的角度，某个人的私人问题因为我的捐款而解决了，这都是非常美妙的感觉。

——巴菲特接受福克斯电视新闻网采访

值得庆幸的是，我们可以在一个很好的基础上努力打拼。10 年前，也就是在 1984 年，伯克希尔的保险子公司持有价值 17 亿美元的股票投资组合，每股约有 1.5 万美元的投资，扣除这部分的收益与资本利得不算，伯克希尔当年的税前盈余只有区区的 600 万美元。没错，虽然我们在制造、零售以及服务事业方面依然有不错的利润，但是大部分的盈余都被保险事业的承保损失、营业费用以及利息支出所抵消掉。

时至今日，我们持有的股票投资组合价值超过 180 亿美元，每股约当有 15000 美元，若是我们再一次将这些股票投资所产生的收益扣除的话，我们在 1994 年的税前盈余是 3.84 亿美元，10 年来，雇用的员工人数从原先的 5000 人增加到 22000 人（包含企业总部的 11 人在内）。

之所以能有这样的成果，要归功于旗下这群特别的经理人，是他们让那些看起来很普通平凡的事业能有不凡的结果。凯西曾经把他带领一支棒球队的工作，形容为靠着别人击出全垒打赚钱过活，这也是我在伯克希尔维生的方式。

——1994 年巴菲特致股东的信

对于伯克希尔和其他美国股票投资人来说，过去这些年来大把赚钱简直是轻而易举的。一个真正称得上长期的例子是，从 1899 年 12 月 31 日到 1999 年 12 月 31 日的 100 年间，道琼斯指数从 66 点上涨到 11497 点（猜一猜需要多大的年增长率才能形成这一结果？在这一部分的结尾，你会看到一个吃惊的答案）。如此巨大的升幅只有一个十分简单的原因：20世纪美国企业经营得非常出色，投资人借企业繁荣的东风赚得盆满钵满。目前美国企业经营继续良好，但如今的投资人由于受到了一系列的伤害，在相当大的程度上减少了他们本来能从投资中实现的收益。

投资心态要乐观

做一个乐观的投资者，首先要有乐观的炒股心态，而要做到乐观，就应该做到下面两点：

1. 淡看盈亏

盈亏就像坐过山车，有高峰，也有低谷，不要幻想每一笔交易都圆圆满满，盈亏需要平衡，得失也需要感受。

2. 不把投资看得太重

投资只是人生的一部分，因此，不能把投资当成生活的全部，也不能把投资看得太重，否则，只会让投资复杂化。

当然，想要投资成功，并不是只有乐观的心态就可以了，但是只有心态好了，才能客观分析，做到理性投资。

要解释这一切是怎么回事，我们得从一个最基本的事实开始：除了一些无足轻重的情况外（比如企业破产时企业的损失由债权人负担），在大多数情况下，所有者们从现在开始到"世界末日"期间所能获得的收益与他们所拥有的公司总体而言的收益相等。当然，通过聪明地买入和卖出，投资者 A 能够比投资者 B 获得更多的收益，但总体而言，A 赚的正好相当于 B 赔的，总的收益还是那么多。当股市上涨时，所有的投资者都会感觉更有钱了，但一个股东要退出，前提必须是有新的股东加入接替他的位置。如果一个投资者高价卖出，另一个投资者必须高价买入。所有的股东作为一个整体而言，如果没有从天而降的金钱暴雨神话发生的话，根本不可能从公司那里得到比公司所创造的收益更多的财富。

——2005 年巴菲特致股东的信

查理和我对我们的公用事业生意同样乐观，去年已经有了盈利记录，而且未来前景可观。戴夫·索科尔和格雷格·艾贝尔，我们的两个管理人员，已经取得了在公用事业行业从未有过的成绩。每当他们拿到新项目我都会欢呼雀跃。在这个资本密集的行业，每个项目投资都会很大。这是让伯克希尔有机会把大量资金投入并有不错回报的行业。

去年我们在资本分置上做得也不错。伯克希尔总是同时购买生意和安定，我们又想赚钱又想低风险。市场的混乱让我们在收购时顺风顺水。投资时，市场的悲观是你的朋友，乐观则是敌人。

——2008 年巴菲特致股东的信

麻烦的捐赠

从 1981 年到 2002 年，伯克希尔执行了一项股东指定捐赠计划，股东们可以指定伯克希尔捐赠给其喜爱的慈善机构。这些年下来,在这项计划下,我们总共捐出 1.97 亿美元，教会是最常被指明的捐赠对象，当然还有其他成千上万的单位受惠。我们是唯一一家提供这类服务的公开上市公司，查理和我对于这项计划相当引以为荣。

不过我们却不得不在 2003 年停止这项计划，其导火线在于对堕胎问题的争议。多年来，在股东的指定下，伯克希尔同时捐赠的许多金钱给多家与堕胎议题相关的组织，支持与反对双方都有，这也使得我们时常收到反对捐赠给敌对阵营的抗议，其中有些组织甚至发动其成员抵制我们关系企业的产品，我们原本并不以为意，我们拒绝了所有限制股东依其喜好捐赠的无理要求（只要受赠者符合税法要求的规定即可）。

然而到了 2003 年，"娇生惯养的厨师"旗下许多独立会员开始感受到抵制效应，这样的演变代表某些信赖我们但并非我们的员工，或是在伯克希尔决策过程中无法发言的人将面临收入锐减的困境。

对于股东来说，相较于自行捐赠，股东指定捐赠在税法上享有较优惠的效益，此外这样的计划符合我们一向倡议的合伙人制度精神，这也是我们在股东手册中揭示的首要原则，但这样的优点在部分白手起家辛苦建立自己事业的死忠成员无端受害之下相形失色，确实，查理和我认为若仅为了股东自身些许税务优惠，就伤害这些正正当当、辛勤工作的善良百姓，实在称不上是什么慈善之举。

也因此伯克希尔往后将不在母公司阶段进行任何形式的捐赠，至于旗下关系公司仍将维持其各自在并入伯克希尔之前就行之有年的惯例，除非这些捐赠是先前的老板自己本身负责的个人捐赠计划，这部分必须要从他们自己的腰包掏钱。

——2003 年巴菲特致股东的信

去年底伯克希尔的股价正式超越 1 万美元大关，有许多股东反应高股价让他们产生相当的困扰，因为他们每年必须分出部分股份，却发现伯克希尔的股份价值超过 1 万美元年度赠与税上限的门槛。因为超过上限代表捐赠人必须使得个人终身捐赠的上限额度，而且若是再超过的话，就必须要缴赠与税。

对于这个问题，我个人提出三种解决的方案：第一对于已婚的股东，可以与配偶共同利用 2 万美元的额度，只要在申报年度赠与税时，附上配偶的同意书即可。

第二不论结婚与否，股东可以考虑以较低的价格进行转让。例如假设伯克希尔的股价为 1.2 万美元，则股东可以考虑用 2000 美元的价格进行移转，则其间 1 万美元的差价则视同赠与（但是大家还要必须注意，若是价差超过你本身累积的免税额度时，还是要被课赠与税）。

最后，你可考虑与你要赠与的对象成立合伙关系，以伯克希尔的股份参与合伙，然后每年再将部分权益慢慢移转给合伙人，金额的大小可以由你自行决定，只要每年不超过 1 万美元的上限，即可免课赠与税。

不过照惯例我们还是要提出警告，在从事比这些例子更极端的交易之前，最好还是跟你的税务顾问咨询一下比较妥当。

——1992 年巴菲特致股东的信

我们使得所有股东皆能指定其个别捐赠单位的新计划收到广大回响，在 932206 张有效股份中（即在本公司股份是由本人登记者），有 95.6% 回复；而在即使不包含本人股份的情况下，也有超过 90% 的成绩。此外有 3% 的股东主动写信来支持本计划，而股东参与热烈并提供的意见，我们前所未见。这种自动自发的态度说明了本计划成功与否，也可看出伯克希尔股东的天性。

很明显，他们不但希望能拥有且能自由掌控其所欲捐赠金钱的去向，教授父权式的管理学院可能会惊讶地发现，没有一位股东表示希望由伯克希尔的经营阶层来帮他们作决定，或是按照董监事捐赠比例行事（这是目前一般美国大企业普遍的做

👆 企业捐赠的注意事项

企业捐赠是一件好事，但不能盲目地、随意地捐赠，有一定的注意事项：

1. 符合国家政策规定

对于企业捐赠，我国有专门的法律规定，因此，企业要捐赠一定要符合要求。

2. 认清捐赠对象

企业捐赠对象有专门的分类，比如国防、教育、突发灾害等。在捐赠时，一定要清楚所要捐赠的对象。

3. 通过合法途径

捐赠时不能随意就捐钱，而是要通过合法的途径，比如特定的基金会等，当然，有的企业也成立了自己的基金会。

企业捐赠并不是有钱就捐这么简单，因为牵涉到公司记账等问题，因此，在企业进行捐赠时一定要仔细认真，切勿出错。

法）。除了由伯克希尔及其子公司经营阶层决定的捐献外，总计 1783655 美元的股东指定捐赠款共分配给 675 个慈善机关团体。

往后几年伯克希尔将会因这项捐款计划获得些许的税负抵减。而每年 10 月 10 日以前，我们将会通知股东每股可捐赠的金额，你有 3 个礼拜的时间可以作决定，为免丧失资格，股份须确实由你本人名义登记。对于去年这项计划我们唯一感到遗憾的是，有些股东虽然不是因为本身的错误，而无法参加，由于税务单位的解释令于 10 月初才下来，并规定股份若由代理人或经纪人名义登记者不适用，由于时间紧迫，再加上联络前述股东仍须通过其代理人，使得部分股东没能参加，在此我们强烈呼吁那些股票经纪人尽快通知其客户，以免股东的权利被剥夺。

其中有家证券经纪商代表 60 位股东（约占 4% 强股权）很明显地在接到邮件 3 个礼拜后，才将之转到客户的手上。讽刺的是，该公司并非所有部门皆如此懒散，转寄邮件的账单在 6 天内就送到伯克希尔公司。我们之所以告诉大家这件事有两个理由：若你希望参加这项股东指定捐赠计划的话，请务必将你的股份在 9 月底以前改登记在自己的名下；就算你不想参加，最好还是至少将一股登记在自己的名下，如此才能确保你与其他股东一样在第一时间知道有关公司的重大消息。

最后包含这项股东指定捐赠计划在内的许多很好的想法，都是由伯克希尔公司的副董事长兼蓝筹印花的董事长查利·明杰所构思。不管职称为何，查理跟我皆以执行合伙人的心态管理所有事业，而各位股东就像是我们一般的合伙人一样。

——1981 年巴菲特致股东的信

用财富分享爱和关怀

关于慈善捐赠，伯克希尔所采取的做法与其他企业有显著的不同，但这却是查理和我认为对股东们最公平且合理的做法。

首先，我们让旗下个别的子公司依其个别状况决定各自的捐赠，只要求先前经营该企业的老板与经理人在捐赠给私人的基金会时，必须改用私人的钱，而非公款。当他们运用公司的资金进行捐赠时，我们则相信他们这么做，可以为所经营的事业增加有形或无形的收益，总计去年，伯克希尔的子公司捐赠金额高达 1920 万美元。

至于在母公司方面，除非股东指定，否则我们不进行任何其他形式的捐赠。我们不会依照董事或任何其他员工的意愿进行捐赠，同时我们也不会特别独厚巴菲特家族或曼格家族相关的基金会。虽然在买下公司之前，部分公司就存在有员工指定的捐赠计划，但我们仍支持他们继续维持下去，干扰经营良好公司的运作，并不是我们的作风。

为了落实股东们的捐赠意愿，每年我们都会通知A股股东的合法登记人（A股约占伯克希尔所有资本的86.6%），他们可以指定捐赠的每股金额，至多可分给三家指定慈善机构，由股东指名慈善机构，伯克希尔则负责开支票，只要国税局认可的慈善机构都可以捐赠。去年在5700位股东的指示下，伯克希尔捐出了1670万美元给3550家慈善机构，自从这项计划推出之后，累计捐赠的金额高达1.81亿美元。

大部分的上市公司都回避对宗教团体的捐赠，但这却是我们股东们最偏爱的慈善团体。总计去年有437家教会及犹太教堂名列受捐赠名单，此外还有790间学校，至于包含查理和我本人在内的一些大股东，则指定个人的基金会作为捐赠的对象，从而通过各自的基金会做进一步的分配运用。

每个星期，我都会收到一些批评伯克希尔捐赠支持计划生育的信件，这些信件常常是由一个希望伯克希尔受到抵制的单位所策划推动，这些信件的措辞往往相当诚挚有礼，但他们却忘了最重要的一件事，那就是做出此项捐赠决定的并非伯克希尔本身，而是其背后的股东，而这些股东的意见可想而知本身就有分歧。举例来说，关于堕胎这个问题，股东群体中支持与反对的比例与美国一般民众的看法比例相当，我们必须遵从他们的指示，不论他们决定捐给计划生育或者是生命之光，只要这些机构符合税法的规定，这就等于是我们支付股利，然后由股东自行捐赠出去一样，只是这样的形式在税负上比较有利。

不论是在采购物品或是聘用人员，我们完全不会有宗教、性别、种族或性向的考量，那样的想法不但错误，而且无聊。我们需要人才，而在我们能干又值得信赖的经理人、员工与供货商当中，充满了各式各样的人士。

想要参加这项计划者，必须拥有A级普通股，同时确定您的股份是登记在自己而非股票经纪人或保管银行的名下，同时必须在2002年8月31日之前完成登记，才有权利参与2002年的捐赠计划。当你收到表格后，请立即填写后寄回，逾期恕不受理。

——2001年巴菲特致股东的信

我们规模扩大最直接的受惠者之一就是美国国库，今年光是伯克希尔与通用再保已经支付或即将支付的联邦所得税就有27亿美元之多，这笔钱足够供美国政府支应半天以上的开销。

也就是说，全美国只要有625个像伯克希尔及通用再保这样的纳税人的话，其他所有的美国公司或2亿7000万的美国公民都可以不必再支付任何的联邦所得税或其他任何形式的联邦税（包含社会福利或房地产税），所以伯克希尔的股东可以说是"功在国家"。

对于查理和我来说，签发后面有一长串"零"的大额支票一点都不会感到困扰，伯克希尔身为一家美国企业，以及我们身为美国公民，得以在美国这个伟大的国家

企业做公益的方式

　　企业有心做公益，除了拿出钱来，其实还有基于企业的其他资源可以整合引入。这意味着，企业做公益有很多种方式可选择。

1. 与资金关联——现金捐赠：

　　直接捐赠现金，这依然是现在企业捐赠的常态方式。

顾客在这里每消费100元就有1元善款捐给慈善基金会！

2. 与经营关联——附捐模式：

　　企业通过产品义卖进行捐赠，或者部分利润进行捐赠，这是公益与商业的结合。

优惠券

3. 与服务关联——惠捐模式：

　　捐赠人只要关注或者传播了公益项目，将获得企业提供的服务或者优惠券奖励。

繁荣发展，这是在其他国家所不可能达到的。我想要是我们生在世界上的别的角落，那么就算是我们再怎么努力地逃避税负，我们也不可能像现在这么富有（也包含生活上其他层面）；从另一个角度来说，我们感到很幸运能够支付一大笔钱给政府，而非因为我们残障或失业，要靠政府时不来救济我们。

——1998 年巴菲特致股东的信

真正慷慨的富豪

在美国，如果深入统计数据，你会发现国民生产总值的 2% 都进入了慈善领域，而中产阶级的捐款相对他们的收入其实比富豪更加慷慨。犹他州的捐款比率在全美国是最高的，因为有摩门教，但这并不是因为摩门教徒更加有钱，而是因为他们的信仰支持捐款行为，于是他们贯彻信念。

另外在美国，对教堂捐款占所有慈善捐款中很大部分比例，在这方面我没有具体统计，但是我相信教堂获得的捐款中绝大部分来自中产阶级。在大众关注和受益的领域，例如医学研究的投入上，中产阶级的捐款所占比重最大。总体而言美国人是非常慷慨的，如果按照收入衡量，在全球富豪榜前 400 名的人恰恰是最不慷慨的。

——巴菲特接受福克斯电视新闻网采访

去年，我已将大部分持有的伯克希尔股权，移转给 5 个慈善基金会。此一安排，是我生前规划的一部分，最终我会将名下所有持股全数投入于公益。有关我所做的承诺及所持的理由，都刊登在我们的网站。大家应该注意的是，此一决定及实行时机，都并非出于税负的考虑。2006 年我必须交给联邦或州政府的所得税，与我去年夏天的首次捐献前，维持完全相同的水平，对 2007 年的所得税来说，也没有任何不同。

据我遗嘱中的主张，我在过世时仍持有的伯克希尔股份将以为期 10 年的时间加以变卖，以投入公益使用。由于处理上并不算复杂，因此最多再花 3 年就能完成所有程序。将这 13 年的时间，加上我预期自己还能再活约 12 年（当然，我的目标不只如此），就意味着我所有伯克希尔持股的卖出所得，将在未来 25 年间，完全移作社会公益用途。

决定此一时程，是由于我希望将这些钱交给我所知悉有能力、活力及动机的人，能够在限期内加以运用。由于这些管理上的特质，常随着机构（尤其在缺乏市场的竞争下）的老化而衰减。目前，这五个基金会都是由不可多得的人才来主事，因此在我离开人世时，何不让他们以明快的方式，善加运用我所遗留的财产？

对偏重在基金会永续经营方面的人来说，强调未来一定会有更重大的社会问题，需要慈善组织的密切关注。我同意此一看法，但我认为将来一定会出现更多的超级富豪及家族，其财富规模将超过美国现有的水平，能够在慈善组织的号召下，提供所需捐助的基金。届时，这些资助者，就可根据当时的实际需要，提供机构在运作上所需的动能，将焦点放在那时才发生的重大社会问题，以寻求最佳解决之道。如此一来，这些机构的理念及有效性，就可在市场上接受验证。有些基金会理应获得源源不绝的挹注；但许多社会目标已完成者，剩余的基金该如何处置，反而形成更大的问题。即使活着的人在决策上不尽理想，但在资金的分配上，也还是应该比几十年前死者的好意安排，更符合实际的需要。当然，遗嘱随时都能够改写，但若要我的想法出现重大的改变，恐怕是不大可能的。

——2006 年巴菲特致股东的信

第十二章
巴菲特的工作与生活

第一节

"股神"最看重的个人素质

热爱阅读并独立思考

尽可能多地阅读。拿我来说,我在 10 岁的时候就把我在奥马哈公立图书馆里能找到的投资方面的书都读完了,很多书我读了两遍。你要把各种思想装进你的脑子里,随着时间的推移,分辨出哪些是合理的。一旦你做到这样了,你就该下水(尝试了)……越早开始阅读越好。我在 19 岁的时候读了一本书,形成了我基本的投资思维方式。我现在 76 岁了,做的事情就是基于我 19 岁时从那本书得来的同样的思维方式。阅读,然后小规模地亲身实践。

思考是我生活的重心,我是一个相当喜欢思考的人。尽管我知道有些事情并无答案,但我认为,思考可以为这个世界带来一些真知灼见,这就是它的魅力。

我阅读了许多资料。我在图书馆待到最晚时间才离开。……我从贝斯特斯(一家保险评级服务机构)开始阅读了许多保险公司的资料,还阅读了一些相关的书籍和公司年度报告。我一有机会就与保险业专家以及保险公司经理们进行沟通。

我阅读我所关注的公司年报,同时我也阅读它的竞争对手的年报,这些是我最主要的阅读材料。我看待上市公司信息披露(大部分是不公开的)的态度,与我看待冰山一样(大部分隐藏在水面以下)。你可以选择一些尽管你对其财务状况并非十分了解但你对其产品非常熟悉的公司,然后找到这家公司的大量年报,以及最近 5 到 10 年间所有关于这家公司的文章,深入钻研,让你自己沉浸于其中。当你读完这些材料之后,问问自己:我还有什么地方是不知道却必须知道的东西?

——巴菲特语录

长期来说,市场将出现非比寻常甚至诡异至极的举动。只要犯了大错,过去无论多少长期不断的成功纪录,都会被一笔抹杀。所以,伯克希尔需要生来就能辨认及规避重大风险的人,甚至是有生以来从未见识过的风险。而现行许多金融机构所普遍采用的规范,运用在投资策略上,都有一些特定及重大的危机潜伏其中。

情绪的控制也十分重要。独立思考、心智稳定以及对人性及组织行为的敏锐洞察力,这些都是想在长期投资上成功的要件。我看过很多聪明绝顶的人,但都缺乏这些特质。

——2006 年巴菲特致股东的信

👆 读书的好处

读书是 个终身的学习过程，通过读书，我们可以收获知识、结识朋友、开阔视野，那么，读书对于投资来说有什么好处呢？

1. 增加知识

阅读可以增加我们的知识储备，多阅读投资类的图书，就可以让我们了解更多的投资知识，有利于投资的成功。

投资需要谨慎，更需要强大的思考能力，不能人云亦云，只有自己独立思考，才能找准时机，投资成功。而读书需要思考，这就无意识中培养了自己的思考能力。

2. 培养独立思考的能力

你也喜欢这本书？

当然，这本书给我很大的启发……

3. 扩大朋友圈

通过读书，可以找到志同道合的朋友。而对于投资来说，多一个朋友就多一分资源，还能彼此吸收知识，对投资来说有益无害。

作为世界迄今为止最为成功的投资大师，巴菲特不仅继承了恩师格雷厄姆先生的价值投资思想，而且又将费舍的投资理念融会贯通，使其在投资领域所向披靡。在大师的投资哲学中，其将阅读习惯与独立思考的思维方式放在了至高的地位。纵观大师迄今为止的投资历程，每笔投资案例无不渗透着其大量阅读与独立思考的作风，这也成为其取得举世瞩目成就的一项重要特质。

与之形成鲜明对比的是，现在市场上的盲目跟风，在股市追涨杀跌，在楼市跟风哄抬，到处都充斥着浮躁、贪婪的心理。大多缺乏对信息的耐心解读与独立思考，结果总是会为这样的盲目草率而懊恼不已，这也许就是成大事者与市井小民的最大差别吧！

投资市场上，信息至关重要。然而各利益机构总是会散布出各种消息，甚至是谣言，以迷惑投资者，如果你忽视这些信息，那无异于你在豪赌，当然，轻信这些信息，那也就注定你会成为这场游戏的输家。如何正确解读这些信息，运用自己独立思考的能力，探究其背后的本质，这才能为你的成功争取更大的胜算概率。这就要求你必须能够认真细致阅读海量市场信息，并拥有自己独立思考的一套逻辑。

巴菲特一再强调，投资者如果真的想要进行投资，就应该要学会耐心等待，以静制动。每天在股市中抢买抢卖绝非聪明的方法。要想投资成功，就必须对企业具有良好的判断力，进行独立思考，不要使自己受到"市场先生"的影响。

在投资上，我们应以充分的理性来对待，在生活上又何尝不是如此。不要轻易对某事物下定论，通过对比，甚至相关的信息进行大量搜集、阅读，然后运用自己的逻辑来评判，这就是大师的投资与生活哲学。

足够的耐心必不可少

大多时候我们无法测定一只股票的真正价值，然而只要我们发现某只股票的真正价值，并且感觉这便是你正在寻找的股票时，你所要做的就是毫不犹豫地购入。你没有必要天天都盯着计算机屏幕猜测股价下一步的变化方向，你要相信，假如你对某家企业的看法是对的，并且你恰好在一个适当的价位购进了它的股票，你只要耐心地等待就行了。

我们今后仍然坚持使我们发展到如今庞大规模的成功策略，并且毫不放松我们的投资选择标准。泰德·威廉姆斯在他的传记《我的生活故事》中解释了原因："我的观点是，要成为一名优秀的击球手，你必须等到一个好球才去击打。"这是该书中的第一原则。"如果我总是打那些在我的幸运区以外的球的话，那么，我根本不可能成为一个击球率是0.344的击球手，我只可能是一个击球率是0.250的击球手。"查理和我赞同这种观点，而且将尽量等待那些正好落入我们的"幸运区"的投资机会。

我很少能同时发现两家或三家以上可让我有信心的企业，要耐心等待，因为只有等到退潮时，你才会知道谁一直在光着身子游泳。

投资股票致富的秘诀只有一条，买了股票以后锁在箱子里等待，耐心地等待。

——巴菲特语录

我们花了很多年的时间做同一件事情，此外，今后我们还要花上数年时间继续做这同一件事情。如果我们不是急性子，我们不会对此感到不高兴的。如果我们没有取得任何进展，我们才会不高兴。

——巴菲特在 2008 年伯克希尔股东大会上的演讲

我们的股权投资使得资本城能够取得 35 亿美元的资金，用来购并美国广播公司。虽然对资本城来说，或许美国广播公司的效益无法在短暂几年内就立竿见影，但我们很有耐心，一点也不心急，毕竟就算是才华与努力俱备，还是需要时间来发酵，就算你让 9 个女人同时怀孕，也不可能让小孩一个月就生出来。

为了展现我们的信心，我们特别与管理阶层签订了一项协议：在一定的期间内，我们的投票权将交给担任 CEO 的汤姆·墨菲（或是接任的丹伯克）来处理。事实上，这项提案是由我与查理主动提出，同时我们还自我限制了一些卖出股份的条件，这个动作主要是为了确保我们出售的股份，不会落到未经现有管理阶层同意的人士身上，有点类似几年前我们与吉列剃须刀与华盛顿邮报签订的协议。

——1985 年巴菲特致股东的信

巴菲特常说，一旦他认为某只股票好就会去买，即便随后交易所关门 10 年也没关系，并指出，他买进某只股票便是想永远持有它，而绝非由于感觉它要上涨。可见，巴菲特在投资上取得巨大成功的原因之一就是他的耐心。在股市的不断波动中，很多人总是缺乏耐心，快速买进卖出，可巴菲特却一条道走到底，大多数股票一买就是十几年不动。他的方法简单到极致，他的成功却无人能及。巴菲特始终坚守，在股价低于实际价值时买入，并坚决持有直到价值被发现。

用最合适的价格买到最好的企业，这是巴菲特一直宣扬的投资真谛，但这需要极大的耐心去等待。在这方面，巴菲特是个最好的例子，他可以为等待一个好的买入时机而花上几年甚至几十年的时间。例如，在大规模投资迪士尼公司之前，巴菲特花了整整 30 年的时间去关注这家公司；1951 年第一次买入政府雇员保险公司股票，巴菲特花费了其全部资产的 65%（约 1 万美元），并盈利 50% 后退出，但在1976 年又以每股 3.18 美元的价格买入 130 万股，另外在随后的 5 年里，巴菲特先后再投入了 4570 万美元，于 1990 年其已拥有该公司 48% 的股份，总价值达到了15 亿美元。

巴菲特总是说，对于一只好的股票，他会选择永远持有。这在巴菲特的投资案例中可见一斑，其每笔投资的期限几乎都已超过了10年，对大部分投资者来说，连持股5到10年都似乎极其困难。因为在这么长的时间里，利率、国内生产总值、消费者物价指数以及经济景气指数等经济指标都可能会经历剧烈波动；在微观上，企业的管理层也可能会发生巨大的变动，这些都会反应到股价上，引起股价波动。而对大部分投资者来说，股价的波动会极大地刺激到他们的神经，从而也就很难忍受继续持有的"痛"。

👆 如何养成耐心持有的习惯

巴菲特十分推崇长期投资，只有长期持有，才更容易投资成功。而想要做到长期持有，首先要有耐心。

不能一直盯着行情看！

1. 避免一直盯着屏幕看。不要一刻不停地关注股票的涨跌，否则看到股价下跌很容易失去耐性。

还有哪些方面呢？
我得想得全面一点……

2. 在制订投资计划时，尽量不要遗漏任何方面，否则投资者就会被诱惑而过早地放弃计划。

做到上述两点，可以培养自己耐心持有的好习惯。成功的投资者大多都耐心地长期持有，因此，我们应该努力养成自己的这一习惯。

要想获得超出市场水平的回报，对于投资者，尤其是集中策略投资者来说，耐心是必要的素质。像巴菲特一样，规避短期行情的影响，在坚信自己选择正确性的前提下，耐心持有，总会有"守得云开见月明"的那天。

充满激情

我们必须要有激情。我们所做的事情是因为我们喜欢，而不是为了致富。当然，事情做好了，可能会变富。但是，并不是因为某些诱惑而做事。我认为，激情极为重要。
——巴菲特 2009 年出席哥伦比亚大学商学院活动接受采访

苏珊在 25 年前，作为时薪 4 美元的女售货员，进入波仙珠宝。尽管她缺乏管理背景，但我在 1994 年毫不犹豫的让她担任 CEO。她聪明、热爱这项事业，也热爱她的员工。这些在任何时候，足可以超过拥有一个工商管理硕士学位。

查理和我都不是严重的"履历迷"。取而代之，我们聚焦在智力、激情和诚实正直。另一个我们的超级经理是卡西·巴伦·塔拉兹。她让我们在 2006 年初收购的电线业务，取得瞩目的增长。她是每个企业所有人梦寐以求想得到的那种经理人。（鉴于卡西会不顾一切地冲向目标，）呆在卡西和一项她的生意目标之间绝对是危险的。众所周知，她开始的职业是出租车司机。

最后，内布拉斯加家具卖场的收入创了纪录，它在奥马哈和堪萨斯城的店的销售额双双达到大约 4 亿美元。需要注明的是，这是国内最顶尖的两家家居家具店。在一个对家具零售商来说灾难性的年度里，堪萨斯店的销售额增加 8%，在奥马哈是 6%。多亏有非凡的布朗金兄弟，罗恩和埃文才会有这样的表现。他们都是我亲密的私人朋友和出色的生意人。

——2007 年巴菲特致股东的信

网络喷射机公司的"NetJets"这个品牌，随着它对飞行安全、机上服务和人身安全方面的承诺，业务每年都有很强劲的增长。它的背后是一个充满激情的人——理查德·圣图利。如果你需要挑选一个人，和你待在一个散兵坑里，没有比理查德更好的了。不管前面有什么障碍，都不能让他停止。

欧洲是一个很好的例子，证明理查德的坚持不懈怎样让他走向成功。最初 10 年，在那里我们只取得微不足道的财务进步，竟然积累了 2.12 亿美元的运营亏损。自从理查德把马克·布思"拉上船"，负责欧洲的业务后，我们有了增长牵引机，现在我们的发展真是势不可当，去年的收入增加了 3 倍。

在 11 月，我们的主管们在网络喷射公司，位于哥伦布市的总部碰头，顺便看了一下他们那儿复杂的操作部门。它担负着每天大约 1000 架次全天候的飞行任务，客户总是期待着顶尖的服务。我们的主管们离开时，对他们的设备和承载能力印象深刻，

如何激发职业激情

培养开朗的性格

一般来说，开朗的性格会让人的事业一帆风顺。一个人拥有开朗的性格，在工作中遇到困难时，会通过积极的途径来解决问题，而不是一味地沉浸在"困难"之中，难以自拔。

多和成功人士交流

俗话说："近墨者黑，近朱者赤。"工作中多和公司的成功人士或者部门主管交谈，你会有不少的意外收获。

写好工作笔记

将自己的成绩都写在日记中，工作中遇到困难时，翻开以前的工作笔记看看，"曾经的辉煌业绩"如同一针强心剂给你巨大能量，职业激情将被再次点燃。

不过理查德和他的员工给大家留下了更为深刻的印象。

——2007 年巴菲特致股东的信

成功的人总是不缺乏激情，大家印象中的巴菲特似乎总是一个睿智、理性，并能时刻保持冷静的人，其实并不完全这样，巴菲特同样是个充满活力与激情的家伙。

在生活中，大多数夜晚，巴菲特都在家和阿斯特丽德（他的第二任妻子）共进晚餐，吃的是猪排汉堡之类。几个小时后，他开始上网玩桥牌游戏，这是他每晚热衷的项目，一星期要占用他 12 个小时。他似乎毫不介意屏幕的背景噪音，阿斯特丽德任由他玩游戏，偶尔他会喊她："阿斯特丽德，给我拿罐可乐！"在厄尼斯特（巴菲特的祖父）家，那有一个书架，收藏了《进杂货店老板》杂志的每一期，巴菲特总是读得津津有味。"怎样为一个肉店进货"之类的话题令他着迷；巴菲特非常喜欢《华尔街日报》，于是他和当地的报纸经销商做了个特殊的交易。每天晚上《华尔街日报》一到奥马哈，就会有一份报纸被拿出，在午夜前放在巴菲特的车道上，他喜欢坐等第二天的报纸，在大家都还没有拿到报纸前先睹为快；微软总裁的比尔·盖茨初次与巴菲特见面，巴菲特跳过了无谓的寒暄，直接问比尔 IBM 的将来会怎样，是否会成为微软的竞争对手……盖茨悉心解释……两分钟后，二人聊得非常投机……他们继续聊着，无视周围西雅图的社会名流……他们在卵石海滩上散步，他们开始彼此欣赏。

在投资上，巴菲特同样如此。在 1987 年，巴菲特品尝了一些可口可乐，这也多少弥补了他在所罗门投资案中所遭遇的不快。之前在白宫的一次晚宴，他遇到了老朋友唐·基奥——当时可口可乐公司的总裁。巴菲特当时喜欢樱桃糖浆配方的百事可乐，基奥劝说他尝试新出品的樱桃可口可乐，巴菲特尝了尝，从此爱上了那种味道，并于 1988 年投资 5.93 亿美元买入可口可乐股票。

激情是一种情绪、一种精神状态，是不竭的动力。冷静地用头脑评估机会，就能理性地把激情融入自己的生活，不断地为实现目标和丰富生命打下基础。巴菲特就是这样的一个人。

定位准确

正如韦恩·格雷茨基（加拿大著名冰球运动员）所说的那样，要冲向冰球将要到达的位置，而不是它当前所处的位置。要想迅速游完 100 米的话，最好顺着大浪游，这比仅靠你自己的努力要轻松得多。

——巴菲特语录

想要让一家好公司的表现发挥到极致，必须依赖优秀的管理人员与明确的目标方向。值得庆幸的是，我们已经有像托尼这样优秀的专业经理人以及绝对不会动摇的目标，而为了确保政府雇员保险公司所有的组织成员都能像托尼一样专注一致，我们需要一套能够搭配的薪资酬劳计划，所以在整个购并案完成之后，我们立刻落实执行。

——1996 年巴菲特致股东的信

数十年里，通用再保险公司都被认为是再保险业里的"蒂芙妮"（世界上最著名的奢侈品公司之一，以生产昂贵的银器著称），以它的承保技巧和原则受到大家的推崇。不幸的是，这种声誉其实已并不符实。当我 1998 年作出决定要购并通用再保险公司时，完全忽略了这一瑕疵，那就是通用再保险公司在 1998 年的运营方式已经与它在 1968 年或 1978 年不一样了。

现在，多亏了通用再保险公司的 CEO 乔·布兰登，以及他的搭档塔德·蒙特罗斯，恢复了公司以往的光彩。乔和塔德执掌公司已经 6 年，套用 J.P. 摩根的话，他们是用一流的方式来做一流的生意。他们恢复了对承保、储备以及客户的挑选上的原则。

公司在国内和国外的遗留问题，耗费巨大且旷日持久，让他们的工作更加困难。尽管有那样的牵制，乔和塔德通过技巧重新定位公司业务，已经带来极好的承保结果。

——2007 年巴菲特致股东的信

政府雇员保险公司自 1976 年几乎破产的边缘东山再起，从经营阶层杰克·伯恩上任的第一天起优异的表现，正是它能获得重生的最大因素。

当然即使身陷于财务与经营危机当中，政府雇员保险公司仍享有其最重要的产业竞争优势也是关键。

身处广大市场中（汽车保险），不同于大部分行销组织僵化的同业，一直以来政府雇员保险公司将自己定位为低营运成本的公司，所以能够在为客户创造价值的同时，也为自己赚进大把钞票。几十年来都是如此，而即使它在 70 年代中期发生危机，也从未减损其在此方面的经济竞争优势。

——1980 年巴菲特致股东的信

谈到企业购并，对于可能的买主来说，只专注于现在的获利情况却不管潜在的卖方拥有不同的前景、不一样的非营业资产或不同的资本结构，是一件很愚蠢的事。在伯克希尔，我们不知拒绝了多少那种虽然会让短期盈余美观，但却可能损及每股实质价值的合并案或投资机会。总之我们的方式乃效法韦恩·格雷茨基的建议，要紧盯"小精灵"的去向而不是它现在的位置。结果长期下来，比起运用一般的投资标准方法，我们的股东因此多赚了好几十亿美元。

——1994 年巴菲特致股东的信

巴菲特说过，要将每笔投资都看成是一桩生意，并指出要以所有者的角度来经营企业。这是其对投资与管理企业的一种态度，其实也是一种定位。巴菲特在每年给股东的信中，都会一再强调股东的长远利益与企业的长期发展状况，并将业绩与一些指标（如标准普尔 500）来进行比较衡量，准确地进行投资与企业经营的定位。

定位并不是一个静态的概念，这也是巴菲特一直强调的，关注于投资或企业运营的目前，甚至短期业绩，是一种很愚蠢的行为，所谓真正意义上的定位，是根据目前的状况，来判断未来的发展方向。当然，这并非不切实际地盲目定位，而是基于在对目前形势准确分析的基础之上进行的。

对于人生，也是如此。不能清晰地认识到自己的优势与缺点，也就无法谈起准确的人生定位，若没有给自己的人生一个定位，何来奋斗的动力与标准，那样也就只能留下庸碌一生的哀叹了！

第二节

巴菲特推崇的生活方式

以自己想要的方式生活

证券投资吸引我的地方之一就在于能以自己的方式生活，而不必穿得像个成功人士。我无法忍受一生之中有什么东西是我想要却无法拥有的。

我们的投资方式只是与我们的个性及我们想要的生活方式相适应。为了这个原因，我们宁愿与我们非常喜欢与敬重的人联手获得回报 X，也不愿意通过那些令人乏味或讨厌的人改变这些关系而实现 110% 的 X。

——巴菲特语录

巴菲特的投资策略可映射出他的生活方式和人生哲学。他的投资理念，就是紧抓住投资"核心"不变，如政府雇员保险公司、吉列、可口可乐、华盛顿邮报公司等，而且是"永远不变"。

与他的投资风格相对应，他没有囤积房屋、收集汽车和艺术品的嗜好，他厌恶那些把钱花在高级轿车、私人餐厅和豪华地产这类奢侈品上的公司。他是个善于遵循习惯的人——住同一栋房屋，在同一间办公室办公，在同一个城市生活，喝同一牌子的可乐——他不喜欢变化。

巴菲特是个相当谦虚的人，大多数的时间过着简朴低调的生活，他形容自己的原则是简单老式且为数不多。虽然贵为全球第三富翁，但长久以来都在美国中西部——他出生、成长的小镇奥马哈，过着再平凡不过的日子，包括自己开车、加油、在杂货店前停下来买报纸、理 12 美元一次的头发等。

早年蓄着小平头的巴菲特，在他位于家乡奥马哈，价值 3 万多美元的家里，以楼上的卧室和阳台，经营合伙投资企业。他在 1958 年买下一栋荷兰殖民风格的三层楼房，从此就再也没有搬出这里，他家附近的房子，现在价值约 25 万美元，不过和伯克希尔的盈余相较，这样的获利率实在是低得可怜。

也许你不相信，巴菲特住的地方算是奥马哈的破落区，当初为了取得优惠税率，以吸引地产开发公司来此投资开发。

早年，巴菲特会在信封的背面记录错综复杂的金额事项，他在一个房间内进行他的事业，一向过着朴实无华的生活，坚持将营业成本压到最低，手上的现金要多，债务最好很少或根本没有。举例来说，他一直到将近30岁快要变成百万富翁之际时才挥霍一下，花了295美元为合伙企业买了一部IBM打字机，而且是标准型，并非比较贵的经理型。

巴菲特如今已有80多岁高龄，却仍住在奥马哈镇上那栋1958年买下的房子，虽然经过整修、增建了房间及一座手球场，但至今不设大门，距离他的办公室只有5

富裕却不奢侈

巴菲特是世界级的富豪，很多人认为这种富豪的生活应该是奢华的，但是巴菲特却不是，他的生活很简单，很值得我们学习。

在生活上，巴菲特崇尚简单，有自己的爱好，喜欢的东西也不奢侈，并且他非常推崇节约。

在工作上，巴菲特十分勤奋，他把大部分时间投入到工作中，并且热爱自己的工作。

每个人都有自己喜欢的生活方式，并不是只有奢华的生活才是最好的，适合自己、让自己感到舒适的生活才是值得追求的。

分钟车程。闲暇时，他经常身着运动裤衫，但很少公开露面。

与大多数美国人一样，巴菲特长期以来就爱吃汉堡、薯条及樱桃口味的可乐，有空时则打打桥牌、会会家人及好友。偶尔也会飞往全球及前往全美各地出席商务会议。替他理发多年的师傅表示，他真的很平凡，理发时很少交谈，偶尔会讨论一下运动比赛，他非常喜欢棒球。在奥马哈镇，许多人碰到他都不会去打扰他，因为他们不想成为使这位亿万富翁困扰的人。

2006年，据《福布斯》杂志估计，投资大师巴菲特在全球富豪排行榜上名列第二。巴菲特并没像大多数富豪那样过着奢侈的生活，反而选择一种恬静的生活方式，并把大部分的重心摆在经营伯克希尔公司，而且主要靠阅读报告、书籍及商业性刊物来做投资决定。

相比于生活上的简朴，巴菲特在工作中的投入要多很多，他非常热爱自己的工作。"一年中的每一天我都在做自己喜欢做的事，我与自己喜欢的人一起工作。我用不着与自己讨厌的人打交道。我欣欣然扑向工作，到了公司我会觉得工作就好像是让自己仰面躺下，用手中的笔绘制天花板一般轻松。工作让我乐趣无穷。"巴菲特说。

奢华的人生本就无须绚丽的生活方式来点缀，这种简朴的生活方式反而更加凸显出大师低调的行事风格。这也正是巴菲特喜欢的生活方式，与投资风格相映衬，以最简单的方式来做出最大的成就。

要有业余爱好

一开始我对计算机心存恐惧，总觉得它好像会咬我一口似的。但万事开头难，一旦开始了就发现其实也很简单。

如今借助于网络，和一些过去经常一起打牌的牌友组成牌局变得更容易。唯一的区别在于，我们如今都相隔千里。有一个星期天，我一连打了6个小时。在过去面对面的牌局中，我从来没有打得这么过瘾。

不玩桥牌，对年轻人来说是犹如犯了一个严重的错误。打桥牌时，我总是心无旁骛。我总是说如果能在监狱里找到三个会打桥牌的狱友，我并不介意坐牢。

——巴菲特语录

尽管事实上他一直刻意回避技术和技术投资，但一旦他使用过计算机，便欲罢不能。现在，很多时候巴菲特使用在线服务（玩桥牌）的频率比我要高。

——比尔·盖茨在媒体面前评价巴菲特的话

巴菲特说过，投资就是一种游戏，正是这种"游戏"心态，成就了这位史无前例的投资大师。工作之余，朋友、家庭、业余爱好则丰富了他工作之外的生活。在日常生活中，巴菲特的业余爱好十分广泛，壁球、网球、高尔夫、桥牌和棒球，样样都玩。而且巴菲特对于业余爱好的热情似乎一点也不亚于对工作。

尽管在背部受伤之后不再打壁球，但仍偶尔会去打打高尔夫活动一下。另外，每年巴菲特都会组织一次巴菲特社团的成员聚会（成员都是他的老友）。在1996年的年会上，人们注意到巴菲特苗条了许多，对此，他解释说这都归功于自己开始在跑步机上锻炼身体。大家还注意到，他不再喝原味可乐或樱桃口味可乐，而改为喝减肥可乐。

巴菲特一直都是棒球迷，并且买下了奥马哈皇家队25%的股权，每年都会举行一场棒球庆祝比赛，另外，他甚至还将棒球理论运用到投资上："投资就像是打棒球一样，想要得分大家必须将注意力集中到场上，而不是紧盯着计分板。""套句棒球常用的术语，我们的表现主要是看长打率而不是打击率。""只有耐心等待超甜的好球，才是通往名人堂的大道，好坏球照单全收的人，迟早会面临被降到小联盟的命运。""因为目前我们的球员名单已布满了打击率三成八的高手，所以我们总是希望尽量用现金来进行购并。"可见，巴菲特是一个十足的棒球迷。

闲暇时，巴菲特最大的爱好，可能要算打桥牌了，这是一项在巴菲特的生命里已经存在50年时间的运动！当巴菲特在纽约处理所罗门公司丑闻时，迷上了国际桥牌，相对于巴菲特之前打的桥牌，国际桥牌更具挑战性。并主动结识两届桥牌世界冠军沙伦·奥斯伯格小姐，拜师于她的门下。

为了能和奥斯伯格打上几局桥牌，巴菲特甚至调整了自己的行程时间，每次都安排在奥斯伯格到纽约公干的时候赶往纽约与她见面。经常是在凯瑟琳的家里，巴菲特、奥斯伯格、卡罗尔·卢米斯、乔治·吉莱斯皮几个牌友凑在一起。"我们都挺喜欢对方，"巴菲特评价奥斯伯格说道，"尽管她从没有说过，可我能看出她被我们这么烂的桥牌技术给吓到了。"

奥斯伯格是一个很亲和的人，如果巴菲特在打牌的时候出现错误，她会不留痕迹地予以纠正，她知道如果触犯了巴菲特的威严，也就意味着与他的友情很难再继续下去。所以通常是在几手后，奥斯伯格会很客气地问巴菲特为什么刚才会那样出牌，"现在，我们先学学桥牌吧。"，奥斯伯格总会这样说，然后她会教他一种更合理的出牌方法。

不久之后，巴菲特和奥斯伯格就成了要好的朋友。也正是奥斯伯格让巴菲特改变了对电脑的看法。她认为巴菲特需要添置一台电脑，就这件事，两个人争论了几个月的时间。最终巴菲特妥协了，"你来奥马哈吧，把电脑装好，然后你就待在房间里。"

就这样，桥牌和奥斯伯格完成了甚至连比尔·盖茨都不可能完成的事情，巴菲特终于走进了电脑与互联网时代。

在奥斯伯格的指导下，巴菲特感觉到自己的桥牌技巧有了很大的进步，并与奥斯伯格一起打进了世界桥牌锦标赛的男女混合双打项目决赛。不过最终巴菲特由于精力原因，退出了比赛，这在当时也引起了不小的轰动。

培养一种业余爱好

每天的工作会让人身心疲惫，如果自己有爱好的话，就可以给自己换换心情，只有心情轻松了，才能再次投入到工作中去。

1. 有氧运动

有氧运动是指人体在氧气充分供应的情况下进行的体育锻炼，既可以锻炼身体，又能放松心情，比如爬山、慢跑等。

2. 智力博弈

这种博弈需要身心高度集中，可以锻炼自己的耐心，又能提高自己的思考能力，比如下围棋、象棋等。

3. 其他放松心情的兴趣爱好

比如电影、绘画、书法等都可以成为业余的兴趣爱好。

巴菲特就是这样一个可爱的人，无论是工作还是业余爱好，他都充满激情，并给予无限的专注。

阅读即是工作

我的工作是阅读，没有大量的广泛阅读，你根本不可能成为一个真正成功的投资者。

要想成功地进行投资，你不需要懂得什么贝塔值、有效市场、现代投资组合理论、期权定价或是新兴市场。事实上大家最好对这些东西一无所知。当然我的这种看法与大多数商学院的主流观点有着根本的不同，这些商学院的金融课程主要就是那些东西。我们认为，学习投资的学生们只需要接受两门课程的良好教育就足够了，一门是如何评估企业的价值，另一门是如何思考市场价格。

由于价值非常简单，所以没有教授愿意教授它。如果你已经取得博士学位，而且用很多年学习运用数学模型进行复杂的计算，然后你再来学习价值投资，这就好像一个基督徒去神学院学习，却发现只要懂得十诫就足够了。

商学院非常重视复杂的模式，却忽视了简单的模式，但是，简单的模式却往往更有效。如果高等数学是必需的，我就得回去送报纸了，我从来没发现在投资中高等数学有什么作用。你不需要成为一个火箭专家。投资并非一个智商为 160 的人就能击败智商为 130 的人的游戏。

——巴菲特语录

可见，巴菲特的投资成功秘诀是大量阅读加调查研究。大量阅读是掌握大量相关信息，调查研究是实事求是，而大量阅读是基础和前提。21 岁时，巴菲特一页一页地仔细翻看穆迪手册，每一家企业他都没有放过。这也奠定了巴菲特成功的关键所在："比其他人拥有更多信息——然后正确地分析，合理地运用。"

16 岁那一年，巴菲特和一位比他大一岁的同学唐·丹利共同出资 350 美元购买了一辆 1928 年产的劳斯莱斯轿车，并对外出租，租金为一天 35 美元。丹利回忆道："我们把这辆车放在巴菲特的车库。我愿意打理它，我是技术能手而他是财务行家。有些人说我们共同打理它，其实，巴菲特不善于拧螺丝帽，也不会做任何技术性工作。他只是站在一边，读商业方面的书给我听。中学毕业前，他就阅读了 100 本商业方面的书。"

正如巴菲特所说，学习投资很简单，只要愿意读书就行了。巴菲特从小就养成了阅读的好习惯，甚至在 8 岁的时候就开始阅读一些股票投资类的书籍。当然巴菲特阅读的不仅仅是格雷厄姆一个人的著作，"如果我只学习格雷厄姆一个人的思想，就不会像今天这么富有。"

从小就大量阅读商业投资类书籍，丰富了巴菲特的理论知识。对于投资目标信息的搜集并阅读，是巴菲特作投资决策的依据，如果没有扎实的阅读功底，是很难想象巴菲特如何能从这些海量信息中获取投资机遇的信息。

节俭是一种本色

（1）他 11 岁时买了第一支股票，但他现在还是很后悔说太晚买了！

（2）他 15 岁时就用他从小送报纸所赚的钱买了一个小农场。

（3）他虽然富甲一方，却仍然住在奥马哈小镇的一栋三房小屋内，那是他 50 年前结婚后所买的房子。他说家里有他生活所需的一切。他的房子甚至连围墙或篱笆都没有！

（4）他自己开车出门，没有请司机或保镖。

（5）他的公司伯克希尔—哈撒韦旗下拥有 63 家企业。他每年只写一封信给这些企业的总裁，把一年的营运目标告诉他们。他从来不定期主持或召开会议，他给这些总裁们的守则只有两条。

（6）他从不在上流社会扎堆，回家他只是给自己弄一点爆米花吃，或者看电视打发时间。

（7）5 年前世界首富比尔·盖茨第一次跟巴菲特见面，他觉得他跟巴菲特根本没有什么共同点，所以他只排了半个小时跟巴菲特会谈。但当他们见面后，一共谈了 10 个小时，从此比尔·盖茨开始成了巴菲特的忠实信徒，献身慈善事业。

（8）巴菲特不带手机，桌上有没电脑。

——CNBC 电视台对巴菲特所做的一小时专访，以上是其生活片段描述

远离信用卡的物欲，多投资自己并且牢记：

（1）钱是人创造出来的，但是钱不会创造人。

（2）过你自己想过的简单生活吧！

（3）别人说的话听听可以，但不一定要照做，做你自己觉得很棒的事。

（4）不要追逐名牌，穿你觉得舒服的服饰即可。

（5）与其把钱花在不必要的事情上，倒不如把钱花在真正需要的地方。

（6）总而言之，这是你的人生，干吗让其他人来指挥你的人生呢？

——巴菲特接受 CNBC 电视台采访时对年轻人的忠告

尽管有"股神"的称号，拥有的财富即使再怎么挥霍，也不见得能花完。但巴菲特为人低调，不爱抛头露面，不喜欢张扬个性，生活方式尤其简朴。

有人曾经这样描述巴菲特的穿着，"他身上的衣服总是皱巴巴的，领带常常太短，位于腰带上方好几寸，鞋子也磨损得厉害，外套和领带通常一点都不搭配，如果穿西装，也是早就过时的保守样式……"。

1999 年，巴菲特在一次慈善活动中为了号召人们向奥马哈孤儿院捐款，便将自

新节俭主义

　　所谓"新节俭"，不再是过去的节约一度电、一分钱的概念，也不是一件衣服"新三年，旧三年，缝缝补补又三年"的口号，而是对过度奢华、过度烦琐的一种摒弃，其本身的意义就是"简单生活"。

简单生活

> 生活简单

> 消费理性

> "新节俭"不是守财奴

节俭行家

> 不求奢华，以省钱为乐趣

> 不求形式，注重生活感受

> 不讲吃穿，不求精神享受

> 理性消费，钱花在刀刃上

节俭窍门

　不冲动
　消费

　将 AA 制
进行到底

　建立消
费同盟

　参加团
购大军

已使用了 20 年的钱包进行拍卖。有人问他为何不换一个新钱包时，巴菲特回答说："这个钱包很普通。我的西服、钱包、汽车都是旧的。并且，自从大学毕业回到家乡以后，我始终在这栋旧房子里居住。"更为有趣的是，当有人想要知道他钱包里究竟装有多少钱的时候，巴菲特爽快地把自己的钱包打开，并从里面掏出了大约 8 张 100 美元的钞票，并说道："我通常只会在钱包里放 1000 美元左右。"

巴菲特从小便养成了克勤克俭的习惯，即使成为了亿万富翁，他还是一如既往地保持着这样让人敬佩的高尚情操。比如，在衣服方面，巴菲特一件西装能穿十几年，他不在乎这些西装已经过时，只要穿起来不失礼于人就好，没必要过于讲究；外出的交通工具，巴菲特拥有一辆不起眼的小轿车——2001 款林肯城市，车牌上还标有"节俭"字样；在饮食方面，巴菲特更是节俭随意，即使来到中国，他还是一样只吃汉堡、牛排之类美国普通民众都能享受得到的食物；在工作环境方面，巴菲特在家中隔出一个小地方来进行办公，而且这样持续了几十年，另外伯克希尔公司也很低调，看起来十分普通，没有炫耀的大门，也没有奢侈的内部装饰和办公设施。

在工作上，巴菲特更是勤俭的榜样。如果巴菲特每年给自己发 1000 万美元薪水，相信伯克希尔公司的股东们不会有人站出来反对。他的年薪 20 多年来一直都维持在 10 万美元（没有股票期权，也没有奖金分红），在《财富》500 强"所有的首席执行官当中，他的薪水最低，但他是全球表现最佳的基金经理。他管理运作伯克希尔公司已有 27 年的时间，他是美国大公司任职时间最长的一位首席执行官。

另外，有一个"大特写"是写给伯克希尔股东们看的：巴菲特就是你的合伙人，他在为你勤奋工作。他没有利用股东们的共同财产为自己建造任何纪念物，没有巴菲特高塔，没有巴菲特大厦，没有巴菲特机场，没有巴菲特大街，也没有巴菲特动物园。

勤俭是我国的传统美德，在巴菲特这样的伟人身上也表现得淋漓尽致。这种节俭的生活已成为巴菲特的本色，他也成为大家无比敬佩的模范。

可乐与汉堡

我觉得汉堡、薯条和可乐是世界上最好吃的东西，我一辈子最喜欢吃的就是这些。我去过中国香港，前几年受邀去参加一次会议，被安排到香港一个非常豪华的酒店住，那里的食物琳琅满目，但是我一口也吃不下。我最想吃的就是汉堡，我身边安排了安保人员，不能随便进出酒店。于是，我只好晚上大家都回房睡觉的时候，偷偷地从酒店后门溜出去，直奔麦当劳，买了一堆汉堡和薯条回来，坐在房间里慢慢享受。

——2009 年巴菲特与常青藤社团"聪明女孩俱乐部"学生的对话

他点了一杯樱桃可乐作为开胃酒，又点了一些牛排，几个厚厚的多汁汉堡，根本没有考虑当时谈之色变的胆固醇恐惧症。最近的一个晚上，在格拉特牛排餐厅，这个在奥马哈市他最喜欢的饭店，在往 T 形牛排上厚厚地撒了一层盐后，巴菲特说：
"你知道我们的寿命长短取决于父母这件事？我认真观察过我母亲的锻炼和饮食情
况。她在跑步机上已经走了 4 万英里。"说完他吃吃地笑了起来，把手伸向土豆煎饼
和意大利式细面条。

——琳达·格兰特描述巴菲特的饮食习惯

1993 年 1 月的一个晚上，巴菲特参加了在奥马哈吉福德儿童剧院为明星们颁发
埃美金像奖的典礼仪式，现在，儿童影剧院已改为罗丝·布拉姆金表演艺术中心。
那天晚上，除巴菲特外，每个人吃的都是希腊式自助餐，他吃的却是放有干酪的肉饼，
炸土豆条还有一杯可乐。

巴菲特经常喝可乐，偶尔还会吃一块时思糖果公司生产的糖。在喝可口可乐前，
他喝百事可乐。他妻子曾经说："每一个认识巴菲特的人都知道，他的血管里流淌的
不是血，而是可乐；他甚至在吃早餐时也喝可乐。"多年来，他的腹部稍稍有点隆起，
但是，比他年轻 15 岁的人都有可能这样。他承认说他的饮食和运动习惯不是很好。

巴菲特曾经每天都要喝四五瓶百事可乐。在 50 岁生日的时候，巴菲特还收到一
个外形像六罐装百事可乐的生日蛋糕。但在 1987 年，一个朋友介绍他尝试可口可乐
公司生产的樱桃口味可乐，巴菲特喝过后非常喜欢，由此爱上了可口可乐。即使这样，
巴菲特总的看起来还是很健康，并且精力充沛。

抛去其投资事业上的巨大成就与身上无与伦比的财富，在陌生人眼中，现已 80
岁的巴菲特似乎毫无特别之处，衣着朴素，少言寡语，喜欢吃汉堡，喝着樱桃口味
的可乐，看上去甚至像一位经营"奶品皇后"店的乡下阿叔。

然而正是这样一个生活作风低调的人，却创造了让人叹为观止的巨额财富。可乐、
汉堡，这种对于美国人来说是生活中最普通的东西，却深得巴菲特的宠爱。其实统
计下巴菲特的投资案例，可发现，他所投的大多都是生活中最普通且紧密联系的制
造或服务企业，像可口可乐、吉列、政府雇员保险、美国运通等。越是简单普通的，
往往也是最重要的，同时也是越容易被大家所忽视的。

巴菲特眼里的家庭

巴菲特的子女们

我全部财产都将捐给慈善机构，我给你们足够的自由，但留给你们的钱却不会用吨来计算。希望你们能够亲自管理自己的资产，所以你们要有一颗慈爱的心，眼睛不能只盯在钱上，而要多做慈善事业。我想我很幸运，你们能用自己的时间和精力为身边的人做出些贡献。

——巴菲特致子女的话

我们早就清楚地知道我们将来继承不了什么钱。如果父亲说，"你们每人每年可以拿到 5000 万美元或者每人的基金会每年可以获得 5000 万美元"，我会选择把钱放到基金会。如果你不把钱捐献出去，你要拿 5000 万美元怎么办？

——巴菲特长子豪伊的话

巴菲特共有三个子女，大女儿苏珊今年 56 岁，是奥马哈一家针织品商店的老板。大儿子豪伊 54 岁，是伊利诺伊州一个普通农民。小儿子皮特 51 岁，是纽约的一名音乐家。巴菲特腰缠万贯，但他并不准备将自己的财产都留给子女，而是逐渐将他拥有的财富捐给基金会做慈善事业。几年前，巴菲特将 300 亿美元捐给比尔和梅琳达·盖茨基金会。同时巴菲特也给了每个孩子 10 亿美元，但这笔钱不是供孩子们自己享受，而是给孩子们的慈善基金，让他们依据自己的喜好和能力进行慈善事业。

在子女的眼里，巴菲特不是名人，他们也不是和世界上第三富有的人一起长大的。皮特说，在他眼里，巴菲特不是名人，只是一个非常可爱的老爸。女儿苏珊说，"我们并不是和世界上最富有的人一起长大的，我们的生活很平常。"

生活中，巴菲特对孩子们似乎吝啬得很。巴菲特曾给豪伊买下了他现在经营的农场，而豪伊必须按期缴纳租金，否则立即收回，这对于退学不久的豪伊来说，艰难可想而知。艰难的处境往往更能锻炼人，巴菲特一家的朋友迈克尔·延瑞评价豪伊说："他非常聪明，在政治上具有高度的敏锐感，但尤为重要的是，他继承了他父亲身上那种诚实、正直的美好品质。"

巴菲特对小儿子皮特音乐事业的支持绝对限于金钱之外。当年，皮特搬到密尔沃基市前，开口向父亲借钱，这是皮特唯一一次向父亲借钱，却被拒绝了，巴菲特

👆 为什么不给子女留遗产

钱应该反馈给社会。

巴菲特认为财富应该用一种良好的方式反馈给社会，而不是留给子女。

巴菲特认为，遗产对于子女来说，只会是"弊大于利"。巨大的财富会使他们好逸恶劳，成为纨绔子弟。

你们放心做手术，医疗费您放心，我们基金会负责！

另外，巴菲特认为财产反馈给社会，可以帮助那些真正需要帮助的人。

不给子女留下财产并不是不爱自己的子女，真正的爱并不是金钱，而是精神上的关怀，而且，巴菲特的子女凭借自己的本领在各自的领域也成就非凡。

的理由是"钱会让我们纯洁的父子关系变得复杂"。后来皮特气愤地去银行贷了款。他说:"在还贷的过程中,我学到的远比从父亲那里接受无息贷款多得多,现在想来,父亲的观点对极了。"

目前,巴菲特的3个子女在兢兢业业地经营着这10亿美元基金:豪伊将基金投入到拯救印度豹的行列中,并致力于对抗全球饥饿问题,另外还与盖茨基金会合作,投入资金研究抗旱玉米;皮特则成立NoVo基金,用于拯救女孩计划上(发展中国家女孩上学资助、防止早婚早孕及不安全性行为等);与两个弟弟不同,苏珊基金会的重点援助对象是奥马哈的学校和教育系统。

他们都知道,自己手中的基金只不过是父亲巴菲特慈善事业的一部分罢了,而且他们的所作所为都在代表着他们的老爸。

把财富留给子女的后果,既是"弊大于利"害了他们,又不能帮助真正需要帮助的人,蒙辱了人性的爱心。巴菲特对子女的这种正确教育,无疑给当代子女教育树立了一个好榜样。正确认识财富,将财富以捐献这一良好的方式反馈给社会,帮助困难的人,同时别忘记关爱自己的孩子,这正是大师教给正在处于困惑中的父母们的。

和妻子相濡以沫

我以自己为豪,因为没有什么事情比公开场合唱歌让我备受打击了。但我很自豪,因为我做到了,我几乎不相信自己能做到这一点。

是巴菲特鼓励我这么做的,他了解我,对我说,"苏珊,如果你是一个在工作23年后失业的人,你现在打算怎么办?"他知道我想唱歌,但我对在公开场合唱歌怕得要死。巴菲特理解我,希望我能一直保持活力,如果你爱一个人,你也会这么做的。
——苏珊·巴菲特接受记者的采访

苏珊就是那种如今人们认为几乎濒临灭绝的守旧、善良的人。因此,他们把一些卑劣的、无法面对的行为都归罪于她。
——尤尼斯·邓尼伯格(巴菲特夫妇的朋友)对苏珊·巴菲特的看法

巴菲特和苏珊·汤普森是1952年结婚的,他们双方的父母是多年的老朋友。在西北大学读书时,苏珊和巴菲特的妹妹罗伯塔是住同一间宿舍的舍友。

当巴菲特顺路拜访她并向她求婚时,苏珊离开了就读的大学和他结了婚。巴菲特夫人是在离巴菲特目前的家只有一个半街区的地方长大的。

在早期的婚姻生活中,巴菲特和妻子一直住在租来的一个破旧的公寓里。后来他们搬家到了纽约,搬进了一个有两层楼的公寓,并一直居住到1954年。

1956年春天,巴菲特离开了格雷厄姆—纽曼公司,他和妻子搬回了奥马哈。在离巴菲特杂货店不远的丛林大街租了一栋房子。巴菲特合伙公司的一些早期信件就是从丛林大街 5202 号发出去的。1958 年，他们搬进了巴菲特现在依然居住着的这所房子。

他们结婚后生有 3 个孩子。在孩子们都已长大成人，在庆祝完他们的银婚纪念日之后不久，他们就分道扬镳，各走各的路了，他们是从 1977 年下半年开始分居的。20 世纪 70 年代中期，在孩子们都长大后，一直对音乐和旅游感兴趣的巴菲特夫人，开始认真追求她深深热爱的音乐事业，大部分的时间都在一家法式咖啡馆的歌舞表演中担任独唱，这是奥马哈市中心的一家高档饭店。后来，巴菲特夫人搬到旧金山，并一直住在那儿，但她和她丈夫的关系依然很好。

巴菲特夫人是一位坦率、友好、有尊严的高贵女人。尽管没有和她的丈夫住在一起，她一直认为巴菲特是她所遇见过的最有趣的人。她说过，"他就像是一台彩色的电视机，而不是黑白的电视机。但大多数人都属于后者。"

谈到分居，巴菲特说，"这样不错，她可以到处旅游，她是一个自由的人。"

霍华德·巴菲特是这样评价父亲和母亲的，"如果说'每个好男人的后面都有一个好女人'这句话确实有些道理的话，那么，我父亲的成功中，肯定有我妈妈很多的功劳在里面。她是我所认识的人中最善解人意、最善良的一个。她始终如一地支持爸爸的事业，这一点对他来讲是非常重要的。"

巴菲特夫妇分居后，但并没有离婚，还经常一起旅行、参加家庭聚会。苏珊任职于伯克希尔公司董事会，以她自己的名义拥有公司 2.2% 的股份，价值 30 亿美元。2003 年苏珊被确诊为患有口腔肿瘤，接受了手术和化疗。2004 年 7 月 29 日，当她和巴菲特在怀俄明州的科迪市拜访朋友时，突然中风。巴菲特一直陪伴在她身旁，直至她去世。苏珊的去世改变了巴菲特的一切。他似乎意识到一切都是短暂的，包括他自己。于是他开始调整原来的计划。

"我们原本以为她会继承我在公司的股份，并成为将我们的财富回报社会的见证人。"巴菲特回忆说。此前，两人虽不住在一起，但关系亲密，而且苏珊一直希望能加快捐资行善的速度。妻子去世后，巴菲特已把妻子生前持有的价值 25 亿美元的股票全部捐给了慈善基金会。除了准备陆续将大约 85% 的个人股份（价值可达 370 亿美元之多）逐步捐赠给比尔·盖茨夫妇的慈善基金会外，巴菲特还计划向以妻子苏珊命名的基金会捐赠 100 万股股份，向分别以 3 名子女命名的 3 家慈善基金会各捐赠 35 万股份。

第二任妻子

直到我母亲搬到旧金山后，阿斯特丽德（巴菲特第二任妻子）才走进我父亲的生活。

——苏珊（巴菲特女儿）谈到父亲的第二次婚姻

大家对阿斯特丽德有一个共同的印象，都认为她是一个会生活的人，她为人诙谐，喜欢逛街。她是古董店和旧货店的常客，不可避免的，就是在二手货市场上她也会评头论足一番。在气质上，阿斯特丽德和巴菲特非常般配，他们非常喜欢开玩笑，平易近人。

——罗文斯滕在《巴菲特：美国资本主义的产物》中描述

比巴菲特小 16 岁的阿斯特丽德·门克斯是一位活泼、充满活力的女人。她曾经在巴菲特夫人担任独唱的那家咖啡馆里当过服务员，从 1978 年巴菲特夫人搬往旧金山后，她一直和巴菲特生活在一起。

对于妻子苏珊的出走，巴菲特承认，"这是可以避免的，这本来就不该发生，这是我所犯过的最大错误……99% 都是我的过错，我对她太不关心了……"不过，苏珊和巴菲特只是分居，从来没有离婚。她主动介绍一位女人给巴菲特，那就是——阿斯特丽德·门克斯。阿斯特丽德出生于 1946 年。她既是服务员的领班，又可以充当调酒师和大厨。

1978 年年初，在苏珊的鼓励下，阿斯特丽德·门克斯不时来给巴菲特做饭、收拾屋子。此时在巴菲特的生活中，每天紧挨着的是比他小 16 岁的阿斯特丽德，一个照顾他生活的"保姆"。

对于爱心爆棚的苏珊来说，当孩子逐渐成长以后，仅做时不时离开奥马哈的巴菲特的保姆会让自己憋得难受。而阿斯特丽德知道所有巴菲特所不知道的一切——高级烹饪术、美酒、吃贝类食物的刀叉以及厨师的刀具。更大的差异在于，只有阿斯特丽德能够欣然地接受巴菲特作为宇宙中心的相互位置——"浴缸"记忆决定了巴菲特只有处在这个位置上，才能自由地决定随时可以储水或拔掉塞子，对其他俗事不闻不问。

在阿斯特丽德进入巴菲特的生活后，巴菲特和妻子大约每月都见一次面，并且每年都和全家人一起在勒古纳海滩度过圣诞节，他们还多次一起进行非商业性旅游。

"我父亲全身心地投入到他的工作中，这是他生活的乐趣所在。我母亲的生活则大不相同……我们非常幸运，拥有如此了不起的父母。他们都那么温柔亲切，充满深情。他们现在关系依然很好。一旦孩子们长大成人，我母亲就不愿意再待在家里了。"巴菲特的女儿说。

在妻子去世后，巴菲特陷入无比的悲痛中，而这时他的生活起居全落在了已与他一起生活了 20 多年的阿斯特丽德身上。最终，在妻子去世的两年之后，巴菲特在众人的一致赞许下把阿斯特丽德娶进了家门。

阿斯特丽德·门克斯和巴菲特的关系很亲密。巴菲特经常会送给她一些装饰有珠宝的纪念品，包括形状如伯克希尔公司股票的一块金币，还有其他一些礼物，其中一些是在博希姆珠宝店买的。阿斯特丽德是伯克希尔公司多年的股东，她喜欢参

巴菲特的婚姻生活

巴菲特是一位成功的投资者，人们除了关注他的投资经历之外，他的婚姻也受到关注。一个成功的人不只在事业上成功，还包括自己的婚姻。

1.第一任妻子

巴菲特和苏珊育有三个孩子，并且他们夫妻一直保持着良好的关系。

2.照顾妻子

在苏珊生病直至去世的这段时间，巴菲特都陪在妻子身边。男人的世界不是只有事业，还有陪伴自己的妻子。

3.第二任妻子

苏珊的去世给了巴菲特很大的打击，而帮助他走过这段日子的就是陪在身边20多年的阿斯特丽德，巴菲特最终和她走在了一起。

完整的家庭是巴菲特不断投资成功的后盾，而巴菲特在经营自己事业的同时，也在不断经营自己的婚姻。

加在住宅前举行的出售活动、资源的回收利用活动、园艺工作和铲雪等活动。

巴菲特说，他对他妻子以及阿斯特丽德·门克斯的安排是非同寻常的。"但是，如果你清楚地了解每一个人，你就能够非常理解我的这种做法。"

与一个在自己身边默默奉献了 20 多年的女人结婚，这应该算是巴菲特最好的感情归宿了。家庭结构上的再次完整，或许会给巴菲特带来更大的动力去继续创造投资奇迹。

善待母亲

在这两台机器上我们一共骑了 25000 英里，但所有这些里程都是她骑的……我应该给她买辆自行车，而不是凯迪拉克。

——巴菲特送一辆凯迪拉克作为母亲的 80 岁生日礼物

我的健康状况令人担忧。六七年来这是我第一次去做全面体检。医生询问过我的饮食状况后说："一直以来你都在透支健康，多亏你的遗传基因，才让你撑到现在，对吗？"

——巴菲特很感激母亲赋予他的一切

巴菲特的母亲利拉，是一位平易近人、风趣幽默的女士，她于 1996 年逝世，享年 92 岁，当天正好是巴菲特 66 岁生日。

巴菲特和母亲一直保持着亲密的关系，所罗门危机正值紧张状态时，他还特地从纽约飞回她身旁，因为当时关节炎基金会，要授予她年度妇女之荣衔，巴菲特幽默地说，过去 87 年以来，她一直都是年度妇女。

巴菲特上初中时，那时他还并不是出类拔萃的学生，但他母亲说他成绩不好只是阶段性的："我想巴菲特那时正经历一个特殊的阶段，因为在那之前以及之后，他的成绩都非常好。他是个好孩子，很容易管教，一点也不用我们操心，不抽烟也不喝酒。"

当被问及她是否预见她儿子某天能积累如此巨额的财富时，她说："哦，不，我做梦都没有想到过这一切。但一直以来，巴菲特都对与赚钱有关的数字非常着迷。""我为他的人品而骄傲，他是个非常棒的人。"在巴菲特母亲眼中，他的品格而非财富才是令他母亲最骄傲的。

巴菲特的母亲似乎并不那么招外界媒体待见，一些作家媒体甚至把巴菲特的母亲利拉描述为一个喜怒无常、难以相处的妇人，并在巴菲特小的时候，经常呵斥他……但巴菲特每提起他的母亲时，总是满怀深情。在巴菲特 33 岁那年，父亲就去世了，这样的打击对于这个家庭来说无疑是巨大的。

巴菲特的母亲一向都很支持自己的孩子，尤其是在学业上，当时巴菲特父母省吃俭用把 3 个孩子都培养成大学生（巴菲特排行老二），就读的也是他们父母原来读的内布拉斯加州最好的大学。

巴菲特能体谅母亲这些年来的艰辛。当年，巴菲特的父亲大学毕业后，先是在银行当股票经纪人。1929 年美国股市大崩盘后，银行倒闭，失业在家，决心独立创业，办了个股票经纪公司。结果前 4 个月一单生意也没做成，为了缓解经济压力，巴菲特的妈妈非常节俭，为了省公交车钱，步行十几里路去商店买东西。

👆 善待母亲

巴菲特非常感激自己的母亲，因此对待母亲也非常好。

1.给母亲物质上的享受：巴菲特对于母亲从不吝啬，总是给母亲最好的。

2.陪伴：陪伴是给母亲最好的礼物，巴菲特也总是抽时间多陪伴母亲。

从巴菲特的身上我们可学习到为人子女应该做的事情，对于父母我们应该尽孝，不只是嘴上说说，而是尽自己的努力来给他们最好的，不只是物质上，更重要的是精神上的陪伴。

后来巴菲特父亲的生意好了，越做越大，买了大房子，买了辆好车。生活条件好多了，巴菲特母亲还是继续保持着勤俭的生活方式。给孩子们买东西，都是只买大减价后又大减价不能退不能换的特价商品，而且只买生活必需品。母亲的生活方式对巴菲特有很大的影响，虽然当时不能像其他小孩那样可以拥有新潮的玩具。

在他母亲的有生之年内，巴菲特对她是非常慷慨，有时甚至会在公司的年会上向股东介绍她。在他母亲80岁生日时，巴菲特买了一辆凯迪拉克作为生日礼物送给母亲；在给自己买一台健身脚踏车的同时，也不忘给母亲送去了一台。

巴菲特母亲每提起这件事时，总是神采飞扬："巴菲特送给我一辆凯迪拉克作为我80岁的生日礼物，我只开了8000英里，但我在健身脚踏车上骑了19190英里。"

母爱总是默默无闻，父母的养育之恩是我们一辈子都还不清的债！

第十三章
巴菲特小传：一个美国资本家的成长

少年巴菲特——赚钱的智慧

1929，股灾；1930，巴菲特诞生

1929 年秋天，巴菲特母亲怀上他的时候，正赶上股票市场的崩溃。1930 年 8 月 30 日，这天十分的闷热。在内布拉斯加州奥马哈城，一个婴儿呱呱坠地，他就是伟大的投资人——巴菲特。

巴菲特这样说道："我非常喜欢 1929 年，因为那是我生命开始的时候。我的父亲当时是一位股票经纪人。1929 年秋天股票市场崩溃之后，他不敢给所有那些遭受损失的人打电话。所以，每天下午他不得不待在家里，当时家里还没有电视机……情况非常不妙。我是在 1929 年 11 月 30 日左右受孕的（9 个月后出生，也就是 1930 年 8 月 30 日），所以，在我的内心深处对于 1929 年的股票市场崩溃始终都有一种亲切感。"

小巴菲特的第一个玩具，也是他最喜欢的玩具之一，就是一个绑在手腕上的金属货币兑换器。"他非常喜欢这个玩具。"他的姐姐多丽丝·布赖恩特夫人回忆道，"巴菲特小时候是一个'典型的小弟弟'"。

还是小孩子时，巴菲特就对数字特别敏感。他常与小伙伴们这样消磨整个下午的时间：俯瞰着繁忙的路口，记录下来来往往的车辆牌照号码。暮色降临以后，他们就回到屋里，展开《世界先驱报》，计算每个字母在上面出现的次数，在草纸上密密麻麻地写满变化的数字。

就像一个心情愉快的卖冰激凌的人一样，巴菲特喜欢四处走动兑换零钱，他对兑换零钱的过程和拥有金钱的感觉非常着迷。做数学计算题，特别是涉及用极快的速度计算复利利息，是他从儿童时期就非常喜欢且全心投入的一种消遣娱乐方式。

"小时候，他是一个非常小心谨慎的孩子，他总是弯曲着膝盖走路，这样就不会跌出去太远，但是长大后，他却能够做出让人瞠目结舌的事情来……这确是一个很大的变化。"布赖恩特夫人说。她指的是巴菲特购买 10 亿美元的可口可乐公司股票这件事。

年轻的巴菲特的第一宗真正的生意是在软饮料行业，这是一个非常适合希望有朝一日能拥有可口可乐公司上亿美元股票的年轻人做的行业。他母亲回忆说，当她

的儿子第一次对自由企业产生兴趣时，还只是一个年仅六岁的孩子。他的冒险行为包括做一个卖可口可乐的小商贩。

"那时我们住在爱荷华州的奥克波基湖。巴菲特花 25 美分买了一个装有 6 瓶可乐的手提式厚纸板箱，他每瓶可乐卖 5 美分。巴菲特对数字非常着迷，特别是涉及赚钱的数字时更是如此。"巴菲特夫人回忆说。后来在他整个的经商过程中，他的利润率一直保持在 20%。这就是为什么他能成为身价几十亿的富翁原因了。

巴菲特还从他祖父在奥马哈经营的杂货店里购买可乐，然后再卖给邻居们。

在 1989 年伯克希尔公司的年度报告中，巴菲特写道："我相信我是在 1935 年或 1936 年开始卖可口可乐的，确切地说，应该是在 1936 年。我以每箱 25 美分的价钱在爷爷的杂货店购买可乐，然后以每瓶 5 美分的价钱在附近兜售。这种高利润的零售方式使我及时注意到非同寻常的消费者的吸引力和这种产品的商机。"

10 岁时，巴菲特最喜欢卖的软饮料是百事可乐。就像他跟马萨诸塞州北安杜佛镇的伯克希尔公司的股东保罗·卡西迪解释的那样，"我是在 1940 年开始卖百事可乐的。因为那时每瓶百事可乐的容量是 12 盎司，而可口可乐却只有 6 盎司，但是，两种可乐的售价是相同的。那是一个非常有说服力的理由。"

"大多数孩子都心满意足地喝着从机器里倒出来的汽水，但他们从来不去多想什么，只有巴菲特捡起汽水机旁被人们丢弃的瓶盖，把它们分门别类并数一下各种瓶盖的个数，看看哪种牌子的汽水卖得快。"巴菲特的早期合伙投资者之一，俄克拉何马州塔尔萨市伯克希尔公司的股东欧文·封斯特说。

这个早熟的少年很受欢迎。他非常聪明并且勤奋刻苦，他可以就美国城市人口问题滔滔不绝地谈上半天。他在奥马哈的罗丝黑尔小学读书时，就曾因学习成绩优异跳了一级。罗丝黑尔小学是一所包括幼儿园和从一年级到八年级的学校。少年巴菲特的过人之处不仅在于他健壮的身体，更多的是他那颗"有学问的"脑袋。他喜欢翻阅《奥马哈世界先驱者报》，并留意 26 个字母的出现频率。

"有一件事我早已忘记了，但是他却记得非常清楚，那就是他曾因患阑尾炎在家休息了 3 个星期。他当时病情很严重，很多学生都写信问候他。"他二年级的老师玛丽·麦得逊这样回忆说。

"他从来都不是一个难以管教的学生，否则我会记得他的。相反，他是个好孩子。他是个好学生，学习非常用功。我记不得他的数学成绩是多少分了，但我敢肯定他的成绩是非常优秀的。他的英语也很好，我记得他还曾纠正过我的错误，那是个有关词的缩写式的问题，而且他是正确的。"

在家里的 3 个孩子中，巴菲特排行第二，父亲霍华德·巴菲特，在奥马哈经营一家股票经纪公司。父亲没有给巴菲特留下什么物质上的遗产，留给他的是对于股票的强烈热爱、出人头地的自信心和对于政治的灵敏嗅觉。

巴菲特勤奋的好习惯

成功并不是每个人都可以做到，除了有一定的天赋之外，最主要的还是个人的后天努力，这就需要从小养成勤奋的好习惯。

1.认真学习投资知识

得益于父亲的工作，巴菲特从小就喜欢看股票交易等投资方面的知识，只有认真学习，打好基础，才能为后来的投资做好准备。

2.做小生意

巴菲特从小就勤奋，除了学习之外，还努力赚钱，通过自己的头脑做一些小生意赚取金钱，比如贩卖可口可乐、卖报纸等。

我买这些出去卖！

3.勤奋学习文化知识

他非常聪明并且勤奋刻苦，在奥马哈的罗丝黑尔小学读书时，就曾因学习成绩优异跳了一级。

送报童的青葱岁月

巴菲特一家搬到春谷后，他给自己找了一份送报的活，范围在家的附近。"第一年，房子都隔得太远，我不是特别喜欢这样。你每天都得送，包括圣诞节。在圣诞节早上，全家都必须等到我送完报纸。当我生病的时候，我母亲就帮我送，但钱还是归我。我房间里有很多罐子，里面都是 50 美分和 25 美分的钱币。"之后，他又增加了一条下午的送报路线。

他每天早晚送两次报纸，一天只工作 2 小时左右，一个月就能赚 175 美元，收入比他的中学老师月工资还要高。1946 年，一个美国成年人，一年能赚 3000 美元，就属于高收入阶层了。

巴菲特一度每天要走 5 条线路递送 500 份报纸，主要是投送给公寓大楼内的住户，《奥马哈世界先驱者报》的罗伯特·杜尔说。

把春谷区的两条投递《华盛顿邮报》的线路和两条投递《时代先驱者报》的路线结合起来，这个年轻的报童后来又增加了西切斯特公寓大楼的投递工作。

通常巴菲特下午 5:20 出发，坐上开往马萨诸塞大街的公共汽车。有几次，巴菲特病了，他的母亲不得不代替他去送报纸。"取报纸、送报纸对他来讲真是太重要了。任何人都不敢碰他放钱的抽屉，一个硬币都不能动他的。"他的母亲说。

"为了能够更好地利用时间从顾客那里收费，他发明了一个行之有效的出售杂志订阅的方案。他从被丢弃的杂志中撕下带有产品有效期的不干胶贴纸，把它们归类，然后在适当的时间请顾客从中选择要续订的刊物。"杜尔在 1966 年 3 月 29 日的新闻故事中这样写道。

过了一年，13 岁的小巴菲特个子长高了，人更结实了，送报更熟练了，早上送邮报的这个社区，订户不是很多，可以轻松搞定。于是，他想方设法又要到了威斯彻特社区。这可是华盛顿的著名大型高档社区，里面住了很多名人，有 6 位国会参议员，还有陆军上将和最高法院法官。

原来这个区的邮报只让大人送，不让小孩送。小巴菲特为什么能取得这样的特权呢？第一个秘诀是主动争取。不要以为只要干好本职工作就行了，那只能保证不被降职。要升职，你得主动争取再争取。

升职后往往会遇见新问题，小巴菲特升职第一天就出了大问题。

那是一个星期天，巴菲特 4 点就起床了，拿好公交月票卡，早饭也没吃，赶紧迷迷糊糊上了公交车。四点半来到社区门口。一会儿车来了，卸下来好多捆报纸，上面有编号，可他根本不懂是什么意思，也没人教他。他们只是给了他一个本子，上面是订户姓名和地址，就走了。巴菲特忙活了几个小时，把报纸分好叠好再捆好。最后一数，不够，原来有人路过顺手拿走几份，他太忙了根本没注意。

第一次送，路线也不熟，走了很多冤枉路，从早上 4 点一直忙到上午 11 点，整整忙了 7 个小时才送完。这可不像送报老手，完全像菜鸟。

但是过去的一年报不是白送的，巴菲特很快熟悉了新的地盘，逐步摸索出一条高效送报路线。他把报纸分为两半，一半放在最高的 8 楼，另一半放在中间的 4 楼。然后从 8 楼开始一层一层往下挨家挨户送报纸。这十分类似于现代制造企业使用的循环取货模式。

暑假他要回老家奥马哈，就找好朋友沃尔特替他。巴菲特先带他试试。沃尔特一看几百份报纸堆得像小山一样，吓坏了，这怎么送得完啊？巴菲特说，哥们儿，别慌，看我的。然后带着他开始沿着自己独创的高效线路送报，结果只用一小时一刻钟就全部送完。

到这个时候，巴菲特认为自己已经是一个熟练的送报工了，不过他还要应对一个复杂的逻辑挑战。威斯彻特包括了 5 幢建筑，面积达 27.5 英亩。5 幢建筑中有 4 幢相邻，有 1 幢独立成户。送报区域包括了 2 栋以上公寓楼，要穿过教堂大街，还有马林大街和沃里克大街。同时，巴菲特还要把报送到威斯康星大街那边的一小片独家住宅。

他穿上网球鞋，掏出公车通票，每天花 3 美分，睡眼惺忪地坐上华盛顿运输公司的公车，连早饭都不吃。

每天清晨，巴菲特跑出门，搭上首班 N2 路公车，前往教学大街 3900 号的威彻斯特。他的公车通票号码经常是 001 号（每周第一个买通票的人）。如果他晚了一点点，司机都会习惯性地找找他。他会跳下车，跑过几个街区，到威彻斯特。

巴菲特找到了最有效率的送报路线，把本属无聊的重复性工作（每天递送几百份报纸），变成自己和自己的竞赛。

挨家挨户送报纸是十分无聊的重复性工作。小巴菲特却能从无聊中找到乐趣。每天一大早，他站在楼道的一头，从一大摞报纸，抽出一份，对折一下，然后一卷，在大腿上拍扁，手腕往后一勾，朝着订户的门口一扔，报纸像飞镖一样，从远到近，一个个准确地落到门前。小巴菲特最远能扔 20 米，但关键不是扔多远，而是扔多准，要正好扔到人家门口一两尺远的地方。有些人家门口前放着刚送来的牛奶瓶，要扔得够近，又不能碰倒牛奶瓶，这可是个相当有难度的技术活，得练习很多次才能熟练。

小巴菲特送了 3 年报，已经攒了 2000 多美元。当时黄金每盎司 35 美元，以 2009 年 11 月初 1110 美元的金价推算，1945 年秋天，巴菲特攒的 2000 美元相当于现在的 6 万多美元，相当于人民币 40 多万元。

巴菲特把同样强烈的能量用到了他的 3 条送报线路上。他喜欢送报纸，仿佛他出生时手指就带着油墨。后来别人说，"巴菲特说服负责路线分派的经理（此人和巴菲特性情相仿），把威彻斯特分给他"，这原先属于之前叫作邓雷镇的地区。巴菲特在这事上成功了。

热爱工作的巴菲特

少年时期的巴菲特非常热爱工作，虽然只是送报，但是他却十分认真：

> 我想多加一些工作量……

1. 主动争取工作：即使是送报纸的工作，巴菲特也非常积极主动，主动争取线路和小区，可见他对工作的认真。

2. 从工作中体会乐趣：送报纸本事一件十分无聊的工作，但是巴菲特却想到很多方法来增加工作的乐趣，足见他对工作的用心、热爱。

从少年巴菲特的经历中我们可以看出，他是个勤奋、用心、善于工作的人，并且可以从工作中体会出不同的乐趣，正是这种认真、乐观的工作态度，成就了传奇的巴菲特。

13 岁离家出走

13 岁时，巴菲特越来越忍受不了没人喜欢他的新学校和没有老朋友玩的新城市，于是决定离家出走。

巴菲特从他华盛顿的家里离家出走了。"他是和一个名叫罗杰·贝尔的朋友一起跑掉的。我想他们后来被警察收容了。"他的姐姐多丽丝回忆说。

去哪里呢？他当球童时听人说过，宾夕法尼亚州的赫希镇上有个非常有名的高尔夫球场。可以去那里当球童赚钱养活自己，再图发展。

一个人不行，得带两个朋友一块闯。巴菲特连着忽悠了几天，约翰和罗杰两人答应同去。

三个初中生跑到公路上，拦到一辆顺风车，整整开了三四个小时，跑了240公里，终于成功到达赫希镇上。三人找了一家便宜的旅馆，登记住宿。抑制不住兴奋，三个小家伙一边走，一边跟帮他们拿行李到房间的服务生大吹特吹一番自己独闯天涯的壮举。

第二天醒来，三人准备去球场找工作。一下楼，一个高速公路巡警拦住了他们："三位同学，跟我走一趟。"三个小孩吓得腿直哆嗦，来到交警大队，警察开始询问：你们三个从哪里来啊？跑到这里干什么啊？巴菲特一边打哆嗦一边赶紧开始胡编："我们是出来一边旅游一边学习历史的，我们历史课刚讲了美国南北战争最惨烈的盖茨堡战役，我们要到附近的盖茨堡战役纪念馆参观，我们出来之前经过老师和家长同意的。"

警察桌子旁边有台电报机，嘟嘟嘟不停地响。他担心家里人已经报案，很快华盛顿警局就会发来电报，一下子揭穿他们的谎言，马上把他们押送回去。

没想到，警察竟然相信了他胡编乱造的解释，放了他们。三个人吓得一身冷汗，决定赶紧离开那里。本来还真的想到附近的盖茨堡看看，可是老半天也搭不到顺风车。

好不容易等来了一队大卡车，愿意捎他们，一个司机把三个小家伙都塞进他的驾驶室里。

三个人又挤又累又饿，越坐越害怕："叔叔，我们不去盖茨堡了，我们想回家了。"

"你们家在哪儿？"

"华盛顿。"

"这么远，算你们好运，我们正好顺路。"

走了2/3的路程，天黑了，这队卡车在巴尔的摩停了下来，司机们去吃晚饭，顺便给三个小家伙要了汉堡吃。吃完饭，司机忽然说："你们三个听着，小巴菲特，你还坐我的车，罗杰坐第二辆车，约翰你去坐第三辆车。"

"为什么呢？"

"没有为什么。你们三个人挤死我了，也吵死我了，快去！"

小巴菲特一个人孤单地坐在大卡车司机旁，天越来越黑，他越想越害怕：万一司机把我们拉到偏僻的荒野，把我们杀了，万一……

没想到，司机们真的把他们拉回了华盛顿，安全送到家门口。

这次巴菲特闹大了，三家大人真吓坏了，罗杰的妈妈吓的心脏病都犯了，进了医院。

👆 巴菲特的青春叛逆期

就知道批评我，我就是不听！

当老师和父母扼杀了他们的主动性，就会造成孩子的逆反心理。

巴菲特也不例外，并且他的叛逆期似乎更严重一点，因为小巴菲特直接离家出走了。巴菲特的离家出走与其他的孩子有相似点，但又有些不一样：

这里的老师不喜欢我们，我们就离开！

1.相似的是，巴菲特的青春期也让人十分不喜欢，因此和大多数青春期的孩子一样，巴菲特也讨厌不喜欢他的老师和同学，因此决定离家出走。

2.不同的是，从小具有商业头脑的巴菲特并非是盲目地离家出走，而是十分清楚要到哪里去、要做什么事，当然，做的事与商业有关。

巴菲特是主谋，妈妈狠狠骂，爸爸狠狠揍，老师狠狠批。14 岁的小家伙开始反思：离家出走，想起来容易，做起来真不容易，再也不离家出走了。

巴菲特的离家出走多少有点与众不同，并且理所当然地和商业有关。他跑到了宾夕法尼亚州的赫尔希，在那儿他被警察送回了家。巴菲特、罗杰·贝尔还有另外一个朋友曾打算靠在高尔夫球场为球手找球、拾球赚点钱。同时，他还有个主意，那就是帮忙巡视好时巧克力工厂，并免费获取一块巧克力。但是，他没有那样做。

要别人记住你，有两种方式：一种是让别人特别喜欢你；另一种是让别人特别不喜欢你。让别人很喜欢你，很不容易，让别人很不喜欢你，却很容易。巴菲特只用了一招，就让自己和同学的爸妈都很不喜欢他。

最热爱的还是商业

1947 年，16 岁的巴菲特从高中毕业。在他对股票市场研究还处在"绘制股市行情图"的阶段时，就已经积聚了一笔大约 6000 美元的财富，其中大部分来源于他的投递报纸所得。这个年轻人赚的钱比他的老师的薪水还多。

尽管他有能力支付他的大学费用，但是，他没有那样做。他的父母负担起了他上大学的费用，让巴菲特用自己的钱进行投资。到 1950 年巴菲特已拥有 9800 美元。

巴菲特开始注意廉价股票措施以外的东西。"我在努力获取商业洞察力。"他还补充说，他开始把股票看成是一种商业，在寻找价值的同时，就像所有的投资者所作的那样，他还把增长看成是价值的另一个方面。

伯克希尔公司的股东迈克尔·阿塞尔解释说："对于巴菲特来讲，最典型的例子就是从价钱只有 1 美元的购买中获取两美元的收益。巴菲特教导我们说'在价值的计算过程中，增长一直是不可忽略的组成部分，它构成了一个变量，这个变量的重要性是很微妙的，它介于微不足道到不容忽视之间。'看一看可口可乐公司全球性的发展就知道了。伯克希尔公司在 20 世纪 80 年代就买下了可口可乐公司，当时可口可乐公司的高盈率和收入所得仅仅是现在的一个零头。"

最后，巴菲特不仅对严格价值投资、强调一个公司的资产负债表感兴趣，同时还对一些基本原理和一个公司的增长前景、考虑公司的竞争能力感兴趣。

25 岁时，巴菲特回到了奥马哈，他希望能在这个距离华尔街 1100 英里的中西部城市，度过他以后的岁月。1956 年春天，他在距他爷爷的巴菲特杂货店不远的丛林大街租了一所房子并居住下来。

1996 年，在为促进内布拉斯加州的商业气候而举行的活动中，巴菲特担任张贴海报的工作，他说："我选择住在内布拉斯加州是因为在这里有好多要做的事情。一方面，内布拉斯加州的适宜经济发展的气候，对于任何形式的商业来讲都创造了真正的经济意义。当然，另一方面，我们内布拉斯加州还有许多著名的特点，比如说，干净的空气、很低的犯罪率、高质量的学校、以努力工作和勤勉为标准的中西部的工作道德。"

在巴菲特读完哥伦比亚大学后，几乎没有人鼓励他进入投资业。"我最尊敬的两个人是我的父亲和本·格雷厄姆。他们两个都说，这个时候不适合进入投资业。"巴菲特在1992年的伯克希尔公司的年度会议上这样回忆道。

"在他家的卧室里开始他的投资事业是需要很大勇气的。当许多年轻人声称他们要去卧室开始他们的事业时，并不是每个人都会给人留下这么深刻的印象，"我初次见到他是在他从格雷厄姆—纽曼公司下班回到家里的时候。"威廉·奥康纳回忆说，他是前信托基金会在奥马哈的行政长官。奥康纳是在奥马哈投资俱乐部结识巴菲特的。"我邀请他去我们的投资俱乐部，就像我们中间大多数人一样，他的年龄大约有24岁，当谈到商业或金融时，他有那么渊博的知识，那么深的造诣，一点不像我们这些人。他非常愉快地接受了我们的邀请，第二年我们再一次邀请他去我们俱乐部。每一次他都玩一会儿赌注为一个便士的扑克牌游戏，他总是输掉一些钱。他总是说这有悖于他较好的判断力，但是，通常他会说：'我会要求摊牌的。'"

奥康纳在内布拉斯加大学的前身，原奥马哈大学上过巴菲特为期10周的投资课程。课间休息时，巴菲特会和学生们一起喝杯百事可乐，通过学习，学生们都掌握了巴菲特的投资理念。

贡纳·合恩也是巴菲特的学生。他是一位荣获教学奖但薪金很低的教授新闻学的教师，他一生生活俭朴，把300万美元的遗产全部留给了慈善机构和朋友们。他因投资股票市场而赚了很多钱，但从未投资伯克希尔公司，因为伯克希尔公司不支付股份红利。

"巴菲特很少给人详细的建议，但是，他的话却让你深思。在复合构词法原理方面，他让学生们都打下牢固的基础。"奥康纳说。

奥康纳在1858年12月卖给巴菲特合伙公司一台美国国际商用机器公司生产的打字机。"在他家我把机器组装起来。多年来我还卖给他一台办公室替换打字机，一台录音机。可能他用得最多的是我卖给他妻子苏珊的那台录音机，苏珊要用那台录音机和她帮助的六七十名黑人孩子保持通信联系。"

1958年下半年，奥康纳把他持有的价值大约1.6万美元的美国国际商用机器公司股票和其他一些数额小的股票都卖掉了，于1959年1月1日在巴菲特合伙公司投资了18600美元。多年来，他一直不断增加他在巴菲特公司的股票持有量，偶尔为了家庭需求他会卖掉一部分股票。

"我的妻子琼对我判断力提出质疑，因为我在巴菲特公司投入了这么多钱。"但是，奥康纳告诉他的妻子说，如果她像他那样了解巴菲特的话，她就会理解他的。

奥康纳对巴菲特的信任得到了回报，他成功了。他现在是奥马哈众多的百万富翁中的一个。还有一件喜事——威廉和琼·奥康纳有10个孩子。"巴菲特确实是个很单纯的人。他是一个非常棒的年轻人，他使得事情非常的简洁明了。"奥康纳说。

"他确实是个很了不起的人。他技术方面的知识和他的幽默感是非常独特的。和他共事的确是一件很愉快的、很有趣的事……他的求知欲是永远不会得到满足的。他阅读的范围很广，他有着过目不忘的非凡的记忆力，他像照相机一般精确的记忆力帮助他用一种有条理、有逻辑的方式去回想或是推测一些事情……他有时也打网

巴菲特如何提高自己的商业才能

巴菲特是一位商业奇才，在年轻的时候就已经初露锋芒。当然，没有人生来就是商业奇才，但是却可以人为提高自己的商业能力：

1. 积累商业知识：巴菲特从小就非常注意这方面知识的积累，并一直保持这个习惯，不断学习商业知识，因此在投资时才能理智分析。

2. 学会思考：巴菲特之所以能投资成功，就是因为他超强的思考能力和判断能力，遇到商业问题时集中注意力，反复认真思考，从而进行正确的分析和判断。

一种能力的炼成并不是一朝一夕的事情，但是只要我们肯努力，就一定能有一个好的效果。

球和高尔夫球，但是，我认为他更愿意读书和打桥牌。"

这么多年过去了，巴菲特却没有什么变化。他还是喜欢读书、喜欢打桥牌。最重要的一点是，尽管他知识方面的追求是很广泛的，但他最热爱的还是商业。

1956年，在巴菲特25岁的时候，他早已结婚成家，是两个孩子的父亲了。他个人的资金已从1950年的9.8万美元上升到1956年的14万美元。"我认为这些钱足够我退休以后用的了……我们没有什么总体规划。"巴菲特告诉记者戴维斯说。在此之前，在他毕业后的第一年，巴菲特投资的资本净值上升了144%。当他用大约1万美元开始做生意时，他的起步非常快。

如果巴菲特依旧想在初中时就试图立足于商业的话，那么在商界，他可能早已经是个举足轻重的人物了。

求学时代——朋友与导师

曾经落榜哈佛商学院

巴菲特对于正规的教育并不是非常热衷，但他非常热衷于学习，他有一个老师本杰明·格伦一直教他投资。他7岁的时候，问他的父母，能不能给他一个关于债券投资和债券方面的投资，这是他对投资方面的启蒙，所以，他是一个神童，而不是一个普通小孩。7岁的时候他已经看股市方面的书，也看一些金融人士的自传，金融板块的报纸，也关注产业报道。他希望能对这些业务完全掌握，等到他到宾州念大学的时候，觉得很枯燥，所以，最后转学到内布拉斯加大学，最后他申请哈佛商学院，因为哈佛商学院在美国是最富声誉的学院，他认为在哈佛商学院可以认识很多有头有脸的商业人士。当时，他想认识评论人。

1950年夏天，19岁的巴菲特用一年的时间完成14门课程的学习，从内布拉斯加大学毕业，然后向哈佛商学院提出申请。

他经常去奥马哈公共图书馆借阅有关商业方面的图书，并掌握了一切能查找到的有关会计学和保险业的知识。

他乘火车前往芝加哥，在那儿一个毕业于哈佛大学的男士接见了他。多年以后，巴菲特告诉卡罗尔·卢米斯说，当时哈佛代表对他的印象是"19岁，由于身材消瘦，看起来像只有16岁的样子，相当于一个12岁少年的体重"。

当两个人的会面结束后，他进入哈佛大学的梦想也随之破灭了。哈佛大学招生办公室绝无失误的工作神话，从此也就告一段落了。

"在芝加哥双方的会面大约持续了10分钟，然后又把我打入失望的深渊。"巴菲特说。哈佛大学的人说他的年龄太小，还不能进入哈佛学习，让他过一两年之后再报考。

被拒绝的滋味实在是不好受。因为这个拒绝，他认为是他人生当中非常重要的转折点。如果他真的是念了哈佛商学院的话，就会发现哈佛商学院并没有给他所想要的东西。所以，当时他申请哈佛商学院失败之后，就转去申请哥伦比亚商学院。他在哥伦比亚看到一本书，讲价值投资，看了那本书之后对他有重大的启示，从那之后他开始使用各种各样技术的分析，数量的分析，发现这对他的投资并没有任何的帮助。所以，他当时一直希望能找到帮助他进行投资的体系，因为这本价值投资的书像一道闪电一样使他突然大彻大悟。

巴菲特在给他的朋友杰尔·奥瑞斯的信中写道："哈佛那些家伙太自命不凡了，他们认为，我只有 19 岁，太年轻了，不能被录取，并建议我再等一两年。所以，说我现在面临着一个严酷的事实，因为我已经在此吃住有 4 个星期了。我父亲希望我能到某个研究生院继续学习。但是，我却很不喜欢这个主意。"

两个星期之后，巴菲特再次写信来说："说实在话，当我收到哈佛大学的来信时，我有点被打垮了。此后不久，我又等待着哥伦比亚大学的空白申请书。他们大学有个非常好的经济系。至少他们有几个教授普通股票估价课程的大人物，像格雷厄姆和多德。"

被哈佛大学拒之门外给他带来了很大的痛苦，但后来的事实证明，这对他来讲也未尝不是一件好事，因为他很快就意识到，教授商业课的权威教授在哥伦比亚大学。巴菲特向哥伦比亚商学院提出申请，并且很快就收到了接受他入学的通知。他于 1951 年 6 月毕业于该校。

哥伦比亚商学院出类拔萃的学生

巴菲特是哥伦比亚商学院有史以来成绩最好的学生，他在 1951 年获得经济学硕士学位，格雷厄姆在教他的时候就认为，年轻的巴菲特将来会成为杰出的金融家。

吉姆·罗杰斯说格雷厄姆的课巴菲特的成绩是 A+，当时吉姆·罗杰斯在哥伦比亚大学教授财政学，约翰·伯顿是哥伦比亚大学商学院的前任院长。确实，巴菲特的成绩只有格雷厄姆这一科得了个 A+，但是，这一成绩并未记录下来。

罗杰斯出生于阿拉巴马州的德蒙珀力斯，曾就读于耶鲁大学和牛津大学，在 20 世纪 70 年代冲击了华尔街的经济，与著名的投资者乔治·索罗斯建立了联系。他们的昆腾基金会运行得如此良好，以至于有报导说拥有 1400 万美元资金的罗杰斯在 37 岁就退休离开了他任教的学校。

巴菲特在给哥伦比亚商学院教务长博顿的一封信中写道：

"很感谢你邀请我参加年度晚宴，但是我不能前往，我一向是在 5 月到纽约待较长的时间，但即使在纽约，多半不参加正式晚宴，因为我觉得和三五好友共进午餐或晚餐，更能了解他们的我很喜欢看哥大商学院的年报近况，事实上，我已经想不起来，多久没参加过正式的晚宴了。据我所知，罗杰斯仍然是全国教授金融课程的第一把交椅。"

博顿表示巴菲特的数学很强，而了解经济价值的能力则是他的天赋，格雷厄姆本人也是拿哥大奖学金。1914 年他以第二名的成绩毕业，是个多方面的天才，擅长多项学科，而巴菲特则是格雷厄姆最得意的门生。

伯克希尔的副董事长查理·芒格也认识格雷厄姆，他说巴菲特有一位教授兼精神导师格雷厄姆。他对格雷厄姆极为敬重，格雷厄姆在学术上成就非凡，当年他从哥大取得硕士学位时，总共有三个科系请他继续攻读博士学位，而且请他立刻在系里授课，作为博士课程的一部分，这三个系分别为英文系、希腊文与古典拉丁文系以及数学系。

19 世纪 60 年代巴菲特的经纪人鲁安毕业于哈佛商学院，对哥伦比亚商学院的格雷厄姆与陶德的学说深感兴趣，于是修了格雷厄姆的一门课。因而在 1951 年与巴菲特成了同学，鲁安目前主持鲁安投资管理公司，经营红杉基金，是伯克希尔、联邦房屋抵押贷款公司 Freddie Mac 与富国银行的大股东，他同时也是华盛顿邮报的董事，在伯克希尔尚未完全拥有盖可保险之前，也是该公司的董事。鲁安曾经开玩笑说，他和巴菲特唯一的差距是，数十亿美元的财富和智商一百。他表示在课堂上，格雷厄姆与巴菲特之间存在着一股智性的电流，其他人则成了痴迷的观众，智能的火花飞扬跳跃，鲁安回忆到，那时候你就看得出来，巴菲特是个与众不同的人物。

"你可以看到电流交汇时飞溅的火花，"鲁安回忆说，"那时你就可以断定巴菲特决非池中物，他是一位很不寻常的人物。"早在 20 世纪 60 年代，鲁安是巴菲特的股票经纪人。

在哥伦比亚大学读书时，巴菲特遇见了一位来自内布拉斯加州的朋友，那就是比尔·柯瑞斯泰森。当巴菲特发现他们两个在约会同一位女孩时，他告诉柯瑞斯泰森说，他退出以成人之美。

从内布拉斯加州弗里蒙特市的米德兰大学退休的历史学教授柯瑞斯泰森笑着说，"那位女孩曾告诉我说，有一天，巴菲特会成为一位百万富翁的。"他说，那位女孩后来和别人结婚了，目前住在科罗拉多州，多年来他一直同她开玩笑说，当时为什么不嫁给巴菲特呢？

从哥伦比亚大学毕业后，巴菲特主动要求无偿为格雷厄姆的投资公司格雷厄姆—纽曼公司工作。"但是本，"巴菲特开玩笑说，"非常珍视他惯常的价格计算方式。他谢绝了我的要求。"

遭到拒绝后，20 岁的巴菲特带着自己的硕士学位回到了奥马哈。在 1951 ~ 1954 年间，巴菲特作为一名投资推销员，在他父亲的经纪公司，巴菲特—福尔克公司工作。

他感到他的公开演说能力是不够的，所以，在他 21 岁时交了 100 美元，选修了戴尔·卡内基的一门课程。

那段时间，他还在奥马哈大学成人教育部教授投资课。一次，他去上课时发现教室里只有 4 个学生；那天他没有给学生上课，并说，他很抱歉学生们没有足够的兴趣上完这门课。后来，他的课有了些进展。《奥马哈世界先驱者报》的杜尔写道：一个选修这门课的学生回忆说，班上学生的平均年龄为 40 多岁，当他们第一次看到

如何提高演说能力

　　没有人是全才，巴菲特并不是从开始就能做出精彩的演说，但是后来他却做到了，这是因为巴菲特努力提高自己的演说能力。

1. 进行专门的演讲培训

　　巴菲特在认识到自己的演说能力有待提高之后，就选修了选修了戴尔·卡内基的一门课程，这是专门提高演说能力的课程。

2. 渊博的知识储存

　　别小看了演讲时的几分钟，论辩时的几句话，就这几分钟、这几句话，需要有丰厚的知识积累，而巴菲特热爱学习，这为他提高演说能力奠定了基础。

3. 勤于练习

　　当然，巴菲特的演说能力得到提升在于他不断地练习，本身他在教课，这让他有更多的练习机会。

年轻的巴菲特时，都在低声暗笑。巴菲特告诉杜尔说："当时，我比现在还瘦，看起来就像是一个喜欢打篮球的高中学生。"

巴菲特开始讲课的时候，下面吃吃的笑声停了下来。"两分钟之后，他就控制了整个课堂。"他原来的一位学生说。

卡罗尔·昂格鲁医生是一位年轻的儿科医师，她曾是巴菲特的一名学生。她说："巴菲特教我们用计算尺计算钱是如何增长的。他使我们从内心彻底相信了复利所创造的奇迹。"昂格鲁医生说。她和同是医生的丈夫威廉邀请了其他11位医生和巴菲特一起共进晚餐。

巴菲特记得，在晚餐结束时，卡罗尔·昂格鲁从座位上站起来声明说："我投资了1万美元，所有在座的人也应这么做。"

今天，卡罗尔·昂格鲁医生是内布拉斯加州大学医学中心的临床毒理学的主任，毫无疑问，她现在不需要再为钱而工作了。

巴菲特的学习成绩在哥伦比亚商学院是出类拔萃的，他于1951年6月在哥伦比亚商学院获得了他的经济学的硕士学位。

本杰明·格雷厄姆：华尔街教父

格雷厄姆是金融分析的鼻祖。这样称呼他是因为"在他之前没有（金融分析）这一职业，在他之后，人们才开始这样称呼。"

格雷厄姆1894年5月9日出生于伦敦。在他还是婴儿的时候，父母移居纽约。格雷厄姆的早期教育是在布鲁克林中学完成的。20岁时，他拿到了哥伦比亚大学理学学士学位，并被选进 Phi Beta Kappa 联谊会（该联谊会成员均为男性——译者注）。格雷厄姆的希腊文和拉丁文都很流利，对数学和哲学也都很感兴趣。

尽管格雷厄姆并没有商业背景，但他大学一毕业就进入了华尔街。起初在纽伯格—亨德森—劳伯经纪行做信息员，主要负责把债券和股票价格贴在黑板上，周薪12美元。后来，他升职为研究报告撰写人。之后不久，又荣升为经纪行的合伙人。到1919年格雷厄姆25岁时，年薪已高达60万美元。

1926年，格雷厄姆和杰瑞姆·纽曼合伙开了一家投资公司，这就是30年后雇佣巴菲特的那家公司。直到1956年解散为止，格雷厄姆—纽曼公司熬过了1929年的股市崩盘，熬过了大萧条、第二次世界大战和朝鲜战争等艰难岁月。

从1928年到1956年，格雷厄姆除了在公司中任职，还在哥伦比亚大学的夜校教授金融课程。没有人知道在1929年股市崩盘时，他第二次遭遇了破产，第一次是父亲去世后，他身无分文地离开家庭。格雷厄姆决意重建自己的财富。在哥伦比亚大学这个学术天堂中，格雷厄姆得以反省和重新评判一切。在戴维·多德和哥伦比亚一位教授的劝说下，两人花4年时间写了古典投资学上的经典《证券分析》。

这本书 1934 年首版的时候，路易斯·瑞在《纽约时代》杂志上这样写道："这是一部基础雄厚、成熟而又谨慎的著作，是理论探索与实践经验的完美结合。如果说这部书带来了什么影响的话，那是由于它使投资者们的思想立足于证券而不是立足于市场所引起的。"

《证券分析》的精要之处在于：一个基于理性评估、精心选择、投向分散的普通股组合即是一个正确的投资组合。格雷厄姆在书中帮助投资者循序渐进地理解他的投资理念及方法。在他之前，有些人把购买股票称为投机，而把购买债券称为投资；也有人认为购买安全性较高的证券是投资，而购买股价低于净现值的股票行为是投机。格雷厄姆认为，意图比外在表现更能确定购买证券是投资还是投机。借钱去买证券并希望快速挣钱的决策不管他买的是债券还是股票都是投机。格雷厄姆提出了自己的定义，"投资是一种通过认真分析，有指望保本并能有一个满意收益的行为。不满足这些条件的行为就叫投机。"格雷厄姆主张分散投资以降低风险。他把"仔细分析"解释为"基于成熟的原则和正确的逻辑对所得事实仔细研究并试图作出结论"。

对于一个被视为投资的证券来说，其本金必须有某种程度的安全性，并有满意的回报率。所谓安全并非是说绝对安全，而是指在合理的条件下投资应不至于亏本。格雷厄姆不认为一个非常反常或不可能的事件会使一个安全的债券拖欠。而满意的回报不仅包括股息或利息收入而且包括价格增值。格雷厄姆特别提到"满意"是一个主观性的词，投资回报可以是任何数量，不管有多低，只要投资者做得明智，并在投资的界限内。按照格雷厄姆的定义，一个运用正确的逻辑进行金融分析，并遵循本金安全和合理回报率原则的人即是一个投资者而不是投机者。

格雷厄姆一生都被投资和投机问题所困扰。要不是 1929 年到 1932 年间，道琼斯债券平均指数从 97.70 点跌到了 65.78 点，债券再也不会被人理所当然地认为是投资。格雷厄姆关于投资的定义很可能会被人忽略。像股票一样，债券损失了相当的价值，许多持有债券的人破产了。人们迫切需要一种能把股票和债券的投资特性与投机特性区别开来的机制。

1973 年到 1974 年的熊市后不久，格雷厄姆应邀出席一次由道纳德森、路弗金以及詹瑞特召开的资金经理人会议。会上，格雷厄姆对自己的同行们所说的事情感到震惊。"我无法理解，这些机构资金经理人怎么会退化到如此地步，竟然从正确的投资变成争相在最短的时间内获取最大的回报。"

区分了投资与投机之后，格雷厄姆的第二个贡献是提出了解决如何购买普通股票才符合投资意义的方法论。在《证券分析》一书出版之前，几乎没人利用数量方法来选择股票。1929 年之前，上市公司都是铁路行业的公司，工业和家电公司只占股票种类的很少一部分。至于有钱的投机家最青睐的银行和保险公司，都还没有上市。那些确有投资价值的大多数是铁路股票，都以接近其票面价值的价格交易。这些公

格雷厄姆的成就

格雷厄姆最著名的是《有价证券分析》，他的理论与道氏学说和费歇学说研究的着眼点是截然不同的，他所涉及的是一个除他外尚无人涉足的领域。《有价证券分析》精髓是：

1.区分投资与投机
首先，格雷厄姆统一和明确了"投资"的定义，区分了投资与投机。在此之前，投资是一个多义词。

用数量分析法看看这只股的价值……

2.数量分析方法
格雷厄姆的《有价证券分析》提出了普通股投资的数量分析方法，解决了投资者的迫切问题，使投资者可以正确判断一只股票的价值，以便决定对一只股票的投资取舍。

它的内在价值是多少呢？

3.公司内在价值
格雷厄姆认为，公司的内在价值是由公司的资产、收入、利润以及任何未来预期收益等因素决定，其中最重要的因素是公司未来的获利能力。因为这些因素都是可以量化的，因此，一个公司的内在价值可用一个模型加以计量，即用公司的未来预期收益乘以一个适当的资本化因子来估算。

《有价证券分析》所阐述的计量分析方法和价值评估法等使投资者少了许多的盲目，增加了更多的理性。这本著作一出版就震动了美国和华尔街的投资者，一时之间，该书成了金融界人士和投资界人士的必读书目。格雷厄姆也从此奠定了他"华尔街教父"的不朽地位。

司以实际资本值为支撑。

格雷厄姆指出，经济繁荣会导致股票市场进入牛市状态，股票发行量和交易量会急剧上升，这会使投资者盲目乐观，但这种乐观会导致疯狂，而疯狂的一个主要特征是它不能记住教训。

格雷厄姆进一步指出，如果投资者对某公司的未来增长持乐观态度，并进一步考虑将该公司股票添加到投资组合中去。那么有两种买入技巧：一种是在整个股票市场低迷时买入；另一种是在整个股票市场并不低迷，但该公司股票市价低于其内在价值时买入。格雷厄姆认为，这两种购买技巧都有一种体现于股票价格上的"安全边际"。

格雷厄姆认为安全国际法在三个领域可以得到成功运用：第一，它对稳定的证券，比如债券和优先股都很有用；第二，它适用于比较分析；第三，如果公司价格和内在价值间的差距非常大，"边际安全"的概念就可以被用来选择股票。

格雷厄姆认为，以不超过净资产价值 2/3 的价格购买股票或购买市盈率低的股票的方法可以经常应用。

格雷厄姆认为这是一种简单易行的投资方法。他还解释说，这种结果是以一组股票（多样化）为基础得出的，而不是建立在单个股票结果基础上。符合这些要求的股票在股市处于熊市底端时很常见，而在牛市中极为少见。

收益率至今是信用评级为 AAA 债券的 2 倍。

股价利润比例是以往 5 年最高数字的 40%。

股息至少是 AAA 债券利息的 2/3。

股价不应超过账面价值的 2/3，最好是净流动资产的 2/3。

贷款不应超过账面净资产。

流动资产应 2 倍于流动负债。

所有债务应不超过流动资产的 2 倍。

过去 10 年的利润增长率至少为年均 7%。

巴菲特早期完全模仿和实践格雷厄姆的价值投资策略。格雷厄姆认为，真正的投资是在审慎分析的基础上进行的，既能保证本金的安全性，又有令人满意的回报。缺少任何一项都不是投资，而是投机。

查理·芒格

查理·芒格是伯克希尔公司的副董事长和第二大股东，巴菲特称其为"长期的挚友与合作伙伴"。芒格从某种意义上说是菲利普·费舍投资理论的化身，他特别喜爱经营良好、价格合理的优秀公司的股票。

虽然巴菲特和芒格都在奥马哈长大，并且有许多共同的熟人，但他们直到 1959

年才见面。当时，芒格已经移居南卡罗莱那。他的父亲去世了，因此他回到了奥马哈。这时，两人才开始相识，成为他们非凡合作的开始。

在芒格加入伯克希尔公司后，正是他的影响使巴菲特从格雷厄姆买便宜货的投资策略局限中走出来，吸收菲利普·费舍优秀公司成长股的投资策略，将二者进行完美的融合，形成了自己最成功的投资策略：基于持续竞争优势的长期投资策略。大体上，伯克希尔早期的成功可归功于收购蓝筹印花、时思糖果及加州其他企业，这些大都是芒格先于巴菲特发掘的。

芒格认同格雷厄姆最基本的教诲，这些教诲自始至终都是芒格和巴菲特成功模式的一部分，他说："对私人股东和股票投资人而言，依据内在价值而非价格因素来买卖股票的价值投资基本概念，永不过时。"然而，芒格并不像巴菲特那样对格雷厄姆有特别的情感与崇敬，格雷厄姆有些观点根本无法打动他，芒格表示："我认为其中很多想法简直是疯狂，忽略了相关事实，特别是他有一些盲点，对于有些实际上值得以溢价买进的企业的评价过低。"

随着芒格和巴菲特的相互了解和大量合作，芒格逐步接替日渐衰老的格雷厄姆，成为巴菲特的知己兼顾问。《财富》杂志的编辑兼作家卡罗·路易斯解释说，巴菲特仍然非常尊崇格雷厄姆的理念，与此同时，芒格帮助他开拓投资思维，使他又向前迈进了一大步。

芒格说服了巴菲特，为收购赛氏糖果公司支付 3 倍于其账面价值的价格。事实证明，这确实是一个好交易。这是巴菲特思想板块构造转移的起点。他愉快地承认，正是芒格把他推向了一个新的方向。当然，两人都飞快地承认说，如果你找到一家高质量的公司，而这家公司碰巧又能以低于账面的价值购得，那么你就是掘到了金子。

巴菲特与芒格有相似之处，也有不同之处，难能可贵的是，他们都能够求同存异，原因之一在于两人对常识性的商业理念都持强硬态度。两个人都表现出经营高质量公司所必须具备的管理品质。巴菲特在一段时期宁愿忍受保险行业的低回报，也绝不签保单；芒格在做韦斯考公司的 CEO 时，当面临违规的存贷款企业时，他拒绝贷款。

这也可能是两人能够长期保持密切关系的重要原因吧！巴菲特曾说，他受到过查理·芒格极大的影响。

正如查理·芒格所说的那样："我相信一定要掌握别人悟出的道理中最为精彩的部分，我不相信仅靠自己坐下来，就能梦想出一切观点，没有人是那么聪明的。"作为普通投资者，你可能缺乏更为专业的知识，或是对投资一知半解，不过，查理·芒格为我们树立了一个绝佳的榜样。

芒格的投资策略

与巴菲特一样，芒格采用的是集中投资的策略

他一直将自己的注意力集中在为数不多的能带来较高收益率的股票上面。

此外，他一直十分推崇格雷厄姆的选股策略

他看重企业的内在价值，认为只有当市场价格远远低于内在价值时，才是最佳的买入时机。

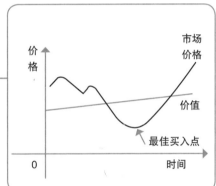

事实上，虽然巴菲特与芒格在许多方面存在差异，但他们在基本的投资策略方面却是极为相似的，他们都信奉格雷厄姆的投资策略，只购买那些安全系数高的股票。

菲利普·费舍：成长股价值投资策略之父

菲利普·费舍从斯坦福商业管理学院毕业后，就在旧金山的安格鲁伦敦—巴黎国民银行找到了一个分析员的工作。在不到两年的时间里，他就成为银行统计部门的负责人。就在这一职位上，他见证了1929年股市的崩溃。之后，他曾一度做过经纪人但无所建树。他决定开办自己的投资顾问公司。1931年3月1日，菲利普·费舍的公司开始营业。

20 世纪 30 年代初期，正值股市和经济萧条之际，在这个时候开设投资顾问公司似乎不太明智。然而，菲利普·费舍惊奇地发现他具有两个有利条件：第一，在股市猛跌后还有钱的投资者，可能对他现在的经纪人不满意；第二，大萧条中，商人大都有足够的时间坐下来和菲利普·费舍交谈。

在斯坦福念书的时候，有一门商业课要求学生和教授定期去访问旧金山地区的公司。教授和公司经理们进行一系列有关他们公司的讨论。在开车回斯坦福的途中，菲利普·费舍和他的教授就他们所访问的公司和经理们谈个没完。菲利普·费舍回忆说："每周的这个时间都进行这种训练。"

大多数投资者不愿意花费时间和精力去了解一家公司，而菲利普·费舍却认为这是必需的。菲利普·费舍认为，减少持股公司的数量比水桶式的撒网更好，既减少工作量，又省精力。他总是说，他宁可持有几家杰出公司的股票，也不愿意持有一大堆成绩平平的公司的股票。一般来说，他的投资组合包括不到 10 家公司，其中的 3 ~ 4 家占了他整个证券组合总额的 75%。

菲利普·费舍认为，投资者要想成功，只需要做好几件事。其中一件就是只投资你能力范围之内的公司。菲利普·费舍说，他早期的错误就在于把自己的技巧估计得过高，超过了自己经历所允许的范围，向完全不同的行业投资，这些行业不属于自己能彻底了解的领域，而是处于没有相对背景知识的领域。

还有，所投资的公司必须拥有"足够的产品或服务市场潜力，以在至少几年内保持适度增长"。菲利普·费舍并不是非常关注公司的销售额是否持续增长。他判断公司是否成功是根据公司几年的情况进行的。他注意到，公司在商业周期中的变化会导致销售和收入上的变化。但是，他认为，有两种类型的公司在未来几十年中，都会保持高于平均水平的增长，这两种公司是：那些"幸运且能干的"公司和那些"能干所以幸运的"公司。

投资者要正确分析一家公司就要对这个公司的会计账目有所了解。可分三个步骤进行：

（1）从现有企业资料中对企业进行初步了解，包括年度和中期报表、最新的投股说明书、代理人材料以及报送证券交易委员会的补充数据。通过这些材料，你有多少钱投资在研究和发展项目上，这些项目对于公司来说意味着什么，管理者的背景和薪金水准，以及边际利润的走势。

（2）从商业信息中得到其他信息。小道消息有时候也是极为有用的，投资者不应当轻易略去任何关于所要投资的企业的消息，有时候，从非专业的投资者那里，你可能会得到一些极为重要的消息。你可以从公司以外的其他来源收集到比一个公司实际情况更多的信息。另外，你还需对即将去会见的公司领导事先做一个评估，这样将有助于你更客观地了解对方的性格。

（3）去公司拜访管理者。菲利普·费舍认为，投资者通过拜访管理者，至少能得到3个方面的信息：①公司确定的商业策略；②这些策略是否执行到位；③管理者自身的素质。

一般说来，拜访管理者决不会让你一无所获，对那些老练而能干的人而言，拜访管理者的举动一定会让他们对管理者有一个真实的印象。你可以借此来判断管理者的品质与能力，诸如他们是否诚实，是否真有能力，是否将自己的全部才干奉献

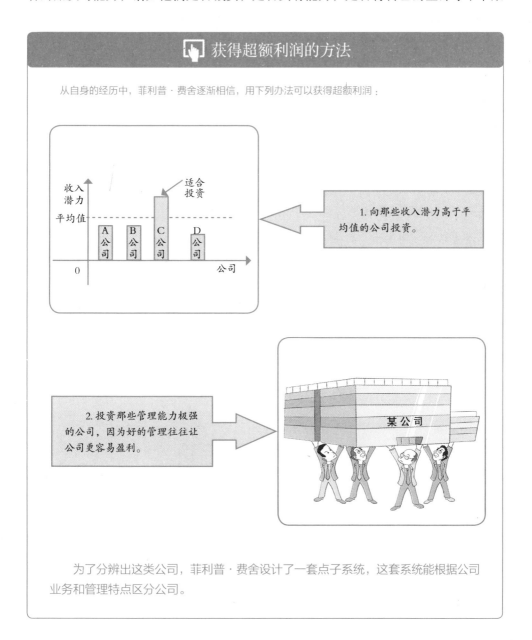

获得超额利润的方法

从自身的经历中，菲利普·费舍逐渐相信，用下列办法可以获得超额利润：

1. 向那些收入潜力高于平均值的公司投资。

2. 投资那些管理能力极强的公司，因为好的管理往往让公司更容易盈利。

为了分辨出这类公司，菲利普·费舍设计了一套点子系统，这套系统能根据公司业务和管理特点区分公司。

给了企业，以及他们能否在形势发生变化时，为坚持既定方针或撤销计划而作出艰难的决定。

短期投资可能是投资人常犯下的错误之一。投资一家杰出企业的股票并长期持有它，能使你赚大钱。

此外，在投资市场这样一个极为复杂的环境里，所有人都应该擦亮眼睛，不要被表面现象所迷惑。因为在股票市场上，人们的情绪与看法很容易互相传染，他们热衷于互通消息，制造同感，并认为拥有相同看法的人越多，这种看法就越是正确。

事实上，市场的熊市一般是在形势好的时候开始的，因为那时候人人都很乐观。而市场的底部一般会在形势最坏的时候到来，因为那时候人人很绝望。正如美国股市在 1929 年大崩溃的时候，正值人们信心高涨之时。而到股市持续低迷了几年，投资者普遍感到伤心绝望之后，股票指数终于在 1932 年开始迅速回升。可是，到这时，大多数投资者都绝望了，以至于他们对即将到来的绝佳时机也变得麻木，甚至充满了怀疑，并最终没有把握住这次大好时机。

所以，作为投资者，不要去理会那些关于经济状况的报道，在大多数人高奏凯歌的时候，你应该选择持币观望，并一直等到全面不景气的到来，那时你便可能用比原来少一半的钱来购买那些合适的股票。

费舍认为，事实上，投资的成功依赖于找到某些公司，这些公司在至少六七年的时间里，在销售和利润方面都能保持高于平均的增长水平。短期的效果具有欺骗性，不能说明问题。

第三节

青涩第一步——创业之初的生活

创业，由 100 美元开始

合伙企业中负无限责任的合伙人沃伦·巴菲特居住在丛林大街 5202 号，他在那儿租了一间房子，凑了 100 美元。所以，巴菲特合伙公司是以 10.51 万美元的注册资金开始运行的。

"巴菲特对公司的第一次投资（不包括那 100 美元）是从伍尔沃斯连锁店里花了49 美分买的一个账簿。"当时，还有一件奢侈品一台手动打字机。他愿意把自己更多的钱投入到成功的企业上去。作为经理，巴菲特收取盈利额的 25%，而每个投资者年终储蓄存款账户上只有 6%。对于年轻的巴菲特来讲，代理佣金实际上是一笔很大的收入。

"我对自己合伙公司的经营理念来自于为本·格雷厄姆工作的经历。我从他的经营模式中得到一些启发。我只是对其中某些事情做了变动，但这个经营模式不是我最先想到的。这一点从未得到认可。"巴菲特说。

这些年芒格一直在巴菲特合伙公司中工作，他说这种经营方式使巴菲特变成了一个腰缠万贯的有钱人。

在 1956 年，另外两个单一家庭有限合伙公司成立。到 1957 年 1 月 1 日，两家公司共有资产 303726 美元。

罗伯特·海尔布隆是一名早期投资者，他曾从师于本·格雷厄姆并凭本身的能力成为了一名价值投资者。

为了寻求新的赚钱领域，巴菲特去拜访了其他一些投资者，有时还带着纳税申报单，并诱惑他们说："难道你们不想也能缴纳这么多的税吗？"

桃乐茜·戴维斯是巴菲特的邻居，她非常富有。根据《财富》杂志的报道，她在 1959 年的一个晚上邀请巴菲特去她家。"'我听说你在赚钱方面很有一套。'她说。"巴菲特回忆说，"她非常细致地就投资哲理问了我两个小时。但是，她的丈夫，戴维斯医生则一个字也没说。看起来甚至好像没有倾听我们的谈话。突然，戴维斯医生宣布说：'我们给你 10 万美元。''为什么？'我问，'因为你让我想起了查理·芒格。'"查理·芒格是谁？那时巴菲特甚至还不认识他。两年之后戴维斯医生介绍他们两人认识。

在合伙公司的早期经营阶段，巴菲特同奥马哈一位商人接洽并请求他投资 1 万美元。这个商人告诉他的妻子说他想这么做，但是，他妻子告诉他说，他们拿不出 1 万美元。"我们可以借钱。"他说。"根本不可能。"他的妻子回答说。

今天这个商人的儿子哀叹说他的父母没有投资，从而错失了成为百万富翁的机会，并补充说："从那以后，我们一直都在辛苦地工作来维持生计。"

查尔斯·海得尔是其早期的合伙人之一，今天，他是奥马哈市海得尔韦兹合伙公司中负无限责任的合伙人。海得尔说："我告诉我的家人说：'看呀！巴菲特将时时刻刻为我们考虑如何用我们的钱进行投资。'"

另外一个投资者是佛瑞德·斯坦班克，他在哥伦比亚见到巴菲特后，便对他留有深刻的印象。斯坦班克因为拥有长期伯克希尔公司的股票、福德赖恩公司的股票以及其他公司股票而闻名。

时光飞逝，原来的一些合伙人不断增加投资，另外一些合伙人进入到董事会中来。后来，其他一些合伙公司也加入到原来的合伙公司，到 1961 年年末，巴菲特把 10 个合伙公司联合起来并把原来的名字巴菲特联盟变更为巴菲特合伙公司。

1957 年，巴菲特合伙公司创下了盈利 31615.97 美元的纪录和 10.4% 的增长率。这可能听起来并不怎么令人激动。但是和那年暴跌 8.4% 的道琼斯工业指数相比，情况就相当不错了。

下面是精明的投资者对道琼斯工业指数和巴菲特合伙公司的盈利结果在百分数上所做的对照。

年份	道琼斯工业指数	巴菲特合伙公司
1957	−8.4	10.4
1958	38.5	40.9
1959	20.2	25.9
1960	−6.2	22.8
1961	22.4	45.9
1962	−7.6	13.9
1963	20.6	38.7
1964	18.7	27.8
1965	14.2	47.2
1966	−15.6	20.4
1967	19.0	35.9
1968	7.7	58.9
1969	−11.6	6.8

合伙公司的三大优势

合伙公司可以从众多的合伙人处筹集资本，合伙人共同偿还债务，减少了银行贷款的风险，使企业的筹资能力有所提高。

合伙公司能够让更多投资者发挥优势互补的作用，比如技术、土地和资本的合作，集思广益，提升企业的综合竞争力。

由于合伙公司中至少有一个负无限责任，使债权人的利益受到更大保护，理论上来讲，在这种无限责任的压力下，更能提升企业的信誉。

巴菲特，当他在 1956 年开始经营合伙公司的时候，只有 10 万美元的资产。但是到 1959 年，他的资产已经达到了 40 万美元。巴菲特合伙公司的利润率总是高于道琼斯工业指数的涨幅，从没有亏损的时候。平均来说，从 1957 ～ 1962 年间，尽管道琼斯工业指数每年增长 8.3%，但是，巴菲特合伙公司的增长率确是在 26%。据巴菲特的计算，巴菲特合伙公司的资产净值，即使在巴菲特家里经营的时候，已达到 7 178 500 美元！

一个价值 49 美分的账簿

让我们一起回忆一下，巴菲特合伙公司开张的那段日子，也就是神话般、令人难以置信的 20 世纪 50 年代。在那时要想和巴菲特面对面地谈话，"你得从他家后门进去，穿过厨房、客厅然后来到楼上巴菲特的卧室里。"《奥马哈世界先驱者报》在这里引用了巴菲特的一个合伙人在 1986 年 5 月 5 日讲的故事。"如果你容易被一个人的外表和形象深深打动的话，显然巴菲特不是你所欣赏的那种人。"

在公司经营期间——从 1956 ～ 1969 年——每年的利润率达到了 30%，在缴纳酬金前，公司的运营资金从 1 万美元增长到 3 万美元。

在巴菲特合伙公司开张的时候，巴菲特已经结婚 4 年了，并生有两个孩子。他刚刚以优异的成绩从学校毕业，并在华尔街工作了两年。巴菲特强烈呼吁人们，学习拓荒者身上那种创新精神和代表农业利益的美国中西部地区那种自力更生的精神。他离开了华尔街，永远在奥马哈这片他非常热爱的土地上施展他的才华。

有一次，当巴菲特在国会为萨洛蒙丑闻案作证时，美国代表皮特·霍格兰德把他介绍给房屋能源及财政小组委员会，皮特说有机会为人们介绍美国最杰出、最能鼓舞人心的公民之一而深感荣幸。

霍格兰德把巴菲特的成功归因于"奥马哈这片哺育他的土地，奥马哈人把诚实、正直、教养、名誉等老式的价值观念慢慢地灌输给他"。

首先，奥马哈是一个小城镇，在这里经济活动几乎主宰了所有的一切。这里有一些像奥马哈共同基金会、联合太平洋公司、美国康纳格瑞公司、世界保险公司、坎贝尔汤业公司、克瑞顿大学、一家大型卫生保健所、还有附近一家战略空军 (SAC) 总部等实体企业。

巴菲特出生于奥马哈一个富裕的家庭，他聪明的天资加上奥马哈这片肥沃的资本主义经济土壤，使得巴菲特完全靠自己的力量成立了巴菲特合伙公司。

1956 年 5 月 1 日，当他的合伙公司成立时，巴菲特只有 25 岁，他的公司也只有 7 个合伙人——4 个家庭成员、3 个好朋友——他们投入了 10.5 万美元。但是，他们没有投票权，对于公司的经营没有任何发言权。

1956 年 5 月 5 日傍晚，7 个合伙人聚在一起，巴菲特发给每人一份叫作"基本规则程序"的简短文件，文件上面印有这样的文字："我们公司的盈利或亏损将由一般经验来衡量。"

根据公司的经营档案，下列几个合伙人是 1956 年真正的彩票中奖者：

查尔斯·彼得斯 5000 美元（朋友）

伊丽莎白·彼得斯 25000 美元（查尔斯的母亲）

多丽丝·伍德 5000 美元（姐姐）

丹尼尔·默耐恩 5000 美元（律师朋友）

威廉·汤普森 25000 美元（岳父）

爱丽斯·巴菲特 35000 美元（姑姑）

杜鲁门·伍德 5000 美元（姐夫）

（杜鲁门·伍德，奥马哈本地人，在 20 世纪 50 年代和巴菲特的姐姐多丽丝结婚。他们于 1965 年离婚。伍德于 1998 年在佛罗里达州劳德代尔堡去世）

巴菲特说："第一批投资者非常信任我。他们一直都对我充满信心。——任何一个人都不可能说服我姑姑卖掉股票，即使你拿着铁棍威胁她也没用。"

律师丹尼尔·默耐恩负责草拟所有和巴菲特合伙公司相关的文件。

合伙人的第一次会议是在奥马哈市中心的奥马哈俱乐部举行的。

巴菲特是"简单和精明的投资者"的典范，也许他是一位天才。理性和常识是他的引路明灯，他的常识其实非同一般。

合伙公司的成立和管理

1956 年，在巴菲特 25 岁的时候，他早已结婚成家，是两个孩子的父亲了。他个人的资金已从 1950 年的 9.8 万美元上升到 1956 年的 14 万美元。"我认为这些钱足够我退休以后用的了……我们没有什么总体规划。"巴菲特告诉记者戴维斯说。在此之前，在他毕业后的第一年，巴菲特投资的资本净值上升了 144%。当他用大约 1 万美元开始做生意时，他的起步非常快。

在那些日子里，他的家里人经常找他征询投资方面的建议。于是，他在 1956 年成立了巴菲特合伙公司，他告诉他的股东们说："我将像经营自己的钱一样经营这个公司。我会承担相应的损失，也应获得我相应的利润。我不会告诉你们我是怎样经营的。"

巴菲特管理这个合伙公司，而其他成员都是有限股东，他们不作出任何决策。在公司的收益报告归档之前，巴菲特的投资者没有人会知道他都做了些什么。

他从他的朋友们和亲戚们那儿共筹集了 105100 美元创建他的合伙公司。除了经常到城里游说别人，主要是医生，加入他的合伙公司外，巴菲特记录下来的只有几笔很小的花费，收取租金是正当的。巴菲特非常珍视他那低成本的经营习惯。

他在离他楼上卧室不远的由玻璃所围起的走道里经营他的合伙公司。如果说曾经有人居住在店铺的上面——确切地说应该是店铺的里面的话——巴菲特在开始其资金管理方面无人可敌的事业时，就是住在那里的。

1956年的一个夏日，本·格雷厄姆的朋友，佛蒙特州诺威奇大学的校长，物理学教授荷马·道奇听说了这位有巨大成就的青年人后，在驾独木舟旅行回来后，来到了奥马哈。道奇找到了巴菲特。

巴菲特穿着袜子打开了门，并邀请道奇进来随便聊聊。道奇把12万美元交给了巴菲特，让巴菲特帮助他的家庭进行投资，从而成为了巴菲特合伙公司第一个来自于圈外的合伙人。

巴菲特在接受《财富》杂志的采访时说，"荷马告诉我说：'我想让你来管理我的钱。'我说：'我现在正在做一件事情，就是和我的家人一起搞了个合伙公司。'他说：'好吧，我也想和你搞一个合伙公司。'这样，我和荷马，他的妻子，孩子们还有他的孙子们也成立了一个合伙公司。"

道奇在巴菲特合伙公司里为他的家庭进行了投资，当他于1983年去世时，他所投资的金钱数已经增加到了几千万美元。

道奇的儿子诺顿是马里兰大学社会经济学方面的专家。他曾捐助了4万美元。《福布斯》杂志说，诺顿·道奇决定用他的财富做一些有价值的事情。在他经常去苏联旅行的途中，道奇得知许多有才华的艺术家，因为没有赞美共产主义国家的光荣而无法使他们的作品展出时，道奇卖掉了一些伯克希尔公司的股票，并用卖股票的钱买下他们的作品，并对它们进行大肆宣传，引起了公众的注意。后来，道奇把价值2000万美元的艺术品捐赠给了鲁特格斯大学。他曾经说过这些艺术品将被称作"巴菲特收藏品"。

道奇说过："我父亲一眼就看出，巴菲特在金融分析方面是个非常有才华的人。但是，还有很多东西是他没有看到的。"

老道奇见到的是世界上最具天赋的艺术家，他酷爱投资过程并掌握了所有的投资技巧。《财富》杂志上的同一篇文章中引用了伯克希尔公司的副主席查理·芒格的话，"巴菲特的大脑是一台超级推理机器。因为他发音清晰、表达力强，你可以看到那个大脑在运转。"

20世纪60年代早期到中期这段时间，一个叫作劳伦斯·特奇，后来成为洛斯美国哥伦比亚广播公司主席的年轻人，给巴菲特寄来一张30万美元的支票，还附有一张便条，上面写着"把我算作你的合伙人"。

特奇作为一个投资者绝不是一个懒惰、缺乏雄心或能力的人，他后来把巴菲特描述成一位"当代最伟大的投资者"。迈克尔·阿塞尔补充说，"那种说法太含蓄了。随着伯克希尔公司财富网以幂的方式不断扩张，沃伦·巴菲特将会被看作是自由社会知名的、经济价值方面最伟大的建筑师之一。"特奇后来告诉《福布斯》杂志的记

合伙公司的特征

1 生命有限

合伙公司比较容易设立和解散。合伙人签订了合伙协议，就宣告合伙公司成立。

2 责任无限

合伙人中至少有一个人要对企业的经营活动负无限责任，而其他合伙人只能以其出资额为限对债务承担偿债责任。

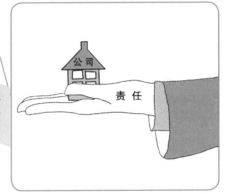

3 财产共有

合伙人投入的财产，由合伙人统一管理和使用，不经其他合伙人同意，任何一位合伙人不得将合伙财产移为他用。

者说，他卖掉了他的伯克希尔公司的股票，以避免作为巴菲特合伙公司的投资者，因为他们两个可能都对同一种股票感兴趣而受到批评。

在巴菲特合伙公司创业早期，一些投资者和巴菲特一起在雇佣契约上签字，但其他一些投资者则不这么做。约翰·瑞恩写道："当我第一次见到巴菲特时，我作出了相反的决定，当时我想为我的钱找一个好的投资方向。在合伙公司创业的最早期，他连个办公的地方都没有，只得在离卧室不远处的过道里操作公司的业务——没有秘书、没有计算器。当我发现股票的经营状况不为人所知时，我决定不在雇佣契约上签字。"

时光飞逝，原来的一些合伙人不断增加投资，另外一些合伙人进入到董事会中来。后来，其他一些合伙公司也加入到原来的合伙公司，到 1961 年年末，巴菲特把10 个合伙公司联合起来并把原来的名字巴菲特联盟变更为巴菲特合伙公司。到 1969年，合营公司的资产已增长到 1.0443 亿美元。

到 1965 年，巴菲特合伙公司的净资产——通过股东们的不断加入和它自身的增长——从 10 年前的 10.5 万美元增长到了 2600 万美元。

巴菲特在春天举行了庆祝活动，另外租用了一间 227 平方英尺，相当于普通房间大小的地方作为公司的总部。尽管巴菲特告诉过他的合伙人说，他的目标是超过道琼斯工业指数 10 个百分点，事实上，超过了将近 20 个百分点。从 1957 ~ 1965 年，一般地说，道琼斯工业指数每年的上升幅度为 11.4%。但是，巴菲特合伙公司的年投资回报率却保持在 29.8%。不仅实现了预定目标，并且超过了预定目标。

"现在我感觉到，数量的增加使我们越来越处于不利的地位。"他说。他几乎每一年都这么说，这句话他说了 30 多年了。但是，巴菲特合伙公司的平均年资金回收率仍维持在 20% 以上，直到最近几年才有所下降。1962 年，当伯克希尔的股价在营运资本方面只有 16 美元一股的时候，巴菲特合伙公司就开始以每股不到 8 美元的价格购买伯克希尔—哈撒韦公司的股票。

1966 年，巴菲特合伙公司继续取得令人震惊的成功，在 1967 年 1 月 25 日的信中，巴菲特写道："到 1966 年公司已经运行了 10 年了。这种庆贺活动是无可厚非的——相对于道琼斯工业指数，我们公司的经营业绩已创下了空前的纪录（不论是过去还是将来）。公司的利润率上升了 20.4%，与此同时道琼斯工业指数下跌了 15.6%。"

他在 1968 年 1 月 24 日的信中写道："按照大多数的标准，1967 年都算得上是生意红火的一年。和道琼斯工业指数上升了 19% 相比，我们总的业绩上升了 35.9%，所以说，超过了我们以前所定的超过道琼斯工业指数 10 个百分点的目标。我们总的盈利为 1938 万美元，即使在不断增长的通货膨胀下，我们的盈利额也能买下很多家百事可乐公司。但是，由于适销证券市场上一些有悠久经营历史的大型公司的出售，我们还是赚到了 2738 万美元的须纳税的收入，这和公司 1967 年的经营业绩没有任何关系，但是这在 4 月 15 日的股东联会上给个人一种积极参与的感觉。"

巴菲特公司的三大投资方向

巴菲特总是谈论他公司的 3 大投资方向：

股票——买入价值被低估的股票，然后长期持有。

债券——买入未到期的债券，利用企业合并或重建等机会进行套利交易。

企业控制权——拥有相当数量的股份，获取企业的控制权。

在他 1968 年 7 月 11 日的信中，很显然巴菲特非常担忧股票市场因投机而造成崩盘："根据当时的情况，预测整个商业或是股票市场的发展趋势是很容易的。但是，在证券市场上和商界普遍存在着多种愈演愈烈的商业行为，尽管没有短期的预测价值，但是，我担忧这些行为可能存在的长期后果。"

在风行一时的一连串的股票促销活动中，那些参与者 (不论是作为发起人还是高级雇员、职业顾问、股票投机者等) 都狠狠地赚了一大笔钱。

巴菲特合伙公司已拥有 1 亿美元的资产，在 13 年的经营中，平均年增长率为 30%；巴菲特的个人资产大约有 2000 万美元。当时，年仅 38 岁巴菲特在给有限股东的信中写道："对于目前的情况，我有些跟不上形势了。当游戏不再按照你的方式进行时，只有人类才会说新的方法是错误的，它肯定会使人们陷入麻烦之中……但是，有一点我是清楚的，那就是我不放弃原来的方法，尽管这意味着在获取丰厚的、唾手可得的利润之前要高高兴兴地接受这个我完全不理解的方法，对此，我没有成功地实践过，但是，它可能会导致永久性的大量资产的损失。他把合伙公司的资产分发给他的投资者们，把伯克希尔公司的股权也按比例分配下去。"

不断收购和取得伯克希尔公司的控制权

经营合伙公司的随后时间里，巴菲特继续小量地购买股票，到 1961 年年中，巴菲特合伙公司的股份已占到全公司的 70% 以上。

事情进展得并不特别顺利，那时巴菲特邀请哈里·鲍特尔到他的合伙公司工作，后来哈里成了伯克希尔公司的一名投资者。鲍特尔现在有时仍然会突然出现，为巴菲特在经营上出谋划策。两年后那家后来被命名为比阿特丽斯第一公司的商业被卖出。

由于它是内布拉斯加州比阿特丽斯市最大的一家公司，比阿特丽斯市为巴菲特获取金融股提供资金帮助。

到 1965 年，巴菲特合伙公司的净资产——通过股东们的不断加入和它自身的增长——从 10 年前的 10.5 万美元增长到了 2600 万美元。

"1965 年，我们在针对贫穷的战斗上是非常成功的。尤其是年底我们的收益比预计多了 1230 万美元。"巴菲特在 1966 年 1 月 20 日给他父母的信中写道。那一年 (1965 年)，当道琼斯工业指数上升了 14.2%，巴菲特的合伙公司的业务已进入到国际市场。我们的收益率高达 47.2%！巴菲特在开始的时候就说，"民主是一件很伟大的事情，但在投资决策方面却是个例外。"

尽管巴菲特告诉过他的合伙人说，他的目标是超过道琼斯工业指数 10 个百分点，事实上，超过了将近 20 个百分点。从 1957 ~ 1965 年，一般地说，道琼斯工业指数每年的上升幅度为 11.4%。但是，巴菲特合伙公司的年投资回报率却保持在 29.8%。

不仅实现了预定目标，并且超过了预定目标。

"现在我感觉到，数量的增加使我们越来越处于不利的地位。"他说。他几乎每一年都这么说，这句话他说了30多年了。但是，巴菲特合伙公司的平均年资金回收率仍维持在20%以上，直到最近几年才有所下降。

1962年，当伯克希尔的股价在营运资本方面只有16美元一股的时候，巴菲特合伙公司就开始以每股不到8美元的价格购买伯克希尔—哈撒韦公司的股票。

关于伯克希尔股票，巴菲特在1966年1月20日写道：

"1962年，我们以每股7.6美元的价格开始购买伯克希尔股票，这个价格在某种程度上反映了这样一个问题，即一些纺织厂在关闭期间由于实行优先管理政策，再加上纺织业内部条件的变化所造成的巨大损失，使得有些纺织厂陷入瘫痪（旧的管理模式一直很难得到人们的认可）。战后时期，公司的经营状况下跌很快，在1948年跌落到最低点，税前收入为295万美元，雇佣了11000名工人，这反映出了当时11家纺织厂的总产量。

"1965年春天，我们获得公司控制权的时候，伯克希尔公司只剩下两家纺织厂，大约2300名员工。我们惊喜地发现，所剩的这两家工厂都有非常优秀的管理人员。我们根本不需要从外面聘用管理人员。关于我们开始的每股7.6美元的购置成本（实际成本尽管为14.86美元，在1965年早期仍算得上是一笔很大的买卖），1965年12月31日仅净营运资本方面（不包括工厂及设备在内）就达到了每股19美元。

"拥有伯克希尔公司是一件让人高兴的事情。毫无疑问，纺织业的经营状态是决定商业赚钱能力大小的一个主要因素，但是非常幸运的是，我们让肯·蔡斯用一流的方式来经营这个纺织厂，同时我们还将让几位最好的销售员各自负责有关产品的销售。"

1966年7月12日的一封信中，巴菲特报告说，他的合伙公司花了大约500万美元已经买下了赫哲蔡尔德以及柯恩公司的全部股份，巴菲特合伙公司现在有两位持有公司10%股份的股东，柯恩公司是巴尔的摩市一家私营百货连锁店。

巴菲特合伙公司买下了迪佛斯菲尔德零售公司，以及迪佛斯菲尔德已经买进的赫哲蔡尔德公司80%的股份。这种联号经营由于一直不太景气，终于于1969年12月1日，以同样的价钱卖给超级市场总店。

1966年，巴菲特合伙公司继续取得令人震惊的成功，在1967年1月25日的信中，巴菲特写道："到1966年公司已经运行了10年了。这种庆贺活动是无可厚非的——相对于道琼斯工业指数，我们公司的经营业绩已创下了空前的纪录（不论是过去还是将来）。公司的利润率上升了20.4%，与此同时，道琼斯工业指数下跌了15.6%。"

巴菲特通过不断地收购，最终控股伯克希尔公司，这与他的远见和能力是分不开的。

第四节

黄金时代——成熟期投资和感情

成为报业大亨：一场残酷的个人胜利

2009 年巴菲特在接受媒体采访时曾表示，当前报业长期处于亏损的状态，他将不会买入。

巴菲特这个观点的变化，颇为值得重视。当然，他谈的是已经非常成熟的美国报业。2009 年 5 月 2 日，伯克希尔—哈撒韦公司又一次股东大会，3.5 万人云集内布拉斯加州奥马哈的"奎斯特中心"，参加人数之多，创出新纪录。

对应经济环境印刷图文信息处理，那是一个不轻松的时刻；2008 年是 44 年以来最糟的一年，无论对标准普尔 500，或者伯克希尔—哈撒韦股票的账面价值来说都是如此。

公司 2008 年第四季度利润为 1.17 亿美元，较同期的 29.5 亿美元下降 96%。账面价值为 1092.7 亿美元，比 2007 年下跌 9.6%。2008 年股价累计跌掉了 44%。

报业行业的整体情形都不容乐观，不管是成熟的美国报业，还是中国的印刷企业都将遭遇到发展的瓶颈。对此巴菲特对中国报业投资者说了一句令人深思的话："投资者们损失惨重，备感困惑的中国印刷企业 100 强，如同误入羽毛球赛场的小鸟一般。"

于是很多人问这个曾经在报业中驰骋的投资大亨，"以什么样的价格投资报业是有吸引力的；或者基于经济环境，就没有投资的必要？"

巴菲特的回答是，"经济环境使报业的现状雪上加霜，对于美国的大多数报纸而言，我不会以任何价格收购它们，因为它们可能将持续地亏损下去。没有看到衰退结束的任何迹象。"

实际上报业投资今非昔比，他进一步解释：二三十年之前，报纸对于公众是重要的。相应定价权对于客户来说也是重要的。但是报纸正在失去这样的权力。只有读者认为报纸是重要的，报纸对于广告主才是重要的。

在他历经沧桑的脸上，我们隐约还能寻找到他成为报业大亨的影子。实际上在巴菲特成为报业大亨的过程中，起关键性作用的投资有两次，一次是投资华盛顿邮报。另外的一次就是布法罗新闻晚报。这两次投资在巴菲特的生涯中占有很重要的地位，也有着非同寻常的意义，不管是对他的事业，还是对他的人生来说都有着极为重要的意义。

《华盛顿邮报》被认为是巴菲特最成功的投资。《华盛顿邮报》1973 年的收入为 2 亿美元。巴菲特对其的估值是，约 8000 万美元的公司账面资产具有 4 亿美元的内在价值。他投资 1060 万美元拥有了 10% 的股份。2006 年年底增值为 12.22 亿美元，持有 33 年，投资收益高达 127 倍，这是他投资收益最高，也是持股期限最长的一只股票。

报业大亨巴菲特

我们都知道巴菲特是报业大亨，而在巴菲特成为报业大亨的过程中，起关键性作用的投资有两次：

1. 投资《华盛顿邮报》公司： 1973 年巴菲特投资 1060 万美元拥有了该公司 10% 的股份，这只股票让巴菲特收入大增，是他投资收益最高、是持股期限最长的一只股票。

2. 投资《布法罗新闻晚报》公司： 1977 年巴菲特最以 3250 万美元的价格收购该公司，也正是这家报业让巴菲特成为了美国报业大亨之一。

当然，巴菲特成为美国报业大亨并不是一帆风顺的，在这期间也发生了一系列不好的事情，但是巴菲特都坚持自己的选择，并跨越这些困难，成功迈进美国报业大亨的行列。

在持有华盛顿邮报股票期间，华盛顿邮报内部曾出现过一系列事件，如熊市、水门事件和罢工事件等，但是这都没有动摇他持有的决心，这也为他成为邮报大亨打下了基础。他的恒心和耐心让他在华盛顿邮报市场交易中获得了丰富的财富，这也许是上天的安排。市场交易就像上帝一样，帮助那些自助者。

让巴菲特最终在报业上投资获得最终胜利的就是投资布法罗新闻晚报，该报创办于1880年，1977年巴菲特最终以3250万美元的价格收购，之后又经历了和当地的信使快报的官司和内部工会的罢工，最终以绝对的优势统一了市场。经过几年的迅猛发展，《布法罗晚报》走进了布法罗市75%的家庭，在全美各大城市的报纸中独占鳌头。自此，他也正式迈进了美国报业大亨的行列。

在巴菲特成为报业大亨的过程中，起关键性作用的投资有两次，一次是投资华盛顿邮报公司，另外的一次就是布法罗新闻晚报公司。

巴菲特的报业梦想

巴菲特成为报纸行业的大亨也不是偶然的，他对于报纸一直有种特殊的感情。他的外祖父就是办报的，父亲也曾在报社从业，而他本人也经常怀念自己做《华盛顿邮报》报童时的日子，那种从报纸上散发出来的油墨香气让他难以忘怀。所以，一直以来染指报业是巴菲特的梦想，但是他投资报业并不是从《华盛顿邮报》开始的。

其实，早在1969年，巴菲特曾投资过一家报社，他从利普席手中买下了奥马哈的《太阳报》。当时投资这家报社虽然没有赚到太大的利润，但是对巴菲特来说也是一个大胆的尝试。

即便是这样，他也没有放弃自己的报业梦想。巴菲特一直把报业作为自己的投资对象，并一直关注着一些报社的经营状况。

在奥马哈，有一家很有名望的出版机构——"青年之家"。它是1871年由一位名叫爱德华·弗拉纳根的爱尔兰传教士创立的。当时这位传教士花了90美元在奥马哈租了一栋维多利亚式的房子。在这所房子里，弗拉纳根收容了5个无家可归的男孩。后来他不断地扩充，不到一年的时间就收容了近700名孩子。1939年，奥斯卡获奖明星斯宾塞·特蕾西的到来使得这家小小的收容所声名鹊起。谁也没有想到，这样一家不引人注意的收容所，却是一家强势的金融中心。巴菲特听说，"青年之家"的成员都是躺在成堆的金钱上，但这与创始人弗拉纳根的梦想相去甚远。

一直以来，巴菲特就是想搞清楚这个"青年之家"为什么有能力和义务照顾这么多名孩童。在巴菲特协助记者了解情况的过程当中，竟然发现这里的每一个孩子都是穷孩子。

后来在巴菲特等人的努力下，记者终于搜集到了足够的资料，一篇报导初步形成，但是还不能够刊登。巴菲特在了解到国会刚刚通过一项关于所有基金会必须公开资产的法案后，马上告诉了记者。当记者从这家机构出来时，一份长达一百多页的报告就出来了。这个慈善组织持股总值竟然高达21900万美元！这个数字相当于诺特尔·戴姆大学捐赠的两倍，然而它却很少为孩子们服务。显然"青年之家"在披着贫困的外衣进行着攻心的直销宣传。

1972年3月，"青年之家"事件首次被刊登，这个机构的阴谋被这篇报道戳穿了，其中一份独立的税收申报单引起了所有人的关注，不久这篇报道获得了普利策新闻奖。可以说，没有巴菲特，就没有这篇报道，更没有普利策新闻奖。

巴菲特参与调查新闻报道，只是在于他对报纸行业的一种由衷的热爱的感情，他不希望那些报纸只写一些没有价值的东西来混淆人们的视线。正是由于他对报纸行业的这份真情，才让他决定投资报纸行业。

直到1971年，巴菲特才决定真正进军美国报业。

巴菲特决定进军报业后的第一个目标就是《华盛顿邮报》，这家在他童年时期就有不解之缘的报纸。《华盛顿邮报》是美国华盛顿哥伦比亚特区最大、最老的报纸，它创建于1877年，在很长的一段时期内它只是一家默默无闻的报纸。1933年，当凯瑟琳·格雷厄姆的父亲尤金·梅耶以82.5万美元的价格买下这家濒临破产的报纸时，它在一个拥有5家报纸的城市中排名最末。在尤金的带领下，经过10年的努力，《华盛顿邮报》扭亏为盈，而在凯瑟琳的丈夫和凯瑟琳的带领下，邮报取得了巨大的成功。20世纪80年代，《华盛顿邮报》在美国的影响力越来越大，不仅经济收益不菲，它的报道也频频获得普利策奖，在新闻界地位相当高。

1971年6月，《华盛顿邮报》公司发行了1354000股B种股票，1972年其股价强劲攀升，从1月份的每股24.75美元上升到12月份的38美元。1973年报业不断发展，但是道琼斯指数却持续下跌，因为美国股市的崩溃，《华盛顿邮报》公司虽然收益率达到19%，增加趋势也很好，但是股价下跌了50%。公司的每股价格从最初的6.50美元的发行价格下降至每股4美元。

巴菲特敏锐的投资眼光，让他看到了这次机遇，在和搭档芒格进行了一番商议之后，他们马上就收集关于《华盛顿邮报》的股票信息。经过一番调查，巴菲特更加认定这是一次千载难逢的好机会，于是开始涉足报纸行业。巴菲特投资报纸的梦想终于变成了现实。

巴菲特一直把报业作为自己的投资对象，除了因为自己的兴趣外，还在完成自己年轻时的一个梦。他曾说过："如果我没选择商业的话，我很可能成为一名记者。"

B 夫人——巴菲特心目中的理想商人

B 夫人，原名罗斯·格里克·布鲁姆金，她是巴菲特事业上的合作伙伴，也是巴菲特最敬佩的一位商业女强人。

1893 年 B 夫人出生于俄国明斯克地区谢德林附近的一个小村庄，她共有 7 个兄弟姐妹，全家挤在一个有两间屋子的小木屋里，父亲是个贫穷的犹太教教士，买不起床垫，全家人只好睡在稻草上，过着十分拮据而艰辛的生活。

20 岁时，B 夫人嫁给了伊萨多·布鲁姆金，戈梅利一位卖鞋的小贩。同年第一次世界大战爆发。罗斯和丈夫决心移居美国，但他们的钱只够一个人的路费。丈夫先行，两年后，罗斯开始她的美国之旅。经过近 3 个月的长途跋涉，乘坐火车和轮船，穿越整个亚洲，途经中国、日本，最后终于抵达西雅图。她一路上饱受疾病的折磨，脸浮肿得不成样子。一上岸，就有希伯来移民援助社的工作人员上来迎接她，为她提供一些清洁食物，安排她住下，并把她送上她丈夫所在的城市，在那里，他靠拣垃圾为生。

两年后，B 夫人和丈夫为了生活又辗转到了奥马哈，做起了当铺生意。她不但要养活自己和孩子，还要照顾俄罗斯的父母兄弟，强大的责任心让她勇往直前，每个月往俄国寄 50 美元，最后把 10 个亲戚也带到了美国。但是，当铺的生意十分冷清，他们几乎破产。B 夫人接管当铺后，"以低利润＋寄售"的方式扭转乾坤。

很快，客户就开始从罗斯这里购买更多的家具。后来她发现，销售家具是一个"快乐的生意"。1937 年，B 夫人 44 岁，她用积攒下来的 500 美元在奥马哈的法纳姆大街创立了内布拉斯加家具商城，之所以起这样一个名字，是希望自己的生意越做越大。她的口号是"薄利多销，诚实守信，童叟无欺，不拿回扣"。当她做成一桩买卖时，她会告诉手下人："在他们还没有改变主意之前，赶紧给他们送货。"以赢得客户的信赖。

大公司认为她的卖价太低，不可能赚到太多的利润，所以拒绝给她供货。可 B 夫人是个精明的生意人，她会坐火车跑到芝加哥或堪萨斯城，那儿有像马歇尔·菲尔德这样的零售商会以比成本价稍高一点的价格把多余的货卖给她。当她实在没有货时，就把自己的家具搬出来。

1949 年，B 夫人被她的竞争对手起诉，说她卖东西过于便宜，有恶意竞争的嫌疑，然而，法官不仅做了对她有利的裁决，而且还决定在她的家具城里购买价值 1400 美元的地毯。

后来 B 夫人的丈夫死于心脏病。渐渐的，B 夫人成了奥马哈家喻户晓的人。人们在生活中的每一个阶段都要到她的商场：他们结婚、购买第一套房子、孩子出生或者得到升职。1975 年，一次龙卷风把他们位于西区商店的屋顶掀翻了，但是她和路易斯毫不犹豫地把所有商品全搬到城里的商店，继续营业。"如果你的价格最低，即使你在河底，他们也会找到你的。"她说。

到 1980 年年初时，B 夫人和她的儿子路易斯已经打造了北美最大的家具城。在这块 3 英亩的地方，他们每年可以销售 1 亿美元的家具，是同等规模商场的 10 倍。从那时起，每年年销售额都会增加，无论经济形势是好是坏，无论奥马哈繁荣还是萧条。

巴菲特的妻子苏珊一直与 B 夫人的一家保持着不错的关系，巴菲特从她那里得知这家家具店装扮了近乎半个奥马哈城，这让他对这家家具店产生了强烈兴趣。

B 夫人吸引人的特质

能够得到巴菲特的赏识，甚至将其描述成一位商界女英雄，B 夫人身上一定有让人赏识的良好品质。

任务就这些了，现在马上去完成！

做事果断

B 夫人知道如何做一件事情后，她会立即去做。她不会犹豫不决，反复琢磨。

专注力

她做事十分专注，如果你做的事不在她的能力范围，即使只差一点儿，她甚至都不想和你谈论它。

抱歉，你说的我做不到！

当然，B 夫人坚决、有头脑，很像巴菲特当杂货商的祖父以及巴菲特崇拜的其他商业英雄们。这些也许都是吸引巴菲特跟她合作的原因吧！

1983 年春天，在经过一番调查和分析后，巴菲特走进内布拉斯加家具世界，穿过摆放着可折叠沙发和餐厅用具的大厅，走进一个铺着地毯的房间，见到了该店的女主人。

巴菲特小心翼翼地问她是否愿意把家具店卖给伯克希尔—哈撒韦公司。

B 夫人出乎意料的爽快："愿意。"

"那您愿意出个什么价？"巴菲特还是没有放松警惕。

"6000 万美元。"B 夫人不假思索。

巴菲特听完 B 夫人的报价就走开了，但是，不久便带着一张支票回来了。

最终，巴菲特以 5500 万美元的高价收购了位于奥马哈市的内布拉斯加家具城 80% 的股份，其余 20% 的股份由这家商店的管理部门持有。此时，这家商店的年销售额大约是 8800 万美元。

在收购 B 夫人的家具商城时，巴菲特也表现出少有的慷慨，因为他欣赏 B 夫人的商业才能。巴菲特理想中的商人正是 B 夫人这种类型的，她好像是从他的年度报告中蹦出来一样，巴菲特创造了她，并让她来帮助自己实现理想的价值。

因为巴菲特自己无意经营该商场，也不想监督过多，所以他想找一个能力出众的管理者，好让商场开业那天就步入正轨。B 夫人正是这样一位自觉、自律的理想人选，理想得像个虚构人物。巴菲特当时在伯克希尔的年薪是 10 万美元，可他却付给 B 夫人 30 万美元的年薪。平常他提起 B 夫人时就像提到个"英雄"。

多年以来，巴菲特经常会带领他的朋友们去看望 B 夫人。在公司股东年会上以及年报中，他还夸张地描述随着她的年纪越来越大，她是如何加快其家具商城发展速度的。他把 B 夫人描述成一位商界女英雄。

而 B 夫人所做出来的业绩也的确没有辜负巴菲特对她的欣赏与赞美，在收购这家家具商城一年零三个月之后，B 夫人为巴菲特赚到了相当于伯克希尔—哈撒韦纺织厂 19 年所赚到的利润。10 年后，也就是 1993 年，这家家具商城的收入由 1 亿美元上升到了 2.09 亿美元，纯获利达到 7800 万美元。

这就是巴菲特和商界精英 B 夫人的一段合作奇缘，在巴菲特财富的积累中写下了不可磨灭的一笔。

"人外有人，天外有天。"在这个世界上谁也不会是一个全才，巴菲特善于投资，但是他却不善于管理。而他最后之所以能够成功在于他善于利用有才能的人为他工作，B 夫人就是一位商业的奇才，在她的帮助下，巴菲特的财富与日俱增。

1987，股市大崩盘中的巴菲特

什么是股市大崩盘，对于投资人来说并不陌生，它指的就是现有的股民全部被套，没有新股民入场。当被套的股民开始只知道割肉卖股票，而不肯买股票时，就会造成恶性循环，持续下跌，最终造成股市关门，即崩盘。

崩盘即证券市场上由于某种原因，出现了证券大量抛出，导致证券市场价格无限度下跌，不知到什么程度才可以停止。这种大量抛出证券的现象也称为卖盘大量涌现。对于崩盘股市中都有其判断标准，比如华尔街崩盘的判断标准就定义为单日或数日累计跌幅超过 20%。股市大崩盘在世界上曾出现过几次，其中一次就是 1929 年纽约大崩盘，一个小时内，11 个投机者自杀身亡。1929 年 10 月 24 日，星期四——1929 年大恐慌的第一天，也给人们烫上了关于股市崩盘的最深刻的烙印。那天，换手的股票达到 1289460 股，而且其中的许多股票售价之低，足以导致其持有人的希望和美梦破灭。

后来，1987 年股市崩盘的恐慌再次来临。巴菲特和众多的投资者亲历了这次大恐慌。

1987 年 10 月 19 日，又是一段美国股民的黑色记忆，这一天美国股市又一次大崩盘。股市开盘，久违了半个世纪的恐怖重现。仅 3 小时，道琼斯工业股票平均指数下跌 508.32 点，跌幅达 22.62%。这意味着持股者手中的股票一天之内即贬值了二成多，总计有 5000 亿美元消遁于无形，相当于美国全年国民生产总值的 1/8 的财产瞬间蒸发了。随即，恐慌波及了美国以外的其他地区。10 月 19 日当天，伦敦、东京、香港、巴黎、法兰克福、多伦多、悉尼、惠灵顿等地的股市也纷纷告跌。

随后的一周内，恐慌加剧。10 月 20 日，东京证券交易所股票跌幅达 14.9%，创下东京证券下跌最高纪录。10 月 26 日香港恒生指数狂泻 1126 点，跌幅达 33.5%，创香港股市跌幅历史最高纪录，将自 1986 年 11 月以来的全部收益统统吞没。与此相呼应，东京、悉尼、曼谷、新加坡、马尼拉的股市也纷纷下跌。于是亚洲股市崩溃的信息又回传欧美，导致欧美的股市下泻。

据统计，在从 10 月 19 日到 26 日的 8 天内，因股市狂跌损失的财富高达 2 万亿美元之多，是第二次世界大战中直接及间接损失总和 3380 亿美元的 5.92 倍。美林证券公司的经济学家瓦赫特尔因此将 10 月 19 日、26 日的股市暴跌称为"失控的大屠杀"。1987 年 10 月股市暴跌，首先影响到的还是那些富人。之前在 9 月 15 日《福布斯》杂志上公布的美国 400 名最富的人中，就有 38 人的名字从榜上抹去了。10 月 19 日当天，当时的世界头号首富萨姆·沃尔顿就损失了 21 亿美元，丢掉了首富的位置。更悲惨的是那些将自己一生积蓄投入股市的普通民众，他们本来期望借着股市的牛气，赚一些养老的钱，结果一天工夫一生的积蓄便在跌落的股价之中消失得无影无踪。

在这次股市崩盘的恐慌中，巴菲特是怎么应对的呢？从 1987 年 8 月以来，纽约股市即开始出现较大的波动，尤其是 10 月份的头两周股票价格不断下降，在 10 月 5 日至 9 日，道琼斯指数就下跌了 158.78 点，接着第二周又下跌了 235.48 点，其中 10 月 16 日一天就下跌 100 多点。但还是有很多人对股市充满了信心，并且一如既往地涌向股票交易所。然而，巴菲特却感觉到这股热潮来得太迅猛，而且道琼斯指数跌了近百点也没有阻止投资者的信心，于是他开始紧张起来。

巴菲特开始实施他的第二条铁律：当别人贪婪时，你要变得恐惧。早在 10 月 11 日，道琼斯指数下跌了仅 158.78 点时，巴菲特就果断卖掉了一大批股票。当时身边的很多人根本不明白这是为什么，巴菲特的助手大声呵斥道："命令很明确：把一切都卖掉。"

其实巴菲特在作这个决定时是经过仔细分析的。经过研究，他得出了一条结

巴菲特的简单投资理念

在股市大崩盘的时期巴菲特却投资盈利了，他靠的是什么呢？靠的是两条宝贵的投资规则：第一，永远不要接受损失；第二，永远不要忘记第一条。

简单而明了的投资理念，让巴菲特在大牛市的时候，没有失去理性。

这样的投资理念让他在熊市的时候，他又果断地清仓，从而避免了更大的损失。

因此，在我们的投资中应该多学习巴菲特等投资大师的投资理念，虽然简单，却非常实用。

论：目前的大牛市是个危险区域，股价上涨的幅度超过了一些盈利公司发行债券的12%～13%的股票。这时市场上股票的价格下跌50%，他都不会觉得奇怪。所以，他决定卖掉股票。事实证明巴菲特的决策是正确的，在大恐慌面前再次验证了他作为投资大师敏锐的眼光。在这次股市大动荡中，巴菲特创下了盈利20%的神话。

1987年的股市灾难对于每一个投资家都将会留下难以忘怀的印象，每当提到这次灾难，美国另一位投资大师彼得·林奇仍然感到一种后怕："那一时刻，我真的不能确定，到底是世界末日来临，还是我们即将陷入一场严重的经济大萧条，又或者是事情还没变得那么糟糕，仅仅只是华尔街即将完蛋？"之后彼得·林奇继续经历过多次股市大跌，但仍然取得了非常成功的绩效。为此，他提出了三个建议：

第一，不要恐慌而全部贱价抛出。林奇谈到，"如果你在股市暴跌中绝望地卖出股票，那么你的卖出价格往往会非常之低。"1987年10月的行情让人感到惊恐不安，但是当年从11月份开始股市就稳步上扬。到1988年6月，市场已经反弹了400多点，涨幅超过了23%。

第二，对好公司股票要有坚定持有的勇气。那些无法做到自己的股票大跌，市值损失50%，仍坚决持股不动的投资者，就不要投资股票。

第三，要敢于低价买入好公司的股票。林奇认为，暴跌是赚大钱的最好机会，"巨大的财富往往就是在这种股市大跌中才有机会赚到的"。

我们惊奇地发现，他的这三个建议不仅是对投资者的最好忠告，而且与巴菲特在1987年股灾中的表现竟然是惊人地相似，可谓是英雄所见略同。股市崩盘时，市场上有的投资人疯狂抛售持股，反倒是巴菲特等着捡便宜。他以极低的价格买进他中意的股票。在巴菲特的眼中所看到的尽是机会，而其他的投资人只看到恐惧。

在这个世界上唯一不变的是变化，这在股市中体现得淋漓尽致，当变化突然来袭时要做到镇定自若，这样才能在股市的低谷中冷静思考，找到在低谷中盈利的突破口。

巴菲特与他的孩子们

巴菲特夫妇有三个孩子，他们都已长大成人了。就像任何一个有孩子的家庭一样，有时事情就像是电视剧里演的那样。巴菲特的三个孩子都考入了大学，但没有一个能读完大学。巴菲特尽管希望他们能够继续自己的学业，但是对于他们过早地离开校园也没有过多的责备，只要他们能够找到自己的人生目标，并坚持不懈地做就可以了。

巴菲特的长女苏珊·巴菲特出生于1953年，虽然身为老大，但由于巴菲特的忙碌，苏珊并没有得到父亲巴菲特的特殊关爱。

身为巴菲特的女儿，童年给苏珊留下了不少关于父亲的有趣回忆。

小时候不能向同伴讲清楚自己父亲的职业，长大后，苏珊还是向记者坦言自己仍不知道父亲具体做了些什么。苏珊说，"他不会在房间里走来走去，说买哪些股票最值得之类的话，我从不知道他在买什么股票，他可能问我喜欢吃什么牌子的糖果，或诸如此类的问题。"

因为是巴菲特的女儿，所以在很多人看来苏珊肯定很富有。可实际情况并非如此，在接受记者采访时苏珊曾经说过："他们不理解，当我父亲开出一张 20 美元的支票，他给我兑换成现金时的心情。如果现在我有 2000 美元的话，我会马上还清我所有的信用卡账单。"

尽管巴菲特很爱自己的孩子，但是在物质上并不会给予过多的帮助和支持，这也许就是巴菲特对孩子们金钱观的培养方式吧！不管是苏珊还是两个儿子，巴菲特从来不会在孩子身上大量使用金钱，更不会让他们大肆挥霍。在孩子的成长过程中，巴菲特已经教会了他们要依靠自己，独立地生活。三个孩子参加工作以后，巴菲特就完全断绝了对他们经济上的资助。

当巴菲特把大部分的资金捐给比尔·盖茨基金的时候，他的三个孩子都很坦然，没有觉得委屈和不满。对此，2007 年 5 月 4 日美国 CNBC 采访了巴菲特的三个孩子。

采访中，主持人问道："你们真的没有从那笔巨额财产中得到点什么？"小儿子皮特答道："没有"，还笑着说："如果我要在曼哈顿买个套间，可能还需要沿街乞讨。"

主持人问到当他们得知巴菲特将大部分的财产捐出去的时候，是否感到痛苦和不幸。他们一致表示：他们为父亲这样安排他的财产而感到无比自豪；如果他们的母亲还活着看到（巴菲特的）捐赠，她将是感到最自豪的人。

通过对巴菲特子女的采访片断，我们看到的是一个伟大的父亲和一个伟大的家庭。巴菲特的智慧不仅仅表现在赚钱上，更表现在他对子女的教育上。巴菲特的子女是幸运的，是幸福的，巴菲特留给他们的是远胜于巨额财产的"幸福智慧"。

巴菲的三个孩子还继承了父亲的生存智慧，在各自的领域和行业取得了成功。被人称赞为"小巴菲特小姐"的苏珊，她先是为《新公众》杂志社工作过一段时间，接着又在华盛顿哥伦比亚特区担任《美国新闻与世界报道》节目编辑的行政助理，后来她在加利福尼亚一家 21 世纪公司担任执行总裁的助理，接着她回到了奥马哈，并致力于把罗丝·布拉姆金中心发展为表演艺术基金会的工作。

在生活中无论遇到什么样的问题，苏珊都会想办法自己解决，而不会轻易去向父亲求助。尽管她的一生并不是特别地富有，但是她明白靠自己的劳动来赚钱养活自己是一件很幸福的事情。尽管小时候并没有从父亲那得到更多的关爱，但是她很会关心父亲的生活，尤其是父母分居后，为了不让父亲感到孤单，她经常去看望父亲。

巴菲特的三个孩子中，大儿子霍华德·巴菲特无疑是"对世界最友好"的一个，因为他对农业、环保、公共事业可谓竭尽全力，为此他还欠下了"篮球之神"迈克尔·乔丹一个人情。

霍华德·巴菲特是一名共和党人，这与父亲巴菲特正好相反，巴菲特是一名民主党人，但是这并不影响他们父子之间的关系。霍华德曾担任过一届道格拉斯县委员会主席，任职期间积极倡导帮助穷人，并身体力行参加活动。1990 年，他邀请乔丹到奥马哈进行为期两天的表演赛。为了这个计划，霍华德准备了整整一年半，当他把长长的活动安排表拿给乔丹看时，乔丹说："老兄，我不会做这么多事的。"霍华德说："你要逼我跳河呀！"好在乔丹只是开玩笑，他接受了霍华德的安排。活动也取得了成功，那次篮球表演赛共为青少年机构筹集到了 4.7 万美元，乔丹开玩笑地对霍华德说："霍华德，我要你记住一件事，你真的欠了我一个人情。"

除了投身于公益、环保，霍华德还有一个重要的爱好就是农业，他上了一年大学就退学了。买了台推土机投身农业，后来他从父亲手里以 30 万美元的价格购买了一个农场，成为农场主。或许是因为对传统农业的热爱，霍华德似乎不愿意接受新科技，他从来不用电子邮件。在闲暇时，他就周游世界，拍摄各地的野生动植物，他拍摄的照片发表在《野生生物资源保护协会》、《世界图书发行》等杂志上，还出版了一本名叫《生物形象》的摄影作品集。

霍华德很清楚自己的才能，知道不可能像父亲一样在商道上有很光明的前景，于是转向了政坛。在他任职期间，处处维护社会上弱小群体的利益，在国会中努力争取提高弱势群体的福利，因此在政界也是小有名气。

生于 1958 年的老三皮特·巴菲特是一个音乐天才，姐姐苏珊说："皮特很轻松地就学会了一些乐器。7 岁时，他连乐谱都不会识，但他坐在钢琴前开始弹奏时，比我这个已经上了 8 年钢琴课的姐姐弹得还要好。"

皮特也没有浪费如此好的音乐天赋，他在音乐中获得了物质和精神的双丰收，但更多的是精神。现在，皮特是一位著名的音乐家兼生意人，他创作音乐并靠此来获得财富。

皮特成为一个成功的音乐家后，带着他的 15 人乐队在密尔沃基为群众演出时，巴菲特亲自到场观看演出。他对儿子的演出大加赞赏，并对儿子说："我们干得都一样。"皮特从父亲的话语中受到了很大的鼓舞，而且认为父亲精神上的鼓励比物质上的要好得多。

巴菲特不但是一个成功的投资大师，还是一位成功的父亲，在他的熏陶下三个孩子都走上了自己成功的道路，在各行各业发挥着他们足够大的影响力，并为社会做出了巨大的贡献。这让这位"股神"感到很欣慰。

巴菲特给我们的教育启示

期望不要过高

"望子成龙，望女成凤"是每位家长的心愿，但是过高的期望所带来的压力往往会让孩子承受不住。

不要过分溺爱

现在大多数孩子是独生子女，好几个大人关注一个孩子，过分的宠爱让孩子成了温室的花朵。

不要过频干预

孩子未来的路怎么走本应是孩子的事情，家长却频频指手画脚，让孩子失去了自主判断的能力。

自然是孩子的天性，自由是孩子的本性。扼杀天性和本性，就是扼杀孩子成长的活力和动力，如此教育不可能培养出创造性人才。

麦当劳与迪士尼

注重品牌和价值，是巴菲特成功投资的理念之一。巴菲特永远做长期投资，而且是未来升值空间更大的名牌企业，这就是巴菲特在股市中长期取胜的关键。在巴菲特所有的投资公司中，都有一个共同的特点，那就是能够从事自主研究和开发，因为这是一个企业长期生存下去的原动力。麦当劳和迪士尼两家公司也具有这样的特点，这也是让巴菲特下决定投资的主要原因之所在。

巴菲特在 1994 年的时候就开始持有麦当劳的股票了，只是数量不是很大，仅有490 万股。在 1994 年决定投资麦当劳公司的时候，巴菲特在股东大会上给他们的股东算过一笔账："以麦当劳上市价 22.5 美元起，投资 100 股，在经过一次股票分割和一次配发股息之后，原来的 100 股就会变成 27180 股，股票的投资收益将会超过 100 万美元。"

巴菲特投资麦当劳时，正赶上了它的辉煌发展期。其实，麦当劳经过了很多的艰难和曲折才发展起来的。

麦当劳刚开始是由麦当劳兄弟发起的，当时只是一家汽车餐厅，因为独特的风味受到消费者的欢迎，很快打开了市场。随着在消费者中的影响越来越大，很多餐厅开始效仿麦当劳，这直接影响到了麦当劳兄弟的经营。为了生存，麦当劳兄弟不得不关闭了汽车餐厅而改为快餐经营的模式。这种经营模式主要是方便、简捷、卫生，再加上美味可口，非常节省时间，迅速被上班一族所青睐，这使得麦当劳兄弟的业务很快发展起来。

随着麦当劳的逐渐普及，麦当劳兄弟决定把经营权卖出去，并在全国开设多家联盟店。1953 年，他们以 1000 万美元的价格将麦当劳第一家加盟店出售给了一个叫福斯的美国人，紧接着，又陆续接受了十余家特许加盟商，麦当劳很快在全国范围内形成了网状的经营模式。但是由于管理上的疏忽，这些加盟商并没有严格按照麦当劳的配方标准去做，味道有所改变，从而大大损害了麦当劳餐厅的形象和声誉。

这一系列情况的出现，让麦当劳兄弟很苦恼。一次偶然的机会，有一个麦当劳的特许商克罗克主动提出要帮助麦当劳兄弟开拓和规范特许加盟事宜：麦当劳兄弟也主动放权，让克罗克着手整顿加盟店的事务。克罗克一上任就严格对加盟商进行控制，取消了那些严重违反麦当劳公司要求和规定的加盟商的经营权，采取一系列措施及时地使麦当劳公司的信誉得到恢复，并进一步扩大了市场。

在麦当劳兄弟的支持下，1955 年克罗克成立特许经营公司——麦当劳公司系统公司成立，同一年，他在芝加哥东北部开设了一家真正意义上的现代麦当劳快餐店，该店重视品质、服务、卫生，把麦当劳兄弟的餐厅经营理念完整地体现出来了。这个时候麦当劳快餐店的经营模式已基本形成，成为以后每一家连锁店的样板。

1961 年，克罗克以 270 万美元的价格将麦当劳公司从麦当劳兄弟手中全部买下来。克罗克接手以后，麦当劳发展极为迅速。到了 1965 年 4 月 15 日，麦当劳公司以每股 22.5 美元的价格上市，在一个月内就上涨了一倍。到了 80 年代中期，股价已经涨到 3937 美元。由此可以看出，正是克罗克的卓越管理和经营能力，才使麦当劳在 20 年间由一家默默无闻的快餐店成为一个世界名牌。

麦当劳代表着一种文化，不但在国内很受欢迎，在国际市场上也很受欢迎。尽管它的发展势头很好，但是它的发展潜力还没有被全部的开发出来，尤其是在中国和俄罗斯的前景会很广阔。巴菲特断定麦当劳将会成为全球快餐的龙头老大，当他对麦当劳的市场进行分析后，发现了巨大的商机，从而决定开始全面购买麦当劳公司的股票。

在 20 世纪 90 年代，巴菲特已经成为股票投资代名词的时候，他投资的麦当劳股票也得到追捧，麦当劳的股票也开始疯狂的上涨，这个时候巴菲特又成了最大的赢家。

同样是世界品牌的迪士尼，它的吸引力却没有麦当劳的魅力大，尽管迪士尼也是世界知名的公司，但是由于它的经营结构比较单一，管理上漏洞也比较多，这样让巴菲特不得不两次放弃对迪士尼股票的持有。如果说巴菲特与麦当劳的合作是完美的，那么与迪士尼的合作就充满了遗憾。当然，没有长期持有，并不代表他的投资是错误的，毕竟是世界知名品牌公司，在投资的过程中也赚取了不少的利润。

巴菲特与迪士尼的第一次接触是在 1965 年的春天，他父亲的去世让他心情十分的低落，为了缓解抑郁的情绪。夏天的时候，巴菲特又去了加州，并且和芒格一家去了一趟迪士尼乐园。加州迪士尼乐园位于美国加利福尼亚州阿纳海姆市迪士尼乐园度假区，是世界上第一个迪士尼主题乐园，被人们誉为地球上最快乐的地方。当孩子们在乐园尽情玩耍的时候，巴菲特则在迪士尼乐园度假区里边，骑着车四处考察，计算着迪士尼公司的资产。

当时，迪士尼公司的股票是 10 倍的市盈率。如果以格雷厄姆的标准，迪士尼公司并没有足够的"安全边际"。但是，当时的巴菲特已经开始超越了格雷厄姆的眼光，他看到了账面价值之外的东西，那就是迪士尼公司巨大的无形资产：广受欢迎的品牌，独特强大的创造力，丰厚的回报率。对于巴菲特而言，那些卡通画和薄薄的电影胶片，与那些厂房机器一样，是真实而且有分量的资产，尽管它们并不在账面之上。于是，在 1966 年，巴菲特投资了 500 万美元，买进了迪士尼公司 5% 的股份。

但是巴菲特并没有长时间持有迪士尼的股票，不到一年的时间，他又以 600 万美元的价格售出这部分股份，他净赚了 100 万美元。

第二次与迪士尼的接触，1995 年 7 月 31 日，迪士尼董事长艾斯纳、大都会—美国广播公司董事长莫菲与巴菲特联合召开记者会，宣布大都会—美国广播公司将用价值 190 亿美元的迪士尼股票和现金，合并迪士尼公司。由于巴菲特是大都会—美

投资品牌企业的优势

品牌企业更具有维权功能

通过注册专利和商标，品牌可以受到法律的保护，防止他人损害品牌的声誉或非法盗用品牌。

品牌企业具有增值功能

品牌是企业的一种无形资产，它所包含的价值、个性、品质等特征都能给产品带来重要的价值。即使是同样的产品，贴上不同的品牌标识，也会产生悬殊的价格。

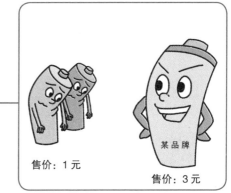

售价：1元

某品牌

售价：3元

这可是名牌，您带出去也有面子！

品牌企业形象更好

品牌是企业塑造形象、知名度和美誉度的基石，在产品同质化的今天，为企业和产品赋予个性、文化等许多特殊的含义。因此，更容易得到消费者的认可，利润空间更大。

国广播公司的股东，伴随着这个消息的宣布，巴菲特正式开始对迪士尼公司股票的收购。到 1997 年底，伯克希尔—哈撒韦公司一共购买了 2156 万股迪士尼股票。不过，在 2000 年巴菲特又将持有的迪士尼股份卖掉了一大部分，迪士尼在竞争中迷失了方向，它已经不再是那个制造经典的迪士尼了。迪士尼在网络中开始挥金如土，把大量的资金投入到网站中，还购买了像搜信一样的亏损公司，这导致迪士尼的主营方向出现偏差，竞争力直线下降。这时候首席执行官迈克尔·艾斯纳也让巴菲特感到不安，显然那个时候的迪士尼已经不再是巴菲特的投资标准了。

巴菲特永远做长期投资，这就是他能在股市中取得卓越成就的秘诀，在长期投资中他所选择的都是有很大升值空间的名牌企业。

巴菲特进行时——热点与动态

互联网泡沫中的巴菲特

尽管巴菲特被人们称作"股神"，但是他的投资生涯也并不是一帆风顺的，在投资的浪潮中总是小波不断，大波突袭。1999 年，巴菲特面临了一次前所未有的挑战，伯克希尔公司的经营业绩下降了 45%，而指责来自于巴菲特对网络科技股的漠视。那一年，全球网络经济狂飙，没有赶上网络快车的巴菲特，成为众矢之的。实际上，互联网的泡沫确实考验了巴菲特作为"股神"的眼光。

那么什么是互联网泡沫呢？互联网泡沫，又称科网泡沫。它指的就是 1995 年至 2001 年间的投机泡沫，在欧美及亚洲多个国家的股票市场中，与科技及新兴的互联网相关企业股价高速上升的事件，在 2000 年 3 月 10 日纳斯达克指数到达 5132.52 的最高点时到达顶峰。在此期间，西方国家的股票市场看到了其市值在互联网板块及相关领域带动下的快速增长。这一时期的标志是成立了一群大部分最终投资失败的，通常被称为".COM"的互联网公司。股价的飙升和买家炒作的结合，以及风险投资的广泛利用，创造了一个温床，使得这些企业摒弃了标准的商业模式，突破传统模式的底线，转而关注于如何增加市场份额。

对于这次互联网泡沫的形成，很多人都感到吃惊，感觉到很突然。实际上它是一个渐进的过程，也是一个由小到大慢慢滋长的过程。

1994 年，Mosaic 浏览器及 World Wide Web 的出现，令互联网开始引起公众注意，尤其是吸引了年轻人的注意，让很多的年轻人着迷。初期人们只看见互联网具有免费出版及即时世界性资讯等特性，但人们逐渐开始适应了网上的双向通讯，并开启了以互联网为媒介的直接商务（电子商务）及全球性的即时群组通讯。

那时候人们认为互联网即将成为一种新的最佳媒介，它可以即时把买家与卖家、宣传商与顾客以低成本联系起来。互联网带来了各种在数年前仍然不可能的新商业模式，并引来风险基金的投资。

风险投资家在这个时候亲眼目睹了互联网公司股价的创纪录上涨，很多人都已经抵制不住诱惑，不再谨小慎微地进行投资。那时候人人都希望在互联网的投资中大赚一笔，尽管很多公司都面临着亏损的局面。在亏损期间，公司依赖于风险资本，尤其是首发股票(所募集的资金)来支付开销。这些股票的新奇性,加上公司难以估价,把许多股票推上了令人瞠目结舌的高度,并令公司的原始控股股东纸面富贵。

在 2000 年 3 月,以技术股为主的纳斯达克综合指数攀升到 5048,网络经济泡沫达到最高点。科技股短短几周内的涨幅甚至超过了传统型公司股票 10 年的涨幅,可谓一万年太久,只争朝夕。那时各行各业的美国人,无论是理发师、的士司机、酒店和餐馆的服务生还是空管员都笃信炒网络股能让自己迅速发家致富。

那时候在美国的投资人中,唯有巴菲特能够始终坐怀不乱。面对伯克希尔公司数以几十万计的投资人,他为自己辩解,极力捍卫自己矢志不移的投资理念,但是当时的形式对巴菲特产生了威胁,因为投资人大多是"势利"和"短视"的,即便是伯克希尔的长期投资人和巴菲特投资理念的坚定认同者,也抵制不住科技股强大的诱惑。况且,当时的股市交投气氛对巴菲特也极为不利。直到互联网泡沫破灭,巴菲特摆脱了质疑,重新回归神位。

互联网泡沫是如何消失的呢? 1999 年至 2000 年早期,利率被美联储提高了 6 倍,出轨的经济开始失去了速度。网络经济泡沫于 2000 年 3 月 10 日开始破裂,该日纳斯达克综合指数到达了 5048.62,比仅仅一年前的数翻了一番还多。至此,网络公司开始崩溃。

关于互联网泡沫中网络公司崩溃的原因,分析家认为主要来自以下几个方面:

第一,导致纳斯达克和所有网络公司崩溃的可能原因之一,是大量对高科技股的领头羊如思科、微软、戴尔等数十亿美元的卖单碰巧同时在 3 月 10 日周末之后的第一个交易日(星期一)早晨出现。卖出的结果导致纳斯达克 3 月 13 日一开盘就从 5038 跌到 4879,大规模的初始批量卖单的处理引发了抛售的连锁反应——投资者、基金和机构纷纷开始清盘。仅仅 6 天时间,纳斯达克综合指数就损失了将近 9 个点,从 3 月 10 日的 5050 点掉到了 3 月 15 日的 4580 点。

第二,企业的支出加重。科技公司有可能是为了应对 Y2K 问题而加剧了企业的支出。一旦新年安然度过,企业会发现所有的设备他们只需要一段时间,之后开支就迅速下降了。这与美国股市有着很强的相关性。

第三,与 1999 年圣诞期间互联网零售商的不佳业绩有关。这是"变大优先"的互联网战略对大部分企业是错误的第一个明确和公开的证据。零售商的业绩在 3 月份上市公司进行年报和季报时被公之于众。

到了 2001 年,泡沫全速消退。大多数网络公司在把风投资金烧光后停止了交易,许多甚至还没有盈利过。

2010 年 3 月 10 日,是美股科网股泡沫达至顶峰并大破裂 10 周年的日子。《华尔街日报》在盘点 10 年来科技网络股的走势与成绩时,发现当年的十大互联网公司中,有两家已经完全消失。在留下来的公司中,总市值平均也缩水 88%。10 年前那些名

泡沫经济的后果

股票大跌

房地产大跌

公司倒闭我们失业了！

企业倒闭

政府财政赤字增加

头响亮的美股互联网公司中绝大部分已经销声匿迹了。

时间会验证一切，10 年人们再反观互联网泡沫中巴菲特的理性投资，很多人都会对巴菲特竖起大拇指。当年巴菲特坚持认为，创新也许能使世界脱离贫困。但历史显示，投资创新事物的投资人，后期都没有以高兴收场，亦即事后并不开心。互联网并不是历史上第一次出现改变世界的新科技，铁道、电报、电话、汽车、飞机和电视，它们都曾使事物的连接变得更快速，但其中又有多少新科技令投资人致富呢？巴菲特以"打死也不买"的殊死心态，抵制了这些"我们不能评估其未来的公司"，在今天看来是正确的选择。

时间会验证一切，10 年后人们再反观互联网泡沫中巴菲特理性的投资决策，人们都对他称赞不已。

在妻子手术中的巴菲特

早年的巴菲特充满激情，热衷于自己的事业，总是在各大城市辗转。平时都是妻子来照顾他的生活，即便是分居之后，妻子怕他生活上受到什么委屈，还专门为他请了一个人来与他为伴。巴菲特也习惯接受别人的照顾，但是当他得知妻子苏珊患病后，他跟变了一个人似的，开始学习照顾别人了。

在苏珊治疗癌症期间，巴菲特一直照顾妻子，学习了苏珊的好多优点。巴菲特对妻子的爱也感动了好朋友盖茨。1998 年 12 月 24 日，巴菲特收到了盖茨妻子梅琳达的贺卡，上面写着：谢谢您让盖茨明白了他不是为自己活着，而是为所有爱他的人而活，盖茨能有你这个朋友真的很幸运。

投资场上风风火火的巴菲特，在得知妻子患有三级口腔癌的时候开始惴惴不安起来。于是他匆匆安排了自己的事情，然后飞往旧金山去看望妻子。就在那里，他得知妻子苏珊要进行一次大的手术。

几天后，巴菲特的女儿陪母亲苏珊到纽约纪念斯隆—凯特琳癌症中心检查。在癌症中心的检查得到了好消息，那就是没有癌细胞扩散的迹象，她们又回到奥马哈，苏珊在那儿度过周末。但是，在奥马哈她又出现了腹腔粘连引起的剧痛。

巴菲特形容枯槁，强打着精神拖着疲惫的身躯坚持去办公室，他回来后，苏珊开始从剧痛中恢复，善解人意的苏珊刚刚战胜了疼痛就来安慰自己的丈夫巴菲特。等苏珊飞回旧金山，巴菲特又开始情绪低落，他说话时声音嘶哑，显然睡眠不好。两年一度的巴菲特集团会议再过几天就要召开了，这对他也是一种压力。苏珊的医生不希望她参加集团会议，因为要去圣迭戈。因此，1969 年以来巴菲特第一次独自参加会议。

巴菲特显然一直在想这次苏珊不能一道参加会议将是什么情景。她生病的消息一定会引起轰动，很多参加会议的人之前就有所耳闻。5 天中他将一直回答关于她的各种问题，接受络绎不绝的问候，还要努力克制自己的情绪。他必须亲自主持会议，保持会议气氛，但也不能过分兴奋而让人觉得做作。巴菲特很好地把握了自我调整的艺术，仿佛就是与生俱来的本领——然而，现在他还是需要刻意调整自己的情绪。

在巴菲特集团的会议上，他略显沉默，但没有垂头丧气。苏珊手术的前一天，巴菲特从圣迭戈结束会议飞到旧金山。他本来安排那天一定要去参加一个奈特捷的市场活动，但是女儿知道他是在克制自己对苏珊的担心，就打电话对他说必须到旧金山。因此，他勉强来到了旧金山，晚餐就和家人一起在苏珊的公寓度过。大家都像平常一样。苏珊这一次不需要照顾别人，她就一直回避和家人谈起自己对第二天将进行的手术有什么想法，始终都在一边打电话。巴菲特一晚上都在电脑上玩直升机游戏，眼睛都没有离开过屏幕，以此来转移自己的恐惧和不安。

在这次手术中，医生最担心的就是癌细胞扩散，45 分钟后艾斯利医生从手术室出来。尽管在两侧淋巴结都发现了癌细胞，但是没有扩散到其他部位，还算是好消息。手术只需要摘掉口底下部、两颊内侧和大约 1/3 的舌部器官，不需要植骨。16 个小时后，苏珊进了重症监护病房，通过气管套管呼吸，左臂从手腕到肘部都缠着绷带，医生从那里取了一块肉在她嘴里进行了皮肤移植。她的舌头都肿得从嘴里伸出来了，鼻孔插着直接通到胃里的鼻饲管。她不停地咳嗽，气管套管总被堵塞，必须不时进行清理，保证她可以正常呼吸。

在手术期间巴菲特手里拿着一份报纸，不时合上报纸，挡在脸上，抬起一只手揩去眼泪，而后又打开报纸。手术终于顺利结束了，但是女儿还是担心父亲接受不了母亲手术后的样子。

巴菲特的女儿对他说："您确实需要做好心理准备，看到妈妈您会非常震惊。"巴菲特努力让自己坚强起来，无所畏惧地在她身边坐下。接下来的两个周末他都在旧金山和苏珊度过。

这个时候，他明白了一个人的成功标准并不在于你有少钱，而在于有多少人在真正地关心你。

苏珊回到旧金山后，巴菲特每周都会去看她。手术后的苏珊只能吃些流食来维持生命，于是巴菲特决定和苏珊一起选择流食养生。

为了照顾生病的妻子，巴菲特的阅读书籍又增加了不少，每周在往返奥马哈和旧金山的途中，他了解了不少医药学的知识——药物治疗、放射治疗等，他还会把医生和护士对他讲的每一个细节以及医院的设备都记在脑海中。

手术后，苏珊的病情并没有想象的乐观，于是医生提出要进行放射治疗，但是苏珊一直抗拒，不想接受放疗，由于放疗的焦虑不安而开始服用大量的安定，尽管医生嘱托她的女儿尽量不要让苏珊服用这些药物。这个时候，巴菲特开始说服苏珊，他认为苏珊不接受放疗就是在自暴自弃。他舍不得心爱的人离自己而去。

于是巴菲特对苏珊说："如果放射治疗的治愈效果更好，为什么不呢？手术是痛苦的，但是放疗就没那么痛苦！"在巴菲特的说服下，苏珊接受了放疗，订做了一个特制的面具，放疗医生用来罩住她的脸部，保证放疗的安全。巴菲特也开始了解妻子放疗的一些相关细节。苏珊的一些朋友说："她之所以接受放疗，完全是为了照顾亲人的情绪，并不是自愿的。"其中也饱含了对巴菲特的关爱吧！无论如何，她同意了接受33次放疗，一周5次，周末休息。

医生们虽然强调连续放疗的重要性，但是依然尊重了苏珊的选择，周末不进行治疗。巴菲特对此却不思其解，他认为这是医生们为了自己方便而选择的做法，非常担心这样的治疗方案会影响妻子的康复。放疗的安排激发了巴菲特保护妻子的本能。让这位在投资界叱咤风云的人物表现出了他温柔的一面，为多数人所崇敬。

巴菲特是一个惯于接受别人照顾的人，但是重病中的妻子激发了他爱人的需要，从而让他学会去关心，照顾自己身边的亲人和朋友。

与好朋友凯瑟琳告别

上天总是在和人开着不怀好意的玩笑，在巴菲特失去妻子之前，他生命中的另外一名女性朋友，也是他生意上的好伙伴，生活上的好朋友——华盛顿邮报的掌门人，凯瑟琳因病去世了。

2001年太阳谷年会召开，那个星期五下午，84岁的凯瑟琳·格雷厄姆玩了一会儿桥牌后想安静一下，就开着那辆小型高尔夫球车回到她的公寓——她一直喜欢开着高尔夫球车在太阳谷各处走动。凯瑟琳个头很高，身材苗条，两臀都做过手术，走起路来有点不协调。人们注意到她有些疲劳，精神欠佳，但是她一直说今年的年会是自己最开心的时候。她和儿子唐共同经营的公司得到巴菲特的指点，在报业利润急剧下滑的时候，因其在财务方面和新闻报道方面的成功居然成为公认的行业偶像。凯瑟琳总是非常高兴看到许多她喜欢的人齐聚到艾伦会议中心。

由于凯瑟琳身体的原因，人们为她安排了一位随行助理，但是生性好强的她坚决不同意，所以大部分时间不是儿子唐就是巴里·迪勒搀扶着她（美国网络公司董事长巴里·迪勒是她的好朋友）。然而，那天她却是一个人。会上巴菲特的女儿带来了时思棒棒糖，大家都围着凯瑟琳拍照，嘴里含着棒棒糖。看上去凯瑟琳十分高兴。

星期六破晓时分，大家纷纷坐在椅子上等待巴菲特的发言。2000年3月的市场高峰过后，股票市场损失逾4万亿美元。网络公司的失业人数至少达112000人。同时，幸存的互联网公司也进入了青春期。有人非常肯定地推测，巴菲特不会再认为网络股依然被高估。人们希望巴菲特不像以前那样悲观，可以变得宽容一点。

在发言中巴菲特告诉人们尽管市场经历两年严冬，尽管纳斯达克交易量跌了超过一半，他还是不会买进。听完巴菲特精彩的发言后，凯瑟琳·格雷厄姆开着她的高尔夫球车到桥牌室玩牌。过了一会儿，她说有点儿不舒服，要回自己的房间去。她打电话告诉助理她要回去了，她的助理就留在赫伯特·艾伦的公寓等她，而她的公寓就在隔壁。然后，她一个人走向高尔夫球车，独自开着车返回公寓。

让人遗憾的事情发生了，凯瑟琳下车后，还没有等到助理的出现，她就倒在了公寓的台阶上，当助理发现她时无论怎么呼喊凯瑟琳都没有反应。

几分钟后，急救人员赶到的时候，儿子唐·格雷厄姆也急匆匆从高尔夫球场返回。巴菲特听到这个消息非常难过，巴菲特的女儿很了解父亲的心情，主动提出让父亲回去休息，她陪着凯瑟琳的儿子唐去医院，一起面对这突如其来的事件。

到了医院，没多长时间，他们就从放射科医生就拿来了CAT扫描报告，医生看后说："凯瑟琳需要到创伤科治疗。"医院很快通过直升机把凯瑟琳送到博伊斯的圣艾尔奉萨斯地区医院。

此时的巴菲特完全失去了理智，根本不会调整自己的悲伤情绪，于是他的朋友盖茨夫妇、罗恩和简·奥尔森陪着巴菲特等待凯瑟琳的治疗情况的消息。大家的任务就是和巴菲特随便闲聊，帮助他分散注意力，而且闲聊的时候都避免提到凯瑟琳。在等待期间，巴菲特接到了女儿的电话，得知凯瑟琳马上要进行一次手术，其他的什么也没有说。

巴菲特在等待中，隐隐约约地感觉到凯瑟琳在和病魔做最后的斗争。事实上正是如此，大概午夜时分，医生告诉唐凯瑟琳的情况不太好，凯瑟琳需要再进行一次CAT扫描检查。他们把病床推进了手术室，把凯瑟琳的手表交给了巴菲特的女儿，顿时她心里猛地震动了一下，凭借女人的第六感觉，这不是一个好兆头。

大概90分钟后，医生们把凯瑟琳推到重症监护病房。对凯瑟琳的儿子唐说："我们真的无能为力了。"

巴菲特的女儿把这个不好的消息打电话告诉了父亲，于是巴菲特召集大家坐飞机到医院去。

几小时后，巴菲特到了医院，女儿在楼下的走廊里等他。她知道此时的父亲非常难受，必须有人耐心地帮助他面对眼前的一切。她带着父亲来到了重症监护病房，病房里唐·格雷厄姆孤独地坐在那里陪着母亲，通红的脸上挂满泪水。巴菲特和唐紧紧拥抱，两人都呜咽着。随后凯瑟琳的孩子们陆续来到，巴菲特父女就坐着飞机，带着悲伤的情绪回到了奥马哈。

两天后，巴菲特接到电话得知凯瑟琳去世了。一时不知道该如何去接受这样的事实，于是在办公室，他就不停地工作。不工作的时候，他打桥牌，或者玩电脑直升机游戏，再或者做一些其他事情，以减轻凯瑟琳的去世带给他的震惊和恐惧。

几天后，凯瑟琳的追思仪式在华盛顿国家大教堂里进行，小汽车和高级轿车上下来的人纷纷涌入大教堂。教堂的前排坐满了显要人物，有比尔和希拉里·克林顿、琳恩和迪克·切尼。教堂里无处不是知名人物：最高法院法官鲁思·巴·德·金斯伯格和斯蒂芬·布雷耶，知名记者查理·罗斯、汤姆·布罗考、迈克·华莱士和特德·科佩尔，阿尔·纽哈思，美联储主席艾伦·格林斯潘和他的妻子，编辑蒂娜·布朗，参议员特德·肯尼迪，国会代表伊兰·诺·霍姆斯·诺顿。成百上千人随着国家交响乐团和肯尼迪艺术中心歌剧厅乐团的铜管重奏列队穿过巨大的铜门进入教堂，这次聚会是该教堂有史以来接待人员最多的一次。

　　追思仪式开始后，巴菲特带着一脸悲伤挨着盖茨坐下后，梅琳达伸手擦去了眼泪。穿着黑白搭配的长袍的两支教堂唱诗班唱着莫扎特的曲子。抬棺的人小心地抬起棺材，沿着走廊走去，大家一起唱着《美丽的亚美利加》。家人跟着走出大教堂，来到与凯瑟琳·格雷厄姆的住房隔街相望的橡树丘墓园，她将与已故的丈夫一同埋葬在这里。

　　下午早些时候，很多人坐车绕环形公路来到了凯瑟琳·格雷厄姆的住房，巴菲

巴菲特的哀伤

妻子的离世：巴菲特和第一任妻子苏珊的感情一直很好，因此苏珊的去世让巴菲特十分哀伤，也让他明白了世事无常，从而改变计划，不遗余力地做慈善。

凯瑟琳去世了！

好友的离世：好友凯瑟琳的逝世让巴菲特悲伤不已，于是他不停地工作，不让自己闲下来，以此来排遣悲痛。

再坚强的男人也会因为自己亲人、朋友的去世而伤感、流泪，但是这都是短暂的。

特最后一次环视凯瑟琳的房子，记住了这里的一切，但是他没有久留，早早地就离开了凯瑟琳的房子，而且永远不会再回来了。巴菲特与他生命中最好的朋友永远地告别了。

巴菲特在经历了妻子苏珊和朋友凯瑟琳的去世后，他似乎更加懂得了活着的时候要好好地活着，这样才能对得起已经远去的自己所爱的人。

逃不过的次贷危机

发生在 2008 年的全球金融危机又被称为金融海啸、信用危机及华尔街海啸等，是一场在 2007 年 8 月 9 日开始浮现的金融危机。自美国次级房屋信贷危机爆发后，投资者开始对按揭证券的价值失去信心，引发流动性危机。尽管多国中央银行多次向金融市场注入巨额资金，但还是无法阻止这场金融危机的爆发。直到 2008 年，这场金融危机开始失控，并导致许多大型金融机构倒闭或被政府接管，这其中就包括赫赫有名的花旗银行。

巴菲特曾表示："目前的局面比'二战'以来所有的金融危机都要严重。"他认为，过去几年中一些政策的制定，是以错误的"市场主义"观念为基础。这种观念认为金融市场从长期来看将会趋向平衡，直到金融危机的发生迫使他们认识到自己的观念是错误的。然而这时政府再出台缓和的措施已经起不到任何实质性的作用了。

2008 年初，股市剧烈下挫，美联储连续 6 次降息，希望能够拯救投资者最后的一丝信心。但这几次降息使花旗、美林、法国兴业等金融机构遭受了巨额的亏损，市场开始对美联储降息产生依赖，市场随时有可能陷入疲弱状态。针对这一情况，美国布什政府宣布动用 1450 亿美元来振兴经济，但金融市场的紧张气氛并没有因此而有所缓和。

这场金融危机使得全球无数富豪资产严重缩水，比尔·盖茨、巴菲特都不能例外，根据权威调查显示，巴菲特在这场金融危机中并不是隔岸观火，在完成一系列投资前，他的损失竟高达 163 亿美元，名列美国股市十大输家排行榜第三位。

但巴菲特并没有因此而动摇投资信心，仍能逆市"捞钱"，同时也创造了 33 天逆市赚得 80 亿美元的投资神话。

次贷危机时华尔街上曾有传言，说巴菲特将要投资一些资金吃紧的金融机构，比如美国最大的抵押贷款提供商 Countrywide Financial、全球最大的债券保险商 MBIA、即将倒闭的贝尔斯登。而事实证明巴菲特表现出了一贯的耐心和冷静。也许他正在伺机而动等待好的盈利机会出现。

2008 年年初，摩根士丹利的 CDS 价格仅为 100 基点左右，高盛第三季度的报表也出现了亏损。巴菲特决定斥资 50 亿美元投资高盛，以每股 115 美元左右的价格收购 4350 万股的优先股和认购权证。高盛集团董事长贝兰克梵宣布，巴菲特 50 亿美

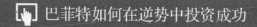

巴菲特如何在逆势中投资成功

巴菲特紧紧地抓住次贷危机这个机会，在逆势中狠狠地赚了一笔。这主要归结为以下几点原因：

1. 敢于反常规进行投资。当其他人都感到害怕的时候，机会就已经到来。

还是我的组合更稳定。

2. 巴菲特喜欢购买在任何经济形势中都有机会获益的企业。

放长线，钓大鱼！

3. 巴菲特信奉长期投资的策略，只要这次金融危机顺利解决，股票市场恢复正常，巴菲特一定会赚到更多的钱，赚的一定会比赔的多

元的投资将是最有力的信任票之一。当然，这就意味着巴菲特的投资将给高盛的重振带来希望。

实际上，巴菲特对华尔街上的每一家投行的情况都了如指掌。他之所以选择投资高盛，不仅仅是看到了高盛在次贷危机中幸免于难，而是对高盛内部运行机制有了更进一步的了解。虽然高盛比摩根士丹利及美林发展要慢，股本基础在投资银行中也相对较小，但高盛行政总裁柯赛却认为这不是一件坏事。他认为较少的资本能帮助公司更好地决策，竞争对手也认为高盛并不会因为资本缺乏而受到限制。巴菲特也说："我希望能找到由于资本不足而使高盛不利的业务，然而没有，高盛的资本运作一直很好。"

投资那些盈利及管理方面表现优异但整体被低估的公司是巴菲特的投资理念之一，而且这种投资理念也是巴菲特最主要的投资原则之一。在这场世界危机中，银行股就是被严重低估的股票，许多投资者在危机面前开始观望，而巴菲特则展现出了自己独特的投资理念和思考方式。巴菲特在这场危机中没有刻意地躲避，对于卷入次贷风暴中心的金融业，巴菲特大多选择的是"伤情"较轻的金融企业。他在投资高盛之后，又选择了继续增持美国第二大房贷银行富国银行的股票，当时巴菲特已经持有该银行的股票2893亿股，成为富国银行的第一大股东。这次次贷危机爆发后，巴菲特集中购买了部分"质优"金融股，持有的合众银行的股票增加到6549万股，持有的美国银行股票增至910万股。

就在危机之中他还不忘记把眼光投向国外市场。2008年9月28日，巴菲特投资18亿港元买下了在香港上市的比亚迪公司2.25亿股的股票，约占整个公司10%的股份，

2008年10月份，全球最大的保险公司巨头AIG深陷困境，为了获得巨额资金来贴补公司资产的负债，决定出售旗下的飞机租赁金融公司(ILFC)，ILFC的首席执行官Steven Udvar-Hazy开始召集全球的买家集中竞价，来自中东、欧洲的很多买家已经盯上了这块肥肉，其中巴菲特也在竞价公司之内。华尔街上预测，巴菲特最有可能成为收购这家飞机租赁公司的买家之一，但是巴菲特没有向外界透露任何消息。

在全球性的金融危机中，当所有的投资者都在为损失而懊恼的时候，巴菲特却还能获利，这不能不让人们对他的投资能力肃然起敬。

辅佐州长施瓦辛格

我认识阿诺德已经多年，知道他会是一位杰出的州长。对于我们国家而言，能否解决加利福尼亚的经济危机是至关重要的，我认为阿诺德能很好地解决这一切。

——巴菲特谈论施瓦辛格担任州长

巴菲特正帮助我组建一支世界一流的团队，他们帮助我应对加利福尼亚的公司、

投资者、就业机会创造者所面临的问题和挑战。

——施瓦辛格的话

2003年，巴菲特做出了一项出人意料的政治举动——他自愿担任共和党人、前宇宙先生、好莱坞动作巨星阿诺德·施瓦辛格竞选加利福尼亚州州长的财政顾问。这是一次令人吃惊的政治立场的改变，因为长期以来，巴菲特都支持民主党。就在2000年时，他还支持马萨诸塞州的参议员、民主党人约翰·克里参加2000年的总统大选。

巴菲特将自己的这次举动解释为鉴于对阿诺德的友谊而对其能力的信任。当时，加利福尼亚州面临380亿美元的财政赤字和能源危机，这场能源危机部分是由于安然操纵市场而导致的。自2002年11月连任美国加利福尼亚州州长以来，格雷·戴维斯由于政绩不佳而麻烦缠身。加州许多选民纷纷要求举行罢免投票，提早结束戴维斯的任期，选举新州长。而对他的地位最具有威胁者则正是这位好莱坞巨星、"世界健美先生"——阿诺德·施瓦辛格。

施瓦辛格本人也对巴菲特充满期待，他说："他（巴菲特）真是金融界的一位巨人。在促进加州经济发展方面，他将成为我的一大助手。""他（巴菲特）是有史以来最伟大的投资商，是我的良师益友，我眼中的英雄……巴菲特用常规的方法解决商业问题，他为人正派，无与伦比。我就想以这种方式治理加州。"

施瓦辛格和老朋友巴菲特的结盟不失为一出高招，使他能和一直以来在加利福尼亚不受欢迎的总统乔治·布什划清界限。然而他们之间的联盟很快就遇到了麻烦，出现了一些诸如《华尔街日报》那篇误导读者的文章之类的负面新闻。尽管受到了一些阻力的干扰，施瓦辛格还是顺利地当选为州长，并在2006年获得连任。

巴菲特和他的合伙人查理·芒格支持施瓦辛格，部分原因在于他承诺进行关于工伤赔偿的改革。工伤赔偿的滥用一直都是保险业的噩梦。从1997～2003年，保险行业支付的工伤赔偿金额增加了3倍多。施瓦辛格当选为州长的最初6个月里，凭借工伤赔偿改革巩固了自己的地位。他通过立法，使保险行业的成本在2003～2006年下降了81亿美元，公司保险费率下降了47%。

巴菲特公开批评施瓦辛格主政的加利福尼亚州一项法令，指责该法令将物产税定得非常低，从此以后，施瓦辛格开始与巴菲特拉开距离。即使如此，2007年6月，巴菲特在接受《时代》杂志采访时说，他也不排除为纽约市长迈克尔·布隆伯格或施瓦辛格的竞选提供资金。并出席了希拉里·克林顿组织的一场竞选筹款活动，协助力图获得民主党总统候选人提名的希拉里筹集了100万美元的竞选资金。

巴菲特在对待友谊上就是这样的直率，朋友犯错，他会站出来指出；朋友需要帮助，他也会站出来支持。